KB175196

자기
瓷器
中國 西安(長安)의 문화유산

Xi'an Relics Essence_Porcelain

초판인쇄 2015년 7월 15일
초판발행 2015년 7월 15일

엮은이 시안시문물보호고고학연구소
옮긴이 중국문물전문번역팀
펴낸이 채종준
진 행 박능원
기 획 지성영
편 집 박선경
디자인 조은아
마케팅 황영주 · 한의영

펴낸곳 한국학술정보(주)
주 소 경기도 파주시 회동길 230(문발동513-5)
전 화 031-908-3181(대표)
팩 스 031-908-3189
홈페이지 http://ebook.kstudy.com
E-mail 출판사업부 publish@kstudy.com
등 록 제일산-115호(2000. 6. 19)

ISBN 978-89-268-7007-5 94910
978-89-268-6263-6 (전11권)

한국학술정보(주)의 학술 분야 출판 브랜드입니다.

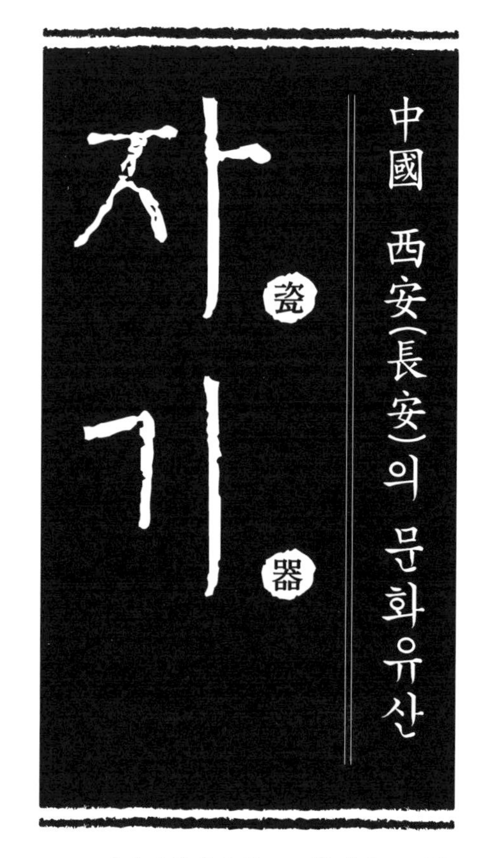

시안시문물보호고고학연구소 엮음
중국문물전문번역팀 옮김

한국학술정보

추천사

한눈에 보는 중국 시안(西安, 長安)의 문화유산

시안(西安, 長安)은 중국 고대문명의 발상지로 역사상 13왕조의 왕도인바 중국 전통문화의 산실이라고 할 수 있다. 주(周) · 진(秦) · 한(漢) · 당(唐)나라 등의 수도로서 청동기(青銅器)를 비롯한 각종 옥기(玉器)와 금은기(金銀器), 불교조각상(佛教彫刻像), 당삼채(唐三彩), 도용(陶俑), 자기(瓷器), 회화(繪畵), 서예(書藝) 등 수많은 문화유산을 남기고 있다. 그러나 이러한 문화유산은 여러 박물관이나 문화재연구소에서 분산 소장하고 있어 한눈에 감상할 수가 없다.

시안을 답사했을 때 중국의 지역연구기관으로서 시안 지역의 유적 · 왕릉 · 건축물 등 역사문화유적의 보호와 연구를 담당하고 있는 시안시문물보호고고소(西安市文物保護考古所)에서 정리하고, 세계도서출판시안공사(世界圖書出判西安公司)에서 발행한『西安文物精華(시안문물정화)』를 접한 바 있다. 이번에 출간된『中國 西安(長安)의 문화유산』 시리즈는 이를 번역 · 출판한 것으로, 이를 통하여 시안의 문화유산을 한눈에 감상할 수 있게 되었다. 이 책은 전문가들이 몇 년간에 걸쳐 시안의 문화유산 가운데 에센스를 선정, 회화 · 금은기 · 옥기 · 당삼채 · 불교조각상 · 자기 · 청동거울 · 도용 · 청동기 · 서예 · 도장(圖章) 등으로 분류하여 집대성한 것이다. 중국어를 해득하지 못하는 이들을 위해 각종 문화유산에 대한 상세한 해설을 실어 이해를 돕고 있으며, 화질이 좋아 원서보다도 선명하게 문화유산을 접할 수 있게 되었다.

특히 회화편은 원서보다도 화질이 선명하여 그림의 색감이 더 살아나며, 청동기와 동경(銅鏡)도 세밀한 부분이 더 입체적으로 드러나고 있다. 회화편의 경우, 그림을 보고 있노라면 한국화의 주제나 기법이 어디서 영향을 받았는지를 확연하게 알 수 있어 한국의 회화를 이해하는 데도 많은 도움이 될 것이다. 청동기와 동경의 경우, 한국의 그것과 공통점과 차이점을 비교해보는 재미를 느낄 수 있으며, 불교조각상과 자기의 경우에도 중국과 한국의 공통점과 차이점을 한눈에 살펴볼 수 있다. 이와 같이『中國 西安(長安)의 문화유산』 시리즈는 중국의 문화유산을 감상하고 이해하는 것뿐만 아니라 한국의 문화유산과의 비교를 통하여 두 전통문화 간의 공통점과 차이점을 느낄 수 있다.

실크로드의 기점인 시안은 중국뿐만 아니라 서역의 많은 문화유산을 소장하고 있으나 이곳의 문화유산을 감상하려면 박물관이나 미술관에 직접 가야만 하고, 중요한 유물을 모두 보기 위해선 여러 번 발품을 팔아야 한다. 이에『中國 西安(長安)의 문화유산』 시리즈는 한눈에 중국의 우수한 문화유산을 감상하면서 눈의 호사를 누리고, 중국의 전통문화를 제대로 이해하는 계기가 될 것이다.

2015년
前 문화체육관광부 장관
現 고려대학교 한국사학과 교수
최광식

중국 시안(西安, 長安)의 유구한 역사를 보여주다

시안(西安, 長安)은 중국의 역사에서 다양한 별명을 갖고 있다. 중화문명의 발상지, 중화민족의 요람, 가장 오래된 도시, 실크로드의 출발지 등이 그것이다. 시안의 6천 년 역사 가운데 왕도(王都, 혹은 皇都)의 역사가 1200년이었다는 사실도 시안을 일컫는 또 다른 이름이 될 수 있다. 즉, 시안은 남전원인(藍田原人)의 선사시대부터 당(唐) 시기 세계 최대의 도시 단계를 거쳐 근대에 이르기까지 중화의 역사, 종교, 군사, 경제, 문화, 학예 등 분야 전반에 걸쳐 가히 대륙의 중심에 서 있어 왔다고 할 수 있다. 그만큼 시안은 역사의 자취가 황토 고원의 두께만큼 두껍고, 황하의 흐름만큼 길다고 할 것이다.

시안시문물보호고고소(西安市文物保護考古所)에서 엮은 『西安文物精華(시안문물정화)』 도록 전집은 이와 같은 시안의 유구한 역사와 그 문화사적인 의미를 잘 보여주고 있다. 첫째, 발굴 및 전수되어 온 문화재들이 병마용(兵馬俑), 자기(瓷器), 인장(印章), 서법(書法), 옥기(玉器), 동경(銅鏡), 청동기(青銅器), 회화(繪畵), 불상(佛像), 금은기물(金銀器物) 등 다양할 뿐 아니라, 시안만이 가지는 역사 배경의 특징을 심도 있게 관찰할 수 있는 분야의 문화재가 집중적으로 수록되어 있다. 각 권의 머리말에서 밝히고 있듯이 이 문화재의 일부는 시안 지역의 특징을 이루는 것들을 포함하면서 다른 일부, 예컨대 자기는 당시 전국의 물품들이 집합되어 있어 그 시기 중국 전체의 면모를 보여주기도 한다는 것이다. 둘째, 당 이후 중국 역사의 주된 무대는 강남(江南)으로 옮겨갔다고 할 수 있는데, 이 문화재들은 시안이 여전히 역사와 문화의 중심축에서 크게 벗어나지 않고 있음을 보여준다. 문인 취향의 서법, 인장 및 자기들이 이를 말해준다고 할 수 있다. 셋째, 이 문화재들은 병마용의 경우처럼 대부분이 해당 예술사에서 주로 다루어질 수준의 것들이지만 다른 일부, 예컨대 회화 같은 경우는 그러한 수준에서 다소 벗어난 작품들로 보이기도 한다. 그러나 이 경우 이 문화재들은 해당 예술사 분야에서 대표성을 갖는 작품들이 일류 작가의 범작(凡作)들과 이류 작가의 다른 주제와 기법을 통하여 어떻게 조형적 가치와 대표성을 가질 수 있는가를 되비쳐줌과 동시에 중국적인 조형 의식의 심층을 엿볼 수 있게 한다는 사료적 가치가 있다고 평가할 수 있다.

이러한 시안의 방대하고 의미 있는 문화재를 선명한 화상과 상세한 전문적 설명을 덧붙여 발간한 것을 한국학술정보(주)에서 한국어 번역본으로 출간, 한국의 관련 연구자와 문화 애호가들에게 시의적절하게 제공하게 된 것은 매우 다행스럽고 보람된 일이라 생각한다. 향후 이를 토대로 심도 있는 연구가 진행되고, 이웃 문화권에 대한 일반 독자들의 이해가 깊어질 수 있기를 기대하면서 감상과 섭렵을 적극적으로 추천하는 바이다.

2015년 관악산 자락에서

서울대학교 미학과 교수

박낙규

창안(長安, 오늘날 시안)은 주(周), 진(秦), 한(漢), 당(唐) 등 13개 왕조의 도읍지였다. 시안(西安) 도자기(陶瓷器)는 유구한 역사를 지니는데 시안시 각 유물기관에서 소장한 도자기는 출토품이 대부분이며 그중 시안시문물보호고고학연구소(西安市文物保護考古學研究所, 이하 '시안시고고학연구소'라 칭함)에서 소장한 자기는 자기만의 특징을 가지고 있다. 고고학연구소에는 서주(西周)에서 청대(淸代)까지 각 시대의 자기가 모두 있으며 특히 수대(隋代), 당대(唐代), 송대(宋代) 자기가 대표적이다. 당대 창안성 및 부근 현(縣)에서 출토된 당대 자기는 기법이 정교해 당시 뛰어난 수준을 드러낸다. 또한 역대 자기는 시안 유물의 보고(寶庫)이기도 하다.

시안시에 소장된 자기는 명청(明淸)시대의 전세품(傳世品) 외에 대부분 출토된 것들이다.

현재 시안에서 출토된 자기 가운데서 시대가 가장 이른 것은 서주(西周)시대의 것이다. 1954년 창안현[지금의 창안구(長安區)] 푸루촌(普渡村) 풍허(灃河) 동쪽에 위치한 하오징(鎬京) 유적지에서 유도(釉陶) 두(豆) 세 점이 출토되었고, 1955~1957년 창안현 풍허 서쪽에 위치한 풍징(豊京)의 장자포촌(張家坡村)에서 서주시대 '유도편(釉陶片)'이 출토되었는데 대부분 고대(古代) 고기 등 음식물을 담던 그릇인 두(豆)였다. 1984년 장자포촌 서주 정숙(井叔) 무덤에서 '얕은 쟁반에 낮은 권족(圈足)이 달린 유도 두'가 출토되었다. 초기 고고학에서 유도로 기록되었던 이 기물(器物)을 현대 과학기술로 감정한 결과 모두 원시단계의 청자(青瓷)로 부풍현(扶風縣) 저우위안(周原) 서주 무덤과 유적지에서 출토된 원시청자와 거의 같은 유형으로 판명되었다. 그 근원을 거슬러 올라가 보면 창안현 하오징의 신석기시대 용산문화(龍山文化) 재구덩이[灰坑]에서 일찍 백도(白陶)가 출토된 바 있다. 시안시고고학연구소에 소장된 서주시대 청자존(青瓷尊)은 1993년 저우즈현(周至縣) 아바이진(啞柏鎮)에서 넘겨받은 것으로 시안 주변 지역에서 출토된 서주시대 자기 자료를 풍부히 하였다.

진대(秦代) 자기는 산시(陝西)에서 발견된 것이 적은데 린퉁구(臨潼區) 박물관에 소장된 진시황릉에서 출토된 진대 원시청자관(原始青瓷罐)이 대표 격이다. 양한(兩漢)시대는 출토량이 많아졌으며 특히 주기(酒器)인 청자종(青瓷鍾)이 다수 출토되었는데 산시성역사박물관(陝西省歷史博物館)과 시안시고고학연구소에 주로 소장되었다. 위진남북조(魏晉南北朝)시대는 관중(關中, 지금의 산시성 일대)에서 전란이 끊이지 않았기 때문에 청자의 출토량이 적다. 1976년 기존 산시성박물관에서 서진(西晉) 사자 모양 청자 촛대를 수집한 적이 있고, 산시성역사박물관에 소장된 서진의 청자반구타호(青瓷盤口唾壺)와 동진(東晉)의 계수호(鷄首壺) 등은 모두 산시성 남부에 위치한 안캉(安康)에서 출토된 것으로 특히 동진의 계수호는 서진시대의 공백을 메울 수 있을 것이다. 최근 창안현 북위(北魏) 시기 위욱(韋彧) 무덤에서 출토된 청자대벽옹연(青瓷大辟雍硯)은 보기 드문 북위 시기의 청자이다. 시안에서 발굴 및 출토된 북주(北周)의 청자 계수호와 반구병(盤口瓶) 역시 보기 드문 것들이다.

수당(隋唐)시대 도읍지였던 창안은 출토된 자기 수량이 많을뿐더러 질도 우수하다. 대명궁(大明宮), 청룡사(青龍寺) 등 유적지와 수많은 당묘(唐墓)에서 고고학적 발굴과 정리를 거쳐 많은 도자기들이 세간에 선보이며 이목을 끌었다. 예컨대 1985년 시안시(西安市) 웨이양구(未央區) 훠사오비촌(火燒壁村) 당대 요장(窯藏)에서 출토된 '官(관)'이 새겨져 있는 33점의 당대 곡양요(曲陽窯) 백자(白瓷) 완(碗)과 반(盤), 대명궁에서 출토된 '盈(영)', '翰林(한림)' 글자가 새겨져 있는 형요(邢窯) 백자 관(罐), 2002년 3월에 청룡사 부근의 당대 신창방(新昌坊) 우물에서 출토된 '盈(영)'이 새겨져 있는 형요 백자 집호(執壺), 뚜껑 및 잔대(盞臺) 등이 있다. 이 밖에 당대의 '남청북백(南青北白, 남방은 청자, 북방은 백자)' 국면을 보여주는 월요(越窯), 수주요(壽州窯), 형요, 곡양요, 공현요(鞏縣窯) 등의 다양한 남북방 자기들이 시안에서 모두 출토되었다.

초당(初唐)부터 퉁촨(銅川) 황바오진(黃堡鎭)을 중심으로 한 휘주요(耀州窯)에서 자기 생산을 시작하였다. 휘주요는 당나라 수도 외곽지역의 요장(窯場)으로 다른 요장의 장점을 배워 다양한 품종의 자기를 제작해 품질도 빠르게 좋아졌다. 시안에서 출토된 자기 중에는 당대 황보요(黃堡窯)의 것이 점차 늘어났고 흑자(黑瓷), 다엽말유자(茶葉末釉瓷), 청자의 품질이 특히 뛰어났다.

오대(五代) 이후, 시안은 도읍지로서의 지위는 잃었지만 명청대(明淸代)까지 줄곧 서북 지역의 정치, 경제, 문화의 중심지였다. 유구한 역사를 바탕으로 휘주요는 북방의 명요(名窯)로서 명성이 점차 높아지고 시안은 전국 명요 도자기의 서북집산지로서 균요(鈞窯), 자주요(磁州窯), 용천요(龍泉窯), 정요(定窯) 등 남북방의 이름난 도자기가 모두 출토되었다. 시안에서 출토된 자기 중 오대에서 북송(北宋)·금대(金代)·원대(元代)까지는 휘주요의 것이 대부분을 차지한다. 또한 북송 시기 휘주요 자기는 공물로써 조정에 헌납되기도 하였는데 휘주요 자기는 산시 지역의 당시 자기 제조업의 수준을 보여준다.

명청(明淸)시대 시안은 여전히 서북의 중요한 도시였다. 명대(明代) 진왕부(秦王府)는 징더전(景德鎭)에서 청화(靑花)와 홍채자기(紅彩瓷器)를 주문 제조했는데 진왕부 옛 터에서 진왕부가 주문한 관지가 새겨진 징더전 청화자기 도편이 출토되었다. 또한 진왕묘군(秦王墓群)에서 소량의 관요(官窯) 자기가 출토되었으며 지에팡루(解放路)에서도 진왕부의 자기 요장이 발견되었다. 이 밖에 진왕묘군에서 출토된 백지흑화자(白地黑花瓷)와 다엽말자(茶葉末瓷)는 휘주요의 원대와 명대의 자기를 구분하는 데 중요한 역할을 하였다.

청대(淸代) 이후, 시안은 산시성 성 소재지, 서북의 중심 도시로서 대량의 청대 청화와 채색자기가 보존되어 있는데 이 자기들은 창장(長江), 한장(漢江)을 거쳐 산시 남쪽의 샹루오(商洛)에서 단장(丹江)을 따라 친링산맥(秦嶺山脈)을 넘어 관중으로 운송된 것이다. 시안 일대는 징더전에서 서북의 다섯 성(省)과 산시(山西)로 운송하는 중간 기점으로 청화, 채유자(彩釉瓷), 채화자(彩畵瓷) 등 여러 종류의 청대 자기가 남아 있는데 수량과 품질이 서북 다섯 성 중 으뜸이다. 당시 어려운 운송조건에도 시안에 보존된 적지 않은 청대 징더전 대형 자기들은 남방 자기 제조업을 연구하는 데 중요한 실물자료가 된 것은 물론 시안 고대 자기사(瓷器史)의 한 페이지를 장식하게 되었다.

시안에서 출토된 고대 자기는 역사적 원인으로 인하여 시안시고고학연구소, 산시역사박물관, 산시성고고학연구소, 중국사회과학원고고학연구소 시안연구실, 시안시 문물상점 등 여러 곳에 보관되어 있는데 이 중 시안시고고학연구소의 소장품이 가장 뛰어났다. 최근 새로운 고고학적 발견으로 자기들이 잇달아 출토되었는데 2001년 시안 동쪽 교외의 한썬자이(韓森寨) 황허(黃河)기계공장에서 발굴된 지원(至元) 25년(1288년) 벽화묘(壁畵墓)에서는 장유(醬釉)를 입힌 녹슨 잔, 잔탁(盞托), 등잔 등 8점이 출토되었다. 이들은 모두 원대 휘주요 자기로 명확한 연대 기록이 있어 연대 추정의 표준기물로 사용할 수 있다. 시안 남쪽 교외 기초공사 중 발굴된 명대 진왕묘군 가운데 견양왕(汧陽王), 합양왕(郃陽王) 가족무덤에서는 자기항아리, 자기병 등이 출토되었다. 이 묘군은 비록 도굴당하기는 했으나 여전히 많은 자기들이 남아 있어 명대의 시안 자기사를 연구하는 데 중요한 자료가 될 것이다.

시안에서 출토 소장한 자기에 관한 상세 자료가 아직 없는 상황에서 쑨푸시(孫福喜) 박사 등이 편저한 본 책의 출판은 시안 자기에 대한 전면적인 이해뿐만 아니라 고대 자기와 예술 및 시안 지방사 연구에 큰 도움이 되리라 믿는다.

2005년 9월 10일

작전시(禚振西)

长安自古帝王都，周、秦、汉、唐等十叁朝建都于此。厚重的歷史积淀使西安陶瓷具有悠久的歷史，西安各文物单位收藏的陶瓷器亦以出土品居多，其中西安市文物保护考古所收藏瓷器独具特色。该所藏瓷涵盖了从西周到清代各个歷史时期，尤其是隋、唐、宋代瓷器最具代表性，唐长安城及隣近区县出土唐代瓷器工艺精美，代表着大唐盛世的烧瓷工艺水平，这些歷代陶瓷是西安文物宝库中一颗耀眼的明珠。

西安市收藏瓷器具有一大特色，即除了明清时期瓷器以传世品居多外，多数藏瓷为歷年来考古发掘出土瓷器。

西安目前出土瓷器年代最早为西周时期。1954年长安县（现为长安区）普渡村沣河以东的镐京遗址出土“釉陶豆叁件”；1955—1957年，在长安县沣河以西丰京范围内的张家坡村又出土了西周“釉陶”片，大多属于豆形器的残片；1984年在张家坡西周井叔墓中又出土了“浅盘矮圈足的釉陶豆形器”。这些在早期考古记录中被称作釉陶的器物，通过现代科技测试可知，它们均是处于塬始阶段的青瓷器，与扶风周塬西周墓葬和遗址中出土的塬始青瓷大致属于同一类别。追溯其源头，长安县镐京的新石器时代龙山文化灰坑中就曾出土了白陶。作为瓷器的素烧胎，白陶为瓷器发明创造了条件。西安市文物保护考古所藏有一件西周时期的青瓷尊，系1993年周至哑柏镇上交，此尊丰富了西安相隣地区出土西周瓷器资料。

秦代瓷器在陕西发现较少，临潼区博物馆藏有秦始皇陵区出土的秦代塬始青瓷罐可视为代表。此后两汉时期青瓷出土量增多，酒具类的青瓷锺有较多出土，陕西歷史博物馆和西安市文物保护考古所多有收藏。魏晋南北朝时期关中战事不絶，因此西安出土魏晋北朝瓷器数量很少，1976年塬陕西省博物馆征集过一件西晋青瓷狮形烛台，陕西歷史博物馆收藏的西晋青瓷盘口唾壶和东晋鷄头壶均为陕南安康出土，西安市所藏东晋青瓷鷄头壶残件可补充此段空白。近年长安县发掘移交的北魏韦彧墓出土青瓷大辟雍砚为罕见的北魏青瓷实物。西安发掘出土的北周青瓷鷄头壶、盘口瓶亦为少见的北周青瓷。

隋唐时期的长安为帝都所在，出土瓷器数量大、质量高，许多精美之作可视为唐代瓷器的代表，在大明宫、青龙寺等遗址及衆多唐墓考古发掘与清理中陶瓷器屡屡面世，许多是引起轰动的重要发现，如1985年西安市未央区火烧壁村唐代窖藏出土的33件带“官”字款唐代曲阳窑白瓷碗盘；大明宫出土同时刻有“盈”、“翰林”款邢窑白瓷罐；2002年3月青龙寺隣近的唐新昌坊水井出土的5件“盈”字款邢窑白瓷执壶、盖及托盘，代表唐代“南青北白”烧瓷格局的越窑、寿州窑、邢窑、曲阳窑、巩县窑等南北方瓷器品种荟萃，在西安出土瓷器均有反映。

从初唐开始，以铜川黄堡镇为中心的耀州窑开始制瓷生産，作为大唐首都的京畿窑场，耀州窑学习其他窑口之长，创烧了多种多样的品种，其质量迅速提高，在西安出土瓷器中唐代黄堡窑开始占有一定的比例，且黑瓷、茶叶末釉瓷、青瓷的质量在各窑口中已居前列。

五代以后，西安不再作为首都，但从五代至明清，在长达千年的歷史中，西安一直是西北地区的政治、经济、文化中心，在继承了大唐首都厚重的歷史根基下，耀州窑作为北方名窑的地位不断上升，西安同时又是全国名窑陶瓷的西北集散地，钧窑、磁州窑、龙泉窑、定窑等南北方名瓷均有出土。从五代开始，至北宋、金、元，西安出土瓷器中耀州窑已占多数，北宋耀州窑曾作为贡品献入朝庭，大量精美纷呈的耀州窑瓷代表了陕西这一时期制瓷业的水平。

明清时期的西安城仍为西北重镇，明秦王府曾在景德镇定烧青花和红彩瓷器，在秦王府故址出土有秦王府订烧题款、刻款的景德镇青花瓷器残件，并有少量官窑瓷器在秦藩王墓群出土，还曾在解放路出土秦王府瓷器窖藏，而在秦王墓群出土的白地黑花瓷和茶叶末瓷对辨别耀州窑元明瓷器分期也起到了重要作用。

清代以后，西安作为陕西省府、西北重镇，保留下来大量的清代青花和彩瓷，这些瓷器经长江、汉江，从陕南商洛沿丹江翻越秦岭输入关中，西安一带是景德镇输入西北五省和山西的中转站，因此保存下来的清代瓷器包括了青花、彩釉瓷、彩畵瓷等诸多品种，数量之多，质量之高，在西北五省堪称楚翘。在当年困难的运输条件下，大件清代景德镇瓷器在西安能有较多数量的保留，补充了对南方制瓷业的研究实物资料，也为西安古瓷歷史写上了浓重的一笔。

西安出土的古代陶瓷，由于歷史塬因，分散保管于西安市文物保护考古所、陕西歷史博物馆、陕西省考古研究所、中国社科院考古研究所西安研究室、西安市文物商店等多家单位，其中西安市文物保护考古所藏品最为突出，近年来随着新的考古发现，不断有新的瓷器出土，如2001年西安东郊韩森寨黄河机械厂抢救发掘的至元二十五年（1288年）壁畵墓，墓中出土的8件酱釉铁銹斑盏、盏托、灯碗，均为耀州窑元代制品，因有明确的纪年，可作为耀州窑元代此类瓷器的断代标准器。西安南郊基建中新近发掘的明秦王墓群中汧阳王、郃阳王两处家族墓地，出土物中均有瓷缸、瓷瓶等，这些墓葬虽经盗扰，但大量有待整理出土瓷器都是研究明代西安瓷器歷史的重要资料。

目前对西安出土收藏瓷器尚未有资料加以全面介绍，孙福喜博士等编着的本书的出版，可使陶瓷界对西安出土瓷器可获得较为全面的了解，这对古陶瓷、艺术研究乃至西安地方史研究必将大有禆益。

2005年 9月 10日

禚振西

Since ancient times, Chang'an served as the ancient capital of thirteen dynasties, including Zhou, Qin, Han and Tang Dynasties, etc. Thick historical accumulation availed Xi'an a long history based on porcelain. Unearthed porcelains are in the majority in each of Xi'an units of cultural relics collection; among them, the porcelains kept in the Xi'an Institute of Archaeology and Relics Preservation has distinguishing features alone, covers all porcelains in various historical periods from the Western Zhou Dynasty to the Qing Dynasty; in particular, the porcelains in the Sui, Tang and Song Dynasties are the most representative, the exquisite porcelains of the Tang Dynasty, which were unearthed in Chang'an City of Tang Dynasty and adjacent districts and counties, represent the technological level of enamelware during flourishing period of Tang Dynasty, and these porcelains in successive dynasties is a dazzling pearl in Xi'an's Treasure House of Cultural Relics.

The collection of porcelain in Xi'an City has a significant feature, that is, the porcelain handed down during the Ming and Qing Dynasties is in the majority, in addition to that, the most of the porcelain is from archaeological excavation in the past years.

At present, the earliest porcelain unearthed in Xi'an belongs to the Western Zhou Dynasty. In 1954, the "Three Bean-shaped Glazed Potteries" were unearthed in Hao Jing Site in the east of Feng he River, Pudu Village, Chang'an County(now is Chang'an District); during 1955-1957, "Glazed Pottery" tablets of the Western Zhou Dynasty were unearthed in Zhang Jiapo Village within the scope of the Feng Jing in the west of Fenghe River, Chang'an County, which of them are mainly bean-shaped tablets; in 1984, "shallow-dwarf bean-shaped Glazed Pottery was unearthed in the Jing Shu Tomb of the Western Zhou Dynasty, Zhang Jia Village; All of them were called Glazed Pottery in the early record of archaeology, and by modern technology test, it was found that all of them belonged to the celadon at the primitive stage and nearly to the same system with the original celadon porcelain unearthed in Fu Feng during Zhou Dynasty(originally the Western-hou-Dynasty Tombs and Sites). To trace its source, the white pottery, which had been unearthed in ash hole of Longshan Culture of Hao Jing Neolithic period in Chang'an County, as the biscuit firing fetus, created the conditions for the invention of porcelain. A celadon wine cup of the Western Zhou Dynasty, which was handed over from Yabai Town, Zhouzhi County, and has been preserved in the Xi'an Institute of Archaeology and Relics Preservation, has enriched the information of the porcelain of the Western Zhou Dynasty unearthed in Xi'an and its adjacent areas.

The porcelain of the Qin Dynasty were rarely found in Shaanxi, the original celadon pot of the Qin Dynasty, which was unearthed in Mausoleum of the Shi Emperor of Qin Dynasty, has been preserved in Lintong District Museum and regarded as representative. After that, with the increase of unearthed celadon of the Han Dynasty, more and more Celadon Zhongs(Zhong is an ancient measure) of wine set were unearthed and have been preserved in the Shaanxi History Museum and the Xi'an Institute of Archaeology and Relics Preservation. Thanks to endless wars during Wei, Jin and Southern as well as Northern Dynasties, the porcelain of the period was unearthed in Xi'an in a small number, in 1976, the former Shaanxi Provincial Museum collected a lion-shaped celadon Candlestick of the Western Jin Dynasty; the celadon spittoon of the Western Jin Dynasty and chicken-shaped pot of Eastern Jin Dynasty collected by Shaanxi History Museum were both unearthed in Ankang, southern Shaanxi; debris of the chicken-shaped celadon pot of the Eastern Jin Dynasty can fill the blank of this period. Years recently, the large celadon ink-stone, which was unearthed and handed over in Wei Tomb of the Northern Wei Dynasty in Chang'an County, it is a rare porcelain, so are the chicken-Å shaped celadon pot and the plate-mouth bottle of Northern Zhou Dynasty unearthed in Xi'an.

Chang'an served as the Capital in the Sui and Tang Dynasties, so a number of porcelain of fine quality was unearthed, and many of the exquisite works can be seen as representatives of porcelain of the Tang Dynasty. Numerous ceramics unearthed in Daminggong Palace, Qinglong Temple, the tombs of Tang Dynasty and other sites are available, and many of them are regarded as important sensational discoveries. For instance, in 1985, thirty-three white porcelain dishes with "official" word were unearthed in the Kiln of Tang Dynasty, Huoshaobi Village, Weiyang District, Xi'an city, meanwhile, white porcelain pots with word of "Ying" or "Hanlin" from Xing kiln were unearthed in the Daminggong Palace; in March, 2002, five white porcelain handed pots, lids and trays with the word of "Ying" which were discovered in Tangxinchangfang Well near Qinglong Temple, show that Yue Kiln, Shouzhou kiln, Xing Kiln, Quyang kiln, Gongxian porcelain kilns andso on, embodied the pattern of firing porcelain of "Celadon in the South and White Porcelain in the North" of the Tang Dynasty, and that various porcelains were always produced in the Northern and Southern areas. The porcelain unearthed in Xi'an reflect that.

From the early Tang Dynasty, Yaozhou Kiln, which took Huang Town Tongchuan City as the center of porcelain production, served as Jingji Kiln of the capital of the Tang Dynasty and learned the length and merit from other kilns, developed a wide variety of species, and quickly improved their quality. The porcelain of the Tang Dynasty unearthed in Huangbao Kiln, Xi'an started to occupy a certain proportion, furthermore, among them, the quality of black porcelain, tea foam glaze porcelain and celadon ranked the first in various porcelain kilns.

After the Five Dynasties, Xi'an didn't serve as the capital any longer, but during a thousand years of history from the Five Dynasties to the Ming and Qing Dynasties, Xi'an had been the political, economic and cultural center of the northwest region. With strong historical foundation of the Tang Dynasty Capital, Yaozhou kiln, as a famous kiln in the north, continuously rose its status, meanwhile, Xi'an was also the distributing center for national famous kilns in the northwest, hence, well-known porcelain from Jun Kiln, Cizhou kiln, Longquan Kiln, Ding Kiln and so on in the north and south were all unearthed. To the Northern Song, Jin and Yuan Dynasties from the Five Dynasties, porcelain of Yaozhou Kiln accounted for the majority of those uncovered in Xi'an; in the Northern Song Dynasty, porcelains of Yaozhou Kiln, as a tribute, were presented to the top government; a large number of exquisite porcelains of Yaozhou Kiln represented the porcelain making level of Shaanxi in this period.

During the Ming and Qing Dynasties, Xi'an City still was an important town in the northwest; the Emperor Qin House had ordered the blue and white porcelain and red porcelain from Jingdezhen. The remains of blue and white porcelain, which is carved with name of Emperor Qin House, were unearthed in the site of Emperor Qin House; a small amount of pottery from the official kilns were unearthed in Emperor Qinfan Tombs; the porcelain kiln of Emperor Qin House was also unearthed in the Jiefang Road, what's more, the black flower and tea foam porcelain, which is unearthed in the Emperor Qin Tombs, play an important role in identifying the period division for porcelain of the Yaozhou Kiln during Yuan and Ming Dynasties.

After the Qing Dynasty, Xi'an served as the provincial capital of Shaanxi Province and an important town in the northwest, retained a large number of the blue and white and colored glaze porcelain of Qing Dynasty; these porcelains were transported from the Yangtze River to Hanjiang River to Danjiang River in the southern Shaanxi area, then to Qinling Mountain, at last to Guanzhong district, hence, Xi'an also served as the transit station where the porcelain was transported from Jingdezhen to five provinces in the southwest and shaanxi. Therefore, the porcelain of the Qing Dynasty preserved, including blue and white, colored glaze and colored pattern porcelain and many other species, enjoyed a large quantity and high quality, such being called "wonder" in the five northwest provinces. In that difficult condition of transport, a larger quantity of bulky Jingdezhen porcelain of the Qing Dynasty in Xi'an could be preserved, which added to the value materials for studying the porcelain industry in the south, and enriched Ancient Porcelain History of Xi'an.

Ancient pottery was unearthed in Xi'an, due to historical reasons, were separately preserved in Shaanxi History Museum, the Shaanxi Provincial Archaeological Institute, Xi'an Branch for the Archaeological Institute of Chinese Academy of Social Sciences Research Center, antique &curio stores in Xi'an and so on, among of which the collections of the Xi'an Institute of Archaeology and Relics Preservation is prominent. In recent years, new porcelain has, in the wake of new archaeological discoveries, been unearthed. For instance, in 2001, the Huanghe Machinery Plant, which was located in Hansen Gurry, eastern outskirts of Xi'an, rescued and excavated mural tomb of 25 years of Yuan Dynasty(1288), in which eight brown glaze irons, spot calices, light holders and light bowls were unearthed; they were all produced in Yaozhou Kiln in the Yuan Dynasty. Due to the clear Annals, they can be regarded as the Division Standard for the porcelain of Yuan Dynasty. The tombs of Emperor Yang and two his relatives, among the tombs of Emperor Qin of the Ming Dynasty, were newly discovered and unearthed in the process of infrastructure in the southern suburbs of Xi'an, in which porcelain jars, porcelain bottles and so on were all unearthed. Although they have been stolen, the unearthed porcelains herein need collating, because they are to provide the important information for studying Xi'an porcelain history of the Ming Dynasty.

At present, the comprehensive information has not yet be provided for the collection of porcelain unearthed in Xi'an; but the book edited by Dr. Sun Fuxi, can have the people of ceramics sector understand more comprehensively ancient porcelain unearthed in Xi'an, and Will certainly benefit the study of ancient porcelain, arts and local history in Xi'an.

10th September, 2005

Zhuo Zhenxi

長安は古くから帝王の都であった。周、秦、漢、唐など13の王朝がここで都を築いた。重々しい歴史の沈積で西安陶磁器も悠久なる歴史を持たせている。西安の各文物収集先が所蔵する陶磁器の中では出土品が多数を占める。そのうち、西安文物保護考古所が所蔵したのは独自の特色を持っている。その陶磁器の時代は西周から清の時代までの各時代を覆う。特に、隋、唐、宋の時代の磁器は最も代表性を備える。唐の長安城遺跡及び付近の区と県から出土した唐代の磁器は技術が精巧で美しいし、大唐の盛んな時代の焼き技術のレベルを代表出来る。これらの歴代陶磁器は西安文物宝庫の中のまばゆい珠玉である。

西安市の陶磁器収集は一つとても大きい特色がある。即ち、明清時代の陶磁器は後世に伝わる物が多数を占める。それ以外は、数年来の考古発掘で出土した所蔵陶磁器が多数を占める。

目前、西安の出土磁器の中で一番古いものは西周時代のものである。1954年、長安県（現在の長安区）普渡村の灃河の東の鎬京遺跡から「釉陶豆三件」を出土した。1955－1957年、長安県灃河の西の豊京の範囲の張家坡村で、また西周時代の「釉陶」破片を出土した。大部分は豆形器の破片であった。1984年、同じ張家坡村の西周井叔墓から「浅盤矮圏足の釉陶豆形器」を出土した。これら初期の考古記録の中で「釉陶」と称される器物は現代科技の測定によって分かった。すべては原始段階に於ける青磁器である。扶風県の周原の西周墓葬と遺跡から出土した青磁とは大体同じ系統である。その源をさかのぼると、長安県（現在の長安区）の鎬京遺跡の新石器時代龍山文化の発掘穴からかつて白陶を出土した。磁器の「素焼胎」として、白陶は磁器の発明に条件を作った。西安文物保護考古所が所蔵した文物の中では、一つ西周時代の礼器である青磁の「尊」と言うものがある。それは1993年、周至県啞柏鎮から引き渡した物で、西安付近から出土した西周時代の磁器の資料を豊かにした。

陝西省で発見した秦の時代の磁器はより少ない。臨潼区博物館に収めている秦の始皇帝の陵から出土した秦代原始青磁罐はその代表と見えられる。その後、前漢後漢時代の青磁の出土品が増えた。酒の具類の青磁の鍾が割りに多く出土された。陝西歴史博物館と西安文物保護考古所には多く収集してある。魏晋南北朝時代、関中地区の戦争が絶えなかったため、西安でのこの時代の磁器の出土品がとても少なかった。1976年、陝西省博物館が西晋時代の一点の獅¿子の形である蝋燭の青磁の台を募集した。陝西歴史博物館に収めてある西晋時代の青磁の盤口唾壺と東晋時代の鶏頭壷は全て陝西省南部の安康市からの出土である。西安文物保護考古所に収集した東晋時代の青磁鶏頭壷の不完全な物はこの段階の空白を補充することが出来る。近年来、長安県が北魏韋墓から発掘し、引き渡した青磁大辟雍硯は北魏青磁の珍しい実物である。西安で出土した北周時代の鶏頭壷、盤口瓶も珍しい北周青磁である。

隋、唐の時代、長安は都でしたので、磁器の出土品の数が多く、質が高くて、沢山の逸品は唐代磁器の代表と見られる。大明宮、青龍寺などの遺跡及び数多い唐墓への考古発掘と整理によって、陶磁器は何度も世間に現れた。センセーションを引き起こした重要な発見が多かった。例えば、1985年、西安市未央区火焼壁村の唐代穴蔵から出土した33点の「官」の字款付きの唐代曲陽窯白磁碗盤、大明宮から出土した同時に「盈」と「翰林」を刻まれた邢窯白磁罐、2002年3月、青龍寺付近の唐新昌坊の井戸から出土した5点の「盈」の字款付きの邢窯白磁執壷、蓋及び盆など。これらは、唐の時代の「南青北白」の陶磁器焼き構造を代表する越窯、寿州窯、邢窯、曲陽窯、巩県窯など南北の磁器が西安に集まったことを表明し、全ては西安の出土した磁器から反映した。

初唐から始め、銅川市黄堡鎮を中心とする耀州窯の製磁生産は大唐の首都の京畿のかまどの場として、多種多様の品種を作って焼いた。その質も迅速に高まり、西安から出土した陶磁器の中には唐代黄堡窯が一定の割合を占有することを始めた。そして、黒磁、茶葉沫釉磁、青磁の質は各かまどの中ですでに前列に位置した。

五代以降、西安はもう首都としてなかったけど、五代から明清時代まで、千年にも続く歴史の中、西安はずっと西北地区の政治、経済、文化の中心だった。大唐の首都の重々しい歴史の基礎を継承した上、耀州窯は北方名窯とする地位が絶えず上昇した。その同時、西安はまた全国の有名な窯の磁器の流通センターだった。その同時、鈞窯、磁州窯、龍泉窯、定窯など南北で有名な窯の磁器を皆西安で出土したことがある。五代から始め、北宋、金、元にかけて、西安から出土した磁器の中では、耀州窯のものがもう多数を占めた。北宋時代の耀州窯の磁器はかつて貢物として朝廷へ捧げた。数多く精巧で美しく盛んに露呈した耀州窯磁器がこの期間、陝西省の磁器製造業のレベルを代表した。

明清時代の西安城は依然に西北の要衝とした。明の秦王府がかつて景徳鎮で青花と紅彩磁器を注文した。明の秦王府遺跡で秦王府が注文して作ってもらった字款付き景徳鎮青花磁器の不完全な物を出土したことがある。そして、秦藩王墓群から官窯磁器も少し出土した。また、かつて解放路から秦王府磁器穴蔵を出土した。秦藩王墓群から出土した白地黒6花磁と茶葉沫釉磁は耀州窯の元と明の磁器の期間分けの判明にも重要な役割を果たした。

清代以後、西安は陝西省政府所在地と西北の要衝として、清代の沢山の青花と彩磁を保存した。これらの磁器は揚子江、漢江を経て、陝南の商洛から丹江に沿って、秦嶺山脈を越え、関中へ輸入してきた。西安あたりは、景徳鎮磁器が西北五省と山西省へ輸入する乗B換駅であった。だから、残されてた清代磁器の品種は青花、彩釉磁、彩画磁など多くあり、量の大きさも質の高さも西北五省では抜群である。当時の厳しい交通状態の下で、大きくて高い清代景徳鎮磁器は割りに多い量の保留が出来た。これは、南方の磁器製造業の研究の為の実物資料への補充であるし、西安の古代磁器の歴史にも濃い一筆を書いた。

西安で出土した古代磁器は、歴史の原因で、西安文物保護考古所、陝西歴史博物館、陝西省考古研究所、中国社会科学院考古研究所西安研究室、西安市文物商店など数箇所に分散して保管してある。その中、西安文物保護考古所の所蔵品が比較的優れる。近年以来、新しい考古発掘に伴い、新しい磁器が絶えずに出土された。例えば、2001年、東郊外の韓森寨にある黄河機械厂での緊急発掘により、至元二十五年（紀元1288年）の壁画墓の中から、8点の醤釉鉄斑盏、盏托、灯碗を出土した。全て元代の耀州窯製品だった。明確な年代があったので、元代の耀州窯の同類磁器の時代判明の基準にすることが出来る。

西安の南郊外での建設により、明代の秦王墓群の中の陽王墓と陽王の二ヶ所家族墓地が発掘された。出土品の中、皆磁缸と磁瓶などがあった。これらの古墳は盗掘されたことがあったけど、整理を待たねばならない沢山の出土磁器は明代の西安磁器の歴史を研究する重要な資料になる。

目前、西安で出土した所蔵磁器について全面的に紹介をする文書はまだない。孫福喜博士などが編集したこの本の出版により、陶磁器業界が、西安の出土磁器に対して、より全面的な理解を獲得出来る。これが古陶磁研究、芸術研究乃至西安地方史の研究に対して、きっと大きい利益をもたらす。

2005年 9月 10日

禚振西

주지하다시피, 중국은 자기(瓷器)의 고향이다. 자기 발명은 고대(古代) 중국인이 세계 고대 문질문명에 남긴 거대한 공헌이다. 자기는 상대(商代)에 발명된 후 각 시대, 각 지역마다 독자적인 종류가 생겨났다. 시안(西安), 즉 고대의 창안(長安)은 열세 개 왕조의 도읍지이자 중국 고대 정치, 경제, 문화 중심지로서 시안 출토 고대 자기는 전형적인 지방색을 띠었을 뿐만 아니라 중국 고대 자기 발전의 빛나는 역사와 공예 수준도 반영한다.

1

고고학 자료에 의하면, 시안지역에서 출토된 자기 중 연대가 가장 이른 것은 창안구(長安區) 장자포(張家坡) 서주(西周) 주거 유적지와 푸루촌(普渡村) 서주묘(西周墓)에서 출토된 청자(靑瓷)이다. 기형(器形)은 두(豆), 존(尊), 관(罐)으로 태질(胎質)이 거칠고 성글며 유색(釉色)은 청색에 약간 회색이 감돌고 유층(釉層)은 묽고 엷다. 시안을 제외한 바오지(寶雞), 셴양(咸陽), 웨이난(渭南), 퉁촨(銅川) 등 산시 기타 지역의 서주 유적지와 무덤 중에서도 서주(西周) 시대의 자기가 출토되었는데 기형은 두(豆)가 대부분이고 그 외 관(罐)과 옹(瓮)도 있다.

시안지역에는 춘추전국(春秋戰國)시대의 자기가 적다. 1982년 진시황릉 서쪽에 위치한 '여산사관(驪山飤官)' 건축유적지에서 지금까지 중국에서 유일하게 확인된 진대(秦代) 청자가 출토되었다. 기형에는 관(罐)과 기물(器物) 뚜껑 및 대량의 도편(陶片)이 있으며 그중 한 조각에는 전서체의 '麗邑九升(여읍구승)' 넉 자가 새겨져 있다. 이 자기들은 시안지역의 진대 자기 연구에 진귀한 증거를 제공해주었다.

1991년, 시안시 남쪽 교외 취장(曲江) 공군인쇄공장의 공사현장에 있는 한묘(漢墓)에서 서한 말기의 자기가 출토되었다. 기형은 입이 벌어진 호(壺) 위주이고 태색(胎色)은 흑갈색에 가까우며 태질은 거칠지만 비교적 단단하고 유색은 청갈색이며 유층은 얇다. 시유(施釉)가 고르지 않고 동체 중간부터는 시유하지 않았다. 저장 상위(上虞), 위야오(餘姚)지역의 서한(西漢)무덤에서도 유사한 자기가 출토되었다.

상술한 자기는 태토(胎土), 유약 질과 공예 수준이 낮아 '원시자기'로 불린다. 사실, 원시자기는 비교적 모호한 개념으로 오해하기 쉽다. 원시자기를 자기가 아닌 것으로 보기도 하고 도기에서 자기로 넘어가는 과도기로 진정한 의미의 자기는 동한(東漢) 중 · 말기 이후에야 나타났다고 보는 경우도 있다. 사실상, 이 자기들은 태토와 유약에 이물질이 많지만 그 성분 및 소성온도는 이미 자기의 표준에 부합되므로 본질적으로 자기에 속한다고 할 수 있다. 그러므로 '원시자기'란 개념은 논의의 여지가 있으며 '초기 자기'로 대체하는 것이 더 적합할 수도 있다.

2

삼국(三國) · 양진(兩晉) · 남북조(南北朝)시대, 중국 자기 제조업의 중심지는 장쑤(江蘇)와 저장(浙江) 일대로 북방지역은 아직 발달하지 않았다. 최근 시안지역에서는 당시 자기가 많이 출토되었는데 대부분 남북조시대의 것이며 그중 가장 중요한 것은 북위(北魏) 기년묘(紀年墓)에서 출토된 자기이다. 예를 들어 1988년 창안현(長安縣) 웨이치진(韋曲鎭) 베이위안(北塬)에 위치한 북위 시기 웨이이욱(韋彧) 무덤에서 출토된 청자제족연(靑瓷蹄足硯)과 연적(硯滴), 2001년 창안현 웨이치진 베이칭징위안(北淸凉塬)에 위치한 북위 영희(永熙) 3년(532년)의 웨이이간(韋乾) 무덤에서 출토된 청자반구호(靑瓷盤口壺) 한 쌍 등이 있다. 이 청자들은 기형이 큰 편이나 성형이 반듯하고 태질이 깨끗하며 유면이 고르다. 이 밖에 시안시고고학연구소에는 베이치(北齊)의 청자사계관(青瓷四系罐) 등과 같은 출토지가 불명확한 당시 자기가 소장되어 있다. 비록 이 자기들의 제조지역이 불명확하지만 전체 북방지역 북조시대 자기의 출토상황으로 보았을 때 그 수량은 남방지역과 비교할 수 없으나 이미 상당한 규모를 갖추었으며 수준 또한 높았음을 알 수 있다. 현재까지 발견된 북방의 가장 중요한 북조시대 가마터인 산둥 쯔보(淄博) 자이리요(寨里窯)는 이렇게 많은 수량의 자기를 제조할 수 있는 규모가 아니다. 그러므로 북방지역에는 다른 중요한 가마터가 존재할 가능성이 크며 시안에서 출토된 이 북조시대 자기들도 북방에서 제조되었을 가능성이 크다.

3

수당(隨唐)시대, 고대 중국 자기 제조업이 새로운 단계에 들어서면서 '남청북백(南青北白)'의 제조 국면이 나타났다. 북방의 자기 제조업은 신속히 발전하였는데 특히 형요(邢窯)의 백자는 남방 월요(越窯)의 청자와 비견될 정도로 발전하였다. 창안은 당 왕조의 도읍지로서 전국 각지 명요(名窯) 자기가 적지 않았으니 시안 지역에서 발견된 대량의 당대 자기가 이를 말해준다. 그중 비교적 중요한 발견은 아래와 같다.

(1) '官(관)' 명(銘) 정요(定窯) 백자

1985년 3월 25일, 시안시 북쪽 교외 화소벽촌(火燒壁村)의 건설현장에서 당대 말기의 자기가 대량 발견되었다. 도편 외에 비교적 온전한 자기는 도합 52점으로 청자와 백자 두 가지이다. 그중 가장 주목을 끈 것은 '官(관)' 명 백자 33점의 발견이다. 펑셴밍(馮先銘)이 1980년대에 작성한 통계를 보면, 세계적으로 '官(관)' 명 자기는 도합 77점가량인데[1] 화소벽촌처럼 한 번에 33점이 출토된 경우는 극히 드물다. 이 백자들은 완과 반으로 조형은 대부분 구연부(口沿部)가 화판(花瓣) 모양이며 태질이 부드럽고 얇다. 유색은 흰색 가운데 청색이 감돌며 유면(釉面)은 맑고 투명하며 내외 벽 및 바깥바닥이 모두 시유되었다. '官(관)' 자는 시유한 후 굽기 전에 바깥바닥에 새긴 것이다. 태토, 유약, 조형 및 '官(관)' 명 등 특징은 모두 정요 가마터에서 출토된 동일한 종류의 자기와 같아 이 백자들을 당대 말기 정요 제품으로 확정지을 수 있다.

시안 지역 외에도 저장(浙江), 후난(湖南), 허베이(河北), 베이징(北京), 랴오닝(遼寧), 심지어 이집트에서도 '官(관)' 명 백자가 발견되었다. '관' 자의 뜻에 관해서 학술계에서는 이견이 분분하지만 그중 확실한 것은 이런 유형의 백자가 일반 백성이 사용할 수 없는 고급제품이란 것이다. 출토 상황으로 보았을 때, '官(관)' 명 백자는 대부분 궁정, 사찰 및 관료계층에서 사용하였을 것으로 추측된다. 시안 북쪽 교외의 화소벽촌은 당대 안정방(安定坊)의 소재지로 관료들이 많이 거주하였는데 이 자기들은 만당(晚唐) 시기의 전란을 피하면서 묻었던 것으로 추정된다.

(2) '盈(영)', '翰林(한림)' 명(銘) 형요(邢窯) 백자

가장 중요한 것은 2002년 3월에 발견된 것으로 시안시고고학연구소가 시안시 남쪽 교외 당대 창안성 신창방(新昌坊) 옛 우물 유적지에서 '盈(영)' 명 백자 집호(執壺)와 그에 딸린 백자 탁반(托盤) 다섯 세트를 출토하였다. 이 백자들은 당대 형요에서 제조된 것으로 티가 없이 매끈하고 태토와 유약 질 또한 뛰어났다. 1957년, 펑셴밍은 시안 당대 대명궁 유적지에서 형요의 '盈(영)' 명 백자 완 도편을 발견하였다.[2] 그 후 같은 유적지에서 바깥바닥에 '盈(영)'자와 '翰林(한림)'을 함께 새긴 형요의 백자 관(罐)이 출토되었다. '盈(영)' 명 또는 '翰林(한림)' 명이 있는 백자는 흔한 편이나 한 기물에 같이 있는 경우는 위 백자관 하나뿐이다. 1985년 시안 당대 서명사(西明寺) 유적지에서는 형요의 '盈

(영)' 명 백자완 도편이 출토되었고[3] 1992년 시안 당대 청룡사 유적지에서는 형요의 '盈(영)' 명 백자 완과 집호가 각각 1점씩 출토되었다.[4]

'盈(영)'은 당대 황궁의 대영고(大盈庫)를 가리킨다. 대영고는 당현종(唐玄宗) 시기 금은보화를 보관하던 대형 창고로 황제가 지배권과 사용권을 독점했다. '盈(영)' 명 백자는 시안 이외에, 허베이 형요 유적지에서도 20여 점의 백자완 굽이 발견되었는데 시안에서 발견된 것과 태토와 유약의 특징이 유사하므로 시안에서 출토된 '盈(영)' 명 백자는 형요의 제품으로 추정된다. 이 밖에, 상해박물관에 '盈(영)' 명 형요 백자합(白瓷盒) 한 점이 소장되어 있다. 이로부터 '盈(영)' 명 백자는 완 위주이고 이외에 집호(執壺), 합(盒), 관(罐) 등이 있음을 알 수 있다.

'翰林(한림)'은 당대의 한림원(翰林院)과 관계가 있는데 한림원은 당대 초기에 설치된 기관이다. 원래 한림원은 중요 기관이 아니었으나 현종 시기, 조서 작성에 참여하면서 지위가 격상되었다. 고증에 의하면, 당대 한림원 위치는 대명궁의 오른쪽 은태문(銀台門) 이북의 서쪽 성내인데 그 유적지는 1983년, 1984년 중국사회과학원고고학연구소 당성(唐城) 작업팀에 의해 발굴되었다. '翰林(한림)' 명 백자관은 루오양(洛陽) 당묘(唐墓)와 허베이 내구(內丘)의 벽돌가마터 공사장에서 각기 한 점씩 출토되었는데 그 조형은 시안 대명궁 유적지에서 출토된 '盈(영)'과 '翰林(한림)'이 함께 새겨진 백자관과 똑같았다. 지금까지 '翰林(한림)' 명 백자에는 관(罐) 이외의 다른 기형은 발견되지 않았다. '翰林(한림)' 명 백자는 형요 유적지에서 발견된 바 없지만 태토와 유약 특징이 형요 백자와 비슷하고 '盈(영)' 명 관(罐)과 똑같이 바깥바닥에 새겨져 있어 이 역시 형요 제품임을 알 수 있다.

'盈(영)'과 '翰林(한림)' 명 백자는 모두 형요 백자 중의 정수로 태질이 부드럽고 단단하며 전체에 백유를 시유하고 유질도 맑고 빛이 나며 성형도 가지런하다. 당대는 형요의 전성기로 제작한 백자는 '달처럼 둥글고 구름처럼 가벼워' 궁정의 인기를 얻었다. 그러므로 '盈(영)'과 '翰林(한림)' 명 백자는 황궁의 대영고와 한림원에서 주문 제작한 것이고 두 가지를 함께 새긴 백자관은 아마 대영고에서 한림원을 위해 주문 제조하거나 대영고에서 한림원에 조달한 자기로 추정된다.[5]

형요와 정요 백자 외에 시안시에서 발견된 당대 자기에는 월요의 청자, 공현요의 백자, 수주요(壽州窯)의 황유(黃釉)자기, 황바요(黃堡窯)의 흑유(黑釉)자기와 다엽말유(茶葉末釉)자기, 장사요(長沙窯)의 청자갈채(青瓷褐彩)자기 등이 있다. 이런 자기 중에는 고품질 자기도 있고 일반 자기도 있으며 궁정이나 관료들이 주문 소조한 것도 있고 상품으로서 유통된 것도 있어 황실부터 일반 백성까지 두루 사용했음을 알 수 있다. 이처럼 풍부한 문화재들은 당대 자기 제조업의 발전 정도를 보여준다.

4

송금(宋金)시대, 고대 중국 자기 제조업은 고속발전기에 들어섰으며 전국에는 각 요계(窯系)가 생겨났다. 이 시기 창안성은 도읍지의 지위는 상실하였으나 여전히 중요한 도시 중 하나로 경조부(京兆府) 혹은 경조군(京兆郡)이라 불렀다. 지금까지 발견된 송대(宋代) 가마터를 보면, 주로 휘주요(輝州窯) 청자, 용천요(龍泉窯) 청자, 균요(鈞窯) 청자, 경덕진요(景德鎮窯) 청백자, 정요계(定窯系) 백자, 자주요계(磁州窯系) 채회(彩繪)자기 등이 있으며 그중 휘주요 청자가 가장 많이 발견되었다. 휘주요는 서쪽으로 창안과 약 180km 떨어진 산시성 통촨시(銅川市) 황바오진(黃堡鎮)에 자리 잡아 창안성과 가장 가까운 거리에 있는 송대 청자 가마터이다. 이곳에서 제조된 청자는 단단하고 부드러운 태질, 밝고 맑은 올리브색 청유, 힘 있고 날카로운 각화(刻花) 기술로 이름을 날려 당시 이미 해외로 판매되었다. 시안에서 발견된 휘주요 청자는 대부분 지금의 중구루(鐘鼓樓) 부근에서 출토되었다. 또한 이곳의 일부 송대 지층에서는 2m 깊이의 휘주요 청자 퇴적층을 볼 수 있으며 한 우물 속에서는 휘주요 청자 도편 600여 점이 발견되기도 했다. 이 지역 외에, 신청광창(新城廣場), 둥먼와이(東門外), 허핑먼(和平門), 젠궈루(建國路) 등지에서도 휘주요 청자가 출토된 바 있다.

시안시에서 출토된 휘주요 청자는 송대 제품이 대다수이다. 기형(器形)은 완(碗), 반(盤) 위주이고 그 외 잔(盞), 존(尊), 노(爐), 호(壺), 병(瓶) 등이 있다. 송대 휘주요 청자는 대부분 정교하며 시안시고고학연구소에 소장된 청자각화존(青瓷刻花尊), 청자모란문완(青瓷牡丹紋碗), 청자인화수파어문완(青瓷印花水波魚紋碗) 등이 있다. 이 기물들은 태질이 단단하고 청유가 맑고 빛나며 성형이 반듯하여 송대 휘주요의 뛰어난 자기 제조 수준을 보여준다.

5

원대(元代)에 이르러, 시안은 안시루(安西路), 봉위안루(奉元路)로 바뀌었으며 여전히 서북지역의 중요 도시였다. 이 시기, 송금(宋金)시대에 흥성했던 일부 명요(名窯)는 점차 쇠락하기 시작하였으며 심지어 일부는 생산이 중단된 곳도 있었고 전국의 자기 제조 중심도 점차 경덕진요로 옮겨졌으며 부량자국(浮梁瓷局)이 설치되었다. 자기 품종을 보면, 백자는 점차 쇠락하고 청자와 채색자기가 발전하였는데 특히 경덕진요의 청화자기는 규모와 질에서 자주요계의 백지흑화자(白地黑花瓷)를 넘어섰다. 하지만 시안에서 발견된 자기 중에는 경덕진요 것이 적고 휘주요, 용천요 및 균요 등 가마터의 자기가 많으며 특히 용천요와 균요의 자기는 송금시대 것보다 훨씬 많았다.

1972년, 시안시 둥먼와이(東門外) 홍광항(紅光巷)에서 발견된 원대 자기 요장(窯藏)에는 92점의 자기들이 가지런히 놓여 있었다. 휘주요 청자 12점, 용천요 청자 30점, 권요 청자 47점 등으로 기형은 모두 완, 반류의 소형 식기였다. 휘주요 청자는 모두 반으로 태색은 희지만 태질이 거칠고 유색은 생강색이고 유면은 윤기가 없이 거칠며 표면에는 대부분 인화장식이 있다. 용천요 청자는 도합 12가지 유형으로 조형이 반듯하고 유색이 청록색이며 유질은 윤이 나며 태색은 흰색이고 태체(胎體)는 무게감 있고 단단하며 표면에는 문양이 풍부하다. 그중 쌍어문반(雙魚紋盤), 봉조문완(鳳鳥紋碗), 화구세(花口洗) 등은 원대에 흔히 볼 수 있는 용천요의 기형이다. 균요 청자는 모두 작은 접시로 이 요장(窯藏) 자기 중 수량이 가장 많다. 공통적인 특징으로는 태색이 비교적 짙고 태질이 거칠며 유색이 하늘색과 담청색 두 가지이고 시유를 끝까지 하지 않았으며 유면에 종안(棕眼)이 많다. 기물의 바깥바닥에는 하트 모양의 돌출이 있으며 일부 기물의 바깥바닥에는 '尙五十二(상오십이)', '尙五十三(상오십삼)'이라는 묵서(墨書)가 있는가 하면 일부에는 몽고문(蒙古文)도 쓰여 있다. 태토, 유약, 조형특징, 바깥바닥의 관지로 보아 이들은 모두 원대 균요 자기임을 알 수 있다.

1980년대부터 지금까지, 시안시 남대가(南大街), 서대가(西大街)의 도로확장 공사 및 종루(鍾樓) 부근의 건축공사장 등지에서도 원대 휘주요, 용천요 및 균요의 자기가 다수 발견되었다. 휘주요 자기는 청자 외에도 흑유자기와 백지흑화자기가 있고, 용천요 청자는 흔히 보이는 완, 반 외에 전형적인 원대의 기형인 하엽개관(荷葉蓋罐), 자단세(蔗段洗), 삼족로(三足爐), 고족배(高足杯) 등이 있다. 균요 자기는 완, 반, 노 등 기형이 있으며 유색은 깨끗한 하늘색 또는 담청색을 위주로 하고 유면에는 송대 균요 자기에서 흔히 보이는 자색 반점이 거의 없다.

시안시에서 발견된 원대 자기 중에는 대량의 휘주요, 용천요, 균요 자기 외에 소량의 경덕진요 청백자도 있다. 예를 들어 2000년 시안시 가오신(高新)개발구에서 발견된 '지정(至正) 15년' 원대 기년묘에서는 경덕진요에서 생산된 청백자고족배(青白瓷高足杯) 등이 출토되었다.

시안지역의 원대 자기 출토 상황으로 보아 당시 안시루에서는 용천요, 휘주요, 균요 청자가 유행했으며 오늘날 종루(鍾樓) 부근이 집산지임을 알 수 있다.

6

명청(明淸)시대, 전 중국의 자기 중심지는 징더전(景德鎭)이었다. 명(明) 홍무(洪武) 2년, 어요(御窯)가 설치되어 민요(民窯)와 상호 경쟁하고 의존하면서 징더전 자기 제조업의 발전을 촉진하였다. 이 시기 자기는 채회자기 위주였는데 원대(元代) 유하청화(釉下青花)를 기초로 하여 명대(明代) 선덕(宣德) 시기에 청화오채(青花伍彩)를 성공적으로 제조하였다. 이렇게 유하청화와 유상오채(釉上五彩)를 동시에 자기 표면에 장식함으로써 채회자기 제조기술의 두 번째 비약을 이루어냈다. 명대 성화(成化) 시기의 독특한 두채(斗彩)는 유하채(釉下彩)와 유상채(釉上彩)를 더욱 완벽하게 조화시켰다. 명대 말기의 저조기를 지나 청대의 강희(康熙) · 옹정(雍正) · 건륭(乾隆) 시기에 이르러 자기 제조업은 또다시 흥성기에 들어섰다. 두 가지 새로운 채회자기인 분채(粉彩)와 법랑채(琺琅彩)가 강희 시기에 성공적으로 제조되었으며 최고 수준의 분채와 법랑채 자기가 옹정, 건륭 시기에 나타났다. 건륭 말기 이후로, 어요의 생산량은 점차 적어졌지만 민요는 여전히 대량 생산하였으며 전국 각지로 판매되었다. 이에 시안지역에서 발견된 명청시대의 자기는 대부분이 민요 자기로 어요 자기는 적은 편이다. 주요 특징은 다음과 같다.

(1) 전세품이 많고 출토 지점이 명확한 것이 적다. 시안시고고학연구소에 소장된 4,000여 점에 달하는 명청시대 자기는 대부분 전세품으로 출토 지점이 명확한 것은 5% 미만이다.

1995년, 명대 진왕부 유적지[현재의 신창광창(新城廣場) 근처]에서 대량의 청화자기가 출토되었는데 완(碗), 관(罐) 등 생활용품 위주이고 일부 바닥에는 '典膳所造(전선소조)' 등 관지가 적혀 있었다. 이는 명확한 출토 지점이 있는 명대 청화자기에 속한다.

(2) 명대 자기는 수량이 적으며 대부분 명대 중 · 말기의 제품으로 홍무(洪武) · 영락(永樂) · 선덕(宣德) 시기의 자기는 보기 드물다. 청대 자기는 대량 발견되었으며 대부분 강희 시기에서 광서(光緖) 시기의 제품으로 청대 순치(順治) 시기와 선통(宣統) 시기의 자기는 적은 편이다.

(3) 자기의 유색으로 분류하면 청화자기가 가장 많으며 대부분 청대 강희 · 옹정 · 건륭 시기 제품이다. 그중 수량이 가장 많고 가장 특색 있는 것은 강희 시기의 청화자기이다. 시안시고고학연구소에 소장된 어초경독도반(漁樵耕讀圖盤), 고사도반(高士圖盤), 운룡문반(雲龍紋盤), 모란절지문반(牡丹折枝紋盤), 봉황모란문반(鳳凰牡丹紋盤), 문도도완(問道圖碗), 산석화훼문완(山石花卉紋碗), 개광산수문완(開光山水紋碗), 화조문완(花鳥紋碗) 등은 모두 강희 시기 청화자기로 태질이 부드럽고 견고하며 유면이 윤기 있으며 대부분의 청화 발색이 화려한데 코발트 안료는 운난(雲南)에서 생산된 것이다. 문양은 인물, 산수, 화조 등이 있으며 화면의 층차감이 분명하다. 특히 산수화는 산, 물, 가옥, 나무 등 경물을 선염 기법으로 층층이 표현하였는데 남색 하나로 농담을 달리하며 다양한 색조를 표현하였다. 그중 모란절지문반과 봉황모란문반 등은 강희 전기 청화자기 특징을 보이는데 화훼문은 대부분 꽃과 잎이 커다랗고 구도

가 빽빽하며 필법이 호방하다. 어초경독도반은 강희 후기 청화자기의 대표 격으로 화면에는 어부, 나무꾼, 농부, 서생에 관한 내용이 모두 있는가 하면 그중 두 가지 내용만 있는 것도 있는데 모두 강희 말기 안정적인 사회환경과 안락한 민간생활을 보여준다.

옹정 · 건륭 시기, 숙련된 분채기술로 인하여 청화자기의 수량이 줄어들었다. 시안시고고학연구소에 소장된 옹정 시기 청화자기로는 연지문완(蓮池紋碗), 운룡문완(雲龍紋碗), 복록봉후문완(福祿封侯紋碗)이 있고 건륭 시기 청화자기로는 오복봉수문반(五福捧壽紋盤), 청화화과문반(青花花果紋盤), 화훼문와족완(花卉紋臥足碗), 당초문절연반(唐草紋折沿盤) 등이 있다.

분채자기는 수량이 청화자기에 이어 두 번째로 많은데 대부분 청대 중기 이후의 제품으로 가경(嘉慶)에서 광서(光緖) 시기까지의 것이 많다. 색채가 담아하고 문양이 대부분 화조문이며 구도가 약간 어수선하고 경직되었는데 이는 청대 말기 자기 제조업이 점차 쇠락하는 상황을 보여준다. 단색 유약 자기는 대부분 청대 강희 · 옹정 · 건륭 시기의 것이다. 이 외에, 소량의 청화유리홍(青花釉裏紅)과 법랑채자기도 있다.

(4) 관지가 있는 자기는 주로 청대 강희 · 옹정 · 건륭 시기 것으로 대부분 청화자기의 바깥바닥에 쓰여 있다. 강희 시기는 일반적으로 기년(紀年), 당명(堂名), 도기(圖記)과 기탁(寄托) 등 네 가지 관지가 쓰였다. 기년 관지에는 두 줄로 배열된 해서체 '康熙年制(강희년제)'(예컨대 청화개광산수문완과 청화어초경독도반)와 세 줄로 배열된 해서체 '大清康熙年制(대청강희년제)'(청화운룡문반 등) 두 가지가 있다. 당명 관지도 '碧(玉)堂制[벽(옥)당제]'(청화산석화훼문완)와 '德星堂造(덕성당조)'(청화화훼문완 안바닥) 두 가지가 있다. 도기 관지는 흔히 보이는 네모 모양 외에 붓, 은정(銀錠), 여의 도안이 있는데 '필정여의[必(筆)定(錠)如意]'(분채인물문반)를 뜻한다. 기탁 관지 역시 '大明成化年制(대명성화년제)'(청화동물문완)와 '永樂年制(영락년제)'(청화문도도완) 두 가지로 나뉜다.

옹정 시기 관지는 두 줄로 배열한 해서체 '大清雍正年制(대청옹정년제)' 한 가지만 있으며 일부 청화자기의 바깥바닥에서(청화복록봉후문완, 연지문완, 운룡문완 등) 발견된다.

건륭 시기의 관지도 세 줄로 배열된 전서체 '大清乾隆年制(대청건륭년제)' 기년 관지 한 가지뿐이지만 관지가 쓰여 있는 기물은 많은 편으로 청화자기(화과문반, 오복봉수문반, 화훼문와족반 등), 분채자기(모란문화분), 오채자기[식물문반(植物紋盤)], 단색자기[남유추파병(藍釉錐把甁)] 등이 있다. 시안시고고학연구소에 소장된 명청시대 자기 중에도 '대청건륭년제' 기년 관지가 가장 많다.

관지가 있는 자기의 태토와 유약 질, 장식 특징 등으로 분석한 결과, 건륭 시기 분채모란문화분(粉彩牡丹紋花盆) 같은 일부 자기는 어요 자기로 태체가 희고 매끈하며 유면이 깨끗하고 고르며 윤이 난다. 또한 가지와 잎은 청화로, 꽃은 분채로 그렸는데 회화기법이 완숙하다. 대부분 자기는 그 질이 어요 자기보다 못하지만 일반 자기보다는 훨씬 좋으므로 민요 자기 중의 정수로 추정된다.

2006년 6월

엮은이

주석:

1. 馮先銘 :《有關臨安錢寬墓出土“官”, “新官”款白瓷問題》,《文物》1979年 12期。

2. 馮先銘 :《近十年陶瓷考古主要收獲與展望》,《中華文物學會》(台灣), 1991年刊。

3. 中國社會科學院考古研究所唐城工作隊 :《唐長安西明寺遺址發掘簡報》,《考古》1990年 1期。

4. 翟春玲, 王長啓 :《青龍寺遺址出土“盈”字款珍貴白瓷器》,《考古與文物》1997年 6期。

5. 王長啓 :《西安市出土“翰林”, “盈”字款邢窯罐白瓷》,《文物》2002年 4期。

衆所周知，中国是瓷器的故乡，瓷器的发明是我们的祖先为世界古代物质文明做出的一项巨大贡献。自从瓷器在商代发明之后，每一时期、每一地区都有自己独具特色的瓷器品种。西安即古代的长安，是十叁朝古都所在地，也是中国古代政治、经济、文化的中心区域之一，因此，这一地区所出土的古代瓷器，既体现了典型的地方特色，又反映了中国古代瓷器发展的辉煌歷程以及工艺水平。

一

根据截至目前的考古资料，西安地区出土的时代最早的瓷器是长安区张家坡西周居住遗址和普渡村西周墓所出土的青瓷器，器形有豆、尊、罐，胎质比较粗松，釉色青中微泛灰，釉层稀薄。在西安以外的陕西其他地区，如宝鶏、咸阳、渭南、铜川等地区的西周遗址和墓葬中也出土有西周时期的瓷器，器形以豆为主，另有罐、瓮等。

西安地区春秋战国时期瓷器的资料较少。1982年在秦始皇陵西侧的“骊山飤官”建筑遗址中出土了一批目前全国唯一确切的秦代青瓷器，器形有罐、器盖以及大量残片，其中一个残片的胎上还刻有“丽邑九升”四个篆字。这批资料的出土为西安地区秦代瓷器的研究提供了难得的依据。

1991年，西安市南郊曲江空军印刷厂基建工地的汉墓中出土了西汉晚期的瓷器，器形以敞口壶为主，胎色接近黑褐色，质粗但却比较坚硬；釉色为青褐色，釉层较薄，施釉不均匀，而且中腹以下皆不施釉。类似的瓷器在浙江上虞、余姚地区的西汉墓葬中也有出土。

由于以上瓷器的胎釉质量较差，工艺水平比较低，因此，这类器物常被称为“塬始瓷器”。其实，“塬始瓷器”是一个比较模糊的概念，容易使人産生误解。人们常常会怀疑“塬始瓷器”究竟是不是瓷器，有人认为所谓的“塬始瓷器”是陶器向瓷器的过渡，而眞正的瓷器是在东汉中晚期以后才出现的等等。事实上，这些瓷器虽然胎釉中含杂质较多，但胎釉的成分以及烧造温度已符合瓷器的标准，从本质上来讲它们已属于瓷器的范畴，我们显然不能用后期高质量瓷器的标准来衡量它们。因此，“塬始瓷器”这个概念值得商榷，如果以“早期瓷器”代之，或许更恰当一些。

二

叁国、两晋、南北朝时期，中国制瓷业的中心在江浙一带，北方地区的制瓷业仍处于低谷阶段。近几年来，西安地区出土的这一时期的瓷器越来越多，时代多为南北朝时期，其中最为重要的是一批出土于北魏纪年墓的瓷器资料。如1998年出土于长安县（区）韦曲北塬北魏韦彧墓的青瓷蹄足砚和砚滴，2001年出土于长安县（区）韦曲镇北清凉塬北魏永熙叁年（532年）韦乾墓的一对青釉盘口壶等。这些青瓷器形虽然较大，但成型却非常规整，胎质纯净，釉面均匀。除此之外，西安市文物保护考古所还收藏有一些出土地点不明确的这一时期的瓷器，如北齐的青釉四系罐等。虽然这批瓷器的烧造地点目前还不确定，但根据整个北方地区北朝瓷器的出土情况来看，其数量不能与南方地区相比，但已具相当规模，其质量不亚于南方地区。从目前所发现的北方最主要的一座北朝时期的窑址－－山东淄博寨里窑的规模来看，远远承担不起如此数量的瓷器烧造任务。因此，北方地区应该还有其他比较重要的窑址存在，西安地区出土的这些北朝时期的瓷器，也极有可能是在北方地区烧造的。

三

隋唐时期，中国古代的制瓷业进入了一个崭新的阶段，出现了“南青北白”的制瓷局面，北方的制瓷业迎头赶上，特别是邢窑的白瓷，已经发展到可以和南方越窑的青瓷相抗衡的水平。作为大唐帝国都城的长安，自然少不了来自于全国各地的名窑瓷器，西安地区唐代瓷器的大量发现正说明了这一点。其中比较重要的几处发现有：

1. “官”字款定窑白瓷的发现：1985年3月25日，在西安市北郊火烧壁村建筑工地发现了大量唐代晚期的瓷器，除部分残片外，比较完整的瓷器有52件，釉色品种有青瓷和白瓷两种。其中最为轰动的是33件带有“官”字款的白瓷的发现，这是截至目前“官”字款瓷器发现数量最多的一次。据冯先铭先生在二十世纪八十年代所作的统计，全世界范围内共有“官“字款白瓷约77件，[1]像火烧壁村这样一次出土33件“官”字款白瓷的发现实属罕见。这些“官”字款白瓷的器形皆为碗、盘类，造型多为花瓣口，胎质细腻轻薄，釉色白中闪青，釉面晶莹光润，内外壁及外底满釉，“官”字是在施釉后烧造前刻划在外底的。这批白瓷的胎釉、造型及“官”字的特征等都与定窑窑址出土的同类瓷器完全相同，因此可以确定这些白瓷是定窑唐代晚期的產品。

除西安地区以外，“官”字款白瓷在浙江、湖南、河北、北京、辽宁等地，甚至在埃及也有发现。关于“官”字的含义，目前学术界仍有分歧。但至少有一点可以肯定，“官”字款白瓷属于定窑白瓷中的高档產品，不是普通老百姓可以随意使用的。从出土情况来看，这类白瓷多用于宫廷、寺庙以及官僚阶层等。西安北郊的火烧壁是唐代安定坊所在地，这里常有官宦人家居住，这批瓷器可能就是他们为了躲避晚唐时期的战乱而仓促掩埋的。

2. “盈”字、“翰林”字款邢窑白瓷的发现：最为重要的一次发现是2002年3月，西安市文物保护考古所发掘的西安市南郊唐长安城新昌坊古井遗址中，出土了5件“盈”字款白瓷执壶以及配套的5件“盈”字款白瓷托盘。这几件白瓷洁白无暇，胎釉质量极好，为唐代邢窑所烧。1957年，冯先铭先生在西安唐代大明宫遗址发现了邢窑“盈”字款白瓷碗残片。[2]此后，在大明宫遗址还出土了一件外底同时刻有“盈”和“翰林”款的邢窑白瓷罐。分别刻有“盈”和“翰林”款的白瓷并不罕见，但这两种款识同时刻在一件器物上，在全国仅此一例。1985年，西安唐代西明寺遗址出土了邢窑“盈”字款白瓷碗残片。[3]1992年，西安唐代青龙寺遗址出土邢窑“盈”字款白瓷碗和执壶各一件。[4]

“盈”是指唐代皇宫内的大盈库，这是唐玄宗时期皇宫内最大的储存金银财宝的库房，只有皇帝有权支配和使用其中的财物。“盈”字款白瓷除了在西安发现外，在河北邢窑遗址还发现了20多件刻“盈”字款的白瓷碗底，与西安发现的“盈”字款白瓷的胎釉特征极为相似，这就证明了西安出土的“盈”字款白瓷应该是邢窑的產品。另外，上海博物馆还收藏有一件刻“盈”字款的邢窑白瓷盒。由此可见，“盈”字款白瓷的器形以碗为主，其次有执壶、盒、罐等。

“翰林”与唐代的翰林院有关，唐初设置。初设时翰林院的地位并不显赫，有特殊技能者皆可召入翰林院供职。玄宗时，翰林院开始参与制诏，其地位逐渐重要起来。经考证，唐代翰林院的具体位置在唐大明宫右银台门以北的西城内，其遗址已在1983、1984年经中国社会科学院考古研究所唐城工作队发掘。“翰林”款的白瓷罐在洛阳唐墓、河北内丘的一个砖窑工地各出土一件，造型与西安大明宫遗址出土的，同时刻有“盈”和“翰林”款的白瓷罐相同。迄今，“翰林”款的白瓷还没有发现除罐以外的其他器形。虽然“翰林”款的白瓷目前还没有在邢窑遗址中发现，但其胎釉特征与邢窑白瓷非常相似，而且与“盈”字款同时刻于罐底，也证明了“翰林”款的白瓷也是邢窑的產品。

“盈”和“翰林”款白瓷都属于邢窑白瓷中的精品，胎质细腻坚硬，通体施白釉，釉质莹润，成型非常规整。唐代是邢窑的兴盛时期，所烧造的白瓷“圆似月魂坠，轻如云魄起”，并得到了宫廷的青睐，“盈”和“翰林”款的白瓷就是皇宫的大盈库和翰林院所定烧的，同时刻有“盈”和“翰林”款的白瓷罐可能是大盈库为翰林院所定烧的瓷器，或由大盈库调拨给翰林院的瓷器。[5]

除了邢窑和定窑的白瓷外，西安市发现的唐代瓷器还有越窑的青瓷、巩县窑的白瓷、寿州窑的黄瓷、黄堡窑的黑瓷、茶叶末釉瓷、长沙窑的青釉褐彩瓷等等。在这些瓷器中，有高质量的精细瓷，也有普通的粗瓷。有的是宫廷或官僚定烧的，也有的是作为商品流通的，其使用范围从皇宫一直到普通老百姓。这些丰富的遗物给我们展示了唐代制瓷业的蓬勃发展的局面。

四

宋金时期，中国古代制瓷业进入了“名窑林立”的高速发展阶段，在全国纷纷兴起了各大窑系。这时期的长安城虽然已失去了首都的地位，但仍是比较重要的城市之一，当时称为京兆府或京兆郡。从目前所发现的宋代瓷器的窑口来看，主要有耀州窑青瓷，龙泉窑青瓷、钧窑青瓷、景德镇窑青白瓷、定窑系白瓷、磁州窑系的彩绘瓷等等，其中以耀州窑的青瓷发现最多。耀州窑位于陕西省铜川市黄堡镇，西距长安约180公里，是离长安城最近的一个宋代着名的青瓷窑址。其青瓷以坚硬细腻的胎质、晶莹透亮的橄榄青釉以及刚劲犀利的刻花闻名于世，在当时就已经远销海外。西安所发现的耀州窑青瓷的出土地点比较集中，大都出土于现在的锺楼附近，在这里的一些宋代地层中，有时可以见到厚约二米左右的耀州窑青瓷堆积层，在一个废井中曾捡到600多片耀州窑青瓷残片等等。除这一地区外，还有新城广场、东门外、和平门、建国路等地区都出土过耀州窑青瓷。

西安市出土的耀州窑青瓷，在时代上以宋代较多；器形方面以碗、盘类为主，其次有盏、尊、炉、壶、瓶等。这些耀州窑宋代青瓷大都比较精致，如收藏于西安市文物保护考古所的青瓷刻花尊、青瓷牡丹纹碗、青瓷印花水波鱼纹碗等器物，胎质坚硬，青釉莹润，修胎规整，充分体现了宋代耀州窑精湛的制瓷水平。

五

元代，西安改称安西路或奉元路，仍为西北地区的重镇。此时，宋金时期兴盛的一些名窑开始出现衰落之势，有的甚至停烧，全国的制瓷中心逐渐转向景德镇窑，浮梁瓷局正式设立。在瓷器品种方面，白瓷衰落较快，青瓷仍在继续发展，彩绘瓷迅速崛起，特别是景德镇窑的青花瓷在规模与质量上有压倒磁州窑系白地黑花瓷的气势。虽然如此，在西安却极少发现景德镇窑的青花瓷，而发现较多的是耀州窑、龙泉窑以及钧窑等窑址的瓷器，尤其是龙泉窑和钧窑瓷器的出土量远远大于宋金时期。

1972年，在西安市东门外红光巷发现的一个元代瓷器窖藏中，整齐地摆放着92件瓷器，其中有耀州窑青瓷12件，龙泉窑青瓷30件，钧窑青瓷47件等，器形都是碗、盘类的小型飲食用品。耀州窑青瓷皆为盘，胎色较白但胎质较粗，釉色为姜黄色，釉面干澁而不瑩润，器表多有印花。龙泉窑青瓷共有12种类型，造型规整，釉色青绿，釉质肥润，胎色浅白，胎体厚重坚硬，器表纹饰丰富。其中的双鱼纹盘、凤鸟纹碗、花口洗等都是龙泉窑元代常见的器形。钧窑青瓷都是小碟，是该窖藏中数量最多的器形。其共同特点是胎色较深，胎质粗，釉色有天蓝与月白两种，施釉不及底，釉面棕眼较多。器物的外底有鷄心凸，个别外底有墨书“尚五十二”、“尚五十叁”等，有的外底还有蒙古文。从胎釉、造型特征以及器物外底的文字可以看出，这些都是元代钧窑的瓷器。

从二十世纪八十年代开始至今，在西安市南大街、西大街拓宽工程以及锺楼附近的建筑工地等地点也发现了较多的元代耀州窑、龙泉窑以及钧窑的瓷器。耀州窑瓷器除了青瓷以外，还有黑釉瓷和白地黑花瓷器；龙泉窑青瓷除了常见的碗、盘外，还有一些典型的元代器形，如荷叶盖罐、蔗段洗、叁足炉、高足杯等。钧窑瓷器有碗、盘、炉等器形，釉色以单纯的天青或月白为主，釉面极少见到宋代钧瓷上常见的紫斑。

在西安市所发现的元代瓷器中，除大量的耀州窑、龙泉窑、钧窑瓷器较多之外，还有少量的景德镇窑青白瓷。比如在2000年西安市高新技术开发区发现的一座“至正十五年”元代纪年墓中，出土了景德镇窑烧造的青白瓷高足杯等器形。

从西安地区元代瓷器的出土情况可以看出，当时的安西路流行的是龙泉窑、耀州窑和钧窑的青瓷，其集散地在今天的锺楼附近。

六

明清时期，全国的制瓷中心已集中于瓷都－景德镇。明洪武二年，御窑正式成立，它与民窑既相互竞争又相互依赖，共同促进了景德镇制瓷业的兴旺和发达。这一时期的瓷器品种以彩绘瓷为主，在元代釉下青花的基础上，明代宣德时期成功地烧造出了青花五彩，使釉下青花与釉上五彩同时装饰在一个瓷器的表面，实现了彩绘瓷烧造技术的第二次飞跃。明成化时期独具特色的斗彩，将釉下彩绘与釉上彩绘结合地更加完美。经过明代晚期的低谷，到了清代的康雍乾叁朝，中国古代制瓷业进入了全面兴盛的阶段，又有两种新的彩绘瓷品种－粉彩和珐琅彩在康熙时期被烧造成功，而最高水平的粉彩和珐琅彩瓷器则出现在雍正、乾隆时期。乾隆晚期之后，御窑的烧造数量减少，民窑仍在大量生產，其產品远销全国各地，西安地区所发现的明清瓷器大多数为民窑產品，御窑瓷器较少。其主要特点如下：

1. 传世品多，有确切出土地点的较少。如西安市文物保护考古所大约收藏有四千多件明清时期的瓷器，多为传世品，有确切出土地点的不足5%。

1995年，在明代秦王府遗址（现在的新城广场附近）出土了大量的青花瓷，以碗、罐等生活用品为主，其中一些瓷器的底部有“典膳所造”之类的款识。这是一次有明确出土地点的明代青花瓷的考古发现。

2. 明代瓷器较少，而且时代多为明代中晚期，洪武、永乐及宣德时期的瓷器少见。清代瓷器大量发现，其时代多集中在康熙至光緒时期，清初第一个皇帝顺治和最后一个皇帝宣统时期的瓷器较少。

3. 瓷器釉色品种中，以青花瓷数量最多，而且多为清代康雍乾叁朝之產品。其中数量最多且极具特征的是清代康熙时期的青花瓷。如西安市文物保护考古所收藏的“渔樵耕读”图盘、高士图盘、云龙纹盘、折枝牡丹纹盘、凤凰牡丹纹盘、“问道”图碗、山石花卉纹碗、开光山水纹碗、花鸟纹碗等皆为康熙时期的青花瓷，其胎质细腻坚硬，釉面肥润，大部分青花呈色鲜艶，其钴料为云南所産的珠明料。纹饰包括人物、山水、花鸟等，畵面的层次感极强。特别是山水畵，其远山近水、房屋树木等景物层层渲染，虽然只有一种蓝色，也能够分出多种色阶，深浅浓淡，相宜得体，让人如临其境。其中折枝牡丹纹盘、凤凰牡丹纹盘等，体现了康熙前期青花瓷的特点，花卉纹多为大花大叶，布局繁密，笔法粗犷。“渔樵耕读”图盘则是康熙后期青花瓷的代表，畵面中有渔、樵、耕、读四个内容的，也有的只具备其中两个内容，体现了康熙晚期社会比较安定、人们安居乐业的景象。

雍正、乾隆时期，可能是由于粉彩技术成熟的缘故，青花瓷的数量有所减少，西安市文物保护考古所收藏的雍正时期的青花瓷主要有莲池纹碗、云龙纹碗、“福禄封侯”纹碗等；乾隆时期的青花瓷有五蝠（福）捧寿纹盘、青花花果纹盘、花卉纹卧足碗、缠枝花卉纹折沿盆等。

粉彩瓷器的数量仅次于青花瓷，时代多为清代中期之后，以嘉庆至光緒时期的粉彩瓷较多，色彩淡雅，纹饰多为花鸟纹，布局稍显零乱呆滞，体现了清代晚期时制瓷业逐渐衰落的趋势。单色釉瓷器的时代多为清代康雍乾叁朝。此外，还有少量的青花釉里红以及珐琅彩瓷器。

4. 带有款识的瓷器多集中在清代康雍乾叁朝，款识多书于青花瓷的外底。康熙时期瓷器的款识有四种：纪年款、堂名款、图记款和寄托款。纪年款包括两种：“康熙年制” 四字双行楷书款（青花开光山水纹碗、青花“渔樵耕读”图盘等）和“大清康熙年制”六字叁行楷书款（青花云龙纹盘等）。堂名款也发现了两种：“碧（玉）堂制”（青花山石花卉纹碗）和“德星堂造”（青花花卉纹碗内底）。图记款除了常见的方形豆腐块款以外，还有由毛笔、银锭、如意组成的图案，寓意“必（笔）定（锭）如意”（粉彩人物纹碗）。寄托款有两种：“大明成化年制”（青花动物纹碗）和“永乐年制”（青花“问道”图碗）。

雍正时期的款识只有“大清雍正年制”六字双行楷书款一种，只发现于一些青花瓷的外底（如青花“福禄封侯”纹碗、莲池纹碗、云龙纹碗等）。

乾隆时期瓷器的款识也只发现了一种，即“大清乾隆年制”六字叁行篆书纪年款，但书写款识的器物比较多，包括青花瓷（花果纹盘、五福捧寿纹盘、花卉纹卧足碗等）、粉彩瓷（牡丹纹花盆）、五彩瓷（过枝瓜果纹盘）、单色釉瓷（蓝釉锥把瓶）等。在西安市文物保护考古所收藏的所有明清瓷器中，这种“大清乾隆年制”六字叁行篆书纪年款也是出现次数最多的款识。

通过对有款瓷器的胎釉质量、装饰特征等方面的分析可以看出，有一些瓷器属于御窑瓷器，如乾隆时期的青花粉彩牡丹纹花盆，胎体洁白细腻，釉面白净匀润，青花绘枝叶，粉彩绘花朵，绘畫技法娴熟至极。也有大部分瓷器的质量不如这件御窑瓷器，但比一般瓷器的质量要好得多，可能是民窑瓷器中的精品。

2006年 6月

编者

註释:

1. 冯先铭：《有关临安钱宽墓出土“官”、“新官”款白瓷问题》，《文物》1979年 12期。
2. 冯先铭：《近十年陶瓷考古主要收获与展望》，《中华文物学会》（台湾），1991年 刊。
3. 中国社会科学院考古研究所唐城工作队：《唐长安西明寺遗址发掘简报》，《考古》1990年 1期。
4. 翟春玲、王长啓：《青龙寺遗址出土“盈”字款珍贵白瓷器》，《考古与文物》1997年 6期。
5. 王长啓：《西安市出土“翰林”、“盈”字款邢窑罐白瓷》，《文物》2002年 4期。

Preface

It is universally known that China is the birthplace of the porcelain, invention of the porcelain is a great contribution to material civilization in the ancient world made by our ancestors. After the invention of porcelain in Shang Dynasty, every region and each period, the porcelain has its own varieties with exceptional feature. Xi'an, that is ancient Chang'an, which is the ancient capital locations of eleven dynasties, is also one of the central regions based on politics and economy as well as culture in china in ancient time, therefore, the ancient porcelain excavated from this region not only embodied typical local characteristics, but also reflected splendid course and technological development level of the porcelain in ancient China.

I

In accordance with up-to-date archaeology references, the earliest porcelain unearthed in Xi'an area is white porcelain ware with coarse ware and glaze of green mixed with tiny grey as well as rare-field glaze unearthed from residential site in Zhangjiapo, Chang'an district, and tombs of Western Zhou Dynasty in Pudu village, ware shapes are bean, goblet and tank. The other regions beyond Xi'an, such as Baoji, Xianyang, Weinan, Tongchuan and so on, in which the porcelain in residence sites and tombs in West Zhou dynasty are also unearthed, shapes mainly can be bean, tank and um and so on.

During Spring and Autumn and Warring Stage Period, information about the porcelain is less in Xi'an area. In 1982, a batch of only confirmed celadon of Qin Dynasty in China was unearthed from the construction sites of Lishan palace in the west side of Shi emperor of Qin Dynasty, ware shapes can be jar, ware covers and a plenty of splinters, among which, the matrix on a splinter was engraved with four seal characters, that is "Li yi Jiu sheng" The batch of information excavated provided research on porcelain in Qin Dynasty in Xi'an area with valuable basis.

In 1991, the porcelain in later West Han Dynasty was unearthed from the tombs of Han dynasty on infrastructure construction site of Qujiang Air Force Printing Plant in Xi'an south suburb, of which ware shapes mainly can be openmouth-shaped pot, color got close to dark brown, it is hard despite a rough quality; and glaze color is greenish brown, glaze layer is thin, as well as glazing is uneven, moreover, glazing of below middle of abdomen was unavailable. Similar porcelain was also unearthed from tombs of Western Han in Shangyu and Yuyao regions in Zhejiang Province.

Because of the low glaze quality of the porcelain referred above and low technical level, hence, those manufactures are often called "primitive porcelain" Actually, "primitive porcelain" is vague concept which will easily make people misunderstand. People always wonder whether the "primitive porcelain" is porcelain or not, some think the so-called "primitive porcelain" is the transition from pottery to porcelain, and the real porcelain didn't appear until middle and late period of East Han Dynasty. In fact, although the glaze of these porcelain contain too many impurities, the ingredients of glaze and the baking temperature have already met the standard demand for porcelain and they belong to the category of porcelain essentially. Apparently, we can' evaluate them with the standard of high-quality porcelain in later period. Therefore, the concept of "primitive porcelain" still needs to be discussed, and it is more proper to replace it with "porcelain in early period".

Ⅱ

During Three Kingdoms, the Two Jin and Southern and Northern Dynasties, the areas in Jiangsu and Zhejiang served as the porcelain making center, but the porcelain making center in the northern region was still in the bottom stage. In recent years, more and more porcelain in this period were unearthed in Xi'an, and most of them belonged to Northern and Southern Dynasties, of which a group of porcelain unearthed in the Annals Tomb of the Northern Wei Dynasty are the most important. For instance, in 1998, the Foot Ink Stone and Ink Stone Drop were unearthed in Wei Tomb of the Northern Dynasty, Beiyuan Village, Wei Qu Town, Chang'an county(district), and in 2001, a pair of green glaze jars was unearthed from Weiqian Tomb of the Third Year of King YongXi(532) in Beiqingliang Village, Weiqu Town, Chang'an county(district). Although these celadon are very big, they have standard molding, texture with fine quality and even glaze. In addition, the Xi'an Institute of Archaeology and Relics Preservation has also kept porcelain of that period without clear excavation sites, such as Green Glaze Four-shoulder Can of Northern Qi Dynasty. Although the production location of these porcelain is not yet determined, based on the unearthed porcelain of the entire northern region of Northern Dynasty, it is found the number of the unearthed porcelains is less than that in the southern region, and that it had a considerable scale and fine quality which was not inferior to that of the southern region. Judging from the current discovery, it is found that Li Kiln in Zibo Gurry, Shandong, was the most important one in the North during the Northern Dynasty, but according to its scale, it could not produce a number of porcelain. Therefore, there should be other more important kilns in the northern region; the porcelain of the Northern Dynasty unearthed in Xi'an was most likely produced in the northern region.

Ⅲ

During the Sui and Tang dynasties, the ancient Chinese porcelain industry reached a new phase, the situation of celadon in the south, White china in the north appeared. The porcelain industry boomed fast in the north; especially white porcelain of Xing Kiln reached the same level with the Celadon of Yue Kiln in the south. Chang'an, as the imperial capital of the Tang Dynasty, had a large number of porcelain from famous kilns around the country, which pottery of the Tang Dynasty discovered in Xi'an reflects. Some of the more important discoveries are as follows:

(1) The discovery concerning white porcelain with "official" word from Ding Kiln: On 25th March, 1985, a lot of porcelain of the late Tang Dynasty was discovered in Huoshaobi construction sites in the northern suburb of Xi'an, among of which there, in addition of remains, were fifty-two intact porcelain. Glaze color porcelain contain celadon and white porcelain; thirty-three white porcelain with "official" word were the most sensational discovery, which is, so far, the largest amount of all. According to statistics by Mr. Feng Xianming in the 1980s, there are seventy seven white porcelains with "Official" word around the world; the discovery like 33 white porcelains with "Official" word unearthed once in Huoshaobi are rare. These porcelains contain bowls and plates, which are featured by petal-shape, delicate and thin texture, green in white glaze, delicate and smooth glaze and the whole porcelain coated with body-protection glaze; the "Official" word was carved in the outer bottom of porcelain before burning. The embryo glaze, molding and the "Official" word of the white porcelain is exactly the same to those of porcelain unearthed in Ding Kiln, so it proved that they are white porcelain of the late Tang Dynasty from Ding Kiln.

Besides Xi'an, the white porcelains with "official" word were found in Zhejiang, Hunan, Hebei, Beijing, Liaoning and other provinces, and even found in Egypt. As for the meaning of the "official" the word, there are still differences between the academic communities, but we, at least, are sure that white porcelains with "official" word were the highgrade products in Ding Kiln, and not for ordinary people to use. Judging from unearthed situation, many of these white porcelains were used in the court, temples and bureaucratic class and so on. Huoshaobi in the northern suburb of Xi'an was located in Andingfang of the Tang Dynasty, in which officials often lived. It is probable that officials hastily buried the porcelains in order to keep themselves from the war of the later Tang Dynasty.

(2) The discoveries of white porcelain with "Ying" and "Hanlin" marks of Xing Kiln: the most important discovery is the 5 white porcelain hand pots and 5 supported white porcelain plates with "Ying" marks unearthed by Xi'an Institute of Archaeology and Relics Preservation in March, 2002, at Xin Changfang ancient well site in Chang'an city in Tang dynasty, it is in the south suburb of Xi'an. The porcelain was produced by Xing Kiln in Tang Dynasty, with high glaze quality, white and without any patterns. In 1957, Mr. Feng Xianming discovered the white porcelain bowel pieces with "Ying" character of Xing Kiln at Da Ming Palace site of Tang Dynasty in Xi'an. Since then,

a white porcelain jar of Xing Kiln carved both with "Ying" and "Hanlin" characters at the outside bottom had been unearthed at the Da Ming Palace site, too. It's not rare to see white porcelain carved with "Ying" or "Hanlin" characters, but there's just one piece of porcelain like this carved with both two characters in the country. In 1985, people unearthed white porcelain bowel pieces with "Ying" character of Xing Kiln at the Xi Ming Temple site of Tang Dynasty in Xi'an. In 1992, a white porcelain bowel and a hand pot were unearthed at the Qinglong Temple site of Tang Dynasty in Xi'an, both of them were carved with "Ying" characters of Xing Kiln.

"Ying" means the Big surplus treasury in the palace of Tang Dynasty which was the biggest treasury for storing gold and other treasures, only the emperor had the right to distribute and use the treasures. Besides Xi'an, people also discovered more than twenty white porcelain bowel bottoms with "Ying" mark at Xing Kiln site in Hebei province, which had similar glaze characteristics with the white porcelain with "Ying" mark discovered in Xi'an, proving that the latter must be the products of Xing Kiln. Besides, in Shanghai Museum, there stores a white porcelain box carved with "Ying" mark of Xing Kiln. Apparently, the shapes of white porcelain with "Ying" mark produced in Xing Kiln are mainly bowels, hand pots, boxes and jars.

"Hanlin" is related to the Imperial Academy in Tang Dynasty which was founded in early Tang Dynasty. At the beginning, the status of the Imperial Academy was not of great eminence, any person who had special skills could serve in the Imperial Academy. In Xuanzong emperor of Tang Dynasty, the Imperial Academy began to participate in precedents, and its status gradually became important. By textual research, the specific location of the Imperial Academy of Tang Dynasty was inside the West Wall, which was in the north of Right Yintai Gate of Da Ming Palace in Xi'an, its site was already excavated by Tangcheng work team of the Institute of Cultural Archaeology, Chinese Academy of social sciences in 1983 and 1984. Two white porcelain jars were unearthed respectively at tombs of Tang Dynasty, which is in Luoyang, and at a brick kiln in Neiqiu, in Heibei province, the shapes of the white porcelain jars were the same as the white porcelain jars both carved with "Ying" and "Hanlin" Marks which was unearthed in Da Ming Palace site in Xi'an. Up to now, no white porcelain with "Hanlin" mark has yet been discovered in other shapes besides jars. Although no white porcelain with "Hanlin" mark has yet been discovered at the site of Xing Kiln at present, its glaze characteristics are quite similar to the white porcelain of Xing Kiln; the "Ying" mark was carved at the bottom of jar, which also proved that the white porcelain with "Hanlin" mark is the product of Xing Kiln.

The white porcelain with "Ying" and "Hanlin" marks are both the exquisite articles of white porcelain of Xing Kiln, whose porcelain bodies are smooth and hard, painted with white glaze which has jade-like appearance effect, and well-shaped. Tang Dynasty is the prosperous period of

Xing Kiln, its white porcelain had a reputation of "round like the full moon, light like the flowing cloud" and became the favorite of palace. The white porcelain with "Ying" and "Hanlin" characters were ordered by Da Ying Treasury and Hanlin Academy, the white porcelain jar both with "Ying" and "Hanlin" characters may be ordered by Da Ying Treasury for Hanlin Academy, or allocated to Hanlin Academy by big surplus treasury.

Besides the white porcelain of Xing Kiln and Ding Kiln, the porcelain of Tang Dynasty discovered in Xi'an, including the celadon of Yue Kiln, the white porcelain of Gong County Kiln, the yellow porcelain of Shouzhou Kiln, the black porcelain and tea spittle glazed porcelain of Huangbao Kiln, and the bluish glaze painted porcelain of Changsha Kiln, etc. Among those porcelains, some of them are high-quality fine porcelain, some are common rough porcelain, some are ordered by palace or bureaucrats, and some are used for commodity circulation, their applicable scope is wide, from the palace to the populace. The various legacies show us the prosperous scene of the porcelain industry in Tang Dynasty.

IV

In Song and Jin dynasties, the porcelain industry of ancient China experienced a stage of rapid development with numerous famous kilns and different kiln systems rising up all over the country. At that time, Chang'an was no longer the capital, but it was still one of the significant cities of the country which was then called Jingzhao Fu or Jingzhao Jun. From the kiln eyes of Song Dynasty which have been discovered at present, they are mainly the celadon of Yaozhou Kiln, the celadon of Longquan Kiln, the celadon of Jun Kiln, the greenish white porcelain of Jingdezhen Kiln, the white porcelain of Ding Kiln system, and the color glazed porcelain of Cizhou Kiln system and so on, among the porcelain discovered, the amount of the celadon of Yaozhou Kiln was the most. Yaozhou Kiln locates in Huangbao Town which is in Tongchuan city, Shanxi province, Yaozhou Kiln is about 180 kms away from Chang'an in the west and it's the nearest famous celadon kiln site of Song Dynasty away from Chang'an. The celadon produced there is world famous and popular overseas for its smooth and hard porcelain body, the crystal-like olive green glaze and the powerful and distinct carved patterns. The sites of the celadon of Yaozhou Kiln discovered in Xi'an are concentrated, most of them are near the bell tower. Here, in some soil layers of Song Dynasty, sometimes you can see the pile layer of celadon of Yaozhou Kiln which is about two meters thick, and about 600 pieces of celadon of Yaozhou Kiln have been discovered in a deserted well. The celadon products of Yaozhou Kiln have also been unearthed in other places, like Xincheng Square, which is out of East Gate, Heping Gate and Jianguo Road, etc.

The pieces of celadon of Yaozhou Kiln unearthed in Xi'an were mainly produced in Song Dynasty; most of them are bowels, plates, the rest are goblets, vessels, furnaces, kettles, and bottles, etc. Most of the celadon of Yaozhou Kiln produced in Song Dynasty are exquisite, such as the celadon vessel with patterns, the celadon bowel with peony patterns, the celadon bowel with water waves and fish patterns stored in Xi'an Institute of Archaeology and Relics Preservation, which have well-shaped hard porcelain bodies, jade-like glaze, fully reflecting the high skill level of porcelain production of Yaozhou Kiln in Song Dynasty.

V

In Yuan Dynasty, Xi'an was still an important town in northwest China although it had been renamed as An'i Road or Fengyuan Road. At that time, some famous kilns which were prosperous in Song and Jin Dynasties began to decline, some even stopped producing porcelain, Jingdezhen Kiln gradually became the national porcelain production center and Fuliang Porcelain Bureau was officially set up. On the porcelain varieties, the white porcelain declined quickly, while the celadon kept developing and the color painted porcelain experienced a rapid rise, especially the blue and white porcelain of Jingdezhen Kiln was likely to overwhelm the white porcelain with black patterns of Cizhou Kiln system on scale and quality. However, the celadon of Jingdezhen was rarely discovered in Xi'an, while most of the porcelains were from Yaozhou Kiln, Longquan Kiln and Jun Kiln, especially the amount of porcelain of Longquan Kiln and Jun Kiln unearthed are far more than Song and Jin Dynasties.

In 1972, in the porcelain storage of a kiln of Yuan Dynasty, at Hongguang Lane, 92 pieces of porcelain were set in order, including 12 pieces of celadon of Yaozhou Kiln, 30 pieces of celadon of Longquan Kiln, 47 pieces of celadon of Jun Kiln, etc. All of them were small-sized dietary articles, such as bowels and plates. The celadon of Yaozhou Kiln were all in shape of plates, with white but rough porcelain bodies, dry ginger yellow glaze surface and patterns on the outside. There are 12 kinds of celadon of Longquan Kiln with the characteristics of beautiful shape, bluish jade-like glaze, hard white porcelain body, various patterns on the surface. The plate with double-fish pattern, the bowel with phoenix and bird pattern and the flower-like porcelain are all the common shapes of porcelain produced in Longquan Kiln. Their common characteristics are deep porcelain body color, rough porcelain body, sky blue and moon white glaze, the whole body is glazed except the bottom, a lot of little brown eyes in the glaze surface. On the outer bottom there is a chicken heartshaped salient area, some are marked with the characters like "Shang 52" "Shang 53" and so on, some are marked with Mongolian. The glaze, shape and the character on the outer bottom of the porcelain all prove that they were produced by Jun Kiln in Yuan Dynasty.

Since 1980s, more porcelain of Yaozhou Kiln, Longquan Kiln and Jun Kiln in Yuan Dynasty have been discovered in the process of broadening projects of South Street and West Street and at the construction site near the clock tower and other places. In addition to celadon, other porcelain were also produced by Yaozhou Kiln, like black glazed porcelain and the white porcelain with black patterns; besides common bowels and plates, the shapes of celadon of Longquan Kiln includes some typical Yuan Dynasty style, such as the jar with a lotus leaf top, porcelain with the sugarcane pattern, three-foot porcelain furnace, high-leg cup and so on. The shapes of porcelain of Jun Kiln include bowels, plates and furnaces, the glaze colors are most sky blue and moon white. The purple spots which are common on the porcelain produced by Jun Kiln in Song Dynasty are rarely seen on the glaze surface of porcelain produced by Jun Kiln.

Among the porcelain of Yuan Dynasty discovered in Xi'an, most are from Yaozhou Kiln, Longquan Kiln and Jun Kiln, the rest are the greenish white porcelain. For instance, in 2000, the greenish white porcelain high-leg cups and other porcelain produced by Jingdezhen Kiln were unearthed in an ancient tomb of "Zhizheng 15th year" of Yuan Dynasty in Xi'an.

From the situation of porcelain of Yuan Dynasty unearthed in Xi'an, the celadon of Longquan Kiln, Yaozhou Kiln and Jun Kiln, the distributing center of porcelain is near today's clock tower.

VI

In Qing and Ming Dynasties, Jingdezhen had already become the national porcelain production center. In the 2nd year of Hongwu period, the imperial kiln was officially set up, its relationship with the folk kilns are full of mutual competition and interdependence, both improved the development and prosperity of the porcelain industry of Jingdezhen. The porcelain in this period are mainly color painted porcelain, people succeeded in making five-color blue and white porcelain in the Xuande Period of Ming Dynasty on the basis of under-glazed blue and white porcelain of Yuan Dynasty, decorating both of the under-glazed blue and white and the upper-glazed five-color on the same surface of the porcelain, which was the second leap of the color-painted porcelain excavation skill. Doucai, which had traditional features of Chenghua period, combined the under-glazed-painted art and the upper-glazed-painted art together more perfectly. After the low ebb in late Ming Dynasty, Chinese ancient proclaim industry experienced a prosperous stage in an round way in Kangxi, Yongzheng and Qianlong periods of Qing Dynasty, another two new kinds of color-painted porcelain—ixed glaze and enamel glaze were successfully made in Kangxi period, and the mixed glaze porcelain and enamel glaze porcelain of the highest level appeared in Yongzheng and Qianlong periods. After later Qianlong period, the amount of porcelain produced by imperial kilns reduced while the folk kilns still produced large amount of porcelain and sold the products to different places all over the country, most of the porcelain of Ming and Qing Dynasties discovered in Xi'an are products of folk kilns and only a small part of them are produced by imperial kilns. Their main characteristics are as follows:

(1) The works handed down from ancient times are numerous while the works which have exact excavation location are few. For instance, among the more than 4000 pieces of porcelain of Ming and Qing Dynasties collected in Xi'an Institute of Archaeology and Relics Preservation, most of them are works handed from ancient times while less than 5% of them have exact excavation locations. In 1995, a large amount of blue and white porcelain were unearthed at Qingwang Fu site of Ming Dynasty(which is near the Xincheng Square), their shapes are mainly daily articles such as bowels and jars, some have a mark such as "Made by Elegant Meal" at the bottom. This is an archaeological discovery of the blue and white porcelain of Ming Dynasty which have exact excavation location.

(2) There are less porcelains in Ming dynasty, and most of which are made in middle and later period of the Ming dynasty, but seldom in Hong wu, Yong le and Xuan de period. A lot of porcelains in the Qing dynasty are unearthed; moreover, the periods are mainly concentrated in the Kangxi and Guangxu. While only a few porcelain in the period ruled by the first Shunzhi emperor of Qing Dynasty, as well as the the period ruled by last Xuan tong emperor was unearthed.

(3) Among varieties of glazed porcelains, the blue and white ones account for the most, and they are mainly produced in the Kangxi, Yongzheng and Qianlong periods. Among them, with the most quantity and unique features, that is the blue and white porcelain. Such as, dish with pictures of fishing, woodcutting, plowing and reading, picture of lofty scholar, dish with cloud dragon patterns, dish with patterns of peony and branches, dish with pattern of phoenix and peony, bowls with picture of asking the way, bowl with patterns of mountains, stones and flowers, blue and white bowl with pattern of decorative landscape, bowl with patterns of flowers and birds and so on collected by Xi'an Institute of Archaeology and Relics Preservation are all belong to the blue and white porcelain during Kangxi period. The base is hard and delicate; glaze is thick and lustrous, and pictures have a strong sense of layers, in particular, the landscape painting, and its far mountain and close water, houses and trees and so on are rendered layer by layer. Although there is only one color, namely, blue, several of color grades can be distinguished from each other. The colors produced the appropriate shade and light on the picture, which represents you a living feeling as in a true ambience. Among them, dish with patterns of peony and branches and the one with patterns of phoenix and peony and so on, embodied the characteristics of the blue and white porcelains

in early Kangxi period. Mainly, the flowers patterns are big flowers and leaves, dense layout and rough witting skills. While the dish with picture of fishing, woodcutting, plowing and reading is the representative of the blue and white porcelain at the later Kangxi period, there are four kinds of content included in the picture, namely, the fishing, wooden cutting, farming and reading, but some only has two content, which embodied a scenery of stable society and happy people based on peace in later Kangxi period.

In the Yongzheng and Qianlong period, may be for the sake of mature skills in mixed glaze, so that the quantity of the blue and white porcelains are reduced. The blue-and-white porcelains mainly collected in Yongzheng period by Xi'Â an Institute of Archaeology and Relics preservation are: lotus pond pattern bowl, cloud dragon pattern bowl, bowl with pattern of granting Marquis the title, etc. The blue-and-white porcelains in Qianlong period are dishes with a pattern of five bats are celebrating emperor birthday, lying foot bowl with flowers pattern, folding basin of interlocking branches and flowers pattern.

The quantity of mixed glaze porcelains are less than the blue-and-white porcelains, and most of their making periods are after the middle period of Qing Dynasty, the mixed glaze porcelains from Jiaqing to Guangxu period, and quietly elegant color, patterns with more flowers and birds as well as random and dull layout, which reflects declining trend in porcelain making industry in later Qing dynasty. The monochrome glazed porcelains are most in the three dynasties, which are Kangxi, Yongzheng and Qianlong period. Besides, there are a small quantity of blue and white porcelains with red glaze and enamel color porcelains.

(4) Inscriptions on the porcelains are mainly concentrated on Kangxi, Yongzheng and Qianlong period, and the inscriptions are mainly written in outsole of the blue and white porcelain. There are four types of inscriptions during Kangxi period: Chronology inscription, residential hall inscription, drawing inscription and sustenance inscription. The chronology inscription contains two types: regular script inscription with four-characters in double rows made in Kangxi Year(blue and white bowl with decorative landscape pattern, blue and white dish with pictures of fishing, woodcutting, plowing and reading, etc.) and regular script with six characters in three rows made in Kangxi year of Qing Dynasty(blueand- white dish with patterns of cloud dragon and so on). Two types of the residential hall inscription were found as well: The blue and white bowl with patterns of hills and stones as well as flowers made by Jade hall(blue-and-white bowl with patterns of hills and stones as well as flowers) and(blue and white bowl with patterns of flowers on the bottom of the bowl made by Dexing hall).Regarding pictures inscription, besides the regular square bean curd inscription, and there are drawings made up of brush pen, silver ingot and scepter, of which implicitly means destined(brush) to(ignot) be achievable(bowl with patterns of mixed glazes and people). There

are two kinds of the sustenance inscription: “made in Chenghua year of Qing dynasty” blue-and-white bowl with animals pattern) and the blue and white bowl with a picture of asking way made in Yongle Year.

There is only one inscription in Yong Zheng period, that is Yongzheng regular script with six characters in double rows, and was only found in outer bottom of the some blue and white porcelains(such as the blue and white bowl with pattern of granting the title for Marquis, bowl with pattern of lotus pond, bowl with pattern of cloud dragon and so on).

Only one inscription was found in Qianlong period, that is chronology inscription with six-character seal characters in three rows made in Qianlong year of Qing Dynasty, but there are many wares with writing inscriptions, including the blue and white porcelains(dish with patterns of flowers and fruits, dish with patterns of five bats' celebration in emperor birthday, lying bowl with flowers patterns and so on), mixed glazed porcelains(pot of peony patterns), five-colorful porcelain(bowl with pattern of fruits and branches), glazed monochrome porcelain(blue-glazed pot with a cone handle)etc. Among all the porcelains of Ming and Qing Dynasties collected by Xi'an Institute of Archaeology and Relics Preservation, the chronology inscription with six seal characters in three rows made in Qianlong year of Qing Dynasty is the most frequent one.

By analysis on quality of the glazed body and decorative features of porcelains, we could see some porcelain belongs to imperial kiln ceramics, such as blue and white basin with pattern of mixed glaze peony flowers, the body is very white and smooth, and glaze is pure and uniform, leaves depicted by blue-and-white and flowers depicted by mixing glazed displayed perfect skills in drawing. There also quality of majority of the porcelains are not as good as the porcelain served imperial kiln, but are far better than ordinary ones, they may be the exquisite articles from civilian kiln porcelain.

June, 2006

Editor

周知のように、中国は磁器の故郷である。磁器の発明は我が祖先が世界古代物質文明への一つ巨大な貢献である。磁器が商の時代に発明されてから、どの時代でも、どの地区でも、それぞれの特色を持つ磁器の品種がよくあった。西安、即ち古代の長安、十一の王朝の都の所在地だった。かつて中国古代政治、経済、文化の中心地域の一つでもあった。だから、このあたりで出土した古代磁器は典型的な地方の特色も体現したし、その中から中国古代磁器の発展する輝かしい過程及び技術レベルも反映できる。

一

今までの考古資料によると、西安地区で出土した時代の一番古い磁器は長安区張家坡西周居住遺跡と普渡村西周墓から出土した青磁器である。器形は豆、尊、罐などがあり、胎質は粗雑で、釉色は青にかすかの灰色が現れ、釉層は希薄である。西安以外の陝西省ほかの地区には、例えば宝鶏、咸陽、渭南、銅川などの地区の西周遺跡と墓葬からも、西周時代の磁器を出土した。器形は豆を主として、または罐、瓮などがあった。

西安地区では、春秋戦国時代の磁器の資料がより少ない。1982年、秦の始皇帝陵の西側の「驪山宮」建築遺跡から一群の目前中国唯一に確切に言える秦代の青磁器を出土した。器形は罐、器蓋及び沢山の破片である。一つ破片の胎には「麗邑九升」四つ文字の篆書を刻んであった。この群れの資料の出土により、西安地区秦代磁器の研究には貴重な根拠を提供した。

1991年、西安市南郊外の曲江空軍印刷工場の建設工事場の漢墓から前漢晩期の磁器を出土した。器形は広口壷を主として、胎色は黒褐色に近い、磁質は粗いけどより硬い、釉色は青褐色で、釉層はより薄い、施釉が不平均、そして、中腹以下は皆施釉しない。類似の磁器は浙江省の上虞、余姚地区の前漢墓葬からも出土した。

上記磁器の胎釉の質がより悪いし、技術レベルがより低いから、この類の器物は常に「原始磁器」と称される。実は、「原始磁器」は一つ曖昧な概念で、誤解を生じ易い言い方である。「原始磁器」はいったい磁器であるかどうかとの疑いがしばしばでてくるのである。ある人の見方では、「原始磁器」と言うのは陶器から磁器への過渡で、本当の磁器は後漢中晩期以後さえ出現したのだなどなど。実際に、これらの磁器の胎釉の中には不純物がより多く含まれてあるけど、胎釉の成分及び焼き造る温度はもう磁器の基準に符合した。本質的に言えば、もう磁器のカテゴリに属する。明白なのは後期の高質磁器の基準でこれらの磁器を考慮することは出来ない。だから「原始磁器」と言う概念を検討する価値がある。もし「早期磁器」でそれを代われば、更に適切かもしれない。

二

三国、両晋、南北朝時代、中国製磁業の中心は江浙あたりにあって、北方地区の製磁業は依然に低い段階にあった。近年以来、西安地区が出土したこの時代の磁器の数がますます多くなり、多数は南北朝時代で、中の最も重要なのは、一群北魏紀年墓から出土した磁器である。例えば、1998年長安県（区）韋曲北塬の北魏韋墓から出土した青磁蹄足硯と硯滴、2001年長安県（区）韋曲鎮北清涼塬の北魏永熙三年（紀元532年）韋乾墓から出土した一組青釉皿口壷など。これらの青磁の器形は割りに大きいけど、形成は極めて整然として、胎質は純粋で、釉面は平均であった。それ以外、西安市文物保護考古所にはまた一部出土地不明のこの時期の磁器を収めている。例えば、北斉の青釉四系罐など。これらの磁器の焼き造る場所がまだ確定できないけど、北方地区全ての北朝磁器の出土情況によって見れば、量は南方地区と比べられないけど、もう相当の規模が備えた。その質は南方地区に負けない。目前発見した北方の最も主要な一つ北朝時代のかまど遺跡—山東淄博寨里窯の規模で見ると、こんな大きい量の磁器の焼き造る仕事は遥かに引き受けられない。だから、北方ではまた他のより重要な窯の遺跡が存在してあるはずである。西安地区で出土したこれら北朝時代の磁器は、北方地区で焼き造った可能性が甚だ大きい。

三

隋唐時代、中国古代の製磁業は斬新な段階に入った。製磁業は「南青北白」の構造が出現した。北方の製磁業が努力して先頭に追いつき、特に邢窯の白磁はもう南方の越窯の青磁と対抗しあうことの出来るレベルまで発展してきた。大唐帝國の都の長安として、全国各地の有名な窯からの磁器は当然欠くことができない。西安地区で多量の唐代磁器が出土したことはまさにこれを証明できる。其の中のより重要な数ヶ所の発見は下記通りである。

（1）「官」字款の定窯白磁の発見

1985年3月25日、西安市北郊外の火焼壁の建設工事場で、多量の唐代晩期の磁器が発見された。一部の破片以外、より完全な磁器は52点あり、釉色品種は青磁と白磁二種類があった。其の中で最もセンセーションを巻き起こしたのは「官」字款付き33点白磁であった。今まで「官」字款付き磁器の量の一番多い発見であった。馮先銘先生が20世紀80年代での統計によりましたら、全世界の範囲で発見した「官」字款付き白磁は約77点があったが。火焼壁のよう一回で「官」字款付き33点の白磁を発見したこと、それはめったにない。これら「官」字款付き白磁の器形は皆碗、皿類で、造型は花弁口が多数を占める。胎質はきめが細かくてなめらか、軽々しい。釉色は白の中に青が現れる。釉面は透き通っていて輝いて、つややかである。内外壁及び外底が全て釉を掛けた。「官」字は施釉の後、焼き造る前に外底に刻んだのである。この群の白磁の胎釉、造型及び「官」字の特徴などは、皆定窯遺跡から出土した同類磁器と全く同じである。それでこれらの白磁は定窯の唐代晩期の製品と確定出来る。

西安地区以外、「官」字款付き白磁が浙江、湖南、河北、北京、遼寧、そしてエジプトにも発見した。「官」と言う字の意味について、学術界では目前まだ相違がある。でも少なくとも一つはっきり出来ることがある。「官」字款付き白磁は定窯白磁の中の上品物であり、一般大衆が勝手に使えるものではない。出土情況から見れば、この類の白磁は宮廷、寺院及び官僚階層に良く使われた。西安市北郊外の火焼壁は唐代の安定坊にあたり、ここには常に役人の家族が居住していた。これらの磁器は、まさに彼らたちが晩唐時代の戦乱から逃げる為に慌てて埋めたかもしれない。

（2）「盈」字、「翰林」字款付きの邢窯の白磁の発見

最も重要な発見は2002年3月であった。その時、西安市文物保護考古所が発掘していた西安市南郊外唐長安城新昌坊の古い井戸の遺跡から、「盈」字款白磁執壷5点及びそのセットとした「盈」字款白磁トレイ5点を出土した。これらの白磁は真っ白で、紋様がなかったし、胎釉質が極めて良かった。唐代邢窯の造りであった。1957年、馮先銘先生が西安唐代大明宮遺跡で邢窯の「盈」字款の白磁碗の破片を発見した。その後、大明宮遺跡でまた一つ外底に同時に「盈」と「翰林」字款が刻まれた邢窯の白磁罐を出土した。それぞれ「盈」と「翰林」字款を刻むのが稀ではないが、2種類款識を同時に一つ器物に刻んだのは全国ではただこの一例しかない。1985年、西安唐代西明寺遺跡から、邢窯「盈」字款白磁碗の破片を出土した。1992年、西安唐代青龍寺遺跡から、邢窯「盈」字款白磁の碗と執壷それぞれ1点出土した。

「盈」は唐代宮廷内の「大盈庫」を指す。それは唐の玄宗時代、宮廷内金銀財宝を貯蔵する最大倉`庫であった。その中の財物を支配と使用する権力は皇帝しか持てない。「盈」字款付き白磁は西安で発見した以外、河北の邢窯遺跡でまた「盈」字款付き白磁碗の底20数点を発見した。西安で発見した「盈」字款付き白磁の胎釉特徴と極めて似ていた。これで西安で出土した「盈」字款付き白磁は邢窯の製品であるはずことを証明できる。そのほか、上海博物館にはまた「盈」字款付き邢窯白磁の箱1点を収めてある。これで分かるように、「盈」字款付き白磁の器形は碗を主として、それから、執壷、箱、罐などがある。

「翰林」は唐代の初期に設置した「翰林院」と関係がある。最初に設置した時、翰林院の地位はそれほど顕著ではなかった。特別の技能があれば皆翰林院へ招かれ奉職させる。玄宗の時代、翰林院が詔書を作ることに参与し始め、その地位がだんだん重要になった。考証によると、唐代の翰林院の具体な位置は唐大明宮右銀台門の北の西城内にあった。その遺跡はもう1983、1984年に、中国社会科学院考古所唐城工作隊に発掘された。「翰林」字款付き白磁罐は洛陽の唐墓と河北内丘の一つレンガ工場からそれぞれ1点出土した。その造型は西安大明宮遺跡から出土した同時に「盈」と「翰林」字款が刻まれた白磁罐と同じである。今まで、「翰林」字款付き白磁は罐以外の他の器形がまだ発見していない。「翰林」字款付き白磁はまだ邢窯遺跡で発見していないけど、その胎釉特徴は邢窯白磁と非常に似ている。そして、「盈」字款と同時に罐底に刻まれたこと、「翰林」字款付き白磁も邢窯の製品であることも証明した。

「盈」と「翰林」字款付きの白磁は皆邢窯白磁の中の逸品に属す。胎質はきめが細かくてなめらか、硬いし、全身に白い釉を施し、釉質が透き通っていて輝き、つややかであり、成型が非常に整然としている。唐代は邢窯の盛んな時期でした。焼き造った白磁は「丸くて月魂が墜落に似、軽く

て雲魂が起こる如し」、宮廷の愛顧を受けた。「盈」と「翰林」字款付きの白磁は宮廷の大盈庫と翰林院の注文によって焼き造ったのである。同時に「盈」と「翰林」字款を刻んだ白磁罐は大盈庫が翰林院の為に注文して焼き造ってもらった磁器であったかもしれない。或いは、大盈庫から翰林院へ調達した磁器であった。

邢窯と定窯の白磁を除いて、西安市で発見した唐代磁器は、また越窯の青磁、巩県窯の白磁、寿州窯の黄磁、黄堡窯の黒$磁、茶葉沫釉磁、長沙窯の青釉褐彩磁などなどがある。

これらの磁器の中では、高質の精密磁器があれば、普通の粗造りの磁器もある。宮廷或いは官僚が注文して焼き造ったものもあるし、流通の為の商品とするのもある。使用範囲は宮廷から普通の庶民までである。これら豊富な遺物は、唐代製磁業が盛んに発展する構成を展示してくれた。

四

宋金時代、中国古代製磁業は「名窯林立」のような高速発展の段階に入った。全国でそれぞれの大きい窯系統が続々興ってきた。この時代の長安城はもう首都の地位を失ったけど、やはり重要な都会の一つだった。当時は京兆府或いは京兆郡と称した。目前に発見した宋代磁器の窯を見ると、主には耀州窯の青磁、龍泉窯の青磁、鈞窯の青磁、景徳鎮窯の青白磁、定窯系の白磁、磁州窯系の彩絵磁などなどがあった。その内、耀州窯の青磁が一番多く発見した。耀州窯は陕西省銅川市黄堡鎮にあり、西の長安より約180キロ離れ、長安城に一番近い一つ宋代の有名な青磁窯所在地である。その青磁は胎質の硬さ、きめの細かさと滑らかさ、カンラン青釉の透き通っていた明るさ及び刻んだ模様の力強さと鋭さで世に名を知られた。その当時ではもう広く海外へ輸出した。西安で発見した耀州青磁の出土地がより集中していた。殆ど現在の鐘楼の付近で出土した。このあたりの宋代地層の中で、たまに厚さ2メートルぐらいの耀州青磁の積み上げ層が見えられる。一つ廃棄した井戸の中でかつて耀州青磁破片600枚ぐらい拾った。この地区以外、新城広場、東門の外、和平門、建国路などの地区でも耀州青磁を出土したことがある。

西安市で出土した耀州青磁は時代で見れば宋代のがより多かった。器形で見れば、碗、皿類を主として、その次、盏、尊、炉、壷、瓶などがある。これら耀州窯の宋代青磁の細工は殆どより精緻であった。例えば、西安文物保護考古所に収めてある青磁刻花尊、青磁牡丹紋碗、青磁印花水波魚紋碗などの器物は体質が硬く、青釉が鮮やかで潤い、胎の修理が整然として、宋代耀州窯の完璧な製磁レベルを充分に体現した。

五

元代、西安は安西路或いは豊元路と改名したが、やはり西北地区の重要な都市であった。この時、宋金時代で盛んでした一部の有名な窯が衰微する勢いが出始めた。生産停止をした窯さえあった。全国の製磁中心は次第に景徳鎮窯に転向した。浮梁磁局を正式に設立した。磁器の品種の面で見れば、白磁がより速く衰え、青磁がやはり引き続き発展し、彩絵磁が迅速に決起した。特に、景徳鎮窯の青花磁は規模と質の面でも磁州窯系の白地黒花磁を圧倒する気勢が出た。これにしても、西安で見えた景徳鎮窯の青花磁が極めて少ない。より多く見えたのは耀州窯、龍泉窯及び鈞窯からの磁器であった。特に龍泉窯と鈞窯磁器の出土量は宋金時代より遥か多かった。

1972年、西安市東門の外の紅光巷で一つ元代磁器の穴蔵を発見した。中には、磁器92点が整然と並べた。その内、耀州窯の青磁12点、龍泉窯青磁30点、鈞窯青磁47点があった。器形は皆碗、皿類の小型飲食用品だった。耀州窯の青磁は全て皿で、胎色が割りに白いけど、胎質がより粗い、釉色が生姜黄色で、釉面が乾燥で不円滑、鮮やかと潤い感じ無し、器物の表は大部分印紙が見える。龍泉窯青磁はあわせて12種類がある。造型が整然として、釉色が青緑で、釉質が充実で潤いがあり、胎色が薄白く、胎体が重々しくて硬く、器物の表の模様と飾りが豊富であった。その内の双魚紋皿、鳳鳥紋碗、花口洗などは皆龍泉窯元代でよく見かける器形だった。鈞窯青磁は皆小皿で、この穴蔵の中で数の一番多い器形だった。その共同の特徴は、胎色がより深く、胎質が粗く、釉色が空色と薄い藍=色二種類あり、施釉が底まで及ばず、釉面には棕眼（気泡の抜けた孔）がより多く見えた。器物の外底には鶏心凸があり、個別のものの外底には墨で書いた「尚五十二」、「尚五十三」などがあり、あるものの外底には更にモンゴル文があった。胎釉と造型特徴及び器物外底の文字から見抜けるのは、これらは皆元代鈞窯の磁器である。

20世紀80年代から今まで、西安市南大街と西大街の広げる工事中及び鐘楼付近の建設工事場などのところでも、元代耀州窯、龍泉窯及び鈞窯の磁器が割りに多く発見した。耀州窯の磁器は青磁以外、また黒n釉磁と白地黒花磁器があった。龍泉窯の青磁はよく見かける碗、皿以外、また一部典型的な元代の器形がある。例えば、荷葉蓋罐、蔗段洗、三足炉、高足杯など。鈞窯の磁器は碗、皿、炉などの器形があり、釉色が単純な空色と薄い藍色を主として、釉面には宋代鈞磁によく見かける紫色まだらがめったに見かけない。

西安市で発見した元代の磁器の中では、耀州窯、龍泉窯及び鈞窯の磁器がより多い以外、また少しばかりの景徳鎮青白磁があった。例えば、2000年西安市ハイテク開発区で発見した一つ「至正十五年」元代紀年墓の中から、景徳鎮窯が焼き造った青白磁高足杯などの器形を出土した。西安地区の元代磁器の出土情況によって見抜けるだが、当時の安西路で流行ってたのは、龍泉窯、耀州窯及び鈞窯の青磁だった。その集散地は鐘楼付近にあった。

六

明清時代、中国の製磁センターはもう磁都—景徳鎮に集中した。洪武二年、御窯が正式に建立し、民窯とはお互いに競争しながら依存していて、一緒に景徳鎮製磁業の隆盛と発達を促進した。この時代の磁器の品種は彩絵I磁を主として、元代釉下青花の基礎の上に、明代宣徳年間、青花五彩をみごとに焼き造ってきた。釉下青花と釉上五彩を同時に一つ磁器の表面に飾りつけらせた。彩絵磁焼き造る技術の二回目の飛躍を実現した。成化年間、独特の特徴を持つ闘彩が釉下彩絵と釉上彩絵との結びつけを更に完璧にした。明代晩期の不景気を経て、清代の康熙、雍正、乾隆三人皇帝の時代、中国古代製磁業が全面的に繁昌の段階に入った。また2種類彩絵磁の新品種—粉彩とエナメル（琺瑯）彩が康熙時代で成功に焼き造ってきた。そして、最高レベルの粉彩とエナメル（琺瑯）彩磁器が雍正、乾隆年間に出現した。乾隆晩期のあと、御窯の焼き造る量が減少し、民窯がやはり大量に生産してた。その製品は全国各地に遠く売り出した。西安地区で発見した明清磁器は殆ど民窯の製品で、御窯の磁器は割りに少なかった。その特徴は下記通りである。

（１）後世まで伝わってきたものが多いけど、確実な出土場所を知っているのが少ない。例えば、西安市文物保護考古所に収めている約四千あまりの明清時代の磁器は殆ど昔から伝わってきたもので、確実な出土場所を知っているのが５％も足らない。1995年、明代秦王府遺跡（現在の新城広場付近）から数多い青花磁を出土した。碗、罐などの生活用品を主とした。その内、一部の磁器の底部には「典膳所造」のような款識があった。これは一回明確な出土場所のあった明代青花磁の考古発見だった。

（２）明代の磁器がより少ない、その上、時代は明代中晩期のが多い。洪武、永楽及び宣徳年間の磁器が珍しい。清代の磁器が沢山発見され、その時代が康熙から光緒時代までに多く集中した。清初の初めての順治皇帝と最後の宣統皇帝時代の磁器がより少ない。

（３）磁器釉色の品種の中で、青花磁の量が最も多い。そして、沢山のものが清代の康熙、雍正、乾隆三人皇帝の時代の製品である。その内、数の一番多い、且つ極めて特徴を持つなのは清代の康熙時代の青花磁である。例えば、西安市文物保護考古所に収めてある漁樵耕読図皿、高士図皿、雲龍紋皿、折枝牡丹紋皿、鳳凰牡丹紋皿、「問道」図碗、山石花卉紋碗、青花開光山水紋碗、花鳥紋碗などは皆康熙時代の青花磁である。その胎質のきめが細かくて硬い、釉面が肥満で潤い、大部分の青花磁の品質が鮮やかで、その材料のコバルトは雲南省から産出した珠明料と言うものである。模様の飾りは人物、山水、花鳥などを包括し、画面の順序感が極めて強く、特に山水画、その遠い山、近い水、部屋と樹木などの風物が幾重にもぼかしている。ただ一種の藍色しかないけど、様々な色の順序をよく分けられる。その色の深さと濃さが適当で相応しく、その場に臨み感じをさせる。その内、折枝牡丹紋皿、鳳凰牡丹紋皿などは康熙前期の青花磁の特徴を体現している。花卉紋は大きい花と大きい葉が多い、配置がひっきりなしで、筆遣いが荒々しいである。漁樵耕読図皿と言うと、康熙後期青花磁の代表作品である。画面の中には、漁をする、柴を刈る、畑を耕す、本を読むなど四つの内容があり、あるのはただ中の二つ内容しかない。康熙晩期の社会安定と庶民が落ち着いて生活し,愉快に働く光景を体現した。

雍正、乾隆の時期、粉彩技術が熟成した原因かもしれまないが、青花磁の量がある程度減少した。西安市文物保護考古所に収めてある雍正時代の青花磁は主に、蓮池紋碗、雲龍紋碗、「福禄封候」紋碗などである。乾隆時代の青花磁は五蝠（福）捧寿紋皿、青花花果紋皿、花卉紋臥足碗、纏枝花卉紋折沿盆などである。

粉彩磁器の数はただ青花磁に次ぎ、時代は清代中期以後のが多い。嘉慶から光緒時代までの粉彩磁がより多い、色彩があっさりしていて奥ゆかしい、模様の飾りは花鳥紋が多い、配置は少し散乱と滞ることが見える。清代晩期の製磁業がだんだん落ちぶれていく傾向を体現した。単色釉磁器の時代は康熙、雍正、乾隆の時代が多い。それ以外、また少数の青花釉里紅及び琺瑯彩磁器がある。

（4）款識が付いてある磁器は清代の康熙、雍正、乾隆三人の時代に多く集中していた。款識が殆ど青花磁の外底に書く。康熙時代の磁器の款識は四種類ある。紀年款、堂名款、図記款と寄托款である。紀年款は二種類ある。「康熙年制」四文字双行楷書款（青花開光山水紋碗、青花漁樵耕読図皿など）と「大清康熙年制」六文字三行楷書款（青花雲龍紋皿など）である。堂名款も二種類発見した。「碧（玉）堂製」（青花山石花卉紋碗）と「徳星堂造」（青花花卉紋碗内底）である。図記款は常に見かける方形豆腐塊款以外、また毛筆、銀錠、如意で組み合わせた図案がある。その寓する意味は「必ず（筆）定（錠）如意」（中国語発音に当てた「必ず如意である」の意味）（粉彩人物紋碗）である。寄托款は二種類ある。「大明成化年制」（青花動物紋碗）と「永楽年制」（青花「問道」図碗）である。

雍正時代の款識はただ「大清雍正年制」六文字双行楷書款一種類しかない。一部の青花磁の外底（例えば、青花「福禄封候」紋碗、蓮池紋碗、雲龍紋碗など）しか発見していない。

乾隆時代の磁器の款識もただ一種類しか発見していない。即ち「大清乾隆年制」六文字三行篆書紀年款である。でも款識を書いた器物が割りに多い。青花磁（花果紋皿、五福捧寿紋皿、花卉紋臥足碗など）、粉彩磁（牡丹紋花盆）、五彩磁（過枝瓜果紋皿）、単色釉磁（藍m釉錐把瓶）などを含める。西安市文物保護考古所に収めてある全ての明清時代の磁器の中では、この種の「大清乾隆年制」六文字三行篆書紀年款も出現回数の一番多い款識である。

款付け磁器の胎釉品質、装飾特徴などの面の分析によって見抜けるであるが、一部の磁器は御窯磁器に属す。例えば、乾隆時代の青花粉彩牡丹紋花盆（植木鉢）は、胎本体が真っ白できめが細かく滑らか、釉面が白くてきれい、均等で潤いである。青花絵の枝葉、粉彩絵2の花などの絵画技法が極端に熟達していた。この点の御窯磁器の品質に及ばない磁器も大部分であるけど、一般の磁器の質よりはずっと良い。民窯磁器の中の逸品であるかもしれない。

2006年 6月
編者

Contents

청자
青瓷

Celadon

청자(靑瓷)는 중국 최초의 채색자기(彩色瓷器)로 다섯 단계를 거쳐 발전하였다.

(1) 출현 및 초기 발전 단계[상대(商代)부터 동한(東漢) 말기까지]

현 고고학 자료에 따르면 청자는 상대에 최초로 나타나고 동한 말기 제조 기술이 성숙되기 시작하였다. 이 시기의 청유(靑釉)는 청황색, 청갈색, 청록색 등 색조가 다양하며 태색이 짙고 태질이 비교적 거칠며 조형은 도기 혹은 청동기를 모방하였고 장식기법은 주로 박인(拍印)이며 문양은 기하문(幾何紋)을 위주로 하였다. 서안(西安)지역에서 발견된 당시 청자는 수량이 적은데 주로 장안구(長安區) 풍서(灃西) 장가파(張家坡) 서주(西周) 유적지에서 출토된 청자 도편, 임동구(臨潼區) 진시황릉 서쪽 여산사관(麗山飤官) 유적지에서 출토된 진대 청자, 서안시 교외 한묘(漢墓)에서 출토된 한대(漢代) 청자 등이 있다. 특히 진시황릉 서쪽에서 출토된 진대(晉代) 청자는 중국 유일의 진대 자기 실물자료이다.

(2) 성숙기[삼국(三國), 양진(兩晉), 남북조(南北朝)]

청자는 조형과 장식이 점차 도기(陶器)와 동기(銅器)의 영향에서 벗어나 유색이 청록색에 가까워졌고 유질이 균일하며 태색이 옅어지고 태질도 깨끗해졌다. 생산 중심지는 절강(浙江) 월요였고 북방은 규모가 작을뿐더러 시대도 비교적 늦었다. 서안지역에서 위진(魏晉) 시기 청자는 발견된 것이 적은데 서진(西晉) 시기의 계수호(鷄首壺) 도편 등이 출토된 바 있다. 근래 들어 북조(北朝) 시기 청자가 다수 발견되었는데 특히 기년묘에서 출토된 것은 북방지역의 청자를 연구하는 데 있어서 중요한 자료가 되었다.

(3) 제1차 고조기[당대(唐代), 오대(五代)]

청자의 중심지는 여전히 월요(越窯)였으며 당대(唐代) 중기에 들어선 후 월요 청자는 질이 크게 제고되어 중국 청자 역사의 첫 번째 고조기가 나타났다. 태질은 깨끗하고 치밀하며 유색은 청록색을 띠며 유면은 옥처럼 매끄럽고 기형은 대부분 완(碗), 반(盤), 호(壺) 등 생활용품이었다. 또한 조형이 반듯하고 단순하면서도 대범하며 극소수의 기물 표면에 장식문양이 있었다. 섬서(陝西) 부풍(扶風) 법문사(法門寺) 지궁(地宮)에서 출토된 비색(秘色) 자기는 월요 청자의 최고 수준을 보여준다. 이 시대에는 월요를 제외하고도, 강서(江西) 홍주요(洪州窯), 호남(湖南) 장사요(長沙窯), 섬서 황보요(黃堡窯), 하남 안양요(安陽窯) 등이 있었는데 비록 청자의 질과 규모는 월요와 비교할 바가 아니지만 모두 뚜렷한 지방색을 띠었다. 서안지역에서 발견된 청자는 황보요의 것이 위주이고 그 외 소량의 월요와 안양요 등 가마터의 청자가 있다.

(4) 2차 고조기[송대(宋對)]

절강(浙江) 용천요(龍泉窯)와 섬서 휘주요(輝州窯)가 각각 남북지역 청자의 제조 중심지가 되었다. 휘주요 청자는 치밀한 태체, 투명한 올리브색 청유, 아름다운 장식공예로 이름났으며 용천요 청자는 중후한 분청유(粉靑釉)와 매자청유(梅子靑釉)로 이목을 끌었다. 이 밖에, 절강 월요, 관요(官窯), 강서 경덕진요(景德鎭窯), 하남 여요(汝窯), 균요(鈞窯)도 송대 청자 가마터이다. 이러한 남북지역의 요장(窯場)은 뚜렷한 예술풍격과 정교한 제조기술로 고대 중국 청자의 수준을 절정으로 끌어올렸다. 서안지역에서 발견된 당시 청자는 휘주요 제품 위주로 출토지점은 종고루(鍾鼓樓) 부근이며 기형은 완, 잔(盞), 존(尊), 관(罐) 등 생활용품이 대부분이다. 이 외에 소량의 용천요, 균요 등 가마터의 청자도 발견되었다.

(5) 쇠퇴기[원명청(元明淸)]

원대(元代)에 이르러 용천요와 균요에서 대량 제조한 이외에 다른 청자 요장(窯場)은 그 규모가 뚜렷하게 줄어들었다. 명청(明淸)시대, 자기 품종은 채회자기 위주이고 청자는 수량이 급속히 줄어들었다. 이 시기에는 용천요와 경덕진요 등에서만 소량 제작하였다. 서안지역에서 발견된 청자는 원대 용천요, 균요 청자가 가장 많고 그 외 경덕진요에서 생산된 원대 영청(影靑)자기와 청대 두청유(豆靑釉)자기 등이 있다.

Celadon is a kind of color glazed porcelain successfully made in ancient China; its development process could be divided into five periods:

1. The emergence and early ages(From Shang Dynasty to Eastern Han Dynasty): According to the archeology documents, the proto celadon were made in Shang Dynasty, and the technical skill was turning to be mature in late Eastern Han Dynasty. In those ages the colors are different, they are blue and yellow, blue and brown, blue and green, etc; the eggshell is dark and the roughcast is coarse; the images are mostly imitation of some pottery and bronze ware; the pattern decoration technique is pressing, the patterns are mostly geometry patterns. The celadon found of this period is that celadon pieces of Western Zhou Dynasty in ZhangJiaPo Village of Chang'an County in Xi'an Western Zhou Dynasty Remains; celadon of Qin Dynasty in western mausoleum of Qin Shihuang Emperor in Lin Tong District, which is "Li Shan Mountain Palace" Remains; celadon of Han Dynasty found in Xi'an city Han Dynasty tombs, etc, especially the celadon of Qing Dynasty found in west of mausoleum of Qin Shihuang Emperor is the only discovered material of Qin Dynasty.

2. Maturing Period(Three Kingdoms, Eastern and Western Jin Dynasty, Southern and Northern Dynasty): The shape and decoration was no longer under the influence of pottery and bronze wares, the glaze colors are blue and green, the glaze are spread evenly on the surface; the glaze colors are light, and the quality is pure. The kiln center was in Yue Kiln of Zhe Jiang Province and kilns in Northern China were small in scale and appeared later. Those celadon made in Wei and Jin Dynasties was less found in Xi'an city, the cock head pot remains made in Western Jin Dynasty is one of them. In recent years, the celadon made in Northern Dynasty are unearthed more, and some excavated in tombs of that time, which is very important for the research of Northern China celadon.

3. The first climax(Tang and Five Dynasties): The celadon kiln center was still in Yue Kiln. After middle Tang Dynasty, the quality of Yue Kiln celadon has greatly improved, and the first celadon making climax comes in China. The roughcast is pure and impact, the

glaze color is blue and green, the glaze surface is smooth like jade; the utensil shapes are mostly bowls, trays, pots, and some other daily utensils, etc. The shapes are regular, simple, and the decorations or patterns are seldom found on the surface. Olive green porcelains discovered in Fa Men Temple in Fu Feng County of Shaanxi Province represents the highest level of porcelain making. Apart from Yue Kiln, some other celadon making kilns of this period are Hong Zhou Kiln in Jiang Xi Province, Chang Sha Kiln in Hu Nan Province, Huang Bao Kiln in Shaanxi Province, An Yang Kiln in He Nan Province, etc, although the quality and scale could not compare with those found in Yue Kiln, they still has clear local characteristics. The celadon of this period found in Xi'an city is mostly the products of Huang Bao Kiln, and some others are celadon in Yue Kiln and An Yang Kiln.

4. The second climax(Song Dynasty): In this period, Long Quan Kiln of Zhe Jiang Province and Yao Zhou Kiln of Shaanxi Province become the celadon kiln center of Southern and Northern China. The celadon of Yao Zhou kiln is well-known for its compact roughcast, transparent olive color glaze and the decoration craft. Long Quan Kiln celadon is favored with its thick and smooth blue prink glaze, and plum green glaze. Besides, the celadon making kilns in Song Dynasty are Yue Kiln and Guan Kiln of Zhe Jiang Province, Jing De Zhen kiln of Jiang Xi Province, Ru Kiln and Jun Kiln of He Nan Province, these different kilns of Northern and Southern China had push ancient Chinese celadon making to the peak with its characteristic art flavor and fine craftsmanship. The celadon found in Xi'an city are mostly those made in Yao Zhou Kiln, the excavation place are mostly around the Bell Tower and Drum Tower, the utensil shapes are mostly bowls, trays, Zun wares, Pots, and some other daily utensils. Besides some other celadon of Long Quan Kiln and Jun Kiln are found also.

5. Declining Age(Yuan, Ming and Qing Dynasty): In Yuan Dynasty, besides the Long Quan Kiln and Jun Kiln, some other celadon making kilns has apparently decreased in scale. In Ming and Qing Dynasty, the porcelain species are mostly color painted porcelains, and celadon has passed its brilliant age, and its quantity has decreased greatly. Only Long Quan Kiln and Jing De Zhen Kiln had some yielding at that time. Celadon found of this time in Xi'an city are most of Long Quan Kiln and Jun Kiln, other species are greenish white glazed celadon of Jing De Zhen Kiln in Yuan Dynasty, and soybean green porcelain in Qing Dynasty.

001

원시청자존(原始青瓷尊)

서주(西周)
높이 12.8cm 입지름 8.8cm 밑지름 8.3cm 무게 0.55kg
1992년 12월 서안시 주지현 아백진 아흥촌(西安市 周至縣 啞柏鎭 啞興村) 출토

Proto Celadon Zun

Western Zhou Dynasty(1066BC~771BC)
H 12.8cm Mouth D 8.8cm Bottom D 8.3cm Weight 0.55kg
Excavated from Yaxing village Zhouzhi County Xi'an in Dec 1992

입은 둥글고 목 부분은 곧고 어깨는 꺾였고 배는 원호(圓弧) 모양이며 고권족(高圈足)은 밖으로 벌어졌다. 어깨와 배에 망문(網紋)을 찍고 입, 목, 어깨에 주사(朱砂) 흔적이 있다.

기물(器物)의 외벽에 유약을 입혔는데 입과 목의 유층은 대부분 벗겨졌다. 내벽은 유약을 입히지 않았으며 흑색 이물얼룩이 있다. 유색은 청색에 노란색이 감돌며 엷은 편이고 태색은 회백색이고 태질은 거칠고 성글다. 안바닥과 고권족의 안쪽에는 회전 흔적이 나 있는데 이는 이 존(尊)이 니조반축(泥條盤築)과 만륜수배(慢輪修坯, 천천히 물레를 돌려 소태를 정리하는 방법) 기법으로 성형하였음을 말해준다.

이러한 청자는 전에 유도(釉陶)라고 칭했으나 현대 과학기술로 측정한 결과, 소태 · 유약 · 소성온도 모두 현대적 의미의 자기와 같거나 유사하였다. 그러나 아직 초기단계에 속해 현대 연구에서는 상주(商周)에서 서한(西漢)까지의 자기를 원시자기 또는 원시청자로 분류한다. 이러한 원시청자는 철을 발색제로 하였으며 중국 최초의 채색 유약이었다. 1950년대 이후, 서안시 서남쪽 서주(西周) 풍경(豊京) 및 호경(鎬京) 유적지에서는 이미 여러 차례 서주 원시청자가 출토되었는데 대부분 청자두(青瓷豆) 도편이었다. 이와 비슷한 서주 원시청자는 섬서(陜西) 부풍(扶風) 주원(周原) 유적지에서도 출토되었으며 출토상황으로 미루어 보아 원시청자들은 서주시대에 보물로 취급되었을 것으로 추정된다. 주지현(周至縣)에서 출토된 이 존(尊)은 보존상태가 양호하여 서안 교외 지역에서 출토된 서주 자기를 연구하는 데 귀중한 자료가 된다.

002

원시청자개관(原始青瓷蓋罐)

진대(秦代)
높이 24.5cm 입지름 14.8cm 배지름 22.6cm 밑지름 14.5cm
1987년 서안시 임동현(西安市 臨潼縣) 진시황릉 서쪽 '여산사관(麗山飤官)' 유적지 출토

Proto Celadon Pot with Lid

Qin Dynasty(221BC～206BC)
Total H 24.5cm Mouth D 14.8cm
Belly D 22.6cm Bottom D 14.5cm
Excavated from 'Lishan Shiguan' Relic west to mausoleum of Qinshihuang in Lintong County(District), Xi'an in 1987

구연(口沿)은 약간 외반되고 구순부(口脣部)는 짧으며 배는 불거져 나왔고 권족(圈足)이다. 굽에는 현문(弦紋)을 둘렀고 전체에 청록유약을 입혔다. 뚜껑은 원형이고 위에는 반고리 모양의 꼭지가 달렸으며 몸통과는 자모구(子母口)를 이룬다.

이 관과 함께 조형과 유색이 똑같은 또 한 점의 관과 그 외 뚜껑, 그리고 같은 유형의 관의 구연, 어깨, 배 등 부위의 도편들이 동시에 출토되었다. 그중 한 조각에는 '麗邑九升(여읍구승)' 넉 자가 새겨져 있다. 함께 출토된 같은 유형의 문자를 새긴 도기로 보아 이 도자기들은 진시황릉 침실 안에 놓인 음식 용기인 것으로 추정된다. 지금까지의 자료 중 중국 내 확실한 진대 자기는 이 청자관(青瓷罐)이 유일해 중요성이 크다.

003

원시청자부(原始青瓷瓿)

서한(西漢)
높이 30.2cm 입안지름 8.7cm 입바깥지름 12.6cm 배지름 34.6cm 밑지름 15.2cm 무게 5.4kg
1991년 12월 서안시(西安市) 남쪽 교외 곡강(曲江) 공군인쇄공장 기초공사현장 한묘(漢墓) 출토

Proto Celadon Bu, Water Vessels

Western Han Dynasty(206BC~25AD)
H 30.2cm Inside mouth D 8.7cm Outside mouth D 12.6cm
Belly D 34.6cm Base D 15.2cm Weight 5.4kg
Excavated from tomb of Han dynasty at Air Force Press building site in south suburb of Xi'an in Dec 1991

입은 안으로 오므라들었고 가장자리는 넓고 평평하며 원구(圓球) 모양의 배는 불룩하고 납작바닥은 안으로 오목하게 들어갔다. 두 귀를 곧추 세운 수면문(獸面紋)으로 된 고리 한 쌍을 어깨에 대칭으로 부착하고 그 위쪽에는 가로놓인 'S'형 문양을 붙였다. 배의 위쪽에 가늘고 납작한 진흙띠 세 줄을 장식하고 그 위쪽에 현문(弦紋) 두 바퀴를 오목하게 새겼다. 어깨와 배에는 권운문(卷雲紋)을 새기고 그 안에는 작은 점을 채웠다. 태색은 회색이고 태질은 부드럽고 치밀하다. 소성온도가 높아 기물(器物)을 두드리면 맑은 소리가 난다. 외벽의 배 중심부까지 청록색 유약을 입혔는데 안바닥에는 두꺼운 유층이 남아 있다. 유약을 입히지 않은 내벽과 외벽의 아랫부분은 적갈색을 띠었다.

대부분의 한대(漢代) 원시 자부(瓷瓿)는 청동기 조형을 모방하였다. 한대 초기, 부는 구순부(口脣部)가 평평하고 입이 짧고 곧다. 어깨는 비스듬하고 배는 둥글고 납작하며 납작바닥 밑에는 납작하고 낮은 다리 세 개가 달렸다. 어깨에는 대칭으로 포수(鋪首)와 두 귀를 배치하였는데 귀는 기물 입보다 높게 치켜세웠다. 납작하고 둥근 뚜껑이 있으며 그 중심부에 손잡이가 달려 있다. 뚜껑의 가장자리에는 자구(子口)가 있어 입과 꼭 맞았다. 서한(西漢) 중기에 이르러, 어깨는 점차 튀어나오고 두 귀는 점차 낮아져 끝부분이 입과 거의 같은 높이에 있었으며 다리도 없어졌다. 서한 말기에는, 기물의 형체가 더 커졌으며 입은 안으로 오므라들고 구순부는 넓고 평평하며 배는 원구형으로 변하였고 어깨의 두 귀는 입보다 훨씬 낮아졌다. 동한(東漢) 시기에 들어서면서 원시 자부는 인문도(印紋陶)로 대체되었다.

이 부는 서한(西漢) 성제(成帝) 건시(建始) 3년(기원전 30년) 무덤에서 출토된 것으로 연대가 명확하여 서한 말기 원시청자의 표준기물(標準器物)로 삼을 수 있으며 자기의 초기 발전상황을 연구하는 데 있어 중요한 실물자료가 된다.

004

원시청자수파문쌍이호(原始靑瓷水波紋雙耳壺)

서한(西漢)
높이 33.9cm 입지름 14.1cm 배지름 25.2cm 밑지름 13.8cm 무게 3.83kg
1991년 12월 서안시(西安市) 남쪽 교외 곡강(曲江) 공군인쇄공장 기초공사현장 한묘(漢墓) 출토

Proto Celadon Pot with Two Handles and Wave Pattern

Western Han Dynasty(206BC~25AD)
H 33.9cm Mouth D 14.1cm Belly D 25.2cm Base D 13.8cm Weight 3.83kg
Excavated from tomb of Han dynasty at Air Force Press building site in south suburb of Xi'an in Dec 1991

입은 나팔 모양이고 목은 길며 배는 둥글고 볼록하며 권족(圈足)이 있다. 어깨에 대칭으로 치켜세운 귀가 붙여져 있는데 위에는 운문(雲紋)을 붙였고 아래에는 원형 고리가 달렸다. 입의 위쪽 가장자리와 목 아랫부분에는 수파문(水波紋)을 새겼고, 어깨와 배에 가늘고 납작한 진흙띠를 붙였으며 그 위에는 각각 오목한 현문(弦紋) 2줄을 그었다. 몸체에는 여러 겹의 와릉문(瓦稜紋)이 있다. 태색은 회색이고 태질은 부드럽고 치밀하다. 소성온도가 높아 바닥이 갈라 터졌다. 유약은 청록색으로 입 안쪽에 유약을 입히고 내벽에는 입히지 않았다. 밖에는 목부터 배의 중간까지만 유약을 입히고 나머지는 유약을 입히지 않아 적갈색을 띤다. 입과 목에는 주사흔적이 남아 있다.

이러한 쌍이호(雙耳壺)는 한대(漢代) 청동기를 모방하여 제조된 것이다. 한대 초기의 원시자호(瓷壺)는 입이 약간 외반되고 목이 비교적 길며 어깨가 비스듬히 튀어나오고 그 위에는 대칭으로 '人(인)' 자형 귀를 달았으며 낮은 권족이 있다. 서한(西漢) 중기에는, 입이 밖으로 더욱 벌어져 나팔 모양에 가깝고 목이 짧아진 대신 배가 깊어졌으며 권족은 더욱 낮아져 납작바닥이 되었다. 어깨에 달린 귀는 반환형(半圜形)을 이룬 것이 있는가 하면 귀 위쪽에 포수(鋪首)를 붙이거나 용머리를 조각한 것도 있었다. 서한 말기에 이르러, 입은 뚜렷한 나팔 모양이 되었고 배는 둥글고 볼록하며 대부분이 납작바닥이 되었다. 두 귀는 흔히 포수함환(鋪首銜環) 형식이었다.

이 기물(器物)은 서한(西漢) 성제(成帝) 건시(建始) 3년(기원전 30년) 무덤에서 출토된 것으로 연대가 명확하여 서한 말기 원시 자기의 표준기물로 삼을 수 있으며 더불어 자기의 초기 발전상황을 연구하는 데 있어 중요한 실물자료가 된다.

005

원시청자망문쌍이호(原始青瓷網紋雙耳壺)

서한(西漢)
높이 28.4cm 입지름 12.7cm 배지름 20.6cm 밑지름 10.6cm 무게 1.59kg
1991년 12월 서안시(西安市) 남쪽 교외 곡강(曲江) 공군인쇄공장 기초공사현장 한묘(漢墓) 출토

Proto Celadon Pot with Two Handles and Net Pattern

Western Han Dynasty(206BC~25AD)
H 28.4cm Mouth D 12.7cm Belly D 20.6cm Base D 10.6cm Weight 1.59kg
Excavated from tomb of Han dynasty at Air Force Press building site in south suburb of Xi'an in Dec 1991

입은 외반되어 원반 모양에 가깝다. 목은 길고 배는 볼록하며 납작바닥이다. 어깨에 치켜세운 작은 민무늬 귀가 붙어 있다. 목 아래에는 망문(網紋)을 장식하고 구연(口沿) 윗부분에는 현문(弦紋)이 있으며 목에서 배 중간까지 각각 두 줄의 가는 현문으로 구성된 현문대(弦紋帶) 네 조가 있다. 바닥에는 다듬은 흔적이 보인다. 태색은 회색이고 소성온도가 높아 두드리면 맑은 소리가 난다. 흑록색에 가까운 청록유를 안쪽에는 입히지 않고 바깥쪽 배 중간까지 입혔는데 목 부분에는 유약이 상대적으로 적게 입혀졌다. 유약을 입히지 않은 부위는 회색 또는 적갈색을 띤다.

망문은 도자기 초기 문양 중 하나로 격자를 이방연속(二方連續) 혹은 사방연속(四方連續)으로 늘어놓아 그물 모양을 이루었다. 신석기시대의 대표적인 유적지에서는 모두 망문을 새긴 도기 유물이 발견된다. 망문은 상주(商周)시대 도기에서는 점차 사라졌지만 남방 지역의 인문경도(印紋硬陶)에서는 보기 흔하다. 상주시대 원시청자에도 망문을 흔히 장식하고 삼국(三國)과 서진(西晉) 청자의 어깨 부위에도 망문 한 바퀴를 찍었으나 그 후로는 유행하지 않았다. 명청(明清)시대에 망문은 자기의 테두리 장식으로 가끔 나타났다.

이 기물(器物)은 서한(西漢) 성제(成帝) 건시(建始) 3년(기원전 30년) 무덤에서 출토된 것으로 연대가 명확하여 서한 말기의 원시청자의 표준기물로 삼을 수 있고 더불어 자기의 초기 발전상황을 연구하는 데 있어 중요한 실물자료가 된다.

원시청자개종(原始青瓷蓋鍾)

동한(東漢)
높이 14.5~35cm 입지름 5~10.7cm 배지름 10~23cm 굽지름 5~13cm 무게 0.5~3.5kg
1977년 서안시(西安市) 차량기지 출토

Proto Celadon Zhong Utensil

Eastern Han Dynasty(25AD~220AD)
H 14.5~35cm Mouth D 5~10.7cm
Belly D 10~23cm Feet D 5~13cm Weight 0.5~3.5kg
Excavated from Rolling stock depot of Xi'an in 1977

서안(西安)지역의 양한(兩漢) 무덤에서 출토된 뚜껑 달린 원시 청자종(青瓷鍾)은 이미 20점을 넘었는데 쌍계(雙系) 위주로 크기, 규격이 다양하며 목과 윗배에 대부분 현문(弦紋) 여러 줄이 둘러져 있다. 서한(西漢) 후기, 일부는 윗배에 가늘고 납작한 진흙띠를 붙여 철현문(凸弦紋) 여러 줄을 만들었는데 이러한 장식방식을 와릉(瓦稜)이라고 불렀다. 기형이 큰 것은 목과 어깨에 수파문(水波紋)을 새겼다. 귀에는 대부분 송침문(松針紋)을 새기거나 포수함환(鋪手銜環)을 부착하기도 하였다. 성형은 물레를 사용하고 태체는 아래위를 이어 만들었으며 태질은 철함량이 높았다. 시유가 고르지 못하여 유약이 뭉치거나 흘러내린 자국이 선명하고 유색은 대부분 녹갈색, 갈색을 띠었고 외벽에는 구연(口沿)과 어깨에만 시유(施釉)하고 아랫배에서 밑굽까지 노태(露胎)되어 적갈색을 띠었다. 이는 서한에서 동한 초기까지의 청자 시유방식으로 최대 배지름 윗부분 및 구연에 시유하고 목의 잘록하게 들어간 부분 및 아랫배는 모두 소태상태이다. 이전의 골동품업계에서는 이런 종류의 한대(漢代) 청자유(青瓷釉)를 '염유(鹽釉)'라고 불렀다.

이런 청자종을 쌍이호(雙耳壺) 또는 쌍이관(雙耳罐)이라고도 부른다. 자기로 된 종은 한대에 나타났고 대부분 술을 담는 주기이며 한대 청동 술병을 모방하여 만들었다. 조형의 경우, 서한 시기에는 쟁반 모양 입에 반구형(半球形) 뚜껑이 있었으며 중기에는 입은 밖으로 젖혀지고 뚜껑이 없으며 속이 빈 가권족(假圈足)이 나타났고 동한 말기에 이르러서는 권족이 높아졌다. 이 조형은 후에 삼국(三國)에서 수대(隋代)까지의 반구호(盤口壺)와 다계반구호(多系盤口壺)로 이어졌다. 상술한 특징으로 미루어 보아 이 종은 동한 시기 종으로 추정된다.

007

청유십이족연(靑釉十二足硯)과 연적(硯滴)

북위(北魏)
벼루 높이 10cm 지름 32cm 무게 4.36kg
1998년 서안시 장안현(西安市 長安縣) 위곡(韋曲) 북원(北塬) 북위(北魏) 효창(孝昌) 원년(525년) 위욱(韋彧) 무덤 출토

Celadon Twelve Leg Inkstone

Northern Wei Dynasty(386AD~534AD)
H 10cm D 32cm Weight 4.36kg
Excavated from Weiyu Tomb of Northern Wei Dynasty at Chang'an County(District), Xi'an in 1998

연지(硯池)는 원형으로 중앙에는 호형(弧形)으로 볼록하게 튀어나온 부분이 있으며 주위에는 홈이 있고 테두리는 낮은 벽으로 막았으며 아래쪽에는 12개의 발굽 모양 다리가 달려 있다. 연면(硯面)과 바깥바닥에는 각각 받침 흔적이 남아 있는데 치형(齒形) 받침을 사용하여 구워내 생긴 것으로 추정된다. 청유는 색상이 옅고 곳곳에 빙렬이 있으며 유약이 뭉친 부분은 유리 질감이 강하다. 연적은 알 모양으로 입은 안으로 오므라들었으며 배는 내려가면서 좁아지고 여러 겹의 현문(弦紋)이 있다. 외벽에는 청유를 입혔다. 벼루와 연적은 태토와 유약이 같고 태색이 모두 회백색이며 연면에 노태된 부분은 화석홍(火石紅)을 띤다.

1998년 10월, 시안시고고학연구소에서는 서안시 남쪽 위곡 북원에 위치한 7171공장에서 북위 효창 원년(525년) 위욱묘를 발굴하였다. 십이족 청자연은 이곳에서 출토된 300여 점 유물 중 하나로 보기 드문 것이다.

다족연(多足硯) 조형은 삼국(三國)시대에 처음 나타났으며 동오(東吳) 청자에는 이미 삼족연이 있었고 일부 연족(硯足)은 곰이나 역사 모양으로 만들었다. 동진(東晉) 시기, 다리와 연면이 높아졌으며 사족연도 나타났다. 육족연은 대부분 남조(南朝) 시기에 나타났고 수당(隋唐) 초기에 다족연이 유행하였는데 다리 개수도 늘어나 심지어 빽빽하게 배열한 것도 있었다. 수대(隋代)에, 일부 다족연은 발이 물방울 모양으로 변하였고 연면도 더욱 볼록해졌다. 당대(唐代)의 원연(圓硯)은 현재 '벽옹연(辟雍硯)'으로 불린다. 당대 중기에 이르러, 자기로 만든 연은 '風(풍)' 자형으로 변하였으며 점차 돌로 만든 연으로 대체되었다.

현재 학술계에서는 중국 북방의 자기생산이 약 북조(北朝) 시기에 시작된 것으로 본다. 지금까지 발견된 북방 자기 가마터 중 가장 이른 것은 하북(河北) 임성(臨城)의 진류장(陳劉莊) 청자 가마터이다. 산동(山東) 채리요(寨裏窯)는 동위(東魏) 시기에 시작되어 수당(隋唐)시대에 마감하였고 산동 설성(薛城) 중진학촌요(中陳郝村窯)는 북제(北齊) 시기에 청자를 생산했으며 하남(河南) 안양(安陽) 북관요(北關窯)는 북제(北齊)에서 수대까지 청자를 생산하였다. 섬서(陝西) 화음현(華陰縣) 북조(北朝) 양씨(楊氏) 가족무덤에서도 북위 청자가 출토된 바 있다. 서안시 장안구에서 출토된 이 벽옹연은 크기가 큰 것으로 북위 청자 연구에 있어 귀중한 자료가 된다.

008

청유반구호(青釉盤口壺)

북위(北魏)
높이 39.5cm 입지름 12.5cm 배지름 22cm 밑지름 13.6cm 무게 4.6kg
2001년 6월 서안시 장안현 위곡진(西安市 長安縣 韋曲鎭) 북쪽 청량원(淸凉塬) 북위(北魏) 영희(永熙) 3년(532년) 위건(韋乾) 무덤 출토

Celadon Pot With Dish-shaped Mouth

Northern Wei Dynasty(386AD~534AD)
H 39.5cm Mouth D 12.5cm
Belly D 22cm Bottom D 13.6cm Weight 4.6kg
Excavated from Weiqian Tomb of Northern Wei Dynasty at North Qingliang Plain in Chang'an County(District) Xi'an in Jun 2001

반구(盤口)가 비교적 높고 구연(口沿) 아랫부분에는 철현문(凸弦紋)이 있으며 목이 곧게 세워졌고 그 위에도 철현문 두 줄이 있다. 어깨에는 복련판문(覆蓮瓣紋)을 새겼고 다리 모양의 귀 여섯 개를 부착하였다. 윗배는 둥글고 볼록하며 위에 철현문이 있고 아랫배는 점차 좁아지고 굽 근처에서 밖으로 벌어져 전체 기형이 늘씬해 보인다. 납작바닥이고 바깥바닥은 깎아내고 칠한 흔적이 선명하다. 외벽에는 청록유(青綠釉)를 입혔는데 밑부분까지 미치지 못했다. 유층은 얇고 빙렬이 많으며 태색은 황백색에 가깝고 태질은 거칠다.

반구호(盤口壺)는 삼국(三國)시대 오(吳)나라에서 당대(唐代)까지 유행하였는데 한대(漢代)의 입이 벌어진 호에서 변화된 것으로 몸체는 작달막하던 데서 점차 늘씬하게 발전하였다. 이 호는 북위(北魏) 기년묘(紀年墓)에서 출토된 것으로 출토 시기와 지점이 분명해 시대 구분이 가능한 중요한 표준기물(標準器物)이다.

009

청유계수호(青釉雞首壺)

북위(北魏)
높이 43cm 입지름 12cm 배지름 22cm 밑지름 13.6cm 무게 4.6kg
2001년 6월 서안시 장안현 위곡진(西安市 長安縣 韋曲鎭) 북쪽 청량원(淸凉塬)
북위(北魏) 영희(永熙) 3년(532년) 위건(韋乾) 무덤 출토

Cock Head Celadon Pot

Northern Wei Dynasty(386AD~534AD)
Total H 43cm Mouth D 12cm
Belly D 22cm Bottom D 13.6cm Weight 4.6kg
Excavated from Weiqian Tomb of North Wei Dynasty at Northern Qingliang Plain in Chang'an County(District) Xi'an in Jun 2001

반구(盤口)는 살짝 벌어지고 목은 가늘고 길다. 둥근 배는 아래로 내려가면서 점차 좁아지다가 굽에서 살짝 밖으로 벌어졌다. 납작바닥이고 바깥바닥에는 불규칙적인 쌀알 모양의 지정(支釘) 흔적이 남아 있다. 한쪽 어깨에는 닭 머리가 있는데 입을 살짝 벌리고 볏은 높이 솟았으며 목은 튼실하다. 다른 한쪽에는 두 개를 이어 붙인 굽은 손잡이[柄]가 있다. 그리고 어깨 양쪽에는 각각 네모난 다리 모양 귀 두 개를 부착하였다. 외벽에는 청록색 유약을 입혔는데 끝까지 닿지 않았으며 태색은 흰색이다.

계수호(鷄首壺)는 천계호(天雞壺)라고도 부르며 위진남북조(魏晉南北朝)시대 무덤에서 주로 출토되고 그중 삼국(三國) 말기의 것이 가장 이르다. 서진(西晉)에서 당대(唐代) 초기까지, 계수호가 유행했으며 가장 대표적인 조형 중의 하나로 시대를 구분하는 데 있어서 중요한 근거가 된다. 계수호의 조형은 반구호와 비슷하지만 어깨 양측에 닭 머리와 꼬리를 대칭으로 부착하였다. 닭 머리는 속이 비거나 꽉 찬 두 가지이다. 서진 시기 계수호는 배와 목이 짧고 대부분 닭 머리가 꽉 차고 목이 없었으며 꼬리도 매우 작았다. 동진 시기에는 몸체가 높아지고 닭 머리도 목이 생겼으며 꼬리가 없어지고 대신 입보다 비교적 높은 둥글고 굽은 손잡이로 대신하였다. 동진 중 · 말기에 이르러 손잡이 윗부분에 용머리와 곰을 장식하였다. 1972년 강소(江蘇) 남경(南京) 화학섬유공장 동진묘(東晉墓)에서 출토된 청자계수호는 밑바닥에 '罌主姓黃名齊之(앵(罌)의 주인은 성씨가 황(黃)이고 이름이 제(齊)이다)'라고 새겨져 있는데 이로부터 진대(晉代)에는 이런 기형을 '앵'이라고 불렀음을 알 수 있다. 남북조시대, 계수호는 몸체가 늘씬하고 닭 볏이 큰 편이며 목이 가늘고 길어졌으며 반구도 높아졌다. 수대(隋代)의 계수호는 몸체가 더욱 늘씬해졌고 닭 머리는 사실적으로 튼실하고 힘 있어 보이는데 머리를 쳐들고 목을 굽혀 홰치는 모습이며 손잡이는 용모양 손잡이가 유행하였다. 당대 중기 이후 계수호는 거의 자취를 감췄다.

이 계수호는 고고학적 발굴로 출토된 북위(北魏) 시기 청자이면서 기년묘(紀年墓)에서 출토된 것으로 가치가 크다.

010

청유사계관(青釉四系罐)

북제(北齊)
높이 40cm 입지름 15.5cm 배지름 33cm 굽지름 13.5cm 무게 8.66kg
1986년 5월 서안시(西安市) 문물상점 수집

Four-looped Celadon Pot

Northern Qi Dynasty(550AD~577AD)
Total H 40cm Mouth D 15.5cm
Belly D 33cm Feet D 13.5cm Weight 8.66kg
Collected by Xi'an Cultural Relic Shop in May 1986

구연(口沿)은 밖으로 말렸고 목은 짧으며 불룩한 배는 굽 가까이에서 좁아졌고 납작바닥이며 목과 어깨 사이에는 귀 네 개가 부착되어 있다. 전체적으로 문양이 없고 유색은 살짝 노란색을 띤 청색이며 미세한 빙렬이 가득하고 유약 흐름현상이 심하다. 태체는 무게감이 있고 바닥은 유약을 입히지 않아 노태되었는데 태토와 유약의 결합도가 낮아 세부적으로 탈유(脫釉)현상이 있다. 태토는 회백색이고 비교적 성글다. 전체적으로 장식이 간단하지만 풍만한 조형과 흐름현상으로 나타난 시각효과에 의해 질박하고 무게감이 있다.

011

청유사계반구호(青釉四系盤口壺)

수대(隋代)
높이 41.6cm 입지름 18.3cm 배지름 31.4cm 밑지름 15.7cm 무게 8.8kg
1990년 서안시(西安市) 서쪽 교외 화력발전소 출토

Four-looped Celadon Pot with Dish-shaped Mouth

Sui Dynasty(581AD~618AD)
H 41.6cm Mouth D 18.3cm
Belly D 31.4cm Bottom D 15.7cm Weight 8.8kg
Excavated from the Power Plant at west suburban of Xi'an in 1990

구순부(口脣部)는 둥글고 구연(口沿)은 밖으로 젖혀져 반구(盤口)와 같으며 목은 굵고 짧으며 위에 철현문(凸弦紋) 두 줄이 둘러져 있다. 어깨는 미끈하고 둥글고 볼록한 배는 아래에서 좁아졌으며 납작바닥이다. 어깨에도 철현문 두 줄이 있으며 동시에 쌍환(雙環) 모양 귀 네 개가 균일하게 부착되어 있다. 어깨와 배 사이에는 요현문(凹弦紋)이 둘러져 있다. 태색은 회백색이고 갈색 반점이 섞여 있다. 유색은 청흑색(青黑色)에 가깝고 시유(施釉)가 고르지 못해 아랫배의 굽과 가까운 곳에는 유약이 닿지 않았으며 어깨와 배에는 흐름현상이 보인다. 반구호는 고대(古代)에 물건을 담아 저장하던 기물(器物)로 대부분 청자이고 삼국(三國) 오(吳)나라에서 당대(唐代) 초기까지 유행하였다. 조형은 작달막하던 데서 늘씬하게 변하였다.

012

청유인화사계관(青釉印花四系罐)

수대(隋代)
높이 14.6cm 입지름 5.9cm 배지름 12.2cm 밑지름 6.1cm 무게 0.72kg
1977년 서안시(西安市) 동쪽 교외 방직병원 출토

Four-looped Celadon Pot Printed Flower Pattern

Sui Dynasty(581AD~618AD)
H 14.6cm Mouth D 5.9cm
Belly D 12.2cm Bottom D 6.1cm Weight 0.72kg
Excavated from Spinning and Weaving Factory Hospital in east suburban of Xi'an in 1977

얕은 반구(盤口)이고 목은 짧고 잘록하며 배는 볼록하고 둥글며 전병 모양 바닥은 오목하다. 태색은 짙은 회색이고 태체 표면에는 흰색 화장토를 입혔다. 청갈색 유약을 입혔는데 끝까지 닿지 않았으며 흐름현상이 있다. 어깨에는 가로로 다리 모양의 진흙띠 귀 네 개가 부착되었고 윗배에는 송백엽문(松柏葉紋)과 보상화문(寶相花紋)이 번갈아 찍혀 있다.

유색과 인화 등 특징으로 보아 이 관은 수대(隋代) 홍주요(洪州窯) 제품으로 추정된다. 강서(江西) 풍성현(豊城縣)에 위치한 홍주요는 곡강(曲江) 등 5개 진(鎭)의 18개 자연촌락에 분포되었는데 공강(贛江) 또는 공강과 이어진 청풍산(淸豊山) 계곡, 약호(藥湖) 강변의 산비탈과 구릉지대에 자리 잡아 면적이 큰 편이다. 고고학자들이 풍성현 곡강 나호(羅湖)와 동전(同田) 용무주(龍霧洲) 일대에서 대규모 자기 가마터를 발견한 바 있는데 당대(唐代)에는 이곳이 홍주 관할이었으므로 풍성 고대(古代) 가마터는 당대에 홍주요에 속했을 것이다. 이 요장(窯場)은 동한(東漢) 말기에 생겼고 삼국(三國)·양진(兩晉)·남조(南朝)·수당(隋唐)·오대(五代)까지 존재했다. 홍주요는 수대에 이미 화장토를 사용했고 수대와 초당(初唐)의 발전을 거쳐 성당(盛唐) 시기에 이르러 수준이 높아졌으나 소태가 두껍고 원료를 걸러냈으며 정교하지도 않았다. 이밖에 소성은 갑발장소법(匣鉢裝燒法)을 사용했다.

당대 홍주요는 육우(陸羽)의 『다경(茶經)』에서 6위를 차지하고 "홍주 자기는 갈색인데 차색은 검으니 차와 맞지 않는다(洪州瓷褐, 茶色黑, 悉不宜茶)"라는 기록이 있는데 이 관(罐)의 갈색이 이 점을 증명한다.

013

청유사계관(青釉四系罐)

수대(隋代) 말기 당대(唐代) 초기
높이 26.9cm 입지름 13.2cm 배지름 24.3cm 밑지름 10.6cm 무게 4.56kg
1965년 서안시(西安市) 서쪽 교외 단결로(團結路) 광화(光華) 출판사 출토

Four-looped Celadon Pot

Sui and Tang Dynasty(581AD~907AD)
H 26.9cm Mouth D 13.2cm
Belly D 24.3cm Bottom D 10.6cm Weight 4.56kg
Excavated from Guanghua Press at Tuanjie Road in west suburban of Xi'an in 1965

입은 곧고 목은 짧으며 어깨는 풍만하고 배는 볼록하며 바닥은 전병 모양이다. 밑굽에 시유(施釉)하였으며 위에 큰 받침 흔적 세 곳이 있다. 목과 어깨 사이에는 진흙띠로 만든 'U' 자형 귀 4개가 부착되었고 귀 아랫부분에는 전병 모양의 장식물이 부착되었다. 어깨와 배 사이에는 귀 가장자리를 따라 철현문(凸弦紋) 두 줄이, 아랫배에는 철현문 한 줄이 둘러져 있다. 태색은 연회색이고 전체에 청황색 유약을 입혔다. 유면은 고르지 않고 빙렬이 세밀하며 유약이 뭉친 곳은 유리처럼 반들반들하다.

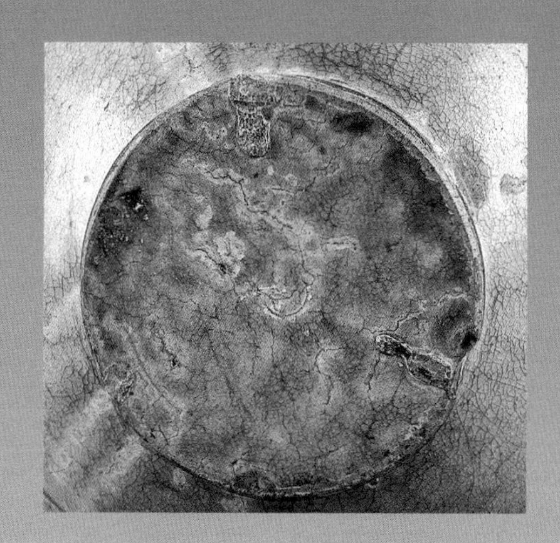

전체적으로 오리 알 모양에 가깝다. 조형은 힘 있고 시원시원하며 배에 장식한 철현문은 몸체의 견고성을 강화할 뿐만 아니라 장식적 입체감을 더해준다. 이 조형의 관(罐)은 수당(隋唐)시대에 성행하였다. 수대(隋代) 관은 몸체가 타원형에 가깝고 중간배에 철현문 한 줄이 둘러져 있으며 어깨에는 2~4개의 귀를 부착하였는데 그중 4개인 경우가 많고 보통 입보다 높다. 당대(唐代)에 이르러 귀가 점차 작아져 입보다 높은 경우가 적으며 현문(弦紋)도 보기 드물다.

014

청유사계관(青釉四系罐)

당대(唐代)
높이 31cm 입지름 13.4cm 배지름 22.6cm 밑지름 15.6cm 무게 3.77kg
1979년 서안시 장안현 풍서원(西安市 長安縣 風栖塬) 신강(新疆) 퇴직간부 휴양소 기초공사현장 출토

Four-looped Celadon Pot

Tang Dynasty(618AD~907AD)
H 31cm Mouth D 13.4cm
Belly D 22.6cm Bottom D 15.6cm Weight 3.77kg
Excavated from Building site of Xinjiang Sanatorium at Fengxi Plain in Chang'an County(District) Xi'an in 1979

구순부(口脣部)는 둥글고 입은 곧으며 지름이 큰 편이다. 목은 비교적 짧고 안으로 살짝 오므라들었으며 배는 길고 둥글다. 미끄러진 어깨는 배와 혼연일체가 되어 전체적으로 타원형을 이루었다. 바닥지름은 입지름보다 살짝 크고 납작바닥이다. 어깨에는 가로로 된 다리 모양 귀 여섯 개를 부착하였는데 귀의 양쪽이 동글납작하고 중간이 돌기되어 원형을 이루었다. 태색은 살짝 붉은색을 띠고 유색은 청록색이다. 유면에는 흰색 작은 점이 있으며 흐름현상도 있다. 유약이 끝까지 닿지 않아 노태된 부분은 암적색을 띤다.

015

청유사계관(青釉四系罐)

당대(唐代)
높이 30.7cm 입지름 10.3cm 배지름 24.3cm 밑지름 10.4cm 무게 4.14kg
1999년 9월 서안(西安) 동쪽 교외 한삼채(韓森寨) 당묘(唐墓) 출토

Four-looped Celadon Pot

Tang Dynasty(618AD~907AD)
H 30.7cm Mouth D 10.3cm
Belly D 24.3cm Base D 10.4cm Weight 4.14kg
Excavated from tomb of Tang dynasty at Hansenzhai in eastern suburb of Xi'an in Sep 1999

구연(口沿)은 말렸고 구순부(口脣部)는 얇으며 목은 비교적 길고 어깨는 미끈하며 배는 불룩하고 납작바닥은 살짝 오목하게 들어갔다. 어깨에는 가로로 된 아치형 귀 네 개를 부착하였다. 태색은 연회색이고 태질은 부드럽고 치밀하다. 유색은 살짝 노란색을 띤 청색이고 안팎으로 모두 유약을 입혔으며 색상이 담아하다. 일부 유면에는 빙렬이 있다. 기신(器身)에는 물레로 성형한 흔적이 보이고 바닥은 거칠며 유약 위에 많은 모래알이 붙어 있다. 이는 월요(越窯) 청자에 속한다.

이 기물(器物)은 당대(唐代) 절강(浙江) 동도(東道) 감군사(監軍使)인 오원면(嗚元勉) 무덤에서 출토된 것으로 회창(會昌) 6년(846년)에 매장되었으며 만당(晚唐) 시기 월요 기물을 감정하는 데 있어 표준기물이 된다.

016

청유대개수우(靑釉帶蓋水盂)

당대(唐代)
높이 15.1cm 입지름 8.2cm 배지름 20.7cm 밑지름 9.1cm 무게 2.88kg
1964년 서안시 신서북(西安市 新西北) 염색공장 출토

Celadon Water Jar with Lid

Tang Dynasty(618AD~907AD)
H 15.1cm Mouth D 8.2cm
Belly D 20.7cm Bottom D 9.1cm Weight 2.88kg
Excavated from Northwest Printing and Dyeing Factory Xi'an in 1964

입은 오므라들었으며 배는 둥글납작하고 납작바닥이다. 바깥바닥에 '得(득)' 자를 새겼다. 뚜껑은 원호(圓弧) 모양으로 꼭지가 떨어져 나갔다. 태색은 청회색이고 유색은 청황색에 가깝다. 시유(施釉)가 고르지 않아 흐름현상이 있고 아랫배와 바닥에는 유약을 입히지 않았다. 유면의 흑점(黑點)과 흠집에서 유약 가공기술이 치밀하지 못함을 알 수 있다.

아랫배와 바닥에 새긴 '石丕鉢, 凡景乞得(커다란 석발은 범경이 구해옴)'이라는 명문에서 알 수 있다시피 이 기물(器物)의 주인은 이름이 '범경(凡景)'이다.

017

청유장경집호(靑釉長頸執壺)

당대(唐代) 말기
높이 20.7cm 입지름 6.6cm 배지름 11.6cm 밑지름 7.5cm 무게 0.67kg
1976년 서안시(西安市) 문물상점 수집

Long Neck Celadon Pot

Tang Dynasty(618AD~907AD)
H 20.7cm Mouth D 6.6cm
Belly D 11.6cm Bottom D 7.5cm Weight 0.67kg
Collected by Xi'an Cultural Relic Shop in 1976

입은 벌어지고 목은 길며 배는 둥글고 권족(圈足)은 밖으로 약간 벌어졌다. 어깨의 한쪽에는 밖으로 약간 벌어진 대롱 모양의 유(流)가, 다른 한쪽에는 두 가닥을 이어 붙인 굽은 손잡이[柄]가 부착되어 있다. 손잡이 양 끝에 있는 장식은 집호를 견고하게 하는 역할을 한다. 목과 어깨 사이에는 철현문(凸弦紋)이 둘러져 있다. 유색은 청황색이고 시유(施釉)를 끝까지 하지 않아 굽 부분은 노태되었는데 반질반질하고 문양이 없으며 유면에는 세밀한 빙렬이 있다. 자기 유약은 유리 질감이 강하므로 당대(唐代) 황보요(黃堡窯) 것임을 알 수 있다.

황보요는 초당(初唐) 시기에 생겨 다양한 제품을 생산했는데 청유자기도 그중 하나이나 질이 낮은 편이다. 오대(五代) 이후 청유자기를 주로 생산하였고 동시에 '시요(柴窯)'로 불린 천청유(天靑釉) 자기를 제조하였다.

018

청유완(青釉碗)

당대(唐代)
높이 4cm 입지름 15.2cm 굽지름 7.2cm 무게 0.27kg
1979년 서안시(西安市) 문물상점에서 넘겨받음

Celadon Bowl

Tang Dynasty(618AD~907AD)
H 4cm Mouth D 15.2cm Feet D 7.2cm Weight 0.27kg
Transferred by Xi'an Cultural Relic Shop in 1979

입은 넓고 가장자리는 말렸다. 배벽은 가파르게 경사지고 옥벽(玉璧) 모양 굽은 넓은 편으로 반듯하게 회전시켜 깎았다. 태색은 회색이고 태질은 부드러우며 유색은 청회색이고 유질은 윤이 나는 편이지만 광택도가 낮으며 문양이 없다.

태토, 유약, 굽 등의 특징으로 보아 이 완은 당대(唐代) 월요(越窯) 것으로 추정된다. 월요는 당대의 주요 청자 가마터로 당인(唐人) 육우(陸羽)는『다경(茶經)』에서 가마터 중 으뜸이라고 하였다. 당대 중 · 말기, 월요 청자의 질이 가장 우수했는데 유질은 옥처럼 윤이 나고 색채는 청록 또는 호록색(湖綠色) 위주였다. 조형은 단순하고 대범하며 장식이나 문양이 거의 없다. 배벽과 굽으로 보아 이 완은 당대 중기 제품이지만 청유의 질이 좋지 않다.

월요 청자의 최고 수준을 대표하는 것은 섬서(陝西) 법문사(法門寺) 지궁(地宮)에서 출토된 만당(晩唐) 시기 비색 자기이다. 당인 육구몽(陸龜蒙)은 '비색월기(秘色越器)'란 시에서 "가을바람 불고 이슬 내리면 산의 비취색 얻어내네(九秋風露越窯開, 奪得千峰翠色來)"라고 찬미하였다. 월요 청자 중의 정수는 당나라 황실이 예불할 때 공납받은 것으로 절강(浙江) 여요(余姚) 상림호요(上林湖窯)의 만당 시기 제품으로 추정된다.

019

청유화구완(青釉花口碗)

오대(五代)
높이 7.3cm 입지름 16.9cm 굽지름 7.4cm 무게 0.36kg
1989년 서안시(西安市) 공안국 밀수단속반에서 넘겨받음

Celadon Bowl with Flower-petal Mouth

Five Dynasties(907AD~979AD)
H 7.3cm Mouth D 16.9cm Feet D 7.4cm Weight 0.36kg
Transferred by Xi'an Smuggle-Preventing Office in 1989

넓은 입, 얄팍하고 둥근 구순부(口脣部), 가파르게 경사진 깊은 배에 고리 모양 굽이 달린 완이다. 전체에 청회색 유약을 입혔다. 시유(施釉)가 정밀하지 않아 이물질이 많이 보인다.

이 완의 단순하고 대범한 조형, 소박하고 민무늬인 표면, 오판화구(五瓣花口) 등 특징은 모두 당대(唐代) 말기에서 오대(五代)시대의 전형적 특징이다. 기형이 높은 편이고 굽은 당대에서 오대로 넘어가는 과도기 특징[고리 모양의 굽에서 권족(圈足)으로 발전]을 띠었으므로 시기는 당대 말기까지 거슬러 올라갈 수 있다.

020

청유완(靑釉碗)

오대(五代)
높이 6.7cm 입지름 17.3cm 굽지름 7.8cm 무게 0.33kg
1979년 서안시 비림구(西安市 碑林區) 교통대학 출토

Celadon Bowl

Five Dynasties(907AD~979AD)
H 6.7cm Mouth D 17.3cm Feet D 7.8cm Weight 0.33kg
Excavated from Xi'an Jiaotong University in Beilin District, Xi'an in 1979

입은 넓고 구순부(口脣部)는 뾰족하고 둥글다. 배는 깊고 배벽은 가파르게 경사지며 권족(圈足)이고 밑굽에 받침 흔적 세 곳이 보인다. 굽과 가까운 외벽 부분을 제외한 전체에 유약을 입혔다. 조형은 단순하고 대범하다. 태색은 연회색이고 유색은 녹색이며 투명도도 높다. 유면에는 미세한 빙렬이 가득하다.

유색과 조형 등 특징으로 보아 이 완은 오대(五代) 황보요(黃堡窯) 제품으로 추정된다.

021

청유오판화구반(靑釉五瓣花口盤)

오대(五代)
높이 5.2cm 입지름 23.5cm 굽지름 11.5cm 무게 0.62kg
1978년 서안시(西安市) 문물상점 수집

Celadon Tray with Five petals Mouth

Five Dynasties(907AD~979AD)
H 5.2cm Mouth D 23.5cm Feet D 11.5cm Weight 0.62kg
Collected by Xi'an Cultural Relic Shop in 1978

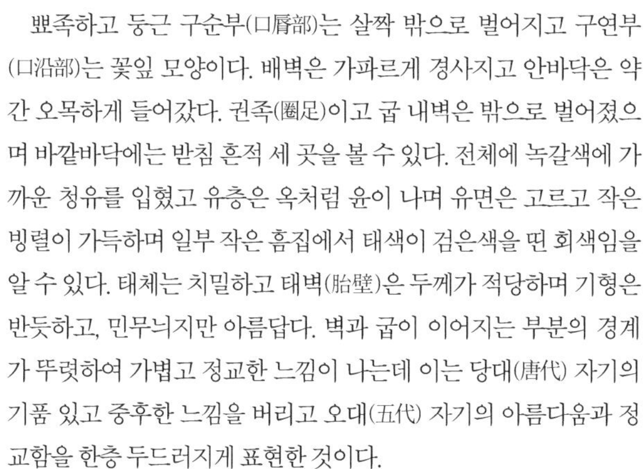

뾰족하고 둥근 구순부(口脣部)는 살짝 밖으로 벌어지고 구연부(口沿部)는 꽃잎 모양이다. 배벽은 가파르게 경사지고 안바닥은 약간 오목하게 들어갔다. 권족(圈足)이고 굽 내벽은 밖으로 벌어졌으며 바깥바닥에는 받침 흔적 세 곳을 볼 수 있다. 전체에 녹갈색에 가까운 청유를 입혔고 유층은 옥처럼 윤이 나며 유면은 고르고 작은 빙렬이 가득하며 일부 작은 흠집에서 태색이 검은색을 띤 회색임을 알 수 있다. 태체는 치밀하고 태벽(胎壁)은 두께가 적당하며 기형은 반듯하고, 민무늬지만 아름답다. 벽과 굽이 이어지는 부분의 경계가 뚜렷하여 가볍고 정교한 느낌이 나는데 이는 당대(唐代) 자기의 기품 있고 중후한 느낌을 버리고 오대(五代) 자기의 아름다움과 정교함을 한층 두드러지게 표현한 것이다.

생산기법에 있어서 오대 시기는 여전히 갑발장소법(匣鉢裝燒法)을 사용함으로써 발색이 고르고 깨끗하다. 받침 흔적은 오대 청자가 전체적으로 시유(施釉)하게 된 것이 받침을 받치고 번조하는 방법이 발전한 결과임을 증명한다. 태질, 유색, 번조기법 등으로 분석한 결과, 이 반은 황보요(黃堡窯) 제품으로 추정된다.

022

담청유척각화모단문집호
(淡青釉剔刻花牡丹紋執壺)

오대(五代) 말기, 북송(北宋) 초기
높이 18cm 입지름 5cm 배지름 17cm 굽지름 9.5cm
무게 0.7kg
1964년 서안시(西安市) 문물관리위원회 수집

Celadon Kettle Carving Peony Flower Pattern

Five Dynasties and Northern Song Dynasty(907AD~1127AD)
H 18cm Mouth D 5cm Belly D 17cm Feet D 9.5cm
Weight 0.7kg
Collected by Xi'an Cultural Relic Administration Committee in 1964

입은 살짝 벌어지고 목은 가파르게 경사졌다. 어깨 한쪽에는 밖으로 벌어진 유가 부착되어 있고 다른 한쪽에는 납작한 가닥 모양의 손잡이[柄]가 있으며 권족(圈足)은 밖으로 벌어졌다. 몸체는 생산과정에서 변형되어 목이 기울어졌고 어깨가 꺼져 들어갔으며 배도 변형되었다. 배 위의 갈라진 부분은 규격이 다른 구리못으로 '一', 'X' 자로 얽어 놓았다. 배 중앙의 흠집에서 벽이 얇은 편임을 알 수 있다.

유색은 우아한 담청색이고 유면은 유리 질감이 강한 편이며 외벽 및 안쪽 모두 고르게 유약을 입히고 유약이 뭉친 부분에는 세밀한 기포가 있다. 입, 목, 어깨 및 각화(刻花)한 철릉(凸稜) 부분은 약간 노란색을 띤다. 회백색 태색과 단단한 바탕에서 소성온도가 높음을 알 수 있다.

어깨에는 국판문(菊瓣紋)을 새기고 배에는 모란당초문(牡丹唐草紋)을 척각(剔刻)했는데 잎과 화판에 새긴 엽맥(葉脈)과 화판의 결로 보아 도법(刀法)이 숙련되어 선이 유창하고 문양의 입체감이 강하여 저부조(低浮彫) 같아 보인다. 손잡이에는 능형(菱形)과 태양형(太陽形) 기하문양이 있고 굽 외벽에는 '十' 자형 명문을 새겼다. 밑굽은 평평하지만 반듯하지 않고 내벽이 안으로 휘어졌다. 굽 중심은 볼록하게 튀어나와 하트 모양을 이루었고 그 위에는 소태를 다듬었던 여러 갈래 선문(旋紋)이 보이며 가장자리는 붉은색을 띠었다.

이 호(壺)는 오대(五代), 북송(北宋) 초기 휘주요(輝州窯) 황보요장(黃堡窯場) 제품이다. 1980년대 진행된 발굴 과정에서 금은기를 모방한 오대 청유조화(青釉雕花) 및 민무늬집호의 도편이 출토되었고 국내외 박물관 소장품에도 유사한 집호가 존재한다. 유색이 청아한 오대 청자집호는 중화민국 이래 대부분 '동요(東窯)' 혹은 '동요(董窯)' 제품이라고 이름 붙였는데 요장이 확실한 것은 아니었다. 이 호의 발굴로 이런 '동요' 제품의 실제 제조지역이 오대에서 북송 초기의 황보요(黃堡窯)인 것으로 밝혀졌다.

이 호는 수집한 것으로 이를 담았던 나무함이 여태껏 보존되어 있고 금이 간 곳은 청대(清代), 중화민국 시기 유행했던 구리못으로 처리하였다. 또한 자세히 살펴보면 실제 사용한 흔적이 없는데 이로부터 미루어 보아 청대, 중화민국 시기 휘주요 황보 가마터에서 산실(散失)된 것으로 추정되며 지금까지 소중하게 보관되어 왔음을 알 수 있다. 비록 흠집이 있지만 오대 휘주요 척각화(剔刻花) 청자의 공예 수준을 대표하는 등 가치가 높다. 또한 예술적 장식 방면에서도 이미 당대(唐代) 월요(越窯)의 영향에서 벗어났으며 뛰어난 척각화 수준은 송대(宋代) 휘주요 각인화(刻印花) 공예의 발전에 기반이 되었다.

023

청유각화존(青釉刻花尊)

북송(北宋)
높이 11.7cm 입지름 13.2cm 굽지름 6.4cm
무게 0.37kg
1983년 서안시(西安市) 문물상점에서 넘겨받음

Celadon Zun Utensil Carving Flower Pattern

Northern Song Dynasty(960AD~1127AD)
H 11.7cm Mouth D 13.2cm Feet D 6.4cm Weight 0.37kg
Transferred by Xi'an Cultural Relic Shop in 1983

육판화(六瓣花) 모양 입은 외반되고 연잎 모양 구연(口沿)은 말렸으며 목 안쪽에 볼록하게 나온 흰색 선은 화판구(花瓣口)와 맞닿는다. 긴 목은 살짝 모아졌고 배는 호형(弧形)이며 권족(圈足)은 높은 편이며 땅과 접한 부분이 밖으로 벌어졌다. 태색은 연회색이고 태질은 단단하며 유색은 청황색이다. 목에 파초문(芭蕉紋)을, 배에는 모란당초문(牡丹唐草紋)을 새겼는데 도법(刀法)이 날카롭고 문양이 뚜렷하고도 힘 있다. 태토, 유약, 조형, 장식 등은 모두 전형적인 북송(北宋) 휘주요(輝州窯) 청자의 특징을 띠고 있다.

휘주요 북송 존(尊)은 다음과 같은 변화를 거쳤다. 초기에는 외반된 입, 잘록한 목, 볼록한 배에 권족이었으나 중기 이후부터 보이지 않는다. 하엽구존(荷葉口尊)은 높은 것과 낮은 것이 있는데 높은 것은 북송 중기에 나타나고 대부분 권족이 높았으며 낮은 것은 북송 말기에 많이 나타나고 권족도 낮은 편이다.

024

청유각화존(青釉刻花尊)

북송(北宋)
높이 9.2cm 입지름 14.3cm 굽지름 5.8cm 무게 0.35kg
1995년 서안시(西安市) 공안국에서 넘겨받음

Celadon Zun Utensil Carving Flower Pattern

Northern Song Dynasty(960AD~1127AD)
H 9.2cm Mouth D 14.3cm Feet D 5.8cm Weight 0.35kg
Transferred by Xi'an Police Bureau in 1995

입은 외반되고 말린 연잎 모양 구연(口沿)에는 육판(六瓣)의 규구(葵口)가 있다. 짧은 목은 안으로 모아졌고 둥근 배는 비교적 납작하다. 권족(圈足)은 낮은 편이고 화석홍(火石紅)이 나타난다. 태색은 연회색이고 태질은 단단하며 유색은 청록색으로 밝고 맑다. 목에는 파초문(芭蕉紋)을, 배에는 모란무늬를 새겼다.

모양과 권족의 높이로 보아 이 존은 북송 말기 휘주요(輝州窯) 제품으로 추정된다.

025

청유연화구온완(青釉蓮花口溫碗)

북송(北宋) 중기
높이 23.5cm 입지름 13.4cm 굽지름 6cm 무게 0.24kg
1983년 서안시(西安市) 문물상점 수집

Celadon Warming Bowl with Lotus Petal Mouth

Northern Song Dynasty(960AD~1127AD)
H 23.5cm Mouth D 13.4cm Feet D 6cm Weight 0.24kg
Collected by Xi'an Cultural Relic Shop in 1983

입은 팔곡연판(八曲蓮瓣) 모양이고 벽은 곧게 세웠으며 배는 깊고 안바닥은 약간 오목하다. 권족(圈足)은 높고 유약이 엷은 부분에서는 연회색 바탕이 보인다. 권족과 바닥에는 강황색(薑黃色) 유약을, 이를 제외한 전체에는 두청색(豆青色) 유약을 입혔는데 유색은 투명하고 유리 질감이 강하다. 유면에는 미세하고 불규칙적인 빙렬이 가득하고 유하(釉下)에는 투명한 기포가 보인다. 태체는 가볍고 얇으며 유면은 고르며 유색은 벽옥(碧玉) 같다. 유면은 매끄럽고 민무늬지만 과릉형(瓜稜形) 기신(器身)과 연꽃잎 모양의 구연(口沿)의 완벽한 조화로 고풍스럽다. 조형, 태토, 유약은 뚜렷한 북송(北宋) 휘주요(輝州窯) 청자의 특징을 지녔다.

온완(溫碗)은 주완(注碗)이라고도 부르는데 북송 시기에 술이나 물을 데우던 그릇으로 보통 주호(注壺)와 함께 쓰였다. 즉 술을 담은 주호를 온완에 놓고 끓는 물을 완에 따라 술을 데워 마시는 것이다.

026

청유각화수파삼어문완 (青釉刻花水波三魚紋碗)

북송(北宋)
높이 5cm 입지름 14.9cm 굽지름 4.7cm
무게 0.16kg
1980년 서안시(西安市) 문물상점에서 넘겨받음

Celadon Bowl Carving Water Wave and Fish Pattern

Northern Song Dynasty(960AD~1127AD)
H 5cm Mouth D 14.9cm Feet D 4.7cm Weight 0.16kg
Transferred by Xi'an Cultural Relic Shop in 1980

입은 넓고 구순부(口脣部)는 둥글다. 호형(弧形)의 배는 안쪽으로 모였으며 권족(圈足)은 작다. 태색은 회백색이고 태체는 비교적 두껍고 청유는 약간 노란색을 띤다. 외벽에는 간단한 꽃잎을, 내벽에는 수파문(水波紋)과 그 속에서 헤엄치는 물고기 세 마리를 새겼다.

구도적으로 물고기는 삼분법에 따라 안바닥을 에워싸고 있다. 장인은 몇 개의 획으로 볼록한 배에 꼬리를 흔들며 헤엄치는 물고기의 형상을 생동감 있게 표현해내었는데 도법(刀法)이 자연스럽고 유창하다. 이 밖에 물고기 주변에 수파문을 새겨 세찬 물살에서 노니는 물고기의 형상을 한층 부각시켰다. 활발하고 생동한 문양, 예리하고 소탈한 도법, 반듯한 조형 등은 모두 북송(北宋) 시기 휘주요(輝州窯)의 뛰어난 각획화(刻劃花) 공예 수준을 보여준다. 휘주 가마터 및 서안(西安) 서대가(西大街) 기초공사현장에서 유사한 완의 도편이 여러 번 출토된 바 있는데 이는 이 장식제재가 북송 시기에 유행하였음을 말해준다.

완은 송대(宋代) 휘주요의 수량이 가장 많고 모양이 가장 다양한 제품으로 조형의 변화도 복잡하다. 주된 변화를 보면 오대(五代)에 비해, 북송 초기의 기형은 상대적으로 단순하고 둥근 배는 비교적 깊고 권족도 점차 높아지고 좁아졌으며 입이 외반되고 배가 깊고 둥글며 권족인 완이 대부분이었다. 북송 중기에 이르러, 다양한 조형이 나타났는데 그중 입이 외반되고 구순부가 젖혀지고 배가 깊고 둥글며 권족인 완이 가장 유행했다. 초기에 비하면 밑굽이 점차 작아진 반면 권족이 높아지고 좁아졌으며 동시에 정교하게 다듬었다. 북송 말기에는 밑굽이 더 작아지고 아랫배를 경사지게 깎았으며 권족이 낮아졌고 바깥바닥 중심에는 하트 모양의 볼록한 부분이 보이며 다듬은 것이 중기보다 가지런하지 못하였다. 이 같은 특징으로 볼 때, 이 완은 북송 중기 후반 또는 말기 초반의 제품으로 추정된다.

027

청유과릉형발(青釉瓜稜形鉢)

북송(北宋)
높이 9.3cm 입지름 14.8cm 배지름 16.8cm 밑지름 7.5cm 무게 0.65kg
1979년 서안시 종고루(西安市 鐘鼓樓) 보관소에서 넘겨받음

Celadon Bowl with Melon Shaped Belly

Northern Song Dynasty(960AD~1127AD)
H 9.3cm Mouth D 14.8cm
Belly D 16.8cm Bottom D 7.5cm Weight 0.65kg
Transferred by Xi'an Bell Tower and Drum Tower Cultural Relic Agency in 1979

입은 짧고 곧으며 과릉형(瓜稜形) 배는 둥글고 권족(圈足)이다. 전체에 청유(青釉)를 입혔다. 모양이 반듯하고 유색이 매끄러우며 제작 또한 정교한 전형적인 북송(北宋) 휘주요(輝州窯) 제품이다.

송대는 휘주요 발전의 전성기로 청자의 생산량이 전국에서 손꼽혔을 뿐만 아니라 기술도 뛰어나 여요(汝窯), 관요(官窯), 가요(哥窯), 균요(鈞窯), 정요(定窯) 등 5대 명요에 뒤지지 않았다. 황보진(黃堡鎭)에서 옥화궁(玉華宮) 등지까지 휘주요계 요장(窯場)이 분포해 하남(河南), 감숙(甘肅), 영하(寧夏), 광동(廣東), 광서(廣西) 등지의 요장에 영향을 미쳐 황보(黃堡) 휘주요를 대표로 한 청자체계, 즉 휘주요계가 형성되었다. 북송 신종(神宗) 원풍(元豊) 7년의 『덕응후비(德應侯碑)』에서는 휘주 자기에 대해 "범금(範金)한 것처럼 교묘하고 옥을 조각한 것같이 정교하다. 먼저 흙으로 소태를 만들고 물레로 알맞은 크기의 모양을 만든다. 그다음 가마에 넣어 며칠 동안 고온 소성을 거쳐 완성된다. 두드리면 소리가 맑고 깊으며 색깔은 은은하다(巧如範金, 精比琢玉. 始合土爲坯, 轉輪就制, 方圓大小, 皆中規矩. 然後納諸窯, 灼以火, 烈焰中發, 青煙外飛, 鍛煉累日, 赫然乃成. 擊其聲, 鏗鏗如也, 視其色, 溫溫如也)."라고 묘사했다.

028

청유화구완(青釉花口碗)

북송(北宋)
높이 6.8cm 입지름 12.2cm 굽지름 4.7cm 무게 0.18kg
1989년 서안시(西安市) 문물상점에서 넘겨받음

Celadon Bowl with Flower-petal Mouth

Northern Song Dynasty(960AD~1127AD)
H 6.8cm Mouth D 12.2cm Feet D 4.7cm Weight 0.18kg
Transferred by Xi'an Cultural Relic Shop in 1989

구순부(口脣部)는 뾰족하고 둥글다. 입은 외반되고 호형(弧形)의 배는 깊다. 구연(口沿)에는 육판의 규구(葵口)가 있고 내벽에는 이와 맞닿는 볼록한 선 여섯 줄이 있다. 권족(圈足)은 좁고 높으며 손질이 거칠다. 태색은 회백색이고 유색은 청회색이며 민무늬이다. 북송(北宋) 시기 휘주요(輝州窯) 청자제품이다.

북송 휘주요 청자완의 변화규칙에 따르면 이 완은 북송 초기의 제품으로 추정된다.

029

청유인화잔(青釉印花盞)

북송(北宋)
높이 5.9cm 입지름 20.2cm 굽지름 5.1cm 무게 0.36kg
1980년 서안시(西安市) 제7 중등학교 기부

Celadon Tray with Flower Pattern

Northern Song Dynasty(960AD~1127AD)
H 5.9cm Mouth D 20.2cm Feet D 5.1cm Weight 0.36kg
Donated by No.7 Middle School of Xi'an in 1980

입은 넓고 구순부(口脣部)는 뾰족하고 둥글다. 배는 가파르게 경사지고 권족(圈足)은 작으며 안바닥은 오목하게 들어갔다. 태색은 회백색이고 태벽은 비교적 얇으며 유약은 올리브색이다. 내벽에 모란당초문(牡丹唐草紋)을 찍고 외벽에는 부채무늬를 새겼다. 태토, 유약, 인화 및 작은 권족 등 특징으로 보아 북송(北宋) 말기의 휘주요(輝州窯) 제품으로 추정된다.

송대에 '부귀화'라고 불린 모란은 행복과 번영의 상징으로 휘주요 자기에서 가장 많이 사용했던 화훼문양이다. 표현형식에는 모란당초문, 모란절지(牡丹折枝), 모란교지(牡丹交枝), 모란대지(牡丹對枝), 병에 꽂은 모란, 화분에 꽂은 모란 등이 있으며 모두 풍성한 잎과 꽃 그리고 생기가 넘치는 모습이 특징이다.

030

청유인화잔(青釉印花盞)

북송(北宋)
높이 5.1cm 입지름 12.7cm 굽지름 3.6cm 무게 0.14kg
1980년 서안시(西安市) 문물상점에서 넘겨받음

Celadon Tray with Flower Pattern

Northern Song Dynasty(960AD~1127AD)
H 5.1cm Mouth D 12.7cm Feet D 3.6cm Weight 0.14kg
Transferred by Xi'an Cultural Relic Shop in 1980

외반된 입, 얄팍하고 둥근 구순부(口脣部), 깊은 배에 작은 권족(圈足)이 달린 잔(盞)이다. 태색은 연회색이고 태벽은 비교적 얇으며 유색은 올리브색이다. 외벽은 민무늬이고 내벽에는 두 아이가 당초문 사이에서 뛰어노는 모습을 인화하였다. 태토, 유약, 조형 및 장식은 모두 전형적인 휘주요(輝州窯) 청자의 풍격을 지녔다.

휘주요에서 인화공예가 처음 나타난 것은 당대(唐代)지만 대부분 조형이 단순하거나 일부만 인화하였다. 전형적인 휘주요 풍격을 갖춘 인화(뚜렷함 · 세밀함 · 차분함)는 북송(北宋) 중기에 나타나 북송 말기와 금대(金代)까지 유행하였다. 이 완의 조형 특징을 볼 때 북송 중기 후반으로 추정된다.

031

청유인화동자희연문잔
(青釉印花童子戲蓮紋盞)

북송(北宋)
높이 4.6cm 입지름 15.8cm 굽지름 3.8cm 무게 0.22kg
1989년 서안시(西安市) 공안국 밀수단속반에서 넘겨받음

Celadon Tray with Kids and Lotus Pattern

Northern Song Dynasty(960AD~1127AD)
H 4.6cm Mouth D 15.8cm Feet D 3.8cm Weight 0.22kg
Transferred by Xi'an Smuggle-Preventing Office in 1989

입은 외반되고 구순부(口脣部)는 뾰족하고 둥글다. 배벽의 경사가 가파르며 작은 권족(圈足)이 있다. 태색은 회백색이고 태벽은 얇지만 단단하다. 유색은 청황색이고 밑굽에는 유약을 입히지 않았다. 외벽은 민무늬이고 내벽에는 알몸으로 연꽃 가지에 매달려 장난치는 아이 네 명을 새겼다. 이러한 풍격의 잔은 북송(北宋) 말기 휘주요(輝州窯)에서 흔히 보인다.

영희문(嬰戲紋)은 송대 휘주요 청자에서 흔히 보이는 문양이다. 아이는 대부분 큰 머리, 둥근 얼굴, 토실토실한 체격에, 띠를 감거나 사지를 드러낸 배두렁이를 걸쳤으며 목걸이, 팔찌, 발찌를 하고 있다. 아이와 연꽃을 같이 장식하여 다자(多子) 또는 청렴을 표현했다. 이 밖에, 휘주요 영희문은 '단영희모란(單嬰戲牡丹)', '단영희매(單嬰戲梅)', '쌍영희매(雙嬰戲梅)', '매죽쌍영(梅竹雙嬰)', '삼영탕지(三嬰蕩枝)', '사영희파련(四嬰戲把蓮)', '오영희견(五嬰戲犬)', '군영희포도당초(群嬰戲葡萄唐草)' 등으로 다양하다.

032

청유각화복접형오족로
(青釉刻花覆碟形五足爐)

북송(北宋)
높이 8.1cm 입지름 8.7cm 무게 0.65kg
1965년 북경(北京) 문물상점 구매

Celadon Five Feet Tray Shape Incense Burner Carving Flower Pattern

Northern Song Dynasty(960AD~1127AD)
H 8.1cm Mouth D 8.7cm Weight 0.65kg
Purchased from Beijing Culture Relic shop in 1965

넓은 구연(口沿)은 뒤집어 놓은 접시 모양으로 그 위에는 화엽문(花葉紋)을 새겼다. 몸체는 곧은 통모양이고 밑에 수면(獸面) 발 다섯 개가 달렸다. 전체에 청유를 입히고 안쪽은 민무늬이고 유약도 입히지 않았다. 북송(北宋) 휘주요(輝州窯) 황보(黃堡) 요장(窯場) 제품이다.

오족로 기형은 당대(唐代) 휘주요 오족훈로(五足薰爐, 향로)에서 최초로 나타났으며 조형은 자모구(子母口)식으로 배가 곧고 납작바닥에 5개의 발이 달렸다. 오대(五代) 훈로(薰爐)에서도 여전히 찾을 수 있다. 송대(宋代)에 이르러, 훈로 외에 오족향로가 유행하였다. 대로(大爐)와 소로(小爐)로 나뉘며 대로는 입이 곧고 구연이 넓으며 비스듬한 통형 배는 중간이 잘록하고 아래가 꺾였으며, 납작바닥이거나 둥근바닥이다. 배 주변에는 수면 발 다섯 개가 있고 배와 구연에는 흔히 화려한 장식을 추가하였으며 발은 매우 정교했다. 소로는 조형이 대로와 비슷한데 뒤집어 놓은 접시 모양의 넓은 연이 약간 비스듬하고 대부분 민무늬이며 문양이 있는 경우 구연에만 장식하고 발도 정교하지 못하다.

033

청유삼족로(青釉三足爐)

북송(北宋)
높이 7.9cm 입지름 6.1cm 배지름 6.3cm
무게 0.14kg
1979년 서안시(西安市) 문물상점에서 넘겨받음

Celadon Three Feet Incense Burner

Northern Song Dynasty(960AD~1127AD)
H 7.9cm Mouth D 6.1cm Belly D 6.3cm Weight 0.14kg
Transferred by Xi'an Cultural Relic Shop in 1979

구순부(口脣部)는 둥글고 구연(口沿)은 평평하며 목은 짧고 굵다. 배는 살짝 볼록하고 바닥은 호형이며 짐승 모양의 발이 세 개 달렸다. 태색은 회백색이고 유색은 청황색으로 광택도가 강한 편이며 유면에는 크고도 성긴 빙렬이 있고 민무늬이다.

삼족로의 조형은 청동정(青銅鼎)을 모방한 것으로 북송(北宋) 시기 복고 의식에 따라 하(夏)·상(商)·주(周)를 숭상하는 마음을 표현한 것이며 주로 금대(金代)에 유행했다. 유리 질감이 강한 유층, 상당한 양의 기포 등에서 북송 말기 휘주요(輝州窯) 청자제품으로 추정된다.

034

청유쌍이관(青釉雙耳罐)

송금(宋金)
높이 7.3cm 입지름 5.8cm 배지름 7cm 밑지름 4cm 무게 0.1kg
1979년 서안시(西安市) 문물상점에서 넘겨받음

Celadon Pot with Double Handles

Song and Jin Dynasty(960AD~1234AD)
H 7.3cm Mouth D 5.8cm
Belly D 7cm Bottom D 4cm Weight 0.1kg
Transferred by Xi'an Cultural Relic Shop in 1979

구순부(口脣部)는 둥글고 반구(盤口)이다. 목은 잘록하고 목과 어깨 사이 양측에는 각각 납작하고 평평한 귀를 부착하였다. 배에는 과릉형(瓜棱形) 홈 여덟 개를 압출(壓出)하고 권족(圈足)은 밖으로 살짝 벌어졌다. 태색은 회백색이고 유색은 청색에 노란빛이 감돌아 강황색을 띤다. 아랫배의 굽과 가까운 부분과 권족에는 유약을 입히지 않았다. 권족과 유약은 금대(金代) 특징에 가깝지만 조형은 송대(宋代) 풍격이 남아 있으므로 송금(宋金) 교체 시기의 휘주요(輝州窯) 제품일 가능성이 높다.

035

청유잔(青釉盞)

송대(宋代)
높이 4.3cm 입지름 14.8cm 밑지름 4.5cm 무게 0.23kg
2005년 3월 서안시 서대가(西安市 西大街) 확장개조공사
동방(同方) 기초공사현장 옛 우물 출토

Celadon Tray

Song Dynasty(960AD~1297AD)
H 4.3cm Mouth D 14.8cm Bottom D 4.5cm Weight 0.23kg
Excavated from a well at Building site of Xidajie road Xi'an in Mar 2005

큰 입은 밖으로 젖혀지고 배는 얕고 권족(圈足)은 작다. 청유는 빛나고 투명하며 밑굽은 올리브 황색을 띠었다. 태색은 연회색이고 구연(口沿)은 보수한 흔적이 있다.

송대(宋代)는 휘주요(輝州窯) 청자의 전성기로 송대에 들어서면서 청자에 커다란 변화가 나타났다. 재질이 부드럽고 깨끗하며 투명도가 적당하고 색조는 당대(唐代), 오대(五代) 월요(越窯)의 '비색(秘色)'과 유사해 송대에는 '유비(類秘)'라고 불리기도 했다. 송대 휘주요 잔은 형식 변화가 매우 큰데 기본적으로 입이 크고 굽이 작다. 이 잔은 장식기법을 사용하지 않았지만 유색이 매끄럽고, 기형이 단정하므로 송대 휘주요의 전형적인 기물(器物)에 속한다.

036

청유완(青釉碗)

송대(宋代)
높이 6.1cm 입지름 14.2cm 밑지름 4.5cm 무게 0.2kg
2004년 12월 서안시 서대가(西安市 西大街) 확장개조공사
상해공관 기초공사현장 옛 우물 출토

Celadon Bowl

Song Dynasty(960AD~1297AD)
H 6.1cm Mouth D 14.2cm Bottom D 4.5cm
Weight 0.2kg
Excavated from a well at Building site of Xidajie road Xi'an in Dec 2004

보수를 거친 완으로 입은 넓고 배는 얕다. 안바닥은 오목하게 들어가고 권족(圈足)은 작다. 암회색을 띤 청유를 입혔고 내벽에는 볼록한 선 여섯 줄이 있다. 밑굽은 올리브 황색을 띤다. 바깥바닥을 제외한 기타 부위에는 모두 유약을 입혔다. 태색은 연회색이고 태질은 부드럽다.

송대(宋代) 휘주요(輝州窯)는 유명한 북방 청자 요장(窯場)으로 독특한 각화 및 인화기술로 북방 청자의 대표가 되었다. 이 기물(器物)의 청유는 회록색이 감돌며 광택이 없다. 유색과 기형으로 보아 휘주요 황보(黃堡) 요장의 제품이 아니지만 휘주요계에 속한다.

037

청유문관입용자소(青釉文官立俑瓷塑)

송대(宋代)
높이 10.6cm 밑지름 3.4×3.8cm 무게 0.08kg
1979년 서안시(西安市) 문물상점에서 넘겨받음

Green Glazed Standing Official Figure

Song Dynasty(960AD~1297AD)
H 10.6cm Bottom D 3.4×3.8cm Weight 0.08kg
Transferred by Xi'an Cultural Relic Shop in 1979

복두(幞頭)를 쓰고 대금장삼(對襟長衫)을 입은 문관은 가슴 앞에서 두 손을 맞잡고 곧게 서 있는데 머리를 살짝 숙여 공경하는 자세를 취했다. 도범모인법(陶範模印法)으로 만들어진 이 인형은 몇 가닥의 가는 선을 음각함으로써 옷 주름의 생동감을 더해주었다. 전체에 청유를 입혔는데 노란빛이 감돌며 유약이 뭉친 부위는 청색이 보인다. 밑바닥에는 유약이 없고 태색은 회백색이고 태질은 거칠고 성글다. 이 인형은 하급관리 혹은 종복계층의 사실적 형상으로 해당 계층의 생활을 생동감 있게 기록하고 내면세계를 부각하여 옛사람들의 의식형태를 보여주므로 자기예술로 역사를 그려낸 중요한 자료이다. 이 인형은 조형이 비교적 늘씬한 편으로 당대(唐代)의 풍만함과 건장함이 보이지 않고 당대보다 태질이 부드럽고 유색도 빛나 송대(宋代) 제품으로 추정된다.

038

청황유와고여동자소(青黃釉臥鼓女童瓷塑)

송대(宋代)
길이 8.9cm 너비 3.8cm 높이 2.5cm 무게 0.06kg
1979년 서안시 종고루(西安市 鐘鼓樓) 보관소에서 넘겨받음

Green and Yellow Glazed Lying Female Figure

Song Dynasty(960AD~1297AD)
L 8.9cm W 3.8cm H 2.5cm Weight 0.06kg
Transferred by Xi'an Bell Tower and Drum Tower Cultural Relic Agency in 1979

여자아이 형상이다. 둥글고 매끄러운 얼굴에 머리를 양 갈래로 묶은 여동은 작은 눈을 지그시 감고 작은 입을 살짝 내밀며 왼손으로 북을 잡고 북을 베개 삼아 비스듬하게 누워 있다. 주먹 쥔 오른손은 굽힌 왼쪽 다리 위에 올려놓았다. 전체에 황청색 유약을 입혔으며 유약이 뭉친 부위는 청록색을 띤다. 유약을 입히지 않은 바닥은 회백색 바탕을 드러내고 태질은 거칠고 성글다. 이 인형은 날소(捏塑) 및 조각 기법을 사용하여 천진난만한 여자아이가 북을 친 뒤 피곤한 듯 누워 휴식하는 모습을 생동감 있게 표현하였다.

039

청유소구자소(青釉小狗瓷塑)

송대(宋代)
길이 2.9cm 너비 2.23cm 높이 2.8cm 무게 0.02kg
1979년 서안시(西安市) 문물상점에서 넘겨받음

Green Glazed Little Dog

Song Dynasty(960AD~1297AD)
L 2.9cm W 2.23cm H 2.8cm Weight 0.02kg
Transferred by Xi'an Cultural Relic Shop in 1979

강아지는 뒷다리를 웅크리고 직사각형 받침에 엎드려 머리와 꼿꼿이 세운 꼬리를 흔들고 있다. 평평하고 곧은 입, 위로 뚫린 콧구멍, 곧게 세운 귀를 가졌으며 두 눈은 앞을 주시하고 목에는 방울을 달았다. 눈, 귀, 앞가슴 부분은 갈색 점채(點彩)기법을 사용하였는데 이는 철을 주요 발색제로 하여 유하(釉下)에 칠한 후 가마에 넣어 소성하는 기법이다. 밑바닥을 제외한 전체에 청유를 입혔는데 노란빛이 감돌며 유약이 뭉친 부분은 청색을 띠기도 한다. 태색은 회백색이고 태질은 거칠고 성글다.

040

청유사자기개(青釉獅子器蓋)

송대(宋代)
높이 19cm 밑지름 10cm 무게 0.66kg
1983년 서안시(西安市) 문물상점에서 넘겨받음

Celadon Lion-shaped Utensil Lid

Song Dynasty(960AD~1297AD)
H 19cm Bottom D 10cm Weight 0.66kg
Transferred by Xi'an Cultural Relic Shop in 1983

사자는 원형 뚜껑 위에 웅크리고 앉았다. 두 눈은 부릅뜨고 여의두(如意頭) 모양 코는 위로 솟았으며 벌린 입으로는 이를 드러내고 두 귀는 뒤로 젖혀졌으며 머리는 왼쪽으로 살짝 돌렸다. 머리와 목의 털은 나선 모양을 이루며 몇 가닥으로 나뉘어 있다. 턱밑에는 수염이 있고 목 아래 양측에는 털이 없다. 목에는 난령(鑾鈴, 난새 모양의 방울)과 영락(瓔珞)을 장식한 목걸이를 걸었다. 왼쪽 앞발로 지탱하고 오른쪽 앞발로는 공을 잡고 있다. 공은 음각선을 그어 과릉형(瓜棱形)을 이루고 그물모양 음각선을 그어 재질을 표현하였다. 기물(器物) 전체에 청록색 유약을 입혔고 받침은 파손되었다.

041

청유토사자소(青釉兎子瓷塑)

송대(宋代)
높이 1.9cm 받침 3.4×2cm 무게 0.013kg
1979년 서안시(西安市) 문물상점에서 넘겨받음

Celadon Little Rabbit

Song Dynasty(960AD~1297AD)
H 1.9cm Bottom Size 3.4×2cm Weight 0.013kg
Transferred by Xi'an Cultural Relic Shop in 1979

토끼는 긴 귀를 젖혀 등에 붙이고 앞발로 턱을 고인 채 직사각형 받침에 엎드려 있다. 전체에 청유(青釉)를 입혔는데 노란빛이 감돌고 유면은 불균일하고 깨끗하지 못하며 바닥에는 회백색 바탕이 드러났고 재질은 거칠고 성글다. 토끼는 중국의 전통적인 길상도안으로 달의 별칭이기도 하다. 노동(盧仝)은 〈월식(月蝕)〉에서 "거문고 소리가 그치니, 금토끼가 그 절묘함에 놀라누나(朱弦初罢彈, 金兎正奇絶)"라고, 유신(庾信)은 〈불감명(佛龕銘)〉에서 "토끼가 길을 빌리니, 까마귀가 되돌아가네(陽兎假道, 陽烏回翼)"라고 읊었는데 여기서 토끼는 모두 달을 가리킨 것이다. 실제 동물을 모방 제조한 자기 인형은 송대(宋代)에 유행했는데 조형이 늘씬한 편이고 유색은 당대(唐代)보다 빛나며 태질 역시 당대보다 부드럽다.

042

청백유소구자소(青白釉小狗瓷塑)

송대(宋代)
길이 4.1cm 너비 2cm 높이 4.1cm 무게 0.024kg
1972년 서안시(西安市) 서북대학 출토

Greenish White Glazed Little Dog

Song Dynasty(960AD~1297AD)
L 4.1cm W 2cm H 4.1cm Weight 0.024kg
Excavated from Xibei University Xi'an in 1972

사지로 곧게 서 있는데 다리 하나는 유실되었다. 머리와 꼬리를 흔드는 형상이다. 강아지는 머리를 오른쪽으로 돌렸고 두 눈은 앞을 바라보며 입은 뾰족하고 두 귀는 곧추 세웠으며 꼬리는 치켜세웠다. 다리를 제외한 부위에 청백유를 입혔으며 유약이 뭉친 부위는 청색이 비교적 짙다. 두 눈은 갈색을 띠어 생기 넘쳐 보인다. 갈색 점채(點彩) 공예는 철을 주요 발색제로 하여 유하(釉下)에 칠한 후 가마에 넣어 소성하는 기법이다. 태색은 회백색이고 태질은 거칠고 성글다. 날소(捏塑) 및 조각기법으로 살아 움직이는 듯한 강아지가 되었다. 동물에 갈색 점채를 사용한 것은 주로 송대(宋代)에 나타났다.

043

청백유소양자소(青白釉小羊瓷塑)

송대(宋代)
높이 2.9cm 받침 2×2.5cm 무게 0.013kg
1972년 서안시(西安市) 서북대학 출토

Greenish White Glazed Little Sheep

Song Dynasty(960AD~1297AD)
H 2.9cm Bottom D 2×2.5cm Weight 0.013kg
Excavated from Xibei University Xi'an in 1972

양은 쳐든 머리를 오른쪽으로 향한 채 직사각형 받침에 엎드려 있다. 두 눈을 동그랗게 뜨고 뿔을 뒤로 젖혔으며 귀를 등에 늘어뜨리고 커다란 꼬리도 아래로 늘어뜨렸다. 받침을 제외한 기타 부위에 청백유(青白釉)를 입혔는데 유면이 불균일하고 깨끗하지 못하며 유약이 뭉친 부위는 짙은 청색을 띤다. 태색은 회백색이고 재질은 거칠고 성글다. 날소(捏塑) 및 조각기법을 사용했다.

044

청유갈채준좌서자소(青釉褐彩蹲坐鼠瓷塑)

송대(宋代)
높이 3cm 받침 2×1.4cm 무게 0.012kg
1972년 서안시(西安市) 문물상점에서 넘겨받음

Green Glazed Squatting Squirrel

Song Dynasty(960AD~1297AD)
H 3cm Bottom Size 2×1.4cm Weight 0.012kg
Transferred by Xi'an Cultural Relic Shop in 1979

다람쥐는 꼬리가 위로 말렸고 받침에 주저앉은 채 앞발로 먹이를 먹고 있다. 회백색 바탕을 드러낸 거친 받침을 제외한 기타 부위에는 청유를 입혔다. 눈과 앞 팔 부분은 갈색 점채(點彩)기법[철을 주요 발색제로 하여 유하(釉下)에 칠한 후 가마에 넣어 소성하는 기법]을 사용했다. 차가운 자토(瓷土)로 생동감이 넘쳐나는 귀여운 다람쥐를 빚어냈는데 옛사람들의 일상에 대한 세심한 관찰과 자연에 대한 사랑이 드러난다. 다람쥐는 형체가 늘씬한 편이고 바탕, 유약 및 장식기법은 모두 송대(宋代) 특징을 띠고 있다.

045

청유인화잔(青釉印花盞)

송금(宋金)
높이 4.5cm 입지름 13.8cm 밑지름 4.6cm 무게 0.22kg
2004년 8월 서안시 남광제(西安市 南廣濟) 거리 영민(榮民) 비즈니스빌딩 공사현장 옛 우물 출토

Celadon Tray with Flower Pattern

Song and Jing Dynasty(960AD~1234AD)
H 4.5cm Mouth D 13.8cm Bottom D 4.6cm Weight 0.22kg
Excavated from a well at Building site of Rongmin Shopping Center at south Guangji road Xi'an in Aug 2004

입은 넓고 구순부는 둥글며 배는 얕고 권족(圈足)은 작다. 전체에 청록색 유약을 두껍게 입히고 안바닥에는 오판화(五瓣花)를 찍었으며 밑굽은 올리브 황색을 띤다. 태색은 연회색이고 태질은 치밀한데 북송(北宋)에서 금(金) 사이의 휘주요(輝州窯) 제품으로 추정된다.

휘주요 잔은 주로 당대(唐代)와 오대(五代)에 많이 생산되었으며 넓은 입과 오므라든 입으로 나뉘고 모두 얕은 배, 넓고 낮은 권족을 가졌지만 기형이 크다. 오대에 이르러, 조형이 다양해지고 기형은 작아졌으며 권족은 대부분 밖으로 벌어졌다. 송대 초기, 오므라든 입의 잔이 줄어든 반면 넓은 입 또는 외반된 입에 권족이 달린 잔이 대부분이고 굽도 높아지는 동시에 좁아졌다. 북송 중기, 조형이 더욱 다양해졌는데 대체로 외반된 입, 넓은 입, 오므라든 입 세 가지로 구분되고 모두 좁은 권족이 달렸다. 발전추세를 보면 입과 바닥의 비율이 점차 커지고 초기에 깊었던 배가 점차 얕아졌다. 북송 말기와 남송(南宋) 시기 작은 잔은 입이 크고 굽이 작은 두립형(斗笠形)이 특징이었다. 안바닥 중심이 오목하여 바깥바닥이 볼록하게 튀어나오고 굽도 대부분 낮았으며 일부는 밖으로 기울어진 것도 있었다.

이 기물(器物)은 조형이 북송 말기부터 금대(金代) 초기 사이의 특징인 두립형이며 유색이 청록색으로 송대 휘주요의 유색특징을 지니고 있으며 간결하고 세련된 오판화는 참신한 풍격을 보여준다. 그러므로 송말(宋末) 금초(金初) 휘주요 제품으로 추정할 수 있다.

046

청유인화완(青釉印花碗)

금대(金代)
높이 8.7cm 입지름 24.3cm 밑지름 6.3cm 무게 0.81kg
1979년 서안시(西安市) 문물상점에서 넘겨받음

Celadon Bowl with Flower Pattern

Jin Dynasty(1115AD～1234AD)
H 8.7cm Mouth D 24.3cm Bottom D 6.3cm Weight 0.81kg
Transferred by Xi'an Cultural Relic Shop in 1979

입은 벌어지고 구순부(口脣部)는 둥글며 호형(弧形)의 배에 넓은 권족(圈足)이 있다. 태색은 회백색이고 태벽은 비교적 두껍지만 밀도가 높지 않다. 강황색(薑黃色) 유약을 입혔는데 유면은 윤기가 적고 안바닥에는 삽권[澁圈, 기물(器物) 안쪽의 유약을 한 바퀴 깎아서 제거한 후 남은 여백] 한 바퀴가 남아 있다. 외벽은 민무늬이고 내벽과 안바닥 중심에 수파하엽문(水波荷葉紋)을 찍었는데 물결이 뚜렷하고 시원하며 위로는 큼직한 연잎 몇 개가 떠 있다. 태체 두께, 권족 너비, 삽권, 첩소(疊燒, 포개구이 방식) 등은 모두 금대(金代) 휘주요(輝州窯)의 특징을 띠고 있다.

047

청유옥호춘병(青釉玉壺春瓶)

금대(金代)
높이 14.9cm 입지름 5cm 배지름 9.9cm 굽지름 7cm
무게 0.5kg
1979년 서안시(西安市) 문물상점에서 넘겨받음

Celadon Pear-shaped Vase

Jin Dynasty(1115AD~1234AD)
H 14.9cm Mouth D 5cm
Belly D 9.9cm Feet D 7cm
Weight 0.5kg
Transferred by Xi'an Cultural Relic Shop in 1979

작은 입, 말린 구연부(口沿部), 가늘고 긴 목, 늘어진 주머니처럼 생긴 배를 가진 병으로 권족(圈足)에는 유약을 입히지 않았다. 태질은 비교적 거칠고 유색은 청황색이며 목과 아랫배의 유층은 고른 편이고 중간 부분의 유면에는 깨 모양의 흔적이 가득하다.

옥호춘병(玉壺春瓶)은 술을 담는 기물(器物)로 북송(北宋) 때 처음 나타났으며 그 이름은 『시품(詩品)』「전아(典雅)」의 "옥호로 봄을 사고, 초가집에서 비를 감상하네(玉壺買春, 賞雨茆屋)"이란 시구에서 따온 것이다. 혹자는 송대(宋代)의 "옥호선춘(玉壺先春)"이란 시구에서 따온 것이라고도 하는데 여기서 '춘(春)'은 모두 술을 뜻한다.

이 병은 태토와 유약의 질이 일반 수준인 것으로 보아 민간 일용품으로 추정된다. 이 밖에 목이 북송(北宋) 때보다 짧아졌을 뿐만 아니라 굵고 굽지름은 커졌으며 청황색에 가까운 유색으로 보아 금대(金代) 휘주요(輝州窯) 제품으로 추정된다.

048

청유발(青釉鉢)

금대(金代)
높이 6.6cm 입지름 10.3cm 굽지름 5.7cm 무게 0.28kg
1980년 서안시(西安市) 문물상점에서 넘겨받음

Celadon Bowl

Jin Dynasty(1115AD~1234AD)
H 6.6cm Mouth D 10.3cm Feet D 5.7cm Weight 0.28kg
Transferred by Xi'an Cultural Relic Shop in 1980

구순부(口脣部)는 둥글고 곧은 입은 안으로 살짝 오므라들었다. 배는 약간 볼록하고 권족(圈足)인데 안으로 모인 아랫배와 살짝 벌어진 권족이 서로 대응된다. 태색은 연회색이고 청유에 노란색이 살짝 감돈다. 유면에는 작은 빙렬이 보인다. 고르고 깨끗한 민무늬 표면과 단순하고 대범한 조형이 매우 조화롭다. 태토와 유약 특징을 보아, 균요(鈞窯) 제품이다. 넓고 살짝 벌어진 권족은 금대(金代) 특징으로 유질은 전형적인 송대(宋代) 균요 자기보다 얇고 거칠다.

049

청유각획화완(青釉刻劃花碗)

금대(金代)
높이 5.3cm 입지름 13.9cm 굽지름 4.4cm 무게 0.12kg
1980년 서안시(西安市) 문물상점에서 넘겨받음

Celadon Bowl with Incised Design and Carved Decoration

Jin Dynasty(1115AD~1234AD)
H 5.3cm Mouth D 13.9cm Feet D 4.4cm Weight 0.12kg
Transferred by Xi'an Cultural Relic Shop in 1980

입은 넓고 구연(口沿)은 말렸으며 호형의 배는 점차 좁아지고 권족(圈足)이다. 태체는 비교적 두껍고 태색은 회백색이며 유색은 청록색이고 유면은 고르고 밝은데 작은 빙렬이 있다. 내벽에는 수파문(水波紋)을 새기고 안바닥에는 연화절지문(蓮花折枝紋)을 그렸는데 이러한 도안을 자기장식에서는 '낙화유수(落花流水)'라 한다. 잔잔한 물결과 인상적인 연꽃은 강함과 부드러움의 조화로 운치 있어 보인다.

두꺼운 태체와 넓어진 권족 등 특징으로 보아 금대(金代) 휘주요(輝州窯) 제품으로 추정된다. 전란으로 인해 금대 휘주요 청자는 쇠퇴기를 맞았으며 이처럼 윤기 있고 능숙한 장식수준을 갖춘 고품질 청자는 보기 드물다.

050

청유인화접(青釉印花碟)

금대(金代)
높이 3.4cm 입지름 16.5cm 굽지름 5.5cm 무게 0.22kg
2004년 11월 서안시 서대가(西安市 西大街) 확장개조공사 흠우(鑫宇) 비즈니스빌딩 기초공사현장 옛 우물 출토

Celadon Tray with Flower Pattern

Jin Dynasty(1115AD~1234AD)
H 3.4cm Mouth D 16.5cm Feet D 5.5cm Weight 0.22kg
Excavated from a well at Building site of Xinyu Shopping Center at Xidajie road Xi'an in Nov 2004

큰 입은 밖으로 벌어지고 얕은 배에 권족(圈足)이다. 청유에 노란색이 감돌고 안쪽에는 모란교지문(牡丹交枝紋)을 찍었다. 태질은 노란빛이 감도는 연회색이다.

부귀화(富貴花)라고 불리는 모란은 휘주요(耀州窯)에서 가장 많이 사용했던 화훼문양으로 그 형식은 다양하고 복잡하며 모두 풍성한 꽃과 잎, 생기가 넘치는 사실적인 묘사를 특징으로 한다. 금대(金代) 휘주요 제품인 이 접시는 유색이 송대(宋代)의 맑고 밝은 청록색과 달리 유층이 얇고 노란색에 가까워 금말(金末) 원초(元初)의 강황색(薑黃色)에 이르지 못하였다. 인화 문양은 송대의 빽빽한 특징을 이었고 장식공예는 금대 휘주요에서 흔히 보이는 삽권첩소법(澁圈疊燒法)을 사용하였다.

051

분청유완(粉青釉碗)

남송(南宋)
높이 4.9cm 입지름 12.2cm 굽지름 3.3cm 무게 0.13kg
1981년 서안시(西安市) 문물상점에서 넘겨받음

Green Glazed Bowl

Southern Song Dynasty(1127AD~1297AD)
H 4.9cm Mouth D 12.2cm Feet D 3.3cm Weight 0.13kg
Transferred by Xi'an Cultural Relic Shop in 1981

구순부(口脣部)는 둥글고 입은 넓으며 배는 경사가 가파르고 작은 권족(圈足)이 있다. 태색은 회백색이고 유색은 분청색이며 유면에는 빙렬이 성기게 분포되어 있다. 민무늬이고 굽 아랫부분은 유약을 입히지 않아 화석홍(火石紅)이 드러난다.

용천요(龍泉窯)는 송원(宋元)시대 전형적인 청자가마터로써 북송 초기에 시작하여 남송과 원대 초기에 전성기를 맞았으며 원명(元明)시대에도 지속적으로 대규모 생산을 진행했다. 남송 시기에 아름다운 분청유와 매자청유(梅子青釉)를 성공적으로 제조했는데 유약 배합이 독특하다. 유약 속에는 융제로 산화칼슘 외에도 산화칼륨, 산화나트륨이 소량 함유되어 있어 염기성 석회유에 속한다. 이런 유약은 일반적인 청유자기에 사용하는 석회유와 달리 점도가 높아 시유(施釉)를 두껍게 할 수 있어 소성 후 옥같이 윤이 난다. 명대 용천 청자는 프랑스에 전해진 후 셀라돈이라 불렸는데 이는 오페라 라스트레 속 양치기 셀라돈이 암녹색 옷을 입었던 것에서 유래했다.

이 완의 유색과 유질로 보아 전형적인 남송 용천요 청자이다.

052

분청유연판문완(粉青釉蓮瓣紋碗)

남송(南宋)
높이 9.5cm 입지름 21.9cm 굽지름 6.2cm 무게 0.71kg
1999년 3월 18일 서안시(西安市) 고신(高新) 개발구 중제(中際) 회사 기초공사현장 출토

Green Glazed Bowl with Lotus Petal Pattern

Southern Song Dynasty(1127AD~1297AD)
H 9.5cm Mouth D 21.9cm Feet D 6.2cm Weight 0.71kg
Excavated from building site of Zhongji Company at Hi-Tech Industry Developing District in south suburban Xi'an in Mar 18 1999

둥근 구순부(口脣部), 넓은 입, 경사가 가파른 호형(弧形)의 배에 작은 권족(圈足)이 달린 완이다. 점소(墊燒)하기 위해 굽바닥은 유약을 긁어내어 소성한 뒤 화석홍(火石紅)을 띤다. 태체는 얇은 편이고 전체에 담아한 분청유를 입혔는데 유층이 두껍고 윤이 난다. 외벽에는 좁고 긴 연판문(蓮瓣紋)을 새겼는데 유층이 두꺼워 은은하게 보인다.

태토, 유약, 장식과 조형특징으로 보아 남송(南宋) 시기 용천요(龍泉窯) 제품으로 추정된다.

053

청백유귀의병(靑白釉歸依甁)

남송(南宋)
높이 30.9cm 입지름 6.8cm 배지름 10.5cm 밑지름 6.9cm
무게 1.43kg
1989년 서안시(西安市) 공안국 밀수단속반에서 넘겨받음

Greenish White Glazed Buddhist Bottle

Southern Song Dynasty(1127AD~1297AD)
H 30.9cm Mouth D 6.8cm
Belly D 10.5cm Bottom D 6.9cm Weight 1.43kg
Transferred by Xi'an Smuggle-Preventing Office in 1989

몸체는 날씬하고 유색은 청백색이다. 짧고 곧은 입 아래는 조롱박 모양으로 둥글고 볼록하며 뚜껑은 유실되었다. 목에는 퇴소(堆塑)문양이 두 층으로 나뉘어 있는데 위층은 호문(虎紋) 사이를 운문(雲紋)으로 장식했고 아래층에는 파문(波紋) 위에 여러 인물조형이 있다. 전체적으로 입체감이 강하다. 배에는 가볍게 새긴 현문(弦紋) 여러 줄이 있으며 권족(圈足)이다.

귀의병(歸依甁)은 남송(南宋) 시기에 대량으로 나타났다. 강남(江南)지역의 송원명(宋元明)시대 무덤에서 다수 출토되었는데 부장용 명기(明器)로 쌍으로 제작되었고 일부 병목에는 '東倉(동창)', '西庫(서고)' 등 명문이 새겨져 있고 병 속에는 탄화된 곡물이 들어 있다. 조형은 대동소이한데 몸체가 날씬하고 목에는 동물 혹은 인물형상을 퇴소하였으며 뚜껑에는 흔히 새 한 마리가 서 있어 '입조병(立鳥甁)'이라고도 부른다.

이 병에 입힌 청백유는 북송(北宋) 시기 경덕진요(景德鎭窯)에서 생산한 자기 품종으로 유색이 흰색 가운데 청색이 감돌고 청색 속에 흰빛이 서려 있어 '영청자(影靑瓷)'라 부르기도 하였다. 북송 중기에서 남송 중기의 청백자기는 유질이 가장 아름다워 '가옥기(假玉器)'라 불렸다.

청백유퇴소귀의병(青白釉堆塑歸依甁)

남송(南宋) 말기
높이 54cm 입지름 9.4cm 배지름 14cm 굽지름 10cm 무게 3.62kg
1985년 3월 서안시(西安市) 문물상점 수집

Greenish White Glazed Buddhist Bottle

Southern Song Dynasty(1127AD~1297AD)
H 54cm Mouth D 9.4cm Belly D 14cm Feet D 10cm Weight 3.62kg
Collected by Xi'an Cultural Relic Shop in Mar 1985

곧은 입, 가는 목, 날씬한 배에 뚜껑이 달린 병(甁)이다. 굽 가까이에서 밖으로 벌어지다가 안쪽으로 깎아내었으며 안으로 오목하게 들어간 2층 권족(圈足)이 있다. 기신(器身)에 청백유를 입혀 유리 질감이 있고 전체에 세밀한 빙렬이 있다. 굽과 인접된 부분에는 유약이 없고 화장토가 드러났다. 태질은 부드럽고 태색은 회백색이며 유리질화도가 높다. 뚜껑 꼭지에는 날아가던 새가 휴식을 취하는 모양을 장식하였고 목에는 현문(弦紋) 여러 줄을 둘렀다. 중간부분은 수파문(水波紋)을 분계선으로 하여 물결 위에 서 있는 보살 13존을 퇴소(堆塑)하였는데 보살들은 표정이 근엄하고 용모가 자상해 보인다. 그 위쪽에 커다란 용 한 마리가 상운(祥雲)을 헤치며 감돌고 있다. 용은 두 눈이 튀어나오고 커다란 입을 살짝 벌렸으며 수염과 머리가 휼날리는 것이 동적이면서도 뛰어오를 것 같은 기세가 느껴진다. 기형(器形)이 늘씬하고 층차가 풍부하며 조각기법이 완숙해 입체 자기조각 공예의 대표적인 작품이다.

이 기물(器物)은 주로 장강(長江) 중하류 지역에서 출토되었다. 송원(宋元)시대에 비교적 유행하던 부장용 명기로 흔히는 용과 호랑이를 장식해 '용호병(龍虎甁)'이라고도 부른다. 민간에서 사자(死者)가 귀의하는 곳으로 여겨 곡물을 담는 경우가 있으므로 '귀의병(歸依甁)'이라고도 부른다.

055

청황유섬서자소(青黃釉蟾蜍瓷塑)

송대(宋代)
길이 4.7cm 너비 2.35cm 높이 2.2cm
무게 0.015kg
1979년 서안시(西安市) 문물상점에서 넘겨받음

Greenish Yellow Glazed Toad

Song Dynasty(960AD~1297AD)
L 4.7cm W 2.35cm H 2.2cm
Weight 0.015kg
Transferred by Xi'an Cultural Relic Shop in 1979

당장 뛰어오를 것 같은 두꺼비이다. 머리를 높이 쳐들었고 두 눈은 볼록하게 튀어나왔으며 등에는 오돌토돌 돌기가 가득하다. 전체에 청황유를 입히고 유약이 뭉친 부위는 청색을 띠었다. 유면이 깨끗함과 균일성이 부족하고 유약이 벗겨진 부위는 거칠고 성긴 회백색 바탕이 보이는데 이는 모두 송대(宋代) 소형 자기 인형의 보편적인 특징이다.

두꺼비는 줄곧 신물(神物)로 여겨졌다. 『태평어람(太平御覽)』 권929에 인용된 「문자(文子)」에 "두꺼비로 병기에 의한 부상을 피한다(蟾蜍避兵)"라고 쓰여 있고 『포박자(抱朴子)』에는 "육지(肉芝)란 만 년 된 두꺼비를 말하는데 머리에 뿔이 나고 턱 밑에 주홍 글씨 여덟 자가 있다. 5월 5일 중시(中時)에 잡아 백 일 동안 그늘에서 말린 후 그 발로 땅을 그으면 물이 되고, 왼손을 몸에 휴대하면 다섯 가지 병기를 피할 수 있다. 적이 쏘아 오는 화살 등도 모두 상대방에게 되돌아가게 한다("肉芝者謂萬歲蟾蜍, 頭上有角, 頷下有丹書八字, 再重以五月伍日中時取之, 陰幹百日, 以其足畫地, 即爲流水, 帶其左手於身, 辟五兵。若敵人射己者, 弓弩矢皆反還自向也)"라고 쓰여 있다. 또한 『현중기(玄中記)』에는 "머리에 뿔이 달린 두꺼비를 먹으면 천 년을 살고 산의 정기(精氣)를 받을 수 있다(蟾蜍頭生角, 得而食之, 壽千歲, 又能食山精)"라고 쓰여 있다. 이로써 당시 사람들이 두꺼비를 길상물로 여겨 자기 인형으로 만들었음을 알 수 있다.

056

녹유양구(綠釉陽具)

송대(宋代)
길이 15.6cm 바깥지름 4.7cm 안지름 3.8cm 무게 0.15kg
2004년 11월 서안시 서대가(西安市 西大街) 기초공사현장 옛 우물 출토

Green Glazed Penis

Song Dynasty(960AD~1297AD)
L 15.6cm Outside D 4.7cm Inside D 3.8cm Weight 0.15kg
Excavated from a well at Building site of Xidajie road Xi'an in Nov 2004

남성 생식기 조형으로 중간이 비어 있고 핍진하다. 바깥쪽에 녹색 유약을 입히고 안쪽에는 입히지 않았으며 바탕은 황백색이다.

고고학적 발굴을 통해 다양한 재질의 신석기시대 남근(男根) 조형이 출토되었는데 석조(石彫)의 경우 석조(石祖)라 하고 도제(陶制)의 경우 도조(陶祖)라고 불렀다. 여기에는 옛사람의 생식숭배의식뿐만 아니라 가치관도 내포되어 있다. 고대(古代) 남근 조형은 다양한 성질과 기능을 했던 것으로 추정된다. 자식을 낳아 대를 잇게 해달라는 바람을 빌던 신물도 있고 한묘(漢墓)에서 출토된 실물 크기의 옥조(玉祖), 동조(銅祖)의 경우 고대 귀족관료들이 생전에 사용하던 실용품으로 사후에 계속 사용하도록 부장한 것도 있었다. 이 외에 무술(巫術)에서의 대용품 또는 도구이기도 한데 예를 들어, 고대 환관은 생식기가 불완전하므로 사후 온전한 시체로 남기 위해 부장품으로 사용했던 것이다.

송대(宋代) 정요(定窯), 치박요(淄博窯)에서도 대량의 자기 남근 조형이 출토되었고 휘주요(輝州窯)도 생산했던 것으로 보아 당시 사회에서 일정한 수요가 있었음을 알 수 있다. 이 자기 남근 조형은 송대 화폐와 같이 출토되었는데 조형이 살짝 과장되고 새것인 동시에 거칠거칠한 것을 보아 실용품은 아닌 것 같다. 시장에서 판매되던 신물로 추정되며 또 다른 측면에서 당시 생활을 반영하고 있다.

057

청유귀소하엽완(青釉龜巢荷葉碗)

남송(南宋) 말기
1. 높이 5.1cm 입지름 10.9cm 굽지름 3.3cm 무게 0.15kg
2. 높이 5.2cm 입지름 11.3cm 굽지름 3.3cm 무게 0.16kg
3. 높이 5.3cm 입지름 11.4cm 굽지름 3.5cm 무게 0.16kg
2006년 5월 서안시 장안구(西安市 長安區) 위곡(韋曲) 북원(北塬) 위곡(韋曲)과학기술산업원 고분 출토

Celadon Bowl with Lotus-shaped Mouth and Tortoise Pattern

Southern Song Dynasty(1127AD~1297AD)
1. H 5.1cm Mouth D 10.9cm Base D 3.3cm Weight 0.15kg
2. H 5.2cm Mouth D 11.3cm Base D 3.3cm Weight 0.16kg
3. H 5.3cm Mouth D 11.4cm Base D 3.5cm Weight 0.16kg
Excavated from a acient tomb at Weiqu in Chang'an District, Xi'an in May 2006

벌어진 입은 구연(口沿) 여섯 곳이 밖으로 말려 연잎 모양을 이루었다. 가파르게 경사진 배는 호형(弧形)으로 내려갈수록 좁아지고 작은 권족(圈足)이 달렸다. 안바닥에는 머리, 꼬리, 사지를 드러내고 기어가는 거북이가 있는데 등무늬가 또렷하다. 내벽부터 바닥까지는 음각한 쌍선으로 연꽃 잎맥을 새겼는데 팔판연화문(八瓣蓮花紋)과 비슷하다. 태색은 백색이고 태질은 치밀하면서도 부드럽다. 유색은 분청색으로 옥처럼 윤이 나고 권족 아래쪽은 유약을 입히지 않아 주홍색을 띤다. 태토와 유약, 장식특징으로 보아 이 완은 남송(南宋) 말기에서 원대(元代) 초기 사이의 용천요(龍泉窯) 제품으로 추정된다. 요녕성(遼寧省) 건창현(建昌縣) 지원(至元) 31년(1294년) 이백유(李伯宥) 무덤에서 조형과 유약이 비슷한 완 하나가 출토된 적이 있다. 서안 고분에서 공예 수준이 높은 용천요 귀소하엽완(龜巢荷葉碗) 세 개가 동시에 출토되었는데 보기 드문 경우이다.

고대(古代) 중국에서, 거북은 장수의 상징으로 신령으로 간주되었다. 귀소하엽(龜巢荷葉)은 중국 송금원(宋金元)시대 공예미술에서 흔히 사용했던 제재로 상서로움과 장수를 뜻한다. 귀소하엽완은 구상이 정교하고 조형이 생동한 희소가치가 있는 예술품이다.

1

2

3

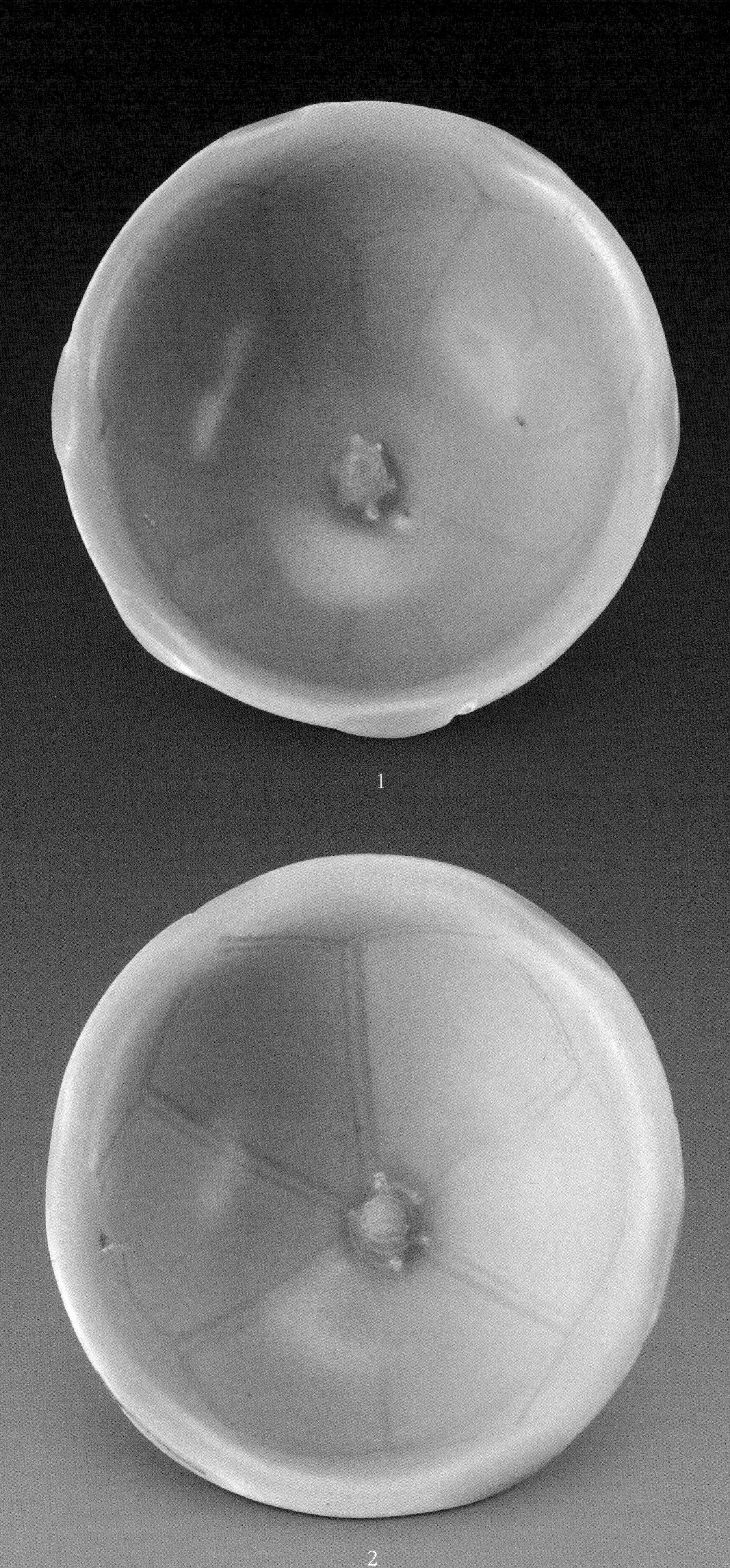

1

2

058

청유반(青釉盤)

금원(金元)
높이 4.6cm 입지름 20.9cm 굽지름 6.7cm
무게 0.45kg
1979년 서안시(西安市) 문물상점에서 넘겨받음

Celadon Tray

Jin and Yuan Dynasty(1115AD~1368AD)
H 4.6cm Mouth D 20.9cm Feet D 6.7cm
Weight 0.45kg
Transferred by Xi'an Cultural Relic Shop in 1979

얄팍하고 둥근 구순부(口脣部), 넓은 입, 호형(弧形)의 배에 권족(圈足)이 달렸다. 바깥바닥에도 유약을 입혔다. 태색은 흰 편이고 유색은 청록색이며 시유(施釉)가 고르지 못하고 유면에는 세밀한 빙렬이 있다. 민무늬이다. 태체의 두께와 권족의 모양을 보아 이 반은 금원(金元)시대 휘주요(輝州窯) 제품으로 추정된다. 금원시대 주로 사용했던 강황색(薑黃色) 유약에 비해 이 반의 청유(青釉)는 유색이 좋은 편이다.

059

강황유인화완(姜黃釉印花碗)

금원(金元)
높이 7.4cm 입지름 22.4cm 굽지름 6.4cm
무게 0.53kg
2004년 10월 서안시 서대가(西安市 西大街) 확장개조공사
흠우(鑫宇) 비즈니스빌딩 기초공사현장 옛 우물 출토

Yellow Glazed Bowl with Flower Pattern

Jin and Yuan Dynasty(1115AD~1368AD)
H 7.4cm Mouth D 22.4cm Feet D 6.4cm Weight 0.53kg
Excavated from a well at Building site of Xinyu Shopping Center at Xidajie road Xi'an in Oct 2004

큰 입은 밖으로 벌어지고 권족(圈足)이다. 강황색(薑黃色) 유약을 입히고 내벽에는 수파연문(水波蓮紋)을 찍었다. 안바닥에는 삽권(澁圈) 한 바퀴가 있다. 태색은 연회색이고 태질은 비교적 거칠다.

휘주요(輝州窯)는 당대(唐代)에 이미 인화법을 사용하기 시작했고 송대 말기에 이르러 한층 보급되어 각화, 획화(劃花)와 비견되었다. 인모법(印模法)은 생산성 향상, 비용 절감, 생산량 증가의 효과가 있었다. 이 완은 금대(金代) 말기 원대(元代) 초기 휘주요 기물(器物)의 특징을 지녔는데 유색은 금대 이후에 사용했던 강황색이고 공예 면에서 안바닥의 삽권(澁圈)은 금대 후기에 중하계층에서 유행하던 삽권첩소(澁圈疊燒) 공예로 인해 생긴 것이며 장식문양도 금원시대의 간결한 특징을 띠었다.

060

청유사뉴개관(青釉獅紐蓋罐)

원대(元代)
높이 34.5cm 입지름 24cm 배지름 31cm 굽지름 19.5cm
무게 9.13kg
1986년 7월 서안시(西安市) 문물상점 수집

Celadon Pot with Lion-Shaped Cover

Yuan Dynasty(1297AD~1368AD)
H 34.5cm Mouth D 24cm Belly D 31cm Feet D 19.5cm
Weight 9.13kg
Transferred by Xi'an Cultural Relic Shop in July 1986

관은 입이 원형이고 목이 짧고 곧으며 불룩한 배가 아래로 내려가면서 급격히 좁아지고 깊은 권족(圈足)은 안으로 오목하게 들어갔다. 뚜껑은 사자 모양 꼭지가 달렸고 크고 넓다. 권족을 제외한 전체에 분청유를 입혔는데 유색은 짙고 빛이 난다. 태색은 회백색이고 태질은 부드러우며 태체는 무겁고 단단하다.

뚜껑에 달린 꼭지는 웅크린 사자 모양으로 머리를 돌려 하늘을 향해 포효하는데 형상이 핍진하고 동감이 강렬하여 당당한 기세를 느낄 수 있다. 뚜껑표면은 화려한 바탕문양으로 장식하고 그 위 두드러진 여의모양 개광(開光) 장식 네 조가 있다. 그 안에는 초서체로 각각 '미주청향(美酒青香)'이라고 적혀 있는데 필의가 충만하고 서체가 유창하다. 권족까지 기물(器物) 전체에 장식된 직릉문(直稜紋)은 볼록한 능과 오목한 부분의 유색이 명암의 대비 효과를 이루어 입체감을 더해준다.

이 관은 가까이서 보면 조형이 다부지고 무게감이 있으며 고아하고 멀리서 보면 그 유색이 "윤이 나는 맑은 녹색이 마치 얼음 같고 옥 같다(滋潤瑩綠, 如冰似玉)". 이처럼 끝없는 상상을 불러일으키는 이 관은 원대(元代) 용천(龍泉) 청자의 대표적인 예술품이다.

061

청유하엽개관(青釉荷葉蓋罐)

원대(元代)
높이 7.4cm 입지름 5.3cm 배지름 7.6cm 밑지름 3.8cm
무게 0.18kg
1972년 서안시(西安市) 문물관리위원회 수집

Celadon Pot with Lotus-shaped Lid

Yuan Dynasty(1297AD~1368AD)
H 7.4cm Mouth D 5.3cm Belly D 7.6cm Bottom D 3.8cm
Weight 0.18kg
Collected by Xi'an Cultural Relic Administration Committee in 1972

짧고 곧은 입에 권족(圈足)인 관(罐)이다. 둥글고 볼록한 배는 아랫부분에서 안으로 모였다. 뚜껑은 변두리가 자연스럽게 굴곡진 연잎 모양이고 위에는 꽃 모양의 꼭지가 있다. 배에는 과릉형(瓜棱形) 장식이 있다. 태체는 비교적 두껍고 유색은 옅은 청록색이며 유층은 비교적 얇다. 구연(口沿)과 바깥바닥은 노태되어 화석홍(火石紅)이 드러난다. 태토와 유약 특징으로 보아, 원대(元代) 용천요(龍泉窯) 제품이다.

뚜껑이 연잎 모양인 관은 금대(金代)에 처음으로 나타나 원대에 유행하였다. 용천요 외에 금대 휘주요(輝州窯) 담청색 자기, 원대 경덕진요(景德鎭窯) 청백자기 · 청화자기, 원명(元明)시대 운남(雲南) 옥계요(玉溪窯) 청화자기 중에도 이 같은 기형이 있었다. 명대(明代) 초기 영락(永樂) · 선덕(宣德) 시기에도 여전히 제작하였는데 구연의 굴곡이 원대보다 커졌다.

062

청유삼족로(青釉三足爐)

원대(元代)
높이 12.5cm 배지름 14cm 굽높이 2.5cm
무게 0.71kg
1979년 서안시(西安市) 문물상점에서 넘겨받음

Celadon Three Feet Incense Burner

Yuan Dynasty(1297AD~1368AD)
H 12.5cm Belly D 14cm Feet H 2.5cm Weight 0.71kg
Transferred by Xi'an Cultural Relic Shop in 1979

꺾인 구연(口沿), 잘록한 목, 흘러내린 어깨, 둥글고 볼록한 배에 세 개의 낮은 발이 달린 삼족로(三足爐)이다. 전체적으로 둥글고 풍만한 조형은 원대 자기의 조형특징이다. 담녹색 유약을 입혔는데 유층이 얇고 불투명한 느낌이 강하며 민무늬이다. 족근(足根)은 화석홍(火石紅)이 드러난다. 유질, 유색은 전형적인 원대(元代) 용천요(龍泉窯) 청자 풍격을 띠었다.

063

청유인화완(青釉印花碗)

원대(元代)
높이 9.1cm 입지름 16.1cm 굽지름 7.6cm
무게 0.76kg
1980년 서안시(西安市) 문물상점에서 넘겨받음

Celadon Bowl with Flower Pattern

Yuan Dynasty(1297AD~1368AD)
H 9.1cm Mouth D 16.1cm Feet D 7.6cm Weight 0.76kg
Transferred by Xi'an Cultural Relic Shop in 1980

구순부는 둥글고 구연(口沿)은 살짝 밖으로 벌어졌다. 배는 깊고 배벽은 거의 곧다. 권족(圈足)이 비교적 크며 밑굽은 바탕을 드러냈다. 태체는 비교적 두껍고 청록색 유약을 입혔으며 안쪽 바탕면에 찍은 화훼절지문(花卉折枝紋)을 어렴풋이 볼 수 있다.

남송(南宋) 원초(元初)와 비교해 원대(元代) 중기 이후의 용천요(龍泉窯) 청자는 태체가 비교적 두껍고 유층이 상대적으로 얇으며 청록색 위주였다. 또한 기형도 비교적 크고 장식도 다양하다. 이 완은 조형, 태토, 유약 등 방면에서 원대 용천요 특징을 갖추었다.

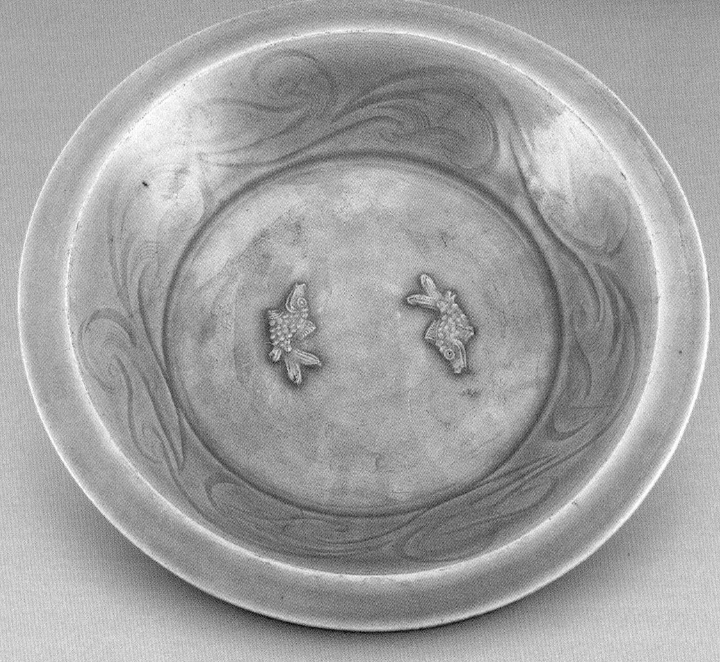

064

청유쌍어문반(青釉雙魚紋盤)

원대(元代)
높이 5.8cm 입지름 28.4cm 굽지름 9.3cm 무게 1.16kg
1999년 3월 18일 서안시(西安市) 고신(高新)개발구 중제(中際)회사 기초공사현장 출토

Celadon Tray with Double Fish Pattern

Yuan Dynasty(1297AD~1368AD)
H 5.8cm Mouth D 28.4cm Feet D 9.3cm Weight 1.16kg
Excavated from building site of Zhongji Company at Hi-Tech Industry Developing District in south suburban Xi'an in Mar 18 1999

꺾인 구연(口沿), 얕은 호형의 배에 권족(圈足)인 반이다. 내벽에 권초문(卷草紋)을 새기고 안바닥에 머리와 꼬리 방향이 서로 반대인 물고기 두 마리를 장식했다. 그 밖에 외벽에 좁고 긴 연판문(蓮瓣紋)을 새겼는데 이는 원대(元代) 용천요(龍泉窯) 청자반에서 흔히 볼 수 있는 문양이다. 태색은 회백색이고 태질은 부드러우며 유색은 청록색이고 유면은 윤이 난다. '지정(至正) 15년' 기년묘(紀年墓)에서 출토된 것이다.

어문(魚紋)은 고대(古代) 자기에 사용되던 장식문양 중의 하나로 '부귀유어(富貴有魚)', '연년유여(連年有余)' 등 길상을 뜻한다. 쌍어문(雙魚紋)은 한대(漢代) 청동 세(洗)와 금대(金代) 동경에서 모두 주제장식으로 사용되었다. 당대(唐代)에 쌍어를 장식주제로 한 쌍어 호(壺)는 이미 당삼채 및 자기에서 나타났고 장사요(長沙窯)에서도 청자 주호(注壺)에 쌍어(雙魚)를 조각해 부착하는 기법이 출현하였다.

쌍어는 원대 용천요 청자에서 흔히 보이는 문양으로 주로 반, 세 등 기형의 안바닥에 장식했고 일부는 수파문(水波紋)을 더한 것도 있다. 일반적으로 머리와 꼬리가 같은 방향인 쌍어문이 반대 방향인 쌍어문보다 연대가 앞선다.

065

청유쌍어문절연세(青釉雙魚紋折沿洗)

원대(元代)
높이 3.8cm 입지름 12.7cm 굽지름 5.9cm 무게 0.16kg
1970년 서안시(西安市) 중약재 도매부에서 넘겨받음

Celadon Basin with Foliated Edge and Double Fish Pattern

Yuan Dynasty(1297AD~1368AD)
H 3.8cm Mouth D 12.7cm Feet D 5.9cm Weight 0.16kg
Transferred by Xi'an Chinese Medicine Market in 1970

넓은 구연(口沿)은 꺾이고 호형(弧形)의 배에 권족(圈足)이 있다. 태색은 회백색이고 유색은 옅은 청록색이다. 내벽은 민무늬이고 안바닥 중심에 서로 방향이 반대되는 쌍어문(雙魚紋)이 찍혀 있다. 외벽에 길고 좁은 연판문(蓮瓣紋)을 새겼다.

청유절연반(青釉折沿盤)

원대(元代)
높이 6cm 입지름 34.3cm 굽지름 17.6cm
무게 2.6kg
1983년 서안시(西安市) 문물상점에서 넘겨받음

Celadon Tray with Foliated Edge

Yuan Dynasty(1297AD~1368AD)
H 6cm Mouth D 34.3cm Feet D 17.6cm Weight 2.6kg
Transferred by Xi'an Cultural Relic Shop in 1983

둥근 구순부(口脣部), 평평하고 꺾인 구연(口沿), 얕은 호형의 배에 권족(圈足)이 달린 반이다. 태체는 비교적 두껍고 청록색 유약을 입혔다. 바깥바닥은 중심만 유약이 남아 있다. 안바닥에는 모란절지문(牡丹折枝紋)을 찍고 내벽에는 당초문을 둘렀으며 구연에는 수파문(水波紋)을 새겼다. 이 반의 장식은 세 층으로 나뉘어 비교적 복잡한 편으로 원대(元代) 용천요(龍泉窯) 청자의 특징을 지녔다.

067

청유자단세(青釉蔗段洗)

원대(元代)
높이 3.8cm 입지름 11.7cm 굽지름 7.8cm
무게 0.2kg
1970년 서안시(西安市) 중약재 도매부에서 넘겨받음

Celadon Sugarcane Segment Washing Utensil

Yuan Dynasty(1297AD~1368AD)
H 3.8cm Mouth D 11.7cm Feet D 7.8cm Weight 0.2kg
Transferred by Xi'an Chinese Medicine Market in 1970

입은 넓고 구순부(口脣部)는 평평하며 배는 호형(弧形)이고 납작바닥이며 바깥바닥은 유약 한 둘레를 긁어냈다. 태색은 비교적 하얗고 유색은 청록색이고 색상은 맑고 투명하다.

자단세(蔗段洗)는 원대(元代) 용천요(龍泉窯)에서 새로 나타난 기형이다. 구연(口沿) 및 배는 연속된 반호형(半弧形)을 이루고 서로 잇닿은 호형 사이 철릉(凸稜)은 유색이 거의 백색에 가깝게 옅다. 기물(器物)의 배 중간에 철릉 한 둘레가 있어 전체 기형(器形)이 사탕수수 대같아 보여 속칭 '자단세(蔗段洗)'라 불렀다.

068

청유고족배(青釉高足杯)

원대(元代)
높이 12.8cm 입지름 12.6cm 밑지름 5.6cm
무게 0.42kg
1979년 서안시(西安市) 문물상점에서 넘겨받음

Celadon High Feet Cup

Yuan Dynasty(1297AD~1368AD)
H 12.8cm Mouth D 12.6cm Bottom D 5.6cm
Weight 0.42kg
Transferred by Xi'an Cultural Relic Shop in 1979

입은 벌어지고 구순부(口脣部)는 둥글며 비교적 깊은 배는 아래로 처졌다. 안바닥에는 '顧(고)' 자가 새겨졌는데 성씨로 추정된다. 죽절 모양 손잡이는 내려갈수록 점차 굵어지고 바닥과 가까운 부분에는 깎인 모서리가 있다.

고족배(高足杯)는 '마상배(馬上杯)'라고도 부르며 원대(元代)에 나타난 기형으로 북방 소수민족의 생활습관에 적합한 기형이다. 용천요(龍泉窯) 청자, 경덕진요(景德鎭窯) 난백자(卵白瓷), 청화자기 등 채색품종에 모두 같은 기형(器形)이 존재한다. 명초(明初) 영락 · 선덕 시기까지 유행하였으나 원대 제품과 비교해 명초 고족배는 태체가 상대적으로 얇고 죽절 모양의 다리가 드물며 청화자기 위주이고 몸체와 다리를 유약으로 연결했다.

069

청유완(青釉碗)

원대(元代)
높이 8.5cm 입지름 14.8cm 밑지름 5.8cm
무게 0.52kg
1979년 서안시(西安市) 문물상점에서 넘겨받음

Celadon Bowl

Yuan Dynasty(1297AD~1368AD)
H 8.5cm Mouth D 14.8cm Bottom D 5.8cm
Weight 0.52kg
Transferred by Xi'an Cultural Relic Shop in 1979

입은 넓고 배는 호형(弧形)이며 권족(圈足)으로 굽 가장자리는 화석홍(火石紅)이 드러나 있다. 유색은 분청색이고 유면은 윤이 난다. 내벽 아랫부분과 안바닥에는 이십사효도문(二十四孝圖紋)을 찍고 외벽 구연(口沿) 아래에는 회문(回紋)을 찍었다. 이 완의 태토와 유약 특징으로 보아 용천요(龍泉窯) 제품으로 추정되며 남송(南宋) 용천요 분청유(粉青釉) 자기와 비교하면 유면의 광택이 떨어지고 유층이 얇아 투명도가 좋아졌으며 인화장식이 많다. 이는 모두 원대(元代) 용천요 청자의 특징이므로 원대 제품으로 추정할 수 있다.

070

청황유각화완(青黃釉刻花碗)

원대(元代)
높이 9.4cm 입지름 20.8cm 굽지름 6.7cm
무게 0.91kg
1989년 서안시(西安市) 공안국 밀수단속반에서 넘겨받음

Greenish Yellow Glazed Bowl with Incised Design

Yuan Dynasty(1297AD~1368AD)
H 9.4cm Mouth D 20.8cm Feet D 6.7cm Weight 0.91kg
Transferred by Xi'an Smuggle-Preventing Office in 1989

입은 오므라들었고 배는 호형(弧形)이며 권족(圈足)이다. 바탕에 백색 화장토를 입혔고 태벽은 비교적 두꺼우며 유색은 노란색에 가까운데 바닥까지 닿지 않았다. 외벽 윗부분에 대칭으로 대나무 잎과 현문(弦紋)을 번갈아 새기고 외벽 굽과 가까운 곳에는 권엽문(卷葉紋)을 새겼으며 안바닥에는 현문 및 화엽문을 새겼다.

이 완에 입힌 청황유는 원대(元代) 휘주요(輝州窯) 강황색유보다 노란색에 더 가깝고 각화(刻花)문양도 송금(宋金)시대 휘주요보다 단순하다. 외벽에 팔자(八字) 모양의 죽엽문(竹葉紋)을 장식한 청황유자는 오랫동안 그 산지가 불명확하였는데 최근 동천(銅川) 진로요(陳爐窯) 조사에서 산지가 밝혀졌다. 이 지역에서 같은 유형의 청황유 완 및 반 도편이 다수 발견되었는데 생산지점은 진로(陳爐) 영흥촌(永興村)과 북보자(北堡子) 산비탈 일대이다.

071

청백유고족배(青白釉高足杯)

원대(元代)
높이 9.6cm 입지름 9.8cm 굽높이 4.7cm 굽지름 4.6cm
무게 0.12kg
1999년 3월 18일 서안시(西安市) 고신(高新)개발구 중제(中際)회사 기초공사현장 출토

Greenish White Glazed High Feet Cup

Yuan Dynasty(1297AD~1368AD)
H 9.6cm Mouth D 9.8cm Feet H 4.7cm Feet D 4.6cm
Weight 0.12kg
Excavated from building site of Zhongji Company at Hi-Tech Industry Developing District in south suburban Xi'an in Mar 18 1999

구연(口沿)은 살짝 벌어지고 배는 호형(弧形)이며 밑바닥과 가까운 부분이 풍만하고 고권족(高圈足)이다. 청백유는 색조가 약간 하얗고 외벽에 연화당초문(蓮花唐草紋)을 찍었다. 몸체와 권족은 따로 제조하여 흙으로 이어 붙인 것이다.

고족배(高圈杯)는 원대(元代)에 북방 소수민족의 생활습관에 따라 대량으로 나타난 주기로 후대에는 '마상배(馬上杯)', '파배(靶杯)'라고도 부른다. 경덕진요(景德鎮窯) 외에 절강(浙江) 용천요(龍泉窯), 복건(福建) 덕화요(德化窯), 하남(河南) 균요(鈞窯), 하북 자주요, 산서 곽요(霍窯)와 개휴요(介休窯), 섬서(陝西) 휘주요(耀州窯) 등 남북방 요장(窯場)에서 청백자기, 청화고족배를 생산하였는데 명대까지 계속 유행하였다. 또한 불상 앞에 놓는 것은 '정수완(淨水碗)'이라고 불렀다.

원과 명의 고족배는 다리를 이어 붙이는 제작기법이 서로 다르다. 원대 고족배는 흙으로 이어 붙여 다리 안에서 흙이 삐져나와 있고 이은 자리에 금이 생긴다. 명대 고족배는 유약으로 이어 붙여 다리 아랫부분에 유약이 묻은 돌기가 생긴다. 그러므로 이 배는 원대 경덕진요 청백자기로 추정할 수 있다.

072

청유삼족로(青釉三足爐)

명대(明代) 초기
높이 13.1cm 입지름 23.6cm 배지름 22.5cm 밑지름 11cm
무게 1.68kg
1983년 서안시(西安市) 문물상점에서 넘겨받음

Celadon Three Feet Incense Burner

Ming Dynasty(1297AD～1368AD)
H 13.1cm Mouth D 23.6cm Belly D 22.5cm Bottom D 11cm
Weight 1.68kg
Transferred by Xi'an Cultural Relic Shop in 1983

입은 젖혀지고 목은 짧으며 배는 호형(弧形)이고 납작바닥은 안으로 오목하게 들어갔으며 밑바닥에 돌기 모양의 삼족이 있다. 유면은 두껍고 태체는 두껍고 무겁다. 바탕은 희고 매끈하며 제작이 반듯하다. 표면 문양은 새긴 것이다. 목에는 수파문(水波紋)을, 배에는 모란당초문(牡丹唐草紋)을 장식하였는데 유창한 도법(刀法)으로 꽃이 활짝 피어나고 가지와 잎이 무성한 생기 넘치는 모습을 표현하였다. 바깥바닥을 제외한 전체에 청유를 입혀 용천요(龍泉窯) 제품으로 추정된다.

이 향로는 배에 새겨진 모란과 잎이 두껍고 커 원대(元代) 풍격을 띠었지만 태체가 가벼워 무겁고 큰 원대 풍격과 상이하므로 명대(明代) 초기 제품으로 추정된다.

073

청유반(青釉盤)

명대(明代) 초기
높이 4.7cm 입지름 25.2cm 굽지름 13.8cm
무게 1.18kg
1979년 서안시(西安市) 문물상점에서 넘겨받음

Celadon Tray

Ming Dynasty(1368AD~1644AD)
H 4.7cm Mouth D 25.2cm Feet D 13.8cm
Weight 1.18kg
Transferred by Xi'an Cultural Relic Shop in 1979

구순부(口脣部)는 둥글고 구연(口沿)은 오므라들었고 운두가 낮으며 권족(圈足)이다. 바깥 바닥에는 선명한 칼 흔적이 보인다. 안바닥에는 '壽(수)' 자를 새기고 주변은 방사형 직선무늬가 있으며 내벽에는 간단하게 새긴 여러 줄의 현문(弦紋)이 있다. 유색특징으로 보아 명대(明代) 용천요(龍泉窯) 청자로 추정된다. '壽(수)' 자는 원대 자기에서 흔히 볼 수 있는 문자로 명청(明淸)시대에도 보인다. 용천요 청자 외에 자주요(磁州窯), 경덕진요(景德鎭窯) 등에서도 보이는데 찍고 새기고 긋거나 묵서하는 등 기법을 사용했다.

074

청유각화대반(青釉刻花大盤)

명대(明代) 초기
높이 7.5cm 입지름 44.3cm 굽지름 24.5cm
무게 5.85kg
1981년 서안시(西安市) 문물상점에서 넘겨받음

Celadon Tray with Flower Pattern

Ming Dynasty(1368AD~1644AD)
H 7.5cm Mouth D 44.3cm Feet D 24.5cm
Weight 5.85kg
Transferred by Xi'an Cultural Relic Shop in 1981

넓은 입, 둥근 구순부(口脣部), 호형(弧形)의 벽, 살짝 도드라진 바닥에 권족(圈足)이 달린 반이다. 태색은 희고 태질은 단단하며 태체는 두껍고도 무겁다. 유색은 청황색이고 유층은 얇으며 밑굽까지 유약을 입혔다. 권족 안은 유약을 긁어낸 점소권(墊燒圈)이 있다. 내벽에 가지가 갈라진 연꽃을 새기고 안바닥에 절지화(折枝花)를 새겼는데 칼자국이 얕고 도법(刀法)이 예리하고 유창하다. 장식풍격과 태토 · 유약 특징으로 보아 이 반은 명대(明代) 용천요(龍泉窯) 제품으로 추정된다.

075

청자인화반(青瓷印花盤)

명대(明代) 초기
높이 3.7cm 입지름 18.8cm 굽지름 12.4cm
무게 0.39kg
1979년 서안시(西安市) 문물상점에서 넘겨받음

Celadon Tray with Flower Pattern

Ming Dynasty(1368AD~1644AD)
H 3.7cm Mouth D 18.8cm Feet D 12.4cm Weight 0.39kg
Transferred by Xi'an Cultural Relic Shop in 1979

둥근 구순부(口脣部), 넓은 입, 직선에 가까운 호형(弧形)의 배에 권족(圈足)이 달린 반이다. 바깥바닥은 유약을 한 바퀴 긁어내었고 구연(口沿)은 유약을 입히지 않았다. 태색은 흰 편이고 유색은 청황색이고 유층은 비교적 얇고 유면은 용천요(龍泉窯) 청자 같은 두껍고 매끄러운 느낌이 없다. 안바닥에는 활짝 핀 모란절지문(牡丹折枝紋)을, 내벽에는 세밀한 모란절지문을, 구연 안쪽에는 권초문(卷草紋)을 찍었고 문양 사이는 현문(弦紋) 두 바퀴로 갈라놓았다. 외벽에 당초문(唐草紋)을 찍었다. 장식기법이 숙련되고 문양 구도가 복잡하고 빽빽하다.

이 반은 유층이 얇고 유색이 청황색이며 문양이 빽빽하고 경직되어 명대(明代) 초기 용천요 제품으로 추정된다.

076

청유쌍이소배(青釉雙耳小杯)

명대(明代)
높이 9.9cm 귀간격 15.4cm 입지름 11.1cm 배지름 9.7cm
밑지름 7.2cm 무게 0.58kg
1983년 서안시(西安市) 문물상점에서 넘겨받음

Celadon Cup with Double Handles

Ming Dynasty(1368AD~1644AD)
H 9.9cm Distance of Handles 15.4cm Mouth D 11.1cm
Belly D 9.7cm Bottom D 7.2cm Weight 0.58kg
Transferred by Xi'an Cultural Relic Shop in 1983

구연(口沿)은 살짝 벌어지고 구순부(口脣部)는 평평하며 아랫배는 살짝 모이고 나팔 모양 권족(圈足)은 밖으로 벌어졌으며 윗배 양쪽에는 이룡(螭龍) 모양 귀 한 쌍이 있다. 유색은 청록색이고 유면은 두껍고도 윤이 나며 깨끗하고 고르다. 전체는 민무늬이고 굽 부분은 화석홍(火石紅)이 드러난다.

077

두청유제갈완(豆青釉諸葛碗)

명대(明代)
높이 5.4cm 입지름 12.7cm 굽지름 6.1cm
무게 0.41kg
1980년 서안시(西安市) 문물상점에서 넘겨받음

Bean-green Glazed Bowl

Ming Dynasty(1368AD~1644AD)
H 5.4cm Mouth D 12.7cm Feet D 6.1cm
Weight 0.41kg
Transferred by Xi'an Cultural Relic Shop in 1980

오므라든 입, 호형(弧形)의 배에 권족(圈足)을 가진 완이다. 그릇 아래에 빈 공간이 있으며 굽에 나 있는 구멍으로 서로 통한다. 유면은 두청유(豆青釉)이고 위에는 빙렬이 나 있다. 독특한 조형은 '삼국'시대 전설에서 유래한 것이라고 전해진다. 제갈량이 기산(祁山)으로 여섯 번 출정하는 동안 사마의는 연전연패하여 사수하기만 했다. 그리하여 제갈량은 서신과 함께 여자 옷을 사마의에게 보내 능욕하려 하였다. 사신이 돌아와서 사마의는 노하지 않고 오히려 재상의 침식과 일처리에 대해 상세하게 물었으며 "적게 먹고 많이 일하니 오래가지 못할 것이오(食少事煩, 其能久乎)"라 말했다고 전했다. 제갈량은 상대방이 밀탐하러 왔을 때 이중 완으로 식사하였는데 밥이 보기에는 소복하지만 사실은 위에만 조금 있었다. 그리하여 후세에는 이런 이중 완을 제갈완(諸葛碗) 또는 공명완(孔明碗)이라 부르고 제기로 사용하였다.

제갈완은 북송(北宋) 용천요(龍泉窯) 각화기물(刻花器物)에서 보이기 시작하며 명청(明淸)시대 경덕진(景德鎭)에서도 생산하였다. 이 완은 색채가 어둡고 굽도 거칠게 처리하여 명대(明代) 기물로 추정된다.

078

두청유획화운룡문(豆青釉劃花雲龍紋) '수(壽)' 자반(字盤)

청(清) 강희(康熙)
높이 3.5cm 입지름 17.5cm 밑지름 10.8cm 무게 0.22kg
1979년 서안시(西安市) 문물상점에서 넘겨받음

Bean-green Glazed Tray with "Longevity" inscription and Dragon Pattern

Kangxi Reign of Qing Dynasty(1662AD~1722AD)
H 3.5cm Mouth D 17.5cm Bottom D 10.8cm Weight 0.22kg
Transferred by Xi'an Cultural Relic Shop in 1979

넓은 입, 얇고 둥근 구순부(口脣部), 호형(弧形)의 배에 권족(圈足)이 달린 반이다. 바깥바닥에 있는 두 겹의 동그라미 안에는 '大清康熙年制(대청강희년제)'가 해서체로 쓰여 있다. 태질은 부드럽고 깔끔하며 유색은 옅은 두청색(豆青色)이고 구연(口沿)은 유층이 얇아 흰색을 띠었다. 내벽은 시유(施釉)가 고르지 않아 유면의 색조에 차이가 난다. 안바닥에는 둥근 '壽(수)' 자를 에워싸고 서로 꼬리를 문 용무늬 두 개가 새겨져 있는데 가는 선으로 새겨 도안이 흐릿한 탓에 세심하게 관찰하지 않으면 잘 보이지 않는다.

두청유(豆青釉)는 청유의 일종으로 송대(宋代) 용천요(龍泉窯) 청자에 이미 두청유 자기가 있었는데 색조는 살짝 노란색을 띤 청색이었다. 명대(明代) 두청유는 송대를 이었고 청대(清代) 초기에 이르러 점차 담아하고 부드러워졌는데 옅은 것은 호수의 색과 같았다. 이 반은 청대 초기 경덕진요(景德鎮窯)에서 용천요 제품을 모방 제작한 것으로 짐작된다.

079

두청유인화대완(豆青釉印花大碗)

청(清) 강희(康熙)
높이 11cm 입지름 24.9cm 굽지름 12.7cm 무게 1.5kg
1985년 서안시(西安市) 문물상점에서 넘겨받음

Bean-green Glazed Bowl with Flower Pattern

Kangxi Reign of Qing Dynasty(1662AD~1722AD)
H 11cm Mouth D 24.9cm Feet D 12.7cm Weight 1.5kg
Transferred by Xi'an Cultural Relic Shop in 1985

곧은 입은 살짝 벌어지고 구순부(口脣部)는 둥글며 배는 깊고 아래로 내려오면서 점차 안으로 좁아지고 큰 권족(圈足)이 있다. 바깥바닥 중심 오목한 곳에만 유약을 남기고 나머지 부분은 긁어내었다. 태색은 깔끔하고 부드러우며 유색은 담청색이고 유면은 깨끗하고 고르며 구연(口沿)은 유층이 얇아 흰색을 띤다. 외벽에는 유하(釉下)에 흐드러지게 핀 모란을 찍었는데 꽃봉오리, 가지, 잎이 전체 외벽을 꽉 채웠다. 기형(器形)은 반듯하고 제작 기술이 정교하다.

이 완의 치밀한 태체, 듬직한 조형, 커다란 꽃과 잎 그리고 빽빽한 구도 등은 모두 청대(清代) 강희(康熙) 시기 전형적인 풍격이다. 이로부터 이 완은 강희 시기에 경덕진요(景德鎮窯)에서 용천요(龍泉窯)의 두청유를 모방 제조한 것임을 알 수 있다. 용천요 청유는 수준이 높아 경덕진요에서 흔히 모방했다. 이런 제품은 용천요보다 공예 수준이 뛰어나지만 유층 두께, 유질 및 유색이 모두 용천요 청자에 비해 뒤떨어진다.

080

방여요청유호(倣汝窯青釉壺)

청(淸) 옹정(雍正)
높이 24.4cm 입지름 15.2cm 배지름 25cm 밑지름 12.6cm
무게 3.77kg
1985년 서안시(西安市) 문물상점에서 넘겨받음

Celadon Pot

Yongzheng Reign of Qing Dynasty(1723AD~1735AD)
H 24.4cm Mouth D 15.2cm
Belly D 25cm Bottom D 12.6cm
Weight 3.77kg
Transferred by Xi'an Cultural Relic Shop in 1985

입은 벌어지고 구순부(口脣部)는 둥글다. 구연(口沿) 한쪽에는 약간 파손된 직사각형 유가 달렸으며 배는 둥글고 볼록하며 권족(圈足)은 밧줄 모양이다. 태색은 흰색이고 태체는 치밀하지 않다. 표면에는 옅은 천청유(天青釉)를 입혔는데 유면의 두께와 윤기가 적어 미세한 빙렬이 있다. 전체적으로 민무늬이다.

081

두청유속죽문장경병(豆青釉束竹紋長頸甁)

청(淸) 옹정(雍正)
높이 49.1cm 입지름 5.8cm 배지름 25.2cm 밑지름 14.7cm 무게 4kg
1985년 서안시(西安市) 문물상점에서 넘겨받음

Bean-green Glazed Long Neck Bottle with Bamboo Pattern

Yongzheng Reign of Qing Dynasty(1723AD~1735AD)
H 49.1cm Mouth D 5.8cm
Belly D 25.2cm Bottom D 14.7cm
Weight 4kg
Transferred by Xi'an Cultural Relic Shop in 1985

병의 구순부(口脣部)는 둥글고 목은 가늘고 길며 어깨는 미끈하고 배는 볼록하며 권족(圈足)이다. 전체 기물(器物)은 조형이 우아하고 유색이 청록색이며 맑고 윤이 난다. 실물을 모방한 죽문(竹紋)으로 장식되었는데 세로로 평행되게 배치된 빽빽한 죽문이 모여 몸체를 이루었으며 대에 잎과 죽순을 그려 넣어 생동감이 넘친다.

백자
白瓷

White Porcelain

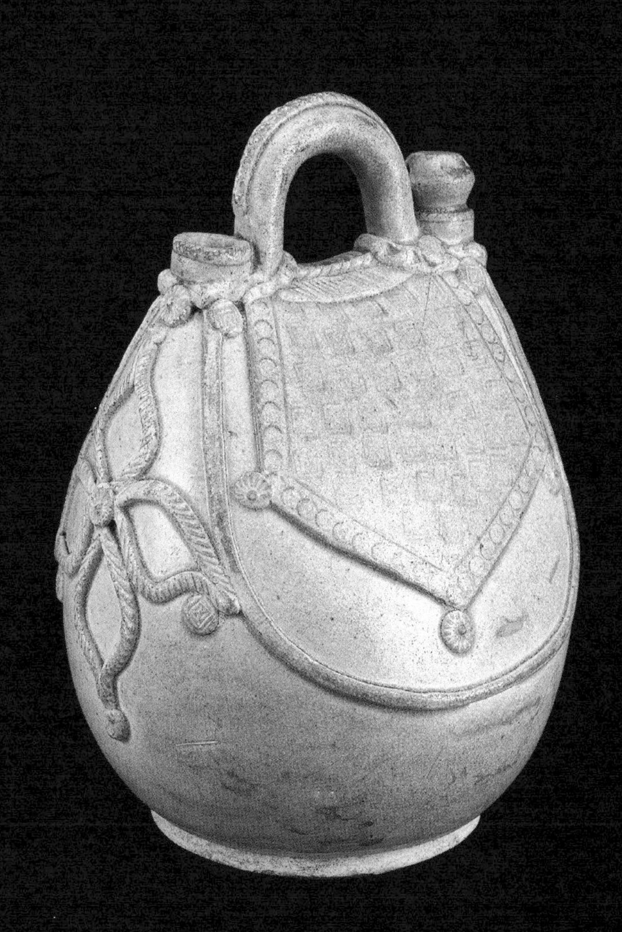

백자(白瓷)는 청자(青瓷)보다 늦게 출현했다. 백자가 한대(漢代)에 처음 나타났다는 주장이 있는데 호남(湖南) 장사(長沙) 한묘(漢墓)에서 출토된 백자고족완(白瓷高足碗)을 증거로 든다. 그러나 이 완의 유색은 청색을 많이 띠었다. 지금까지 발견된 비교적 확실한 실물자료는 하남(河南) 안양(安陽) 북제(北齊) 범수(范粹) 무덤에서 출토된 몇 점의 백자이다. 백자 제조는 자기 공예가 발전한 결과이자 채회자기(彩繪瓷器)의 출현에 있어 기반이 되기도 했다.

백자는 다음과 같이 세 번의 전성기가 나타났다.

(1) 당대(唐代), 오대(五代)

하북(河北)의 형요(邢窯)와 곡양요(曲陽窯)의 백자가 대표적이다. 특히 형요 백자는 남방의 월요(越窯) 청자와 비견할 만해 '남청북백'의 형세를 이루었다. 태토와 유약 질로 볼 때, 형요 백자는 조백자(粗白瓷), 일반 백자, 세백자(細白瓷)로 나뉜다. 서안(西安)지역의 형요 백자 출토 상황을 보면 세백자는 대부분 당대 장안성 궁전 또는 사찰 유적지, 즉 대명궁(大明宮), 청룡사(青龍寺), 서명사(西明寺) 등지에서 출토되었고 기형(器形)은 반(盤), 관(罐), 호(壺) 등이 있다. 그중 일부 백자는 바깥바닥에 '盈(영)' 또는 '翰林(한림)' 명(銘)이 있고 대명궁 유적지에서 출토된 형요 백자관 바깥바닥에는 두 글자가 함께 새겨져 있다. 이러한 자료는 당대 형요 백자의 생산 및 제사 연구에 중요한 의의를 가진다. 세백자에 비해 일반 백자와 조백자는 출토량이 많은데 이로부터 형요 백자는 당대에 이르러 이미 일반적으로 쓰였음을 알 수 있다.

서안지역에서 출토된 곡양요 백자는 대부분 만당(晩唐)과 오대의 제품이며 서안시 북쪽 교외 화소벽(火燒壁)에서 출토된 '관(官)' 명(銘) 백자 33점이 중요한 발견으로 꼽힌다. 기형은 대부분 완, 반, 접시 등으로 가볍고 얇은 태벽, 깨끗하고 빛나는 유색으로 보아 곡양요 백자로 보인다.

형요와 곡양요 외에, 하남 공현요(鞏縣窯), 산서 혼원요(渾源窯), 섬서 황보요(黃堡窯), 안휘 소요(蕭窯)에서도 당시 백자를 생산했다.

(2) 송대(宋代)

하북 곡양의 정요(定窯) 백자는 북송(北宋)에 이르러 전성기를 맞이하였는데 태체가 얇고 태질이 부드럽고 단단하며 유색이 흰빛에 노란빛이 감돌고 윤이 나고 부드러워 동방 여성의 피부 같다 하여 '여성미(女性美)'라 일컬어졌다. '복소(覆燒)' 또한 북송 중기 이후 정요에서 사용된 제작기법이다. 정요 외에 하남 밀현요(密縣窯), 등봉요(登封窯), 산서 평정요(平定窯), 개휴요(介休窯), 양성요(陽城窯), 사천 팽현요(彭縣窯), 강서(江西) 경덕진요(景德鎮窯) 등지에서도 백자를 생산하였는데 대부분 정요의 영향을 받았으므로 정요계(定窯系)에 속한다. 서안지역에서 출토된 송금(宋金)시대 백자는 북방 제품 위주이고 기형은 대부분 완, 반, 호 등 일상생활 용품이며 수준 높은 작품이 적다.

(3) 명대(明代)

복건성(福建省) 덕화요(德化窯) 백자가 대표적이다. 덕화요는 송대부터 백자를 생산하기 시작하여 원대(元代)에 일정한 규모를 이루었으며 명대(明代)에 이르러 자기만의 풍격을 형성하였다. 덕화요 백자는 태질이 치밀하고 투광도가 매우 좋다. 유약은 순백색으로 색상이 밝고 맑아 빛에 비춰 보면 분홍색 또는 유백색이 은은하게 보이므로 '저유백(豬油白)' 또는 '상아백(象牙白)'이라 불렸다. 프랑스에서는 '아융백(鵝絨白)' 또는 '중국백(中國白)'이라 불렀다. 기형은 자기 조각과 제사용 기물(器物) 위주이고 일상용품은 적은 편이다. 덕화요 백자 외에 명대 경덕진요도 영락(永樂) 시기 첨백자(甜白瓷) 등과 같은 수준 높은 백자를 생산한 바 있다. 서안지역에서는 명대 백자 출토가 적다.

The appearance of white porcelains are later than those celadon, some considered their earliest emergence is in Han Dynasty, such as the white porcelain excavated in Han Dynasty tombs in Changsha City of Hunan Province, yet the glaze are mostly green. The exact excavation is several white porcelains found in Northern Qi Dynasty Fan Cui' Tomb in Anyang City of Henan Province. The successful making of white porcelains is because the progress in craftsmanship, which has paved the road for the foundation of color painted porcelains. The white porcelains had experienced three peak ages:

Tang Dynasty, Five Dynasties: the representation is the white porcelains of Xing Kiln and Quyang Kiln. Especially those white porcelains found in Xing Kiln, its quality is equal to the celadon of Yue Kiln in South China, those two had made the situation "the White Porcelain in North and celadon in South" In the glaze, the white porcelains of Xing Kiln could be divided into coarse white porcelains, common white porcelains and fine white porcelains. Judging from the archeologist discovery of Xing Kiln white porcelain, the fine white porcelains are mostly found in the palaces and temple remains in Tang Dynasty Chang'an City, such as Daming Palace, Qinglong Temple, Ximing Temple, etc, the utensil shapes are pans, pots, kettles, etc, among them on the bases of some white porcelains are inscribed with Chinese characters such as "Ying" and "Han Lin" These documents are fairly important for studying Tang Dynasty Xing Kiln white porcelains and the ancient Chinese enshrine and worship system. Comparing with those fine white porcelains, more common and coarse ones are excavated in quantity, thus those white porcelain of Xing Kiln in Tang Dynasty is used by "all the social classes no matter noble or mean" Those white porcelains of Quyang Kiln found in Xi'an city area are mostly made in Late Tang Dynasty and Five Dynasties, the more important ones are the thirty three white porcelains with Chinese character inscription "Guan" found in Huoshaobi Village in Xi'an City, the utensil shapes are mostly bowls, pans, and trays, the eggshell is thin, and the glaze color is white and transparent, and they are high quality white porcelains of Quyang Kiln. Apart from Xing Kiln and Quyang Kiln, the kiln sites which make white porcelains at the same time are Gongxian Kiln of Henan Province, Hunyuan Kiln of Shanxi Province, Huangbu Kiln of Shaanxi Province, Xiao Kiln of Anhui Province, etc.

Song Dynasty: the Ding Kiln white porcelains of Quyang City in Hebei Province has reach the peak stage, its roughcast is thin, the quality is fine and solid, the eggshell is yellowish ivory white color, smooth and moist like the Oriental female skin, thus the name "Female Beauty" Besides Ding Kiln, some other kilns also made white porcelains, such as the Mi Kiln and Dengfeng Kiln of Henan Province, Pingding Kiln, Jiexiu Kiln, and Yang City Kiln of Shanxi Province, Peng Kiln of Sichuan Province, Jing Dezhen Kiln of Jiangxi Province, among them some are under the influence of Ding Kiln, and belong to the branch of Ding Kiln. The white porcelains of Song and Jin Dynasties discovered in Xi'an City are mostly made in southern China, the shapes are mostly bowls, pans, kettles, and some other daily utensils, etc, the fine white porcelains are seldom found.

Ming Dynasty: the representation is the white porcelains in Dehua Kiln of Fujian Province. Dehua Kiln begins to make white porcelains in Song Dynasty, and has large scale in Yuan Dynasty, and was forming its own flavor in Ming Dynasty. The roughcast is compact, the glaze is transparent and pure white, the eggshell is smooth and shining, the color of white is like the skin, and turn to be pink or milky in the beam, so it was called "Goose Feather White" and "China White" etc. The utensils are mostly sculpture and sacrifice, and less daily utensils. Besides Dehua Kiln, Jing Dezhen Kiln had also fired some high quality white porcelains in Ming Dynasty, such as the white porcelains in Yong Le Reign. Yet less excavation is in Xi'an City area.

082

백유직복배(白釉直腹杯)

수대(隋代)
높이 7.6cm 입지름 8.8cm 밑지름 3.3cm 무게 0.17kg
2006년 3월 서안시 장안구 곽두진(西安市 長安區 郭杜鎭) 장안(長安)국제회사 본부 공사현장 수묘(隋墓) 출토

White Glazed Cup with Straight Belly

Sui Dynasty(581AD~618AD)
H 7.6cm Mouth D 8.8cm Base D 3.3cm Weight 0.17kg
Excavated from tomb of Sui dynasty at Guodu Town in Chang'an District, Xi'an in Mar 2006

얄팍한 구순부(口脣部), 곧은 벽, 깊은 배에 전병 모양 권족(圈足)이 달린 배(杯)이다. 굽 가장자리는 경사지게 깎았다. 태색은 흰색이고 태질은 비교적 부드럽다. 구연(口沿)에는 깨진 곳이 여러 군데 있다. 유약은 청록색을 띤 흰색이고 빙렬이 많다. 안쪽에는 유약을 끝까지 입히고 바깥쪽은 굽 가장자리까지 입혔다.

이 자기 배는 수대(隋代) 부부합장 기년묘(紀年墓)에서 출토된 것이다. 묘주는 여남공(汝南公) 장침(張綝)과 부인 설씨(薛氏)로 대업(大業) 3년(607년)에 합장하였다. 이런 잔은 전형적인 수대 조형으로 수대 백자의 발전을 연구하는 데 중요한 실물자료가 된다.

083

백유심복배(白釉深腹杯)

수대(隋代) 말기 당대(唐代) 초기
높이 9cm 입지름 11.3cm 굽지름 4.8cm 무게 0.41kg
1990년 서안시(西安市) 서쪽 교외 화력발전소 출토

White Glazed Deep Belly Cup

Sui and Tang Dynasty(581AD~907AD)
H 9cm Mouth D 11.3cm Feet D 4.8cm Weight 0.41kg
Excavated from Power Plant at west suburban of Xi'an in 1990

곧은 입, 얄팍하고 둥근 구순부(口脣部), 통(筒) 모양 배를 가진 배(杯)이다. 전병 모양 굽은 가장자리가 살짝 밖으로 벌어졌다. 태질은 부드럽고 태색이 비교적 하얗다. 전체적으로 백유를 입혔는데 청색이 감돌고 유면은 고르고 깨끗하며 유약이 끝까지 닿지 않았다.

자기 배의 조형 변화를 살펴보면, 통형에 배가 깊은 잔은 남조(南朝)에서 당대(唐代) 초기까지 유행하였다. 이 백자배는 벽이 얇고 곧으며 태토와 유약 질이 수대(隋代)보다 좋으므로 수말(隋末) 당초(唐初) 형요(邢窯) 제품으로 추정된다.

084

백유합(白釉盒)

당대(唐代)
높이 6.4cm 입지름 4.9cm 배지름 9.9cm 밑지름 5.8cm 무게 0.205kg
1979년 서안시 종고루(西安市 鐘鼓樓) 보관소에서 넘겨받음

White Glazed Pot

Tang Dynasty(618AD~907AD)
H 6.4cm Mouth D 4.9cm
Belly D 9.9cm Bottom D 5.8cm Weight 0.205kg
Transferred by Xi'an Bell Tower and Drum Tower Cultural Relic Agency in 1979

합의 입은 곧고 구순부(口脣部)는 짧으며 어깨는 평평한 호형(弧形)이다. 둥글납작한 배는 위가 곧은 편이고 아래는 안쪽으로 꺾이면서 좁아지며 권족(圈足)이 있다. 어깨와 배 사이에는 뚜껑을 달기 위한 홈이 있으나 뚜껑은 이미 유실되었다.

이 기물(器物)은 몸통과 뚜껑이 만나는 부분이 독특하다. 몸통의 입을 자구(子口) 위치에서 안으로 모아 작게 만듦으로써 전체적으로 입이 작은 수우(水盂) 모양 같고 거기에 뚜껑을 더한 것이다. 당대(唐代) 장사요(長沙窯)에서 생산한 일부 자기 합에는 동채(銅彩)로 쓴 '油盒(유합)'이란 글자가 있는데 이로부터 당대에 부녀자들이 화장용 기름을 담았던 것임을 알 수 있다. 이 합의 배 높이는 초당(初唐) 시기보다 비교적 높으므로 성당(盛唐) 시기 것으로 추정된다. 독특한 조형은 누출 방지, 밀봉 효과, 용량 확대 등 기능을 고려한 것이고 그 쓰임은 고증을 통해 유합(油盒)임을 알 수 있다. 태토와 유약 특징을 보아, 이 합은 당대 형요(邢窯) 제품으로 추정된다.

085

백자반구병(白瓷盤口瓶)

당대(唐代)
높이 32.5cm 입지름 7.6cm 배지름 24.4cm 밑지름 12.6cm 무게 3.96kg
2006년 3월 서안시 장안구 곽두진(西安市 長安區 郭杜鎭) 장안(長安)국제회사 본부 공사현장 수묘(隋墓) 출토

White Glazed Bottle with Dish-shaped Mouth and Thin Neck

Tang Dynasty(618AD~907AD)
H 32.5cm Mouth D 7.6cm Belly D 24.4cm Base D 12.6cm Weight 3.96kg
Excavated from tomb of Sui dynasty at Guodu Town in Chang'an District, Xi'an in Mar 2006

반구(盤口)는 살짝 외반되고 목은 가늘고 짧으며 배는 길고 불룩하며 가권족(圈足)이 달렸다. 어깨에는 철현문(凸弦紋) 한 줄이 둘러져 있다. 태색은 희고 태질이 부드럽지 못하다. 밑바닥에 지정(支釘) 흔적이 두 곳 있다. 전체에 청록색이 감도는 백유를 입혔는데 빙렬이 있다.

이런 병은 풍만하고 대범하며 조형이 우아한데 수대(隋代) 병의 형태를 이은 것이다. 북송 때 최초로 나타난 옥호춘병(玉壺春瓶)이 바로 이 기형을 바탕으로 발전 변화된 것이다.

이 기물(器物)은 정관(貞觀) 17년(643년)에 매장된 당태종(唐太宗)의 다섯 번째 아들, 이우(李祐) 무덤에서 출토된 것이다. 명확한 연대 기록이 있는 기물로 초당(初唐) 시기 백자공예의 발전상황을 알 수 있다.

086

백유쌍란함수문타방합(白釉雙鸞銜綬紋橢方盒)

당대(唐代)
길이 9.7cm 너비 6.4cm 높이 5.4cm
뚜껑높이 2.5cm 합높이 2.8cm 자구바깥지름 8.5cm 무게 0.18kg
1997년 3월 서안(西安) 남쪽 교외 곡강(曲江)호텔 공사현장 당묘(唐墓) 출토

White Glazed Oval Shaped Box with Two Birds Picking Ribbon Pattern

Tang Dynasty(618AD~907AD)
L 9.7cm W 6.4cm Total H 5.4cm
Lid H 2.5cm Box H 2.8cm Outside mouth D 8.5cm Weight 0.18kg
Excavated from tomb of Tang dynasty at Building site of Qujiang Hotel in south suburb of Xi'an in Mar 1997

합은 자모구(子母口)이고 평면은 모서리가 둥근 직사각형을 이루며 배에는 홈이 네 개 있다. 긴 변의 한쪽은 튀어나온 능화형(菱花形)이고 다른 한쪽은 안쪽으로 호형(弧形)을 이루었다. 불룩하게 나온 뚜껑 표면에는 쌍란함수문(雙鸞銜綬紋)을 저부조 효과가 나게 찍었다. 수대(綬帶)는 윗부분이 큰 고리 안에 작은 고리 두 개가 있는 모양이고 아랫부분은 대칭의 고리 두 개가 있으며 그 아래로 다시 두 가닥으로 나뉘었는데 그 위에 두 난새가 마주 서서 수대를 물었다. 가장자리에는 합 모양에 따라 테두리를 찍었고 그 안에 세밀한 단선문(短線紋)이 있다. 백유를 입혔는데 유약이 뭉친 부위는 청색이 감돌며 작은 기포가 보인다. 자모구 부위를 제외한 전체에 유약을 입혔다. 바닥에는 지정(支釘) 흔적이 두 곳 있다.

쌍란함수문은 구도가 아름다우며 장수와 길상을 뜻한다. 당대(唐代) 동경과 금은기 장식에 주로 사용된 반면 자기, 특히 백자에서는 보기 드물다. 이 합은 형태와 문양이 모두 금은기를 모방함으로써 당대 자기 제조업의 발전상황 및 금은기 공예에 대한 참조상황을 짐작할 수 있다.

087

백유개관(白釉蓋罐)

당대(唐代)
높이 22.6cm 입지름 8.1cm 배지름 16.5cm 밑지름 9.2cm
무게 1.35kg
1964년 서안시(西安市) 202연구소 공사현장 출토

White Glazed Pot with Lid

Tang Dynasty(618AD~907AD)
H 22.6cm Mouth D 8.1cm
Belly D 16.5cm Bottom D 9.2cm Weight 1.35kg
Excavated from Building site of 202 Research Institute Xi'an in 1964

입은 곧고 목은 짧으며 어깨는 풍만하고 배는 불룩하며 납작바닥이다. 볼록한 뚜껑 가운데에는 보주(寶珠) 모양의 둥근 꼭지가 달렸다. 백색 태토와 유약은 흙이 스며들어 살짝 노란빛이 감돌고 유질은 부드럽고 깨끗하다. 전체는 민무늬이다.

이 관은 배가 풍만하고 보주 모양 꼭지와 뚜껑도 조화를 이루며 전체적 조형도 듬직하고 대범하면서도 정교한 성당(盛唐) 시기 전형적인 조형이다. 둥글고 옹골진 조형, 은이나 눈처럼 하얀 백유 장식, 반듯한 조형, 정교한 제작, 말끔한 유색은 모두 대당성세(大唐盛世) 시기의 도자기 심미관을 보여준다.

백유쌍룡병호(白釉雙龍柄壺)

당대(唐代)
높이 31.6cm 입지름 6cm 밑지름 8cm 무게 1.7kg
1977년 서안시(西安市) 방직병원 공사현장 출토

White Glazed Pot With Double Dragon Handles

Tang Dynasty(618AD~907AD)
H 31.6cm Mouth D 6cm Bottom D 8cm Weight 1.7kg
Excavated from Spinning and Weaving Factory Hospital of Xi'an in 1977

반구(盤口), 가늘고 긴 목, 풍만한 어깨, 길고 둥근 배에 전병 모양 굽이 달린 호(壺)이다. 태색은 회백색이고 유층은 비교적 얇으며 유색은 청색이 감돌고 시유(施釉)를 끝까지 하지 않았다. 어깨 양측과 반구 사이 용 모양 손잡이[把柄]가 눈길을 끈다. 용은 몸통이 살짝 굽었는데 둥근 구슬 모양 장식 세 개가 있으며 입으로 반구(盤口) 가장자리를 물고 고개를 꺾어 안쪽을 내려다본다.

쌍룡병호(雙龍柄壺)는 계수호(鷄首壺)를 바탕으로 호호(胡壺)의 특징을 받아들여 용 모양 손잡이로 닭 머리를 대체하였으며 조형이 신기하고 성형기법이 복잡하다. 1957년 서안(西安) 수대(隋代) 대업(大業) 4년(608년) 이정훈(李靜訓) 무덤에서 백자쌍룡병쌍련복호(白瓷雙龍柄雙聯腹壺)가 출토된 바 있다. 당대(唐代)에 이르러 쌍룡병호가 유행해 당고조(唐高祖) 아들 이봉(李鳳)의 무덤에서 유사한 조형의 백자쌍룡병호가 출토되었고, 당대 장안(長安)과 낙양(洛陽) 지역 당묘(唐墓)에서 출토된 삼채 중에도 동일한 유형의 조형이 적지 않다.

백자는 한대(漢代)의 맹아기를 거쳐 북조(北朝)에 나타났으며 수대에 발전하고 당대 중 · 말기에 성숙기에 들어섰다. 이 쌍룡병호는 태색이 그다지 희지 않고 유색에 청색이 감돌아 수대 백자에 가까우므로 당대 초기 형요(邢窯) 제품으로 추정된다.

089

백유용병호(白釉龍柄壺)

당대(唐代)
높이 9.6cm 입지름 3.3cm 배지름 6cm 밑지름 3.5cm
무게 0.11kg
1990년 서안시(西安市) 서쪽 교외 화력발전소 출토

White Glazed Pot with Dragon Handle

Tang Dynasty(618AD~907AD)
H 9.6cm Mouth D 3.3cm
Belly D 6cm Bottom D 3.5cm
Weight 0.11kg
Excavated from Power Plant at west suburban of Xi'an in 1990

벌어진 입, 말린 구연(口沿), 짧고 잘록한 목, 미끈한 어깨, 타원형에 가까운 배에 전병 모양 굽이 달린 호(壺)이다. 어깨 한쪽과 구연 사이에 단순한 형태의 등이 굽은 이룡(螭龍) 모양 손잡이[柄]가 달려 있다. 어깨의 다른 한쪽에는 기둥 모양 짧은 유가 달려 있다. 태색은 백색이고 유색은 유백색으로 밝고 윤이 난다. 유약이 끝까지 미치지 못하였다.

이 호는 용병계수호(龍柄鷄首壺)에서 발전된 것으로 짧은 유로 닭머리를 대체하였고 손잡이 조형이 독특하며 주기로 추정된다.

090

백유대유관(白釉帶流罐)

당대(唐代)
높이 37.1cm 입지름 11.9cm 배지름 27cm 밑지름 11.3cm
무게 4.95kg
1984년 서안시 파교구 홍경향(西安市 灞橋區 洪慶鄉) 출토

White Glazed Pot

Tang Dynasty(618AD~907AD)
H 37.1cm Mouth D 11.9cm
Belly D 27cm Bottom D 11.3cm
Weight 4.95kg
Excavated from Hongqing Township Baqiao District Xi'an in 1984

벌어진 입, 짧은 목, 미끈한 어깨, 납작바닥에 늘씬한 배를 가진 관(罐)이다. 어깨에는 둥근 대롱 모양의 유가 달려 있다. 투명유약을 입혔는데 끝까지 미치지 못하였으며 뭉침 현상이 있다. 태질은 깔끔하고 단단하며 유색은 깨끗하고 담아하며 세밀한 빙렬이 있다. 이는 당대(唐代) 곡양요(曲陽窯) 제품이다.

유가 달린 병(甁)과 관은 당대에 새롭게 나타난 조형으로 참신하고 운치 있으며 사용이 한층 편리하다. 이 병은 보존상태가 좋아 희소성이 있으며 당대 도자기 장인의 능력과 지혜를 보여줄 뿐만 아니라 당대 백자 생산기술이 상당히 발전하였음을 알려준다.

091

백유관(白釉罐)

당대(唐代)
높이 22.5cm 입지름 10.5cm 배지름 20.5cm 밑지름 9.2cm
무게 1.89kg
1960년 서안시(西安市) 당(唐) 대명궁(大明宮) 유적지 출토

White Glazed Pot

Tang Dynasty(618AD~907AD)
H 22.5cm Mouth D 10.5cm
Belly D 20.5cm Bottom D 9.2cm
Weight 1.89kg
Excavated from Daming Palace ruins of Tang Dynasty Xi'an in 1960

구순부(口脣部)는 둥글고 목은 짧다. 윗배는 둥글고 아랫배는 안으로 모였다. 납작바닥이고 입과 바닥 크기는 비슷하다. 태체는 단단하고 매끄러우며 눈같이 깨끗하다. 바깥바닥을 제외한 전체에 투명유약을 입혔는데 유질은 맑고 윤이 나며 유약이 뭉친 곳은 수록색이 반짝인다. 바깥바닥 중심에서 왼쪽으로 치우친 곳에는 뾰족한 도구를 사용해 세로로 '翰林(한림)'을, 오른쪽 위에는 '盈(영)' 자를 새겼는데 서체가 반듯하고 필획이 또렷하고 유창하다.

당대(唐代) 백자의 최고 수준을 나타냈던 형요(邢窯) 백자는 당시에 지방 특산으로 조정에 공납되었다. 일반적으로 '盈(영)' 명(銘)이 있는 것은 황궁 내 '대영고(大盈庫)'와 관련 있는 것이다. 대영고는 황궁의 보관기관으로 『신당서(新唐書)』, 『구당서(舊唐書)』에 모두 기록이 있으며 현종(玄宗), 숙종(肅宗) 시기에 '백보대영고(百寶大盈庫)'라 불리기도 했다. 황궁 내 최대 보물보관창고로 황제가 독점 사용했다. 지금까지 발견된 '영'명 형요 백자는 완이 가장 많고 집호(執壺), 합(盒), 관(罐) 등도 있다.

지금까지 보이는 '한림' 명 형요 백자는 모두 관으로 조형과 크기도 비슷하다. '한림'은 당대 궁전기구인 한림원(翰林院)을 가리키는데 당대 초기에 설립되었다. 한림원 유적지의 구체적 위치는 당대 대명궁(大明宮) 오른쪽 은대문(銀台門) 북쪽의 서성(西城) 안인 것으로 밝혀졌다. 이 밖에 중국사회과학원 고고연구소 서안 당성(唐城) 팀이 1983년 10월, 1984년 7월 두 차례에 걸쳐 진행한 한림원 유적지 발굴조사 중 한림원의 건축방식과 규모가 기본적으로 파악되었다.

이 관은 '翰林(한림)'과 '盈(영)' 자가 모두 새겨져 있어 대영고에서 한림원을 위해 주문 제작한 기물(器物)이거나 대영고에서 소장했던 것을 한림원에 조달한 것으로 추정된다. 또한 '한림' 명, '영' 명이 있는 형요 백자는 그 생산연대가 거의 같음을 말해준다. 이 관은 당대 형요의 생산제도 연구에 있어서 매우 중요한 가치를 지닌다.

092

백유쌍계각화편호(白釉雙系刻花扁壺)

당대(唐代)
높이 26.2cm 입지름 6.8×5.2cm 배지름 20.7×10.3cm 밑지름 13.1×6.4cm
무게 1.72kg
1999년 서안시(西安市) 서쪽 교외 화력발전소 출토

White Glazed Flat Pot with Double Handles and Incised Design

Tang Dynasty(618AD~907AD)
H 26.2cm Mouth D 6.8×5.2cm
Belly D 20.7×10.3cm Bottom D 13.1×6.4cm
Weight 1.72kg
Excavated from Power Plant at west suburban of Xi'an in 1999

둥근 구순부(口脣部), 작은 입, 잘록한 목, 미끈한 어깨, 납작한 배의 편호(扁壺)로 권족(圈足)이 밖으로 벌어졌다. 어깨에는 복숭아 모양 귀 두 개가 있었으나 하나는 떨어져 나갔다. 배 양면에 수련(垂蓮)을 새겼는데 가지와 잎이 풍성하고 두꺼우며 선이 유창하고 도안성이 매우 강하다. 태색이 희고 말끔하지만 태질이 거칠고 유색은 살짝 노란색을 띤 흰색이다.

편호(扁壺)는 술이나 물을 담는 데 사용되고 둥글납작한 배에서 이름이 붙었다. 자기 편호는 서진(西晉) 시기에 처음으로 나타나 갑(坍)으로 불렸다. 당시 조형은 모두 곧은 입, 둥글납작한 배에 권족이 있으며 배에는 무늬를 새겼다. 남북조(南北朝)에서 수당(隨唐)까지, 기형(器形)은 점차 작아지고 어깨에는 두 귀를 부착하고 납작한 배에는 무늬를 찍었다. 원명청(元明淸)시대까지 계속 존재하였으나 시대에 따라 조형에 차이가 난다.

093

백유피낭호(白釉皮囊壺)

당대(唐代)
높이 20cm 입지름 4cm 배지름 46cm
밑지름 9.4cm 무게 1.12kg
1964년 서안시(西安市) 동쪽 교외
사파촌(沙坡村) 출토

White Glazed Pot in Air Bag Shape

Tang Dynasty(618AD~907AD)
H 20cm Mouth D 4cm
Belly D 46cm Bottom D 9.4cm
Weight 1.12kg
Excavated from Shapo Village at east suburban of Xi'an in 1964

입은 작고 아랫배가 둥글고 볼록하다. 가권족(假圈足)으로 굽지름이 큰 편이고 반원 모양의 짧은 손잡이[提梁]가 달렸다. 윗배에는 부조식(浮彫式) 안장 모양 장식을 부착하였는데 안장에 펴는 탄자를 본뜬 것으로 위에는 격자무늬가 있으며 주변은 연주문(連珠紋)으로 장식하였다. 입 아래쪽에 털실로 짠 듯한 사판화(四瓣花)를 붙이고, 목과 배에는 가죽주머니를 본떠 만든 두드러진 이음새가 있다. 태색은 희고 태질은 매끈하고 단단하며 유색은 노란색이 감도는 흰색이다.

이 호는 서역의 유목민이 물을 담던 가죽주머니를 모방해 만든 것으로 이음새까지 생동하게 표현했다. 피낭호(皮囊壺)는 당대(唐代)에 처음 나타났으며 '마괘호(馬挂壺)'라고도 불렀다. 섬서(陝西) 서안(西安), 하남(河南) 신안(新安) 등지의 당묘(唐墓)에서도 출토된 바 있고 섬서역사박물관에도 1956년 서안 백가구(白家口)에서 출토된 백자 피낭호가 소장되어 있다. 이들은 1970년 서안에서 출토된 당대 무마함배문도금은호(舞馬銜杯紋鍍金銀壺)와 조형은 서로 다르지만 똑같이 정교하다. 이국적 색채를 띤 피낭호는 당대 호풍(胡風)이 성행하면서 나타났다.

그 후, 피낭호 조형은 요대(遼代)에 유행하였고 조형에 따라 마등호(馬鐙壺) 또는 계관호(雞冠壺)라고도 불렀다. 요대 도자기 피낭호는 대체로 다섯 가지 유형으로 구분되고 가죽주머니 모양에 따라 그 연대를 구분했다. 일부 호는 바닥에 '관(官)' 자가 새겨져 있다.

‘영(盈)’ 자관백유대개집호(子款白釉帶蓋執壺), 탁반(托盤)

당대(唐代)
2002년 서안시 안탑구(西安市 雁塔區) 당(唐) 장안성(長安城) 신창방(新昌坊) 청룡사(青龍寺) 유적지 출토

White Glazed Kettle and Tray with Chinese inscription “Full”

Tang Dynasty(618AD~907AD)
Excavated from Qinglong Temple ruins of Chang'an City of Tang Dynasty in Yanta District Xi'an in 2002

2002년 3월, 서안시(西安市) 남쪽 교외 유가장촌(劉家莊村) 동쪽 서철분국(西鐵分局) 신남화원(新南花園)에서 옛 우물 30여 구가 발견되었다. 그중 신남화원 서쪽의 한 우물(일련번호 2002XNJ1)에서 ‘盈(영)’ 자가 새겨진 당대(唐代) 자기 및 기타 기물(器物)이 대량 출토되었는데 그 가운데 ‘盈(영)’ 자가 있는 것은 백자 집호(執壺)와 탁반(托盤) 두 가지이다. 기타 기물로는 청자완(青瓷碗), 다엽말유잔(茶葉末釉盞), 백자분합(白瓷粉盒), 삼채도관(三彩陶罐), 흑자쌍이관(黑瓷雙耳罐), 연화문(蓮花紋) 와당 및 청동장식 등이 있다.

이들의 출토지점은 당대 청룡사(青龍寺) 유적지 서북쪽이고 백자집호 조형은 이전 청룡사 유적지 및 하북(河北) 역현(易縣) 북한촌(北韓村) 당대 손소구(孫少矩) 무덤에서 출토된 ‘영’ 자 백자 집호와 거의 같다. 차이점이라면, 이전에 청룡사 유적지에서 출토된 집호는 손잡이[柄]가 구연과 더 가깝고 손소구 무덤에서 출토된 집호는 유가 굽고 긴 편이며 손잡이도 굽었다. 또한 전체적인 조형이 앞서 서술한 집호보다 대범함, 우아함, 소박함에서 뒤진다. 이전에 청룡사 유적지에서 출토된 백자집호에는 ‘大中十三年(대중 13년)’(859년)이라는 관지가 묵서되어 있고 손소구 묘지명에 기록된 시대는 함통(咸通) 5년(864년)이다. 이 우물에서 출토된 다른 기물 및 당대 자기의 형태, 특징으로 미루어 보아 만당(晩唐) 시기 제품으로 추정된다.

이는 1992년 5월 당대 청룡사 유적지 내에서 ‘영’ 명 자기를 출토한 데 이은 두 번째 출토이고 이러한 ‘영’ 명 뚜껑 달린 백자집호와 탁반이 세트로 출토된 것도 처음이기에 학술적 가치가 높다. 서안지역에서는 당대 청룡사 유적지에서 백자집호, 백자완 등 파손된 자기가 발견되었고 당대 대명궁 유적지에서도 ‘영’, ‘한림’ 명(銘)이 함께 있는 백자관 1점이 출토되었다. 이 밖에, 섬서 역사박물관에도 ‘영’ 명(銘) 백자관 1점이 소장되어 있다. 새로 발견된 뚜껑 달린 ‘영’ 명(銘) 형요 백자집호 및 탁반은 당대 황실의 대영고(大盈庫) 연구에 있어 진귀한 실물자료임에 틀림없다.

1. 탁반(托盤)

높이 2.8cm 입지름 14.7cm 밑지름 9.8cm

Tray

H 2.8cm Mouth D 14.7cm Bottom D 9.8cm

구순부(口脣部)는 둥글고 반구(盤口)는 오판형(五瓣形)이며 내벽에 볼록 선이 있고 배는 열고 비스듬하며 납작바닥이다. 바깥바닥에는 받침 흔적 세 곳이 있다. 태색은 회백색이고 태질은 단단하다. 내외 벽 전체에 백유를 입혔는데 유색은 청색이 감도는 흰색이고 유면은 고르고 매끄러워 광택감이 강하다. ‘영’ 자는 시유(施釉)하기 전 기물 바깥바닥에 새긴 것이다. 이와 조형이 유사한 ‘영’ 명(銘) 백자탁반 4점이 동시에 출토되었다.

2. 집호(執壺)

전체높이 23.9cm 호높이 20.3cm 입지름 9cm
밑지름 6.8cm 뚜껑높이 4.7cm 뚜껑지름 10.2cm
무게 1.04kg

Kettle

Total H 23.9cm Pot H 20.3cm Mouth D 9cm
Bottom D 6.8cm Lid H 4.7cm Lid D 10.2cm
Weight 1.04kg

입은 벌어지고 구연(口沿)은 말렸으며 목은 잘록하고 어깨는 둥글다. 깊은 배는 볼록한 편이고 밑굽 바깥쪽 가장자리를 사선으로 깎아내었다. 어깨 한쪽에 기둥 모양 유가 달렸고 다른 한쪽에는 납작하고 평평한 두 가닥의 손잡이가 있다. 목 아래에는 현문(弦紋)이 있고 바깥바닥에는 '盈(영)' 자를 음각하였다. 태벽은 얇은 편이고 바닥을 제외하고 구연 내벽에서 외벽까지 백유를 입혔으나 끝까지 닿지는 않았다. 전체적으로 유약을 고르게 입혀 유면이 반질반질하고 광택감이 강하다. 유색은 흰색 가운데 청색이 서려 있고 태색은 회백색이며 태질은 단단하다. 뚜껑은 우산 모양으로 구연보다 크고 둥근 꼭지가 달렸으며 자구(子口)이다. 뚜껑 바깥쪽에는 백유를 입혔지만 안쪽 가장자리에는 입히지 않았다. 뚜껑 가장자리 아래에는 '七(칠)' 등 문자를 묵서하였다. 이 외에, 조형이 유사한 '영' 명(銘) 뚜껑 달린 백자집호 4점이 동시에 출토되었는데 모두 당대(唐代) 말기 형요(邢窯) 백자이다.

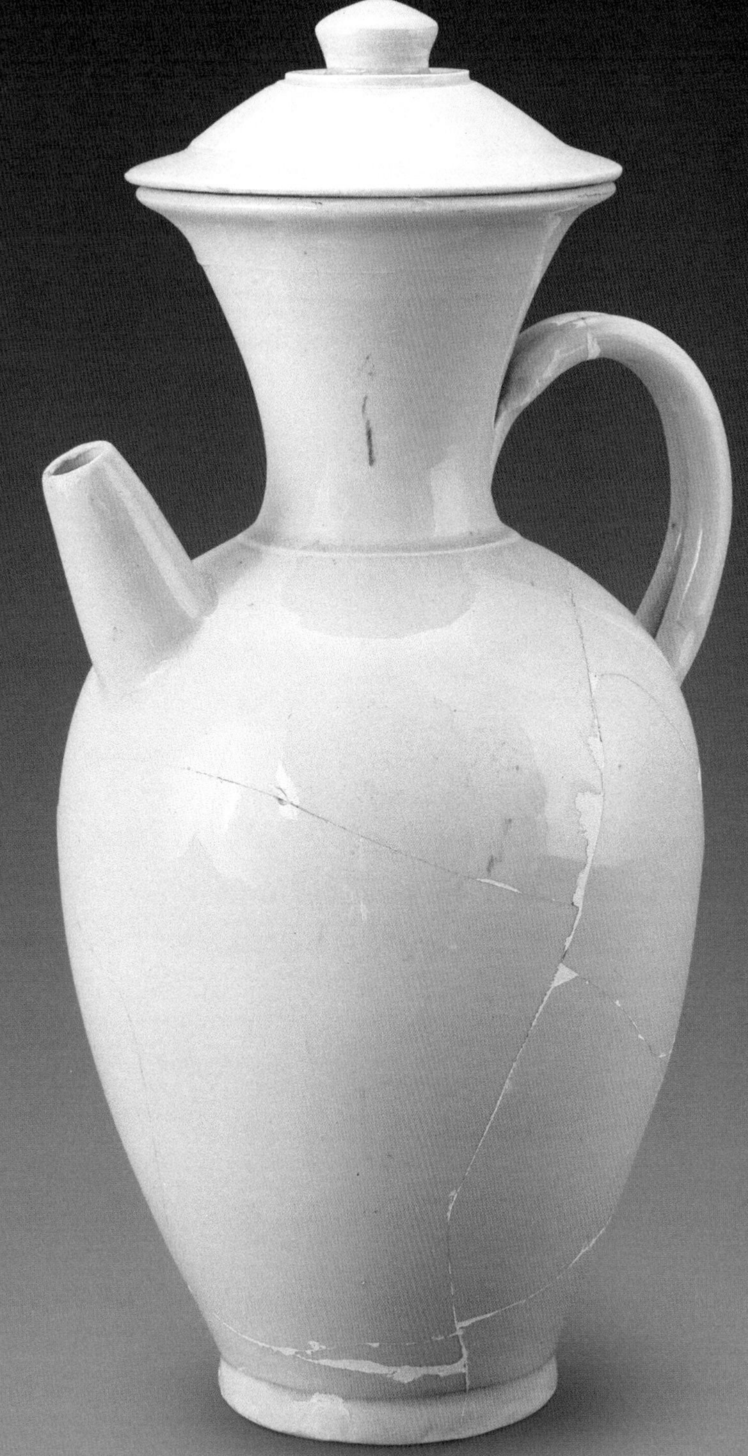

'관(官)' 자관백자(子款白瓷)

만당(晩唐)
1985년 3월 서안시(西安市) 북쪽 교외 화소벽(火燒壁) 동촌(東村) 남쪽 출토

White Porcelain with Chinese Character "official"

Tang Dynasty(618AD~907AD)
Excavated from Huoshaobi Village at north suburban of Xi'an in Mar 1985

1985년 3월 서안시(西安市) 북쪽 교외 화소벽(火燒壁) 동촌 남쪽에서 반 40점, 완 12점 등 자기 52점이 동시에 출토되었다. 그중 '官(관)' 자가 새겨진 자기가 33점으로 모두 유약을 입히고 생산하기 전에 새긴 것이다. 이 자기들은 지하 0.6m 깊이에 있던, 네모난 벽돌로 입을 막은 회색 도관(陶罐) 안에 놓여 있었다. 이 요장(窯藏)에서 출토된 완과 접시는 바탕이 매우 얇고 자화(瓷化)정도가 높아 밝고 맑으며 매끄럽다. 권족(圈足)은 칼로 깎아내었으며 일부는 외벽 윤곽을 다듬은 흔적이 있다. 굽과 가까운 부분은 유층이 두꺼워 유약 흐름현상이 보이며 굽에는 모래알들이 붙어 있다. 조형은 화구(花口)·다판구(多瓣口)의 반과 완이 가장 특색 있는데 기형이 대범하고 우아하며 제작기술이 정교하고 생산기법 또한 성숙되었다. 조형, 유색, 공예 및 '官(관)' 자 글자체 등 특징으로 분석한 결과, 이 자기들은 당대(唐代) 말기 곡양요(曲陽窯) 제품으로 추정된다.

곡양요는 정요(定窯)로 하북성(河北省) 곡양현(曲陽懸) 간자촌(澗磁村)과 동서(東西) 연산촌(燕山村)에 위치하였으며 당대에 생산을 시작하여 북송(北宋)에 절정에 달하였다. 만당(晩唐), 오대(五代) 시기 곡양요 백자는 형요(邢窯) 백자와 유사하고 품질이 우수했다. 화소벽촌에서 발견된 '관' 명 백자 33점이 이를 말해준다.

1. 삼첨판반(三尖瓣盤)

높이 3.5cm 입지름 11.7cm 굽지름 6.4cm
무게 0.13kg

Three Sharp Petal Tray

H 3.5cm Mouth D 11.7cm Feet D 6.4cm
Weight 0.13kg

2. 오곡화구반(五曲花口盤)

높이 4.1cm 입지름 14.5cm 굽지름 6.4cm
무게 0.12kg

Flower Petal Mouth Tray

H 4.1cm Mouth D 14.5cm Feet D 6.4cm
Weight 0.12kg

3. 오곡화구반(五曲花口盤)

높이 2.8cm 입지름 13.8cm 굽지름 6.4cm
무게 0.12kg

Flower Petal Mouth Tray

H 2.8cm Mouth D 13.8cm Feet D 6.4cm
Weight 0.12kg

4. 오쌍척화판구반(五雙脊花瓣口盤)

높이 3.4cm 입지름 14.4cm 굽지름 6.4cm
무게 0.12kg

Curving Petal Mouth Tray

H 3.4cm Mouth D 14.4cm Feet D 6.4cm
Weight 0.12kg

5. 오첨판구반(五尖瓣口盤)

높이 3.4cm 입지름 13.5cm 굽지름 6.1cm
무게 0.1kg

Five Sharp Petal Tray

H 3.4cm Mouth D 13.5cm Feet D 6.1cm
Weight 0.1kg

6. 원구완(圓口碗)

높이 4.5cm 입지름 16.8cm 굽지름 7cm
무게 0.18kg

Round Mouth Bowl

H 4.5cm Mouth D 16.8cm Feet D 7cm
Weight 0.18kg

096

백유단파대류호(白釉單把帶流壺)

당대(唐代)
높이 5.5cm 입지름 1.5×2.2cm 배지름 3.2cm 밑지름 2.3cm
무게 0.03kg
1983년 서안시(西安市) 문물상점에서 넘겨받음

White Glazed Kettle with Handle

Tang Dynasty(618AD~907AD)
H 5.5cm Mouth D 1.5×2.2cm
Belly D 3.2cm Bottom D 2.3cm
Weight 0.03kg
Transferred by Xi'an Cultural Relic Shop in 1983

구순부(口脣部)는 둥글고 타원형에 가까운 입 한쪽에는 유가 있다. 목은 잘록하고 살짝 불룩한 배는 호형이고 고권족(高圈足)은 밖으로 벌어졌다. 배와 목 한쪽에 넓고 납작한 손잡이[把手]가 붙어 있다. 태색은 회백색이고 유색은 노란색에 가까우며 유층은 고르고 전체적으로 민무늬이다.

이국 색채가 짙은 이 호는 당대(唐代) 봉수호(鳳首壺)와 같이 조형이 단순하고 형태가 아름답다. 조형은 또한 내몽고 오한기(敖漢旗) 이가영자(李家營子)에서 출토된 당대 손잡이 달린 은호(銀壺)와 비슷한데 이런 조형은 로마에서 이슬람시대까지 서아시아, 중앙아시아 지역에서 모두 볼 수 있으며 동방에 전해진 후 '호병(胡甁)'이라 불렸다. 제동방(齊東方)의 『당대금은기연구(唐代金銀器研究)』에 따르면, 이전 사람들은 호병의 근원이 페르시아 사산(Sasan) 왕조로 거슬러 올라간다고 여겼으나 사산 금은호병 중에는 중앙아시아 소그디아나(Sogdiana) 제품이 포함되어 있었다. 고고학자인 마샥은 1970년대, 과거 사산 은기에 포함되었던 일부 기물(器物)이 7세기 이후의 소그디아나 지역 제품임을 고증해내었다. 이런 소그디아나 호병은 권족이 낮거나 심지어 없는 것도 있는데 지금까지 알려진 사산 '호병'은 대다수가 얇은 고권족이다. 서아시아, 중앙아시아 지역에서 제조된 얇은 고권족과 낮은 권족의 금은호병은 서로 다른 계통에 속한다.

사산 호와 소그디아나 호의 조형특징을 대조해 보면 이 호와 소그디아나 은호의 조형이 유사함을 알 수 있다. 손잡이 윗부분은 직접 입 부분에 부착되고 목은 짧고 굵으며 낮은 권족이 달린 등 모두 소그디아나 은호의 특징에 부합되므로 당대 자기 제조업도 역시 소그디아나 예술의 영향을 받았음을 알 수 있다.

097

백유타호(白釉唾壺)

당대(唐代)
높이 7.9cm 입지름 6.1cm 배지름 6.3cm 밑지름 4.3cm
무게 0.14kg
1979년 서안시 종고루(西安市 鐘鼓樓) 보관소에서 넘겨받음

White Glazed Kettle

Tang Dynasty(618AD~907AD)
H 7.9cm Mouth D 6.1cm
Belly D 6.3cm Bottom D 4.3cm
Weight 0.14kg
Transferred by Xi'an Bell Tower and Drum Tower Cultural Relic Agency in 1979

반구(盤口)이고 구연(口沿)이 말렸으며 목이 짧고 배가 동글납작하다. 전병 모양 굽이 달렸으며 밑지름이 크다. 전체에 백유를 입히고 민무늬이다. 태색은 회백색이고 유층은 고르며 세밀한 빙렬이 있고 순도와 백도가 낮다.

타호는 '타기(唾器)', '타우(唾盂)'라고도 불리며, 고대(古代) 귀족들이 연회에서 사용하던 그릇이다. 자기 타호는 동한 시기에 나타났는데 청자 형태였고 삼국에서 당대(唐代)까지 줄곧 유행하였다. 진(晉) 사람 하순(賀循)은 『장경(葬經)』에서 타호를 당시 부장품의 일종이라고 기록하였는데 육조(六朝) 무덤에서 자주 출토되는 기물(器物)이다. 삼국 시기 타호는 배가 동글납작하고 서진(西晉) 시기 타호는 조형이 존(尊)에 가깝고 크기도 적당하여 완성도가 가장 뛰어났다. 동진(東晉)에 이르러 점차 반구(盤口)로 되고 배가 아래로 처졌으며 납작바닥이거나 가권족(假圈足)이었다. 남조(南朝)시대, 배는 더욱 처졌으며 뚜껑과 탁반이 나타났다. 수당(隨唐)시대, 입은 크고 밖으로 벌어졌으며 목은 짧고 가늘게 변하였다. 오대(五代), 송대(宋代), 요대(遼代)에 타호는 다시 반구(盤口)에 납작한 배, 권족 모양으로 되돌아갔는데 입지름이 배지름보다 컸으며 반구가 몸체보다 뚜렷하게 컸다.

수대(隋代)부터 백자 타호가 나타났는데 이 호는 조형이 수대 백자, 청자 타호와 비슷하지만 어깨가 더 둥글고 볼록하며 구연이 밖으로 말렸고 반구 모양도 수대 타호와 다르다. 태토와 유약 특징으로 보아 당대 형요(邢窯) 백자로 추정된다.

098

백유장경병(白釉長頸甁)

당대(唐代)
높이 25.3cm 입지름 5.6cm 배지름 10.5cm 밑지름 6.7cm
무게 0.63kg
1964년 8월 17일 서안시 신서북(西安市 新西北) 염색공장 출토

White Glazed Long Neck Bottle

Tang Dynasty(618AD~907AD)
H 25.3cm Mouth D 5.6cm
Belly D 10.5cm Bottom D 6.7cm
Weight 0.63kg
Excavated from Northwest Printing and Dyeing Factory Xi'an in Aug 17 1964

둥근 구순부(口脣部), 평평하고 꺾인 구연(口沿), 가늘고 긴 목, 타원형 긴 배에 전병 모양 굽이 달렸다. 태색은 회백색이고 전체적으로 백유를 입혔는데 끝까지 닿지 않았으며 유면은 윤이 나고 미세한 빙렬이 보인다. 조형이 간결하며 균형이 잡히고 아름답다.

북조(北朝), 수당(隋唐)시대 불교조상 중에는 보살이 이와 유사한 뚜껑 달린 장경병(長頸甁)을 들고 있는 조형이 자주 보이는데 이로부터 당시 불교에서도 이런 조형을 정병(淨甁) 또는 법구(法具)로 사용하였음을 알 수 있다. 동일한 조형의 구리로 된 장경병이 발견된 바 있는데 백자장경병은 금속장경병을 모방하여 만든 것임을 알 수 있다.

099

백유쟁수병(白釉淨水壺)

당대(唐代)
높이 19.3cm 입지름 1.5cm 배지름 9.9cm 밑지름 5.9cm 무게 0.38kg
1982년 서안시(西安市) 문물상점에서 넘겨받음

White Glazed Buddhist Sacred Water Bottle

Tang Dynasty(618AD~907AD)
H 19.3cm Mouth D 1.5cm
Belly D 9.9cm Bottom D 5.9cm Weight 0.38kg
Transferred by Xi'an Cultural Relic Shop in 1982

목은 대롱과 같이 길고 가는데 중간에 원반(圓盤) 모양으로 두드러져 나왔다. 배는 둥글고 볼록하며 굽은 얕고 고리 모양이다. 어깨에는 벌어진 입에 가는 목이 달린 유가 있다. 태색은 회백색이고 유색은 노란색이 감돌며 유층은 비교적 얇다. 목에 그려진 현문(弦紋) 몇 줄을 제외하고 기타 부위는 모두 민무늬이다.

정병(淨甁)은 범어의 음역으로 '군지(軍遲)', '군지(君持)', '군치가(捃稚迦)'라고도 하며 스님이 늘 휴대하는 '18물(十八物)' 중 하나로 외출할 때 물을 담거나 손을 씻는 데 사용한다. 원대『백장청규(百丈淸規)』권5「판도구(辦道具)」에는 "수림에 들어가기 전에 도구를 준비해야 한다(將入叢林, 先辦道具)"는 기록이 있으며 이와 함께 정병 및 삼의(三衣), 염주, 바리때, 석장(錫杖) 등 도합 15가지를 나열하였다. 이는 원명시대 선종에 속하는 사원에서 요구하던 스님들이 반드시 갖춰야 될 15가지 필수품 중에 정병도 포함되었음을 설명하고 있다.

고대(古代) 남아시아 대륙에서는 물을 담는 병을 '촉병(觸甁)'과 '정병(淨甁)'으로 구분했다. 촉은 더러움을 의미하는 것으로 촉병은 화장실용 물을 담았다. 당대(唐代) 남아시아 대륙으로 유학했던 승려이자 번역가인 의정(義淨)은『남해기귀내법전(南海寄歸內法傳)』권1 제6조에서 "무릇 물은 정(淨)과 촉(觸)으로 나누고 병도 두 가지가 있다. 정은 질그릇과 자기 그릇에 담고 촉은 구리나 철로 만든 병에 담는다(凡水分淨, 觸, 甁有二枚, 淨者咸用瓦, 瓷, 甁者任兼銅, 鐵)"라고 적고 있다. 옛날 불가에서는 정오 이후로 금식이었으나 물 마시는 것은 제한하지 않았다. 의정의 기록에 따르면 인도 등지에서 정오 이후 마시는 물은 반드시 정병에 담긴 물이어야 했다.

자기 정병은 당송요(唐宋遼)시대에 유행하였고 가장 연대가 오래된 것은 1975년 강서 신건현(新建縣)에서 출토된 수대(隋代) 청자상수정병(靑瓷象首淨甁)이다. 당대 정병은 조형이 상대적으로 둥글고 풍만한데 이 정병도 배가 공처럼 둥글다. 송대(宋代) 정요(定窯)에서 만든 백자 정병은 늘씬한 편이고 입구에 자기나 구리 뚜껑이 달린 것도 있다.

백유사계관(白釉四系罐)

당대(唐代)
높이 33.9cm 입지름 11.4cm 배지름 25.2cm 밑지름 12.5cm
무게 8.91kg
1979년 9월 29일 서안시 장안구 봉서원(西安市 長安區 鳳栖塬)
신강(新疆) 퇴직간부휴양소 기초공사현장 출토

White Glazed Four-looped Pot

Tang Dynasty(618AD~907AD)
H 33.9cm Mouth D 11.4cm
Belly D 25.2cm Bottom D 12.5cm
Weight 8.91kg
Excavated from Building site of Xinjiang Sanatorium at Fengqi Plain in Chang'an County(District) Xi'an in Sep 29 1979

평평한 구순부(口脣部), 짧고 곧은 목, 둥글고 볼록한 배, 납작바닥을 가진 관(罐)이다. 어깨에는 진흙띠 두 개로 된 귀 네 개가 있다. 조형은 풍만하고 대범하다. 태색은 회백색이고 태체는 비교적 두꺼우며 시유(施釉)는 끝까지 하지 않았다. 표면에 갈라진 흔적이 있어 대오리로 만든 밧줄로 감아서 고정시켰다.

자기 사계관(四系罐)은 동한(東漢)시대에 처음으로 나타나 위진남북조(魏晉南北朝)에서 당대(唐代) 중기까지 유행하였다. 남북조 사계관은 대부분 청자이고 귀는 대부분 다리 모양이며 아랫배에는 흔히 연판문(蓮瓣紋)을 장식하였다. 수대(隋代) 사계관에는 청자가 대다수이고 아랫배에는 철릉(凸稜) 한 바퀴를 두르며 귀는 진흙띠 모양이 많다. 당대 초기 사계관은 수대 것과 비슷하지만 귀는 낮게 위치한다. 전형적인 당대 사계관은 조형이 풍만하고 둥글다. 이 관의 태토, 유약 및 조형을 보아 전형적인 당대 형요(邢窯) 백자로 추정된다.

101

백유사계관(白釉四系罐)

당대(唐代)
높이 13.6cm 입지름 4.5cm 배지름 10.5cm 굽지름 5.3cm
무게 0.35kg
1983년 서안시(西安市) 문물상점에서 넘겨받음

White Glazed Four-looped Pot

Tang Dynasty(618AD~907AD)
H 13.6cm Mouth D 4.5cm
Belly D 10.5cm Feet D 5.3cm
Weight 0.35kg
Transferred by Xi'an Cultural Relic Shop in 1983

입은 곧고 목은 짧고 굵으며 어깨는 둥글고 배는 불룩하며 바닥은 전병 모양이다. 최대 지름은 배의 중심에 있다. 어깨와 목 사이에는 'U'형 진흙띠 귀 네 개를 부착하였다. 버섯 모양 꼭지가 달린 뚜껑은 호형(弧形)으로 둥글다. 태색은 회백색이고 표면에 화장토를 입혔으며 유색은 노란빛을 띤 백색이고 유면은 고르지 않다. 아랫배와 바닥은 시유(施釉)하지 않았고 조형은 풍만하면서도 아름답다.

102

백유쌍계관(白釉雙系罐)

당대(唐代)
높이 12.4cm 입지름 6.5cm 배지름 11.2cm 굽지름 6.4cm
무게 0.45kg
1965년 서안시 삼조(西安市 三兆) 공동묘지 출토

White Glazed Double-looped Pot

Tang Dynasty(618AD~907AD)
H 12.4cm Mouth D 6.5cm
Belly D 11.2cm Feet D 6.4cm
Weight 0.45kg
Excavated from Sanzhao Cemetery Xi'an in 1965

입은 벌어지고 구연(口沿)은 말렸으며 목은 짧고 어깨는 풍만하며 배는 둥글고 바닥이 전병 모양이다. 고리 모양 손잡이[捉手]가 달린 뚜껑이 있다. 어깨 양측에는 진흙띠 모양 환이(環耳)를 부착하였다. 태색은 회백색이고 몸체는 비교적 두껍다. 유색은 황백색이고 유층은 고르지 않으며 아랫배와 밑바닥이 노태되었다. 당대(唐代) 북방 자기 요장(窯場)에서 생산한 것으로 특징이 하남(河南) 공현요(鞏縣窯) 백자와 비슷하다.

103

백유소관(白釉小罐)

당대(唐代)
높이 6.8cm 입지름 5.2cm 배지름 6.8cm 굽지름 3.4cm 무게 0.09kg
2004년 8월 서안시 남광제가(西安市 南廣濟街) 영민(榮民) 비즈니스빌딩 기초공사현장 옛 우물 출토

White Glazed Pot

Tang Dynasty(618AD~907AD)
H 6.8cm Mouth D 5.2cm
Belly D 6.8cm Feet D 3.4cm Weight 0.09kg
Excavated from a well at the building site of Rongmin Shopping Center at south Guangji road, Xi'an in Aug 2004

널찍한 입, 짧고 잘록한 목, 불룩한 배, 전병 모양의 굽이 달린 관이다. 굽 가장자리에는 비스듬하게 깎아낸 능이 있고 밑바닥은 안쪽으로 오목하게 들어갔다. 바탕은 살짝 노란빛이 서린 흰색이고 태질은 비교적 거칠다. 전체에 백유를 입혔는데 유약이 뭉친 부위는 청색을 띤다. 안쪽은 전부 시유(施釉)하고 바깥은 아랫배까지 시유하였으며 유하(釉下)에 화장토를 입혔다. 구연에는 흠집이 몇 곳 있지만 잘 보존된 상태이다.

자기 관은 용기의 일종으로 한대(漢代)에 처음으로 나타났는데 기형에는 입이 오므라들거나 곧거나 벌어진 것이 있고 목은 짧으며 어깨는 둥글거나 꺾였고 배는 비교적 깊으며 대부분 납작바닥이다. 동한(東漢)에서 수당시대까지 어깨에는 대부분 귀를 달아 실용성이 돋보인다. 송대(宋代) 이후, 관은 조형이 점차 풍부해지고 장식도 다양해졌으며 실용성 외에도 감상가치가 꽤 높은 기물(器物)도 많이 보인다.

이 기물은 끝까지 화장토를 입혔고, 바탕이 그다지 좋지 않으며, 유색이 매우 흰 하남(河南) 공현요(鞏縣窯) 백자의 특징을 지니고 있다. 당대(唐代) 백자는 대부분 민무늬이고 조형이 풍만하고 둥글다. 이 관은 비록 작지만 상술한 풍격을 드러내고 있다.

104

백유쌍계관(白釉雙系罐)

당대(唐代)
높이 6.2cm 입지름 3.5cm 배지름 6cm 굽지름 2.8cm 무게 0.06kg
1974년 서안시 번가공사(西安市 藩家公社) 75호 신촌(新村) 출토

White Glazed Double-looped Pot

Tang Dynasty(618AD~907AD)
H 6.2cm Mouth D 3.5cm
Belly D 6cm Feet D 2.8cm Weight 0.06kg
Excavated from Xin village of Fanjia Commune Xi'an in 1974

입은 살짝 벌어지고 구순부(口脣部)는 둥글고 목은 굵고 길다. 둥글고 불룩한 배는 내려갈수록 좁아지고 권족(圈足)은 작은 편이다. 어깨에는 불규칙적인 진흙띠 모양 환이(環耳) 한 쌍을 부착하였다. 태색은 회백색이고 유약의 순도와 백도는 높은 편이며 유층은 두껍고도 균일하며 표면에 빙렬이 있다. 구연과 아랫배, 밑바닥은 유약을 입히지 않았다.

자료에 의하면 망구(芒口, 거친 입구) 자기에서 보이는 복소법(覆燒法)은 강서 남조(南朝) 홍주요(洪州窯)에서 처음으로 나타났는데 이는 두 자기를 입을 맞대어 굽는 방식으로 구연에는 모두 유약이 없다. 당대(唐代) 산서(山西) 혼원요(渾源窯), 섬서(陝西) 황보요(黃堡窯)에서도 같은 방식으로 소성했다. 송대(宋代)에 망구복소법은 정요에서 처음으로 나타나 남북방 다수 요장(窯場)으로 전해졌다.

이 관은 조형이 풍만하고 아랫배 및 바닥에 시유(施釉)하지 않은 등 당대 풍격이 짙다. 이 밖에 홍주요는 청유자기를 주로 생산했기 때문에 이 관은 북방 혼원요백자로 추정된다.

105

백유완(白釉碗)

당대(唐代)
높이 4.7cm 입지름 15.4cm 굽지름 6.9cm 무게 0.24kg
1979년 서안시 종고루(西安市 鐘鼓樓) 보관소에서 넘겨받음

White Glazed Bowl

Tang Dynasty(618AD~907AD)
H 4.7cm Mouth D 15.4cm Feet D 6.9cm Weight 0.24kg
Transferred by Xi'an Bell Tower and Drum Tower Cultural Relic Agency in 1979

널찍한 입, 뒤집힌 구연(口沿), 가파르게 경사진 배, 옥벽(玉璧) 모양 굽을 가진 완이다. 태색은 회백색이고 유색은 청색을 띤 흰색이며 오랫동안 사용하여 생긴 노란 얼룩이 보인다. 유약을 끝까지 시유(施釉)했고 유약 속에 기포가 뚜렷하게 보인다. 순구(脣口, 가장자리가 두껍게 튀어나와 구순부 모양으로 된 입), 옥벽 모양 굽 및 청색이 감도는 백유 등은 모두 당대(唐代) 중기 형요(邢窯) 백자의 전형적인 특징이다.널찍한 입, 뒤집힌 구연, 가파르게 경사진 배, 옥벽(玉璧) 모양 굽을 가진 완이다. 태색은 회백색이고 유색은 청색을 띤 흰색이며 오랫동안 사용하여 생긴 노란 얼룩이 보인다. 유약을 끝까지 시유했고 유약 속에 기포가 뚜렷하게 보인다. 순구, 옥벽 모양 굽 및 청색이 감도는 백유 등은 모두 당대 중기 형요 백자의 전형적인 특징이다.

106

백유화구완(白釉花口碗)

당대(唐代)
높이 4.7cm 입지름 15.3cm 굽지름 7.4cm 무게 0.35kg
1970년 서안시 군력운수사(西安市 群力運輸社) 마기(馬驥) 기부함

White Glazed Bowl with Flower-petal Mouth

Tang Dynasty(618AD~907AD)
H 4.7cm Mouth D 15.3cm Feet D 7.4cm Weight 0.35kg
Donated by Maji of Xi'an Qunli Transport Company in 1970

넓은 입, 뒤집힌 구연(口沿), 깊은 호형(弧形)의 배를 가졌으며 벽(璧) 모양 굽은 반듯하게 깎여 있다. 구연은 해바라기 꽃잎 모양이고 배벽에는 이와 대응되는 눌러 찍은 과릉(瓜稜) 세 줄이 보인다. 태색은 황백색이고 태체는 비교적 두꺼우며 유색은 유백색이고 유면은 고르지도 깨끗하지도 않다. 전체적으로 민무늬이다. 태토와 유약 특징을 보아 이 완은 당대(唐代) 공현요(鞏縣窯) 제품에 속한다.

공현요는 당대의 중요한 자기 요장(窯場) 중 하나로 주요 요장은 하남 공현[오늘날 공의시(鞏義市)] 소황야(小黃冶), 철장로촌(鐵匠爐村), 백하향(白河鄕) 등지에 위치하고 수대(隋代)에 생산을 시작하여 당대 전성기에 이르러 유색 및 기물(器物)의 품종이 풍부하였다. 당대에 백자를 위주로 하여 당삼채도 생산하였으며 이 밖에 청자, 내흑외백자(內黑外白瓷), 청화자기 등도 생산하였다.

형요(邢窯) 백자와 비교하면 공현요 백자는 태색이 비교적 짙고, 유층이 두꺼우며 대부분 나무 광택이 나고 빙렬이 적으며 성긴 편이다. 태체는 비교적 두껍고 유색은 유백색을 띠는데 거칠고 정교한 구분이 있다. 태토와 유약이 흰 편인 것이 상등품에 속한다. 이 밖에, 일부분은 형요의 기법을 모방하여 굽바닥에도 유약을 입혔다.

공현요 백자는 그 질이 대부분 형요보다 못하지만 그중 상등품은 여전히 조정에 공납되었다. 이에 관해서 당대의 『국사보(國史補)』, 『원화군현지(元和郡縣志)』, 『신당서(新唐書)』 「지리지(地理志)」에는 모두 하남도(河南道)에서 백자가 많이 나고 또한 장안에 공납하였다는 기록이 남아 있다. 대명궁(大明宮) 유적지에서 발견된 공현요의 백자가 이를 말해준다.

107

백유완(白釉碗)

당대(唐代)
높이 4.7cm 입지름 7.8cm 굽지름 3.9cm
무게 0.09kg
1989년 서안시(西安市) 공안국 밀수단속반에서 넘겨받음

White Glazed Bowl

Tang Dynasty(618AD~907AD)
H 4.7cm Mouth D 7.8cm Feet D 3.9cm
Weight 0.09kg
Transferred by Xi'an Smuggle-Preventing Office in 1989

곧은 입, 말린 구연(口沿), 깊은 배에 전병 모양 굽이 달린 완이다. 태색은 회백색이고 유색은 청색이 감도는 흰색이다. 내벽은 구연 아래부터 시유하지 않았지만 뚜렷한 주사(朱砂) 흔적이 남아 있다. 아랫배 및 권족(圈足)도 시유(施釉)하지 않았으며 전체는 민무늬이다.

이 완은 순구(脣口)이고 배벽이 비교적 두꺼우며 조형도 다부져 듬직한 느낌이다.

108

백유화구발(白釉花口鉢)

당대(唐代)
높이 8cm 입안지름 12.1cm 입바깥지름 15.8cm 밑지름 8.5cm 무게 0.49kg
2004년 서안시 서대가(西安市 西大街) 확장개조공사현장 옛 우물 출토

White Glazed Bowl with Flower-petal Mouth

Tang Dynasty(618AD~907AD)
H 8cm Inside Mouth D 12.1cm
Outside Mouth D 15.8cm Bottom D 8.5cm Weight 0.49Kg
Excavated from a well at the building site of Xidajie road Xi'an in 2004

입은 오므라들었고 구연(口沿)은 넓은데 바깥 가장자리에는 무늬를 눌러 찍었으며 권족(圈足)의 가장자리 모서리는 경사지게 깎았다. 조형은 풍만하고 둥글다. 유색은 청색이 감도는 백색이다. 안쪽에는 전부 시유(施釉)하고 바깥쪽은 굽을 제외하고 전체에 시유하였다. 안바닥에는 지정(支釘) 흔적이 다섯 곳 있다. 바탕은 하얗고 치밀하다.

이 기물(器物)은 당대(唐代) 곡양요(曲陽窯) 제품으로 무늬를 찍은 구연은 조형이 생동하고 아름답게 보이게 한다. 형요(邢窯)와 비교할 때 곡양요 자기는 유면에 흐름현상이 있고 유약이 뭉친 부위에는 빙렬이 있으며 태질도 매우 좋다. 1987년 호남(湖南) 장사(長沙) 도화창(桃花倉) 1호 무덤에서 출토된 당대 곡양요 백자발은 오므라든 입, 볼록한 배, 권족, 얇고 가벼운 태체, 하얗고 매끄러운 유약 등 특징을 가지고 있어 보기 드문 우수한 작품이다. 송원(宋元)시대 이후 발은 대부분 오므라든 입, 아래로 내려갈수록 좁아지는 둥근 배에 납작바닥이나 둥근바닥을 가지게 되었다.

109

백유삼족반(白釉三足盤)

당대(唐代)
높이 2.7cm 입지름 11.3cm 굽지름 0.8cm 무게 0.15kg
1979년 서안시 종고루(西安市 鐘鼓樓) 보관소에서 넘겨받음

White Glazed Three Feet Tray

Tang Dynasty(618AD~907AD)
H 2.7cm Mouth D 11.3cm Feet H 0.8cm Weight 0.15kg
Transferred by Xi'an Bell Tower and Drum Tower Cultural Relic Agency in 1979

넓은 입, 살짝 꺾인 구연(口沿), 얕은 호형(弧形)의 배, 납작바닥에 원기둥 모양 짧은 굽 세 개가 달린 반이다. 바깥바닥 가운데는 유약이 없고 내외 벽에는 백유를 입혔으며 구연은 노태되었는데 입을 맞대고 복소(覆燒)하였기 때문인 것으로 추정된다.

110

백유과릉집호(白釉瓜稜執壺)

당대(唐代) 말기, 오대(五代)
높이 22.8cm 입지름 6.2cm 배지름 8cm 밑지름 5.8cm 무게 0.46kg
2005년 서안시 서대가(西安市 西大街) 확장개조공사 기초공사현장 옛 우물 출토

White Glazed Kettle with Melon-shaped Belly

Tang and Five Dynasties(618AD~979AD)
H 22.8cm Mouth D 6.2cm
Belly D 8cm Bottom D 5.8cm Weight 0.46kg
Excavated from a well at the building site of Xidajie road Xi'an in 2005

입은 약간 외반되고 목은 길고 가늘다. 어깨에는 현문(弦紋)을 장식하고 배는 여덟 개로 나뉜 과릉형(瓜稜形)이다. 짧은 유가 달렸고 어깨와 배 사이에 긴 막대기 모양 편이(扁耳)를 달았다. 밖으로 벌어진 굽에는 가장자리를 경사지게 깎아낸 능이 있으며 밑바닥은 안으로 오목하게 들어갔다. 전체적으로 늘씬한 형태이다. 노란빛이 감도는 백유로 색조가 밝으며 유하(釉下)에는 백색 화장토를 입혔다. 안쪽 전체와 바깥쪽 아랫배까지 유약을 입혔다. 태색은 황백색이고 태질은 조금 거칠며 작은 흑점이 섞여 있다.

이런 집호는 당대(唐代) 말기, 오대(五代) 황보요(黃堡窯)의 전형적인 기형으로 황보 가마터에서 조형이 비슷한 과릉형 배를 가진 백자집호가 발견되었다.

집호는 당대에 나타난 주기(酒器)의 일종으로 주자(注子), 주호(注壺)라고도 한다. 당대 초기 주자는 반구(盤口), 짧은 목, 불룩한 배, 짧은 유, 굽은 손잡이[柄]를 가졌다. 만당에 이르러서는 다양한 유형이 나타났는데 과릉형 배에 유는 짧은 것과 긴 것, 손잡이는 굽은 것과 곧은 것 등 여러 가지가 있었다. 오대에서 북송(北宋)까지, 기신(器身)은 점차 길어지고 몸체에 4~6개의 과릉(瓜稜)을 찍었으며 유는 점차 가늘고 길게 굽어졌으며 손잡이는 입보다 높았고 납작바닥이 권족(圈足)으로 변하였다. 명대(明代) 초기, 몸체는 대부분 옥호춘병(玉壺春甁) 양식으로 유와 목 사이는 'S'형 장식품으로 연결했다. 명청(明淸)시대 이후, 집호는 조형이 풍부해졌으며 다구(茶具)로 많이 사용되었다.

111

백유규구과릉접(白釉葵口瓜稜碟)

송대(宋代)
높이 3.9cm 입지름 15.2cm 밑지름 4.7cm 무게 0.17kg
2004년 10월 서안시 서대가(西安市 西大街) 확장개조공사 흠우(鑫宇)
비즈니스빌딩 기초공사현장 옛 우물 출토

White Glazed Tray with Mallow-petal Mouth and Melon-shaped Belly

Song Dynasty(960AD~1297AD)
H 3.9cm Mouth D 15.2cm Bottom D 4.7cm Weight 0.17kg
Excavated from a well at the building site of Xinyu Shopping Center at Xidajie road Xi'an in Oct 2004

넓은 입은 육판화(六瓣花) 모양이고 홈마다 대응되는 과릉(瓜稜)이 있으며 바닥은 살짝 들어갔고 권족(圈足)이다. 굽바닥을 제외한 전체에 유약을 입혔고 바탕은 하얗고 매끈하다.

당대(唐代)에서 청대(淸代)까지 각 요장(窯場)에서 생산된 완, 반, 접시, 세(洗), 화분 등에는 모두 화구 조형을 볼 수 있다. 그중 연호화판형(連弧花瓣形)으로 된 입을 규구(葵口)라고 불렀다. 당대에 나타나 송대(宋代)에 유행하였으며 명청(明淸)시대에도 여전히 대량 생산되었다. 이 접시는 정요(定窯) 백자로 기법, 태질 등 특징으로 보아 송대 산서요(山西窯)에서 생산된 것으로 추정된다.

112

백유접형개(白釉碟形蓋)

송대(宋代)
높이 0.9cm 입지름 5.3cm 밑지름 2.3cm 무게 0.01kg
2004년 11월 서안시 서대가(西安市 西大街) 확장개조공사 대맥시(大麥市) 거리 동쪽 기초공사현장 옛 우물 출토

White Glazed Dish-shaped Lid

Song Dynasty(960AD~1297AD)
H 0.9cm Mouth D 5.3cm Bottom D 2.3cm Weight 0.01kg
Excavated from a well at the building site of Xidajie road Xi'an in Nov 2004

두 점 모두 백자로 넓은 구연(口沿), 얕은 배, 납작바닥을 가지고 있어 기물(器物) 뚜껑으로 추정된다. 바탕은 희고 옅은 색조를 띠었으며 태질은 치밀하다. 안바닥에는 백유를 입혔다. 그중 한 점은 지나치게 구워 세부적으로 연회색을 띤다.

비록 민간용 일반 기물 뚜껑이지만 얇고 치밀한 태질, 하얗고 깨끗한 유색으로 보아, 백자공예가 성숙한 시기의 제품이다. 함께 출토된 다른 기물로 보아, 송대(宋代) 제품으로 추정된다.

113

백유절복반(白釉折腹盤)

송금(宋金)
높이 3.2cm 입지름 12.4cm 굽지름 4.2cm 무게 0.1kg
1970년 서안시(西安市) 중약재 도매부 출토

White Glazed Belly-bent Tray

Song and Jin Dynasty(960AD~1234AD)
H 3.2cm Mouth D 12.4cm Feet D 4.2cm Weight 0.1kg
Excavated from Xi'an Chinese Medicine Market in 1970

넓찍한 입, 얄팍하고 둥근 구순부(口唇部)에 작은 권족(圈足)이 달린 반이다. 아랫배는 안으로 꺾여 모였다. 유색은 비교적 하얗고 유면은 고르다. 끝까지 시유(施釉)하지 않았으며 바깥바닥의 노태된 부분에는 다듬은 흔적이 뚜렷하다. 내벽에는 연꽃을 찍었다.

송금(宋金)시대, 곽요(霍窯) 외에 산서(山西) 경내에서 백자를 생산한 가마터로는 평정요(平定窯), 개휴요(介休窯), 혼원요(渾源窯), 교성요(交城窯) 등이 있는데 그중 대부분은 정요(定窯) 백자를 모방 제작하였다. 이 반의 태토와 유약 색상 및 생산기법으로 보아, 송금(宋金)시대 산서(山西)경내 요장(窯場)에서 제조된 것으로 추정된다.

백유과릉장경호(白釉瓜稜長頸壺)

송금(宋金)
높이 23cm 입지름 6.3cm 배지름 13.6cm 밑지름 6.5cm 무게 0.75kg
1985년 서안시(西安市) 문물상점에서 넘겨받음

White Glazed Long Neck Kettle with Melon-shaped Belly

Song and Jin Dynasty(960AD~1234AD)
H 23cm Mouth D 6.3cm
Belly D 13.6cm Bottom D 6.5cm Weight 0.75kg
Transferred by Xi'an Cultural Relic Shop in 1985

입은 벌어지고 목은 가늘고 길다. 배는 둥글고 납작 바닥이다. 목 양쪽에 각각 방형(方形) 귀가 부착되었고 아래쪽에는 환이(環耳)가 달렸다. 배에 나 있는 여섯 줄의 과릉형(瓜棱形) 흔적은 배를 더욱 풍만해 보이게 한다. 태색은 흰 편이고 목 및 목과 어깨 사이에는 세밀한 빙렬이 있다. 유색은 유백색이다.

이 호의 길고 가는 목은 송대(宋代) 자기 조형의 특징을 띠었으나 두꺼운 태벽, 과하게 둥글고 볼록한 배, 넓은 권족(圈足) 등으로 보아 송금(宋金)시대로 추정된다. 요장(窯場)을 확정하기 어렵지만 북방 요장에서 생산된 것으로 추정된다.

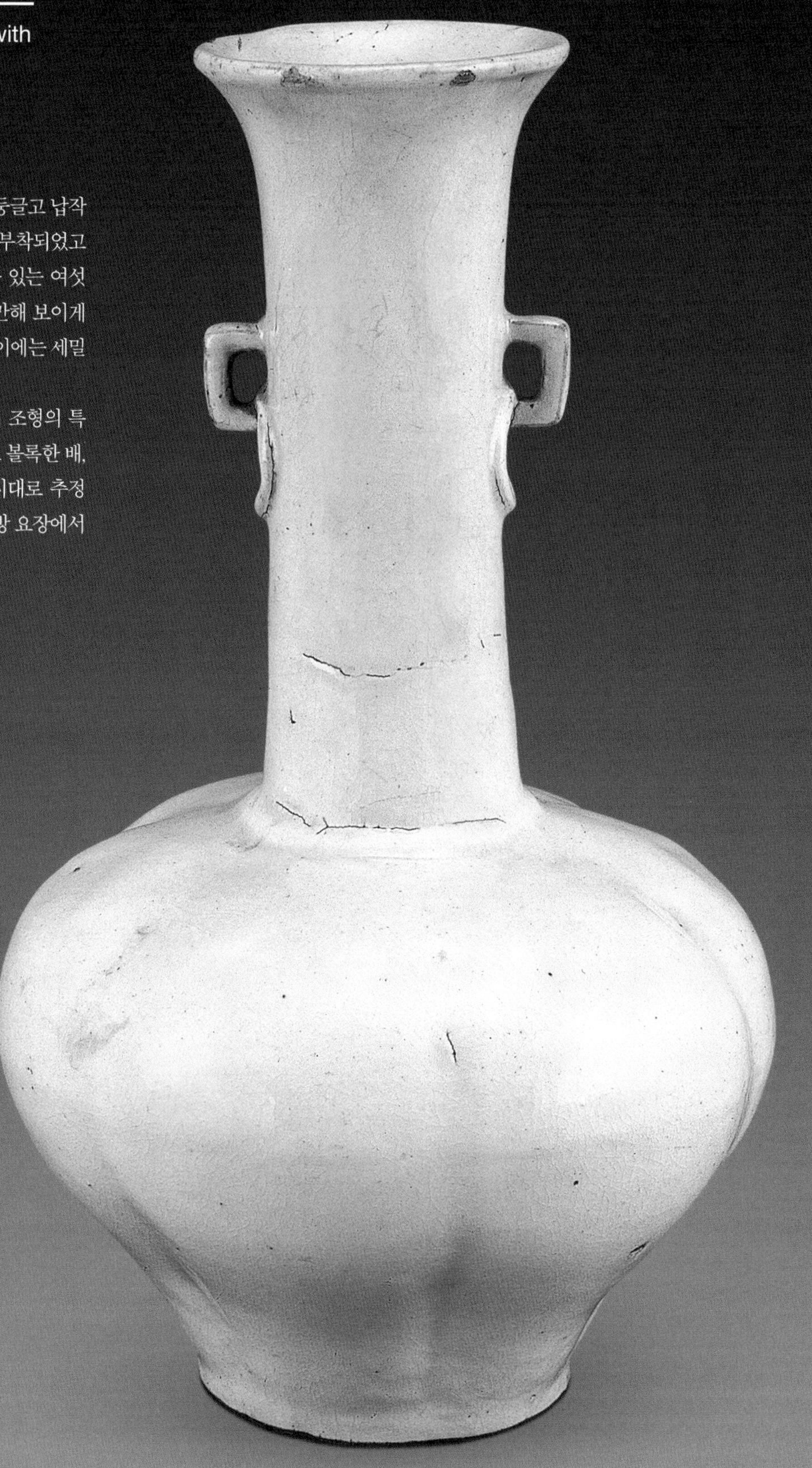

115

백유잔(白釉盞)

금대(金代)
높이 2.6cm 입지름 12.9cm 밑지름 4.4cm 무게 0.08cm
1976년 10월 서안시 강무전촌(西安市 講武殿村) 출토

White Glazed Tray

Jin Dynasty(1115AD~1234AD)
H 2.6cm Mouth D 12.9cm Bottom D 4.4cm Weight 0.08kg
Excavated from Wudian Village Xi'an in Oct 1976

입은 크게 벌어지고 얇고 둥근 구순부(口脣部)에 작은 권족(圈足)이 달린 잔이다. 외벽은 유약이 끝까지 닿지 않았고 내벽에는 절지화(折枝花)를 새겼다. 태토와 유약 및 장식기법으로 보아, 산서(山西) 곽요(霍窯) 백자로 추정된다.

곽요는 산서성 곽현(霍縣)에 위치하였다. 명대(明代) 조소(曹昭)의 『격고요론(格古要論)』과 곡응태(谷應泰)의 『박물요람(博物要覽)』에는 산서성 곽주(霍州)에서 '곽기(霍器)'를 제조하였는데 원대 창금장(戗金匠) "팽균보(彭均寶)가 곽주(霍州)에서 정요 제품을 모방 제작하므로 이를 팽요(彭窯) 또는 곽요라고 불렀다(彭均寶仿定窯燒于霍州者, 名曰彭窯, 又曰霍窯)"라는 기록이 남아 있다. 이 밖에, 곽현 진촌(陳村)에서 정요(定窯) 백자를 모방 제작한 표본을 다수 발견하였는데 기형에는 절요반(折腰盤), 세(洗), 잔탁(盞托), 고족배(高足杯), 뚜껑 달린 관 등이 있다.

금대(金代)에 시작된 곽요는 백자를 위주로 했고 금원(金元)시대에 이르러 정요 제품을 다수 모방 제작하였다. 바탕과 유약은 정요보다 깨끗하고 태체도 반듯하지만 질이 취약해 쉽게 꺾인다.

곽요 백자는 오직 정요 백자의 기형(器形)과 문양만 모방했을 뿐 소성법은 정요의 복소법(覆燒法) 대신 지소법(支燒法, 받침을 받치고 번조하는 방법) 또는 첩소법(疊燒法)을 사용했다.

116

백유반(白釉盤)

금대(金代)
높이 4.0cm 입지름 16.5cm 밑지름 4.6cm 무게 0.18cm
2004년 10월 서안시 서대가(西安市 西大街) 확장개조공사 흠우(鑫宇) 비즈니스빌딩 기초공사현장 옛 우물 출토

White Glazed Tray

Jin Dynasty(1115AD~1234AD)
H 4cm Mouth D 16.5cm Bottom D 4.6cm Weight 0.18kg
Excavated from a well at the building site of Xinyu Shopping Center at Xidajie road Xi'an in Oct 2004

입은 벌어지고 얕은 배는 꺾였으며 작은 권족(圈足)이 있다. 안쪽 전체와 바깥쪽 권족까지 백유를 입혔지만 바닥에는 입히지 않았으며 안쪽에는 삽권(澁圈)이 있다.

정요(定窯) 자계(瓷系)는 중국 북방에서 형요(邢窯) 다음으로 발전한 중요한 자기 계통으로 백자 생산이 특징이다. 금대(金代) 백자는 유색이 부드럽고 윤이 나는데 송대(宋代)와 다른 점은 자기 안바닥에서 유면을 한 바퀴 긁어내어 노태시키는 것으로 삽권이라 부른다. 그런 다음 층층이 접소(疊燒)하는데 서로 유약이 닿지 않는다. 이 완은 금대 정요계의 산서(山西) 요장(窯場) 제품으로 추정된다.

117

백유속요반(白釉束腰盤)

명대(明代) 중기
높이 2cm 입지름 16.7cm 밑지름 11.8cm 무게 0.13kg
1979년 서안시(西安市) 문물상점에서 넘겨받음

White Glazed Tray

Ming Dynasty(1368AD~1644AD)
H 2cm Mouth D 16.7cm Bottom D 11.8cm Weight 0.13kg
Transferred by Xi'an Cultural Relic Shop in 1979

벌어진 입, 잘록한 허리, 평평한 안바닥에 권족(圈足)이 달린 반으로 안바닥 중앙에는 철릉(凸稜)이 있다. 전체에 백유를 입혔으며 유면은 깨끗하고 밝으며 유질은 옥 같고 밑바닥 중심에는 청화로 꽃 모양 쌍선 개광(開光)을 그렸으며 그 안에 "大明年造(대명년조)"라는 해서체(楷書體) 글씨가 있다. 이 반은 명대(明代) 중기 경덕진요(景德鎭窯) 백자 중의 우수한 작품이다.

백유누공필통(白釉鏤空筆筒)

청대(淸代)
높이 11.3cm 입지름 9.5cm 밑지름 8.5cm 무게 0.24kg
1979년 서안시(西安市) 문물상점에서 넘겨받음

White Glazed Hollowed Brush Holder

Qing Dynasty(1644AD~1911AD)
H 11.3cm Mouth D 9.5cm Bottom D 8.5cm Weight 0.24kg
Transferred by Xi'an Cultural Relic Shop in 1979

곧은 입, 평평한 구연(口沿), 잘록한 허리에 권족(圈足)이 달렸다. 표면에 백유를 입혔는데 유백색을 띠고 유질은 말끔하고 매끄럽다. 기신(器身) 전체에 화엽문을 투각하여 가볍고 정교한 느낌을 준다.

이 기물(器物)은 덕화요(德化窯) 제품이다. 덕화요는 중국 도자기 역사에서 유명한 민요(民窯)로 백자 생산은 송대(宋代)까지 거슬러 올라갈 수 있으며 원대(元代)에 이르러 규모화되었다. 명대(明代) 덕화 백자는 투명하고 깨끗하여 국내외에서 이름을 날렸으며 청대(淸代)에는 쇠퇴하기 시작하였다. 덕화요 백자는 태토와 유약의 화학성분 등에서 북방 백자나 강서(江西) 경덕진(景德鎭) 송대(宋代) 백자와 다르다. 덕화요 백자는 태체에 석영, 견운모, 고령토 등 광물질이 함유되었는데 그중 산화칼륨 함량은 6%에 달하고 산화철 함량은 송대의 0.57%에서 명대에 0.35%로 줄어들어 소성된 후 유리 질감이 상대적으로 많아지고 바탕이 희고 치밀해 투광도도 좋아졌다. 반면 북방백자와 강서 경덕진 백자는 산화알루미늄 함량이 높은 점토로 소성되었기에 산화칼륨 함량이 2~3%에 불과하다. 이런 점토는 용제 함량이 적어 소성된 후 태질이 치밀하지 못하고 투광도가 낮다. 명대 덕화 백자는 살짝 분홍색을 띠고 청대(淸代)에 이르러서는 청색이 감도는 백색을 띠었다. 이 필통은 백유 속에 청색이 살짝 감돌고 조형도 허리가 잘록한데 이는 모두 청대 필통의 특징이다.

채색자기

彩色瓷器

Color Glazed Porcelain

채색자기(彩色瓷器)는 유약에 철, 구리, 망간, 코발트 등 산화금속 발색제를 넣은 후, 상응한 소성 분위기에서 유면이 일정한 색상을 띠는 자기를 말한다. 예컨대 환원분위기에서 산화금속 발색제는 각각 청색, 적색, 갈색, 남색 등 색상을 나타내고 산화분위기에서 철은 적색, 구리는 녹색을 나타낸다. 색상마다 다양한 색조가 있는데 최초로 소성(燒成)에 성공한 채색유약인 청유만 해도 청록(青綠), 청황(青黄), 천청(天青), 분청, 매자청(梅子青), 두청(豆青) 등 색조가 있다. 청유 외에도 흑유(黑釉), 황유(黄釉), 장유(醬釉), 홍유(紅釉), 남유(藍釉) 등이 있다. 채색자기는 소성온도에 따라 고온유와 저온유로 나뉘고 백자, 채회자기(彩繪瓷器)와 함께 중국 3대 자기에 속한다. 이 책에서는 채색자기 중에서 수량이 가장 많고 생산역사도 가장 긴 청자를 따로 분류해 서술하고 기타 품종은 모두 채색자기에 포함시켰다.

채색자기는 상대(商代)에 나타나 약 3,000년이라는 발전을 거쳐 청대(清代) 전기에 이르렀는데 독도관(督陶官) 당영(唐英)이 적은 『도성기사비(陶成紀事碑)』의 기록을 보면 채색 유약의 종류는 35종에 달하고 특히 건륭(乾隆) 시기에는 그 품종이 풍부하여 전통적인 유색이 있거니와 새롭게 만들어낸 유색도 있으며 어떠한 유색이든지 모두 다양한 색조를 나타냈다. 예를 들어 황유는 레몬황과 미황(米黄), 홍유는 제홍(霽紅)과 연지홍(胭脂紅), 남유는 제남(霽藍), 천람(天藍), 공작람(孔雀藍)으로 구분된다. 이러한 자기들은 대부분 건륭 시기 관요(官窯)의 상품(上品)으로 전해진 것이 적지 않다. 건륭 이후 전체 자기 제조업이 점차 쇠락함에 따라 채색자기도 날로 쇠퇴하였다.

채회자기와 비교해 서안(西安)지역에서 출토된 채색자기는 수량이 적고(청자 제외), 시대도 청대 위주이며 주요 품종으로는 노균유(爐鈞釉), 남유(藍釉), 가유(哥釉) 등이 있다.

Color glazed porcelain is a kind of porcelain with the colorful glaze, which is made by adding some metal distributors such as steel, bronze, manganese, and cobalt. With deoxidizing treatment, these oxidized colorful glaze show different colors of green, red, brown, and blue; and with oxidizing treatment, steel show the color of red, bronze show the color of green, etc. Each color show various tones, such as the earliest successful made glaze-green glaze has green blue, green yellow, pale green, pink green, plum green, soybean green, etc. Besides green glaze, the color glaze include black, yellow, brown, red, and blue, etc. Judging by the kiln temperature, the color glaze could be divided as high temperature glaze and low temperature glaze, which is concluded as one of the three china series together with white porcelain and color painted porcelains. Because celadon is more in quantity, and the history is also very long, the author just separate it from other color glazed porcelains to show its unique characteristics, others are all concluded in one unit.

From the emergence in Shang Dynasty, the color glaze had yield thirty five species in the 3000 years development till Early Qing Dynasty, according to the book <Pottery Making Notes> by Tang Ying, a man who guard the pottery making. Especially in Qianlong Reign, one color has different tones, such as lemon yellow, rice yellow in yellow glaze, mist red and powder red in red glaze, mist blue, sky blue and peacock blue in blue glaze. These are all the high quality product of Qianlong Reign made in official Kiln. After Qianlong Reign, the porcelain making is declining, and the different color tones also decreased. Comparing with color painted porcelains, the color glazed porcelain excavated in Xi'an city is less(except celadon), which are mostly made in Qing Dynasty, there are species such as Jun Kiln Glaze, Blue Glaze, Ge Kiln Glaze, etc.

119

흑유상침(黑釉象枕)

당대(唐代)
높이 9cm 길이 12.5cm 너비 7cm 무게 0.4kg
1954년 서안시(西安市) 동쪽 교외 한삼채(韓森寨) 출토

Black Glazed Elephant Shape Pillow

Tang Dynasty(618AD~907AD)
H 9cm L 12.5cm W 7cm Weight 0.4kg
Excavated from Hansenzhai at east suburban of Xi'an in 1954

베개는 코끼리 모양을 본떠 만들었다. 코끼리는 모서리가 둥근 받침 위에 서 있는데 기다란 코는 바닥에 닿았고 등에 베개를 실었다. 베개는 기다란 타원형으로 양끝이 위로 쳐들렸고 중심부는 오목하게 들어가 말안장 모양을 이루었다. 전체에 흑유를 입히고 베개 가장자리와 코끼리 몸체에는 도안으로 장식했다. 소성(燒成) 시 유약이 흘러내려 백색 태체를 드러내었는데 태토가 단단한 것이 당대(唐代) 황보요(黃堡窯) 제품이다.

코끼리는 불교에서 부처와 보살이 타는 짐승으로 그 형상은 중국전통 도안에서 서수(瑞獸)와 길상의 상징으로 사용되었다. 2004년 서안(西安) 동쪽 교외 백록원(白鹿原) 서파(西坡)에서 출토된 북주(北周) 시기 입불석좌(立佛石座)에는 원조(圓彫)에 가까운 코끼리를 탄 불교인물이 있는데 코끼리 형상이 정확하고 자태도 생동감이 있다. 『역대명화기(歷代名畫記)』에서는 당대 장안과 낙양 외주(外州) 사관(寺觀) 벽화에 대하여 "자은사(慈恩寺) 탑 내의 동서 칸에는 윤림(尹琳)의 그림이 있는데 서쪽 벽에는 보살이 사자를 타고 동쪽 벽에는 코끼리를 타고 있었다(慈恩寺塔內面東西間, 尹琳畫, 西壁菩薩騎師子, 東面騎象)"라고 기록하고 있다. 이는 코끼리와 사자가 당대 불교예술에서 이미 보살이 타는 짐승이었음을 말해주며 그 후 더 발전하여 보현(普賢)과 문수(文殊) 보살의 상징이 되었다. 후세에는 '태평유상(太平有象)', 즉 천하가 태평함을 뜻하게 되었다. 이 베개는 서 있는 어린 코끼리를 모방한 것으로 코끼리는 네 다리와 코로 베개를 받치고 있으며 형상이 유치하면서도 사랑스러운데 당대 조각예술과 실용품이 잘 결합되었다. 짐승 모양의 도자기 베개는 당대에 제작하기 시작했는데 이 베개는 그 조형이 보기 드문 것으로 당대 짐승 모양 도자기 베개 중의 걸작이라고 할 수 있다.

120

흑유집호(黑釉執壺)

당대(唐代)
높이 14.7cm 입지름 9.7cm 배지름 11cm 밑지름 7.65cm 무게 0.56kg
1989년 서안시(西安市) 공안국 밀수단속반에서 넘겨받음

Black Glazed Kettle

Tang Dynasty(618AD~907AD)
H 14.7cm Mouth D 9.7cm
Belly D 11cm Bottom D 7.65cm Weight 0.56kg
Transferred by Xi'an Smuggle-Preventing Office in 1989

입은 벌어지고 목은 잘록하고 배는 깊으며 전병 모양 굽이 달렸다. 어깨 한쪽에는 기둥 모양 유가 달려 있고 다른 한쪽에는 동글납작한 두 가닥의 굽은 손잡이[柄]가 있다. 태색은 회백색이고 유색은 노란빛이 살짝 감도는 흑색이며 유약이 끝까지 닿지 않았고 바닥과 인접한 아랫배 부위와 굽은 노태되었다.

흑유자기는 휘주요(輝州窯)에서 가장 먼저 생산하였으며 당대(唐代) 황보요(黃堡窯)에서 생산을 시작하여 명청(明淸), 중화민국 시기의 진로요(陳爐窯) 지역까지 이어졌다. 수량은 휘주요 주요 제품인 청유자기에 이어 두 번째로 많았다. 유약은 주로 현지 황토를 사용했는데 소성한 뒤 유색은 검고 광택도가 강하다.

호는 당대 휘주요에서 생산을 시작하였으며 각 시기 탁기(琢器)제품 중 수량이 비교적 많다. 당대 휘주요 집호는 형태가 점차 늘씬해지고 유가 점차 길어지며 만당(晩唐) 시기에 과릉형(瓜棱形) 배가 나타났다. 이 집호는 큰 나팔 모양의 입, 볼록한 배, 전병 모양 굽, 하나의 손잡이[執手], 짧고 곧은 유를 가졌으므로 성당(盛唐) 후기 제품으로 추정된다.

121

흑유과릉집호(黑釉瓜稜執壺)

당대(唐代) 말기, 오대(五代)
높이 20.8cm 입지름 5.7cm 배지름 7.8cm 밑지름 5.5cm 무게 0.36kg
2005년 3월 서안시 서대가(西安市 西大街) 확장개조공사 동방기초공사현장 옛 우물 출토

Black Glazed Kettle with Melon-shaped Belly

Tang and Five Dynasties(618AD~979AD)
H 20.8cm Mouth D 5.7cm
Belly D 7.8cm Bottom D 5.5cm Weight 0.36kg
Excavated from a well at the building site of Xidajie road Xi'an in Mar 2005

입은 약간 외반되고 목은 가늘고 길다. 어깨에 현문(弦紋) 한 바퀴를 장식하고 배는 여덟 부분으로 나뉜 과릉형(瓜棱形)이며 유는 짧고 곧으며 어깨와 배 사이에 긴 막대기 모양의 편이(扁耳)가 있다. 밑굽은 밖으로 벌어지고 가장자리에는 깎아내어 생긴 비스듬한 능이 있으며 바닥 중심은 안으로 살짝 패어 들어갔다. 형태가 늘씬하다. 유색은 흑색 속에 갈색이 감돌고 밝다. 안쪽 전부와 바깥쪽 아랫배까지에 유약을 입혔으며 태질은 짙은 회색이다.

과릉형(瓜棱形) 배는 당대(唐代), 오대(五代) 및 그 후의 집호, 관 등 기물(器物)에서 자주 보이며 배에 세로로 여러 줄의 홈을 찍어 호박 모양 같아 이름이 붙었다. 흔히 보이는 당대 집호는 나팔 모양의 입, 둥근 배, 짧고 곧은 유, 하나의 손잡이[執手]가 특징이며 조형이 풍만하고 대범해 보인다. 과릉집호는 당대 말기, 오대 황보요(黃堡窯)의 전형적인 기물로 남다른 형태와 풍격을 보여준다. 황보(黃堡) 가마터에서 조형이 유사하고 유색이 밝고 빛나며 기형이 날씬한 흑유집호가 출토된 바 있다.

122

흑유호로병(黑釉葫蘆甁)

당대(唐代)
높이 24.4cm 입지름 3.4cm 배지름 16.5cm 밑지름 7.1cm 무게 0.99kg
1989년 서안시(西安市) 공안국 밀수단속반에서 넘겨받음

Black Glazed Calabash-Shaped Bottle

Tang Dynasty(618AD~907AD)
H 24.4cm Mouth D 3.4cm
Belly D 16.5cm Bottom D 7.1cm Weight 0.99kg
Transferred by Xi'an Smuggle-Preventing Office in 1989

곧은 입, 짧고 잘록한 목, 둥글고 불룩한 배를 가진 호로병으로 전병 모양 굽은 살짝 오목하게 들어갔다. 태색은 회백색이고 굽을 제외한 전체에 흑유를 입혔다. 유층은 두껍고 광택도도 강하다.

호로병 조형은 신석기시대의 채도(彩陶)에서 이미 출현하였고 자기 호로병은 당대(唐代)에 처음 나타났다. 짙은 도교문화 색채를 띤 호로병은 그 후 '복록(福祿)'과 비슷한 발음으로 인하여 사랑을 받았는데 특히 명대(明代) 가정(嘉靖) 황제는 황로지술(黃老之術)에 심취하여 호로 모양을 더욱 좋아하였다. 호로병은 그 조형이 명대 가정 시기에 가장 유행하였고 다양한 변화를 거쳐 청대(淸代)까지 여전히 유행했다.

123

흑유세경병(黑釉細頸甁)

당대(唐代)
높이 20.1cm 입지름 6.4cm 배지름 15.9cm 밑지름 10.4cm 무게 1.24kg
1973년 서안시 요원공사(西安市 燎原公社) 출토

Black Glazed Narrow Neck Bottle

Tang Dynasty(618AD~907AD)
H 20.1cm Mouth D 6.4cm
Belly D 15.9cm Bottom D 10.4cm Weight 1.24kg
Excavated from Liaoyuan Commune Xi'an in 1973

입은 뒤집히고 구연(口沿)은 말렸으며 목은 길고 가늘며 어깨는 풍만하고 배는 불룩하며 납작바닥은 오목하게 들어갔다. 태색은 연회색이고 유색은 흑유 속에 살짝 청황색이 감돌며 유약은 흘러내리는 감이 있어 다엽말유(茶葉末釉)와 비슷하고 끝까지 닿지 않았다.

굽과 가까운 부분은 노태되어 화석홍(火石紅)을 띠고 입의 유약이 떨어져 나간 부분에서 태색이 짙은 회색임을 알 수 있는데 이는 흙재료 속에 철 함량이 높기 때문이다. 이러한 태토와 유약 특징은 당대(唐代) 황보요(黃堡窯) 흑자의 특징에 부합된다.

124

황유우(黃釉盂)

당대(唐代)
높이 15.4cm 입안지름 8.2cm 배지름 21cm 밑지름 11cm 무게 2.19kg
1964년 서안시 신서북(西安市 新西北) 염색공장 출토

Yellow Glazed Jar

Tang Dynasty(618AD~907AD)
H 15.4cm Inside Mouth D 8.2cm
Belly D 21cm Bottom D 11cm Weight 2.19kg
Excavated from Northwest Printing and Dyeing Factory Xi'an in 1964

입은 오므라들고 구순부(口脣部)는 둥글며 어깨는 풍만하다. 불룩한 배는 아래에서 점차 좁아져 납작바닥을 이루었으며 밑바닥에는 유약을 입히지 않았다. 태색은 회백색이고 유색은 밝은 황색이며 시유(施釉)가 고르지 않아 바닥에 가까운 배에는 유약이 닿지 않았고 민무늬이다. 당대(唐代) 수주요(壽州窯) 제품이다.

수주요는 안휘(安徽) 회남(淮南) 고당호(高塘湖), 빈호(濱湖), 상요진(上窯鎭) 일대에 위치하였고 상요진은 당대에 수주의 관할지역이었으므로 요장(窯場)은 주(州) 이름을 붙이게 되었다. 수주요는 당나라 사람인 육우(陸羽)가 『다경(茶經)』에 기록한 6대 자기 요장 중 하나이다. 회남요(淮南窯)라고도 불리는 이 요장(窯場)은 수대(隋代)에 생산을 시작하였으며 주요 품종은 청유자기이다. 수대 요장은 관가저(管家咀)를 중심으로 청자사계병, 고족반, 소구관(小口罐) 등 품종을 생산하였으며 장식공예에는 첩화(貼花), 인화, 획화(劃花) 등이 있다. 당대에는 황유자기 위주로 제조하고 여가구(余家溝) 가마터가 중심이 되었다. 출토 기물(器物) 중에는 완의 수량이 가장 많은데 태체가 두껍고 자기 소태 표면에 화장토를 고르게 입혔으며 구연은 대부분 갈색을 띠었다. 노란색 유약에는 진황색, 연황색, 밝은 노랑 등 다양한 색조가 있으며 이는 육우의 『다경』에 적힌 '수주자황(壽州瓷黃)'이란 기록과도 부합된다.

수주요 유적지에는 화장토를 입히고 시유하지 않은 미완성품이 다수 보이는데 이는 일부 자기를 우선 초벌구이한 후 화장토를 입혀 태체 질을 보완했음을 말해준다.

125

황유완(黃釉碗)

당대(唐代)
높이 6.5cm 입지름 15.9cm 굽지름 6.8cm 무게 0.52kg
1981년 서안시(西安市) 문물상점에서 넘겨받음

Yellow Glazed Bowl

Tang Dynasty(618AD~907AD)
Total H 6.5cm Mouth D 15.9cm Feet D 6.8cm Weight 0.52kg
Transferred by Xi'an Cultural Relic Shop in 1981

이 완은 태색이 붉은빛을 띠고 태질이 극히 거칠며 백색 화장토를 칠한 후 다시 황유를 입혔다. 전병 모양 굽이고 안바닥에는 커다란 받침 흔적이 남아 있다. 외벽에 유약을 입혔지만 끝까지 닿지 않았고 유면은 깨끗하지도 고르지도 않다. 안쪽 일부분은 유면이 갈색을 띠는데 이는 산화분위기가 고르지 않아 생긴 현상이다. 또한 소성온도가 높지 않은 관계로 유면과 태체의 결합이 느슨하여 유약이 벗겨졌다. 그러나 조형이 다부지고 풍만하며 배가 밖으로 향하는 장력이 있어 전체적으로 대범하고 생기 넘치는 대당(大唐) 풍모를 보여준다.

황유는 적당량의 철을 착색제로 하고 산화염에서 소성해 철황(鐵黃)이라고도 부른다. 고온, 저온 두 가지로 나뉘는데 고온 황유는 소량의 철분을 함유한 석회유로 고온 산화분위기에서 산화철을 생성하여 노란색을 띤다. 당대(唐代) 안휘(安徽) 수주요(壽州窯) · 백토요(白土窯), 하남(河南) 밀현요 · 겹현요(郏縣窯), 섬서(陝西) 동천(銅川) 옥화궁요(玉華宮窯), 산서(山西) 혼원요(渾源窯), 하북(河北) 곡양요(曲陽窯) 등에서 모두 표준적인 황유자기를 생산하였다. 당대 수주요 황유는 당시 이름이 나 육우(陸羽)도 6대 명요(名窯) 중 다섯 번째라 평했다.

당대 초기의 완은 충(盅) 모양으로 곧은 입, 깊은 배, 전병 모양 굽이 있었다. 굽은 중기에 벽(璧) 모양으로, 당대 말기, 오대(五代) 시기에 고리 모양으로 변하였다. 이 완은 굽이 비교적 넓고 조형이 다부지고 풍만하며 배가 밖으로 향하는 장력이 있어 전체적으로 대범하고 생기가 넘치므로 그 연대가 당대로 추정된다.

126

흑백쌍색유화구완(黑白雙色釉花口碗)

당대(唐代) 말기, 오대(五代)
높이 4.3cm 입지름 13.5cm 굽지름 5.2cm 무게 0.13kg
1979년 서안시(西安市) 문물상점에서 넘겨받음

Black and White Glazed Bowl with Flower-petal Mouth

Tang and Five Dynasties(618AD~979AD)
H 4.3cm Mouth D 13.5cm Feet D 5.2cm Weight 0.13kg
Transferred by Xi'an Cultural Relic Shop in 1979

입은 넓고 오판규화(五瓣葵花) 모양이며 구순부(口脣部)는 뾰족하고 둥글다. 가파르게 경사진 배에 좁다란 권족(圈足)이 달렸는데 끝까지 시유(施釉)하였으며 굽바닥에 받침 흔적 세 곳이 보인다. 태색은 연회색이고 태체는 비교적 얇으며 내벽에 백유를 입히고 외벽에 흑유를 입혔는데 유층이 고르고 내외 벽은 모두 민무늬이다. 당대(唐代)에 하남(河南) 공현요(鞏縣窯) 등 일부 북방 가마터에서 내외 벽에 서로 다른 유약을 입힌 자기들을 생산한 바 있는데 일반적으로 바깥쪽이 흑색이고 안쪽이 백색이다. 이 완은 북방 가마터 제품으로 추정된다.

127

다엽말유집호(茶葉末釉執壺)

당대(唐代)
높이 7.6cm 입지름 4.9cm 배지름 8.7cm 밑지름 5.3cm 무게 0.22kg
1983년 서안시(西安市) 문물상점에서 넘겨받음

Tea Dust Color Glazed Kettle

Tang Dynasty(618AD~907AD)
H 7.6cm Mouth D 4.9cm
Belly D 8.7cm Bottom D 5.3cm Weight 0.22kg
Transferred by Xi'an Cultural Relic Shop in 1983

집호는 입이 외반되고 구순부(口脣部)가 말렸으며 목이 잘록하고 배가 동글납작하며 전병 모양 굽이 달렸다. 어깨 한쪽에는 원추모양의 짧은 유가 있고 다른 한쪽에는 편평한 손잡이[曲柄]가 달려 있다. 시유(施釉)를 끝까지 하지 않았고 굽은 노태되었으며 태색은 살짝 노란빛을 띤다.

학술계에서는 당대(唐代), 오대(五代) 시기 휘주요(輝州窯)를 '황보요(黃堡窯)', 송대(宋代) 및 그 후 가마터를 휘주요라고 부른다. 이 집호에 입힌 다엽말유(茶葉末釉)는 고온 환원염으로 소성된 철결정으로 당대 황보요에서 최초로 만든 채색유약의 일종이며 철, 마그네슘, 규산 등의 화합물이다. 유약은 유탁상태로 밝고 매끄럽지만 실투성(失透性)이 있다. 유색에는 갈록(褐綠), 황록(黃綠), 취록(翠綠), 심록(深綠) 등 여러 색조가 있고 순수한 녹색 바탕 유약에 미세한 결정유 반점이 보이는데 마치 새봄의 찻잎 분말을 기물(器物) 표면에 뿌린 듯하여 '다엽말유'라고 불렀다. 대표적인 제품에는 나팔 모양 입, 가는 목, 타원형 배, 전병 모양 굽을 가진 약 50cm 높이의 대형 쌍이대병(雙耳大甁), 나팔 모양 입, 짧은 유가 달린 주호(注壺), 순구(脣口)의 배가 깊은 주완(注碗), 입과 유는 벌어지고 손잡이 하나가 달린 이슬람식 집호 등이 있다. 휘주요에서는 당대 이후에도 소량의 다엽말유 자기를 생산했으나 품질은 당대에 미치지 못했다. 금원명(金元明)시대 유색은 대부분 황록색이고 알갱이 모양의 결정유 반점도 보기 드물어 뚜렷한 쇠퇴현상이 나타났다.

명대(明代) 경덕진(景德鎭) 어요(御窯)에서 생산된 다엽말유를 '선어황(鱔魚黃)'이라 하고 청대[淸代, 특히 옹정(雍正) 시기] 어요에서 생산된 다엽말유를 '창관유(廠官釉)'라 한다. 그중에서도 건륭(乾隆) 시기에 생산된 것이 가장 뛰어나며 청대 관요에서 생산된 진귀한 채색유약인데 당대 황보요 다엽말유 자기 중 상품(上品)의 경우 이에 비견할 수 있다.

128

다엽말유호로병(茶葉末釉葫蘆甁)

당대(唐代)
높이 23.3cm 입지름 2.9cm 배지름 14.2cm 밑지름 9.3cm 무게 0.76kg
1985년 서안시(西安市) 문물상점에서 넘겨받음

Tea Dust Color Glazed Bottle in Calabash Shape

Tang Dynasty(618AD~907AD)
H 23.3cm Mouth D 2.9cm
Belly D 14.2cm Bottom D 9.3cm
Weight 0.76kg
Transferred by Xi'an Cultural Relic Shop in 1985

입은 짧고 곧으며 목은 잘록하다. 둥글고 볼록한 배 아래에는 안으로 패어 들어간 전병 모양 굽이 달렸으며 굽지름이 큰 편이다. 다엽말유(茶葉末釉)를 입혔는데 유색이 노란색에 가깝고 유면은 유리 질감이 강하지 않다. 유약은 끝까지 닿지 않았고 전체는 반질반질하며 민무늬이다.

호로병은 당대(唐代)에 여러 요장(窯場)에서 생산했다. 예를 들어, 하남(河南) 겹현(郟縣) 황도요(黃道窯)의 흑유호로병, 밀현(密縣) 서관요(西關窯)의 귀가 달린 녹유호로병, 황보요(黃堡窯)의 흑유호로병과 다엽말유호로병 등이 있는데 이로부터 호로병이 당대에 이미 유행했음을 알 수 있다.

129

흑유철수화잔(黑釉鐵銹花盞)

송대(宋代)
높이 4.8cm 입지름 13.4cm 굽지름 2.8cm 무게 0.14kg
1984년 서안시(西安市) 문물상점에서 넘겨받음

Black Glazed Tray with Iron Rust Flower Pattern

Song Dynasty(960AD~1297AD)
H 4.8cm Mouth D 13.4cm Feet D 2.8cm Weight 0.14kg
Transferred by Xi'an Cultural Relic Shop in 1984

뾰족하고 둥근 구순부(口脣部), 밖으로 크게 벌어진 입, 가파르게 경사진 배를 가졌으며 권족(圈足)은 작다. 삿갓 모양과 비슷하여 이런 조형의 잔을 '삿갓식 잔'이라고 부르며 주로 북송(北宋) 말기에 유행하였다. 태체는 비교적 얇고 태색은 회백색이며 흑유는 약간 갈색을 띠었다. 내외 벽에 모두 간결하고 자연스러운 식물문(植物紋)을 그렸는데 문양의 색상이 적갈색이므로 '철수화(鐵銹花)'라고 불렀다. 제조방식은 유약을 입힌 소태에 산화철이 함유된 반화석(斑花石)을 착색제로 하여 문양을 그리면 고온 소성과정에서 문양 중의 철결정이 다채로운 적갈색을 띠게 되는 것이다. 이러한 제조방식은 송금원(宋金元)시대 자주요계(磁州窯係)에서 사용하던 특수 기법이다. 청대(淸代) 옹정(雍正)·건륭(乾隆) 시기, 경덕진(景德鎭) 어요(御窯)에서도 흑유철수화 자기를 모방 제작한 바 있다. 이 완은 송대(宋代) 말기 북방지역 자주요계 제품으로 추정된다.

130

흑유유적잔(黑釉油滴盞)

송대(宋代)
높이 4.2cm 입지름 12.8cm 밑지름 2.8cm 무게 0.13kg
1983년 서안시(西安市) 문물관리위원회 수집

Black Glazed Tray

Song Dynasty(960AD~1297AD)
H 4.2cm Mouth D 12.8cm Bottom D 2.8cm Weight 0.13kg
Collected by xi'an Cultural Relic Administration Committee in 1983

구순부(口脣部)는 둥글고 뾰족하며 입은 젖혀졌다. 가파르게 경사진 배에 작은 권족(圈足)이 있으며 굽바닥에는 받침 흔적 세 곳이 보인다. 전체 기물(器物)은 삿갓 모양이다. 태벽은 얇지만 단단하며 유색은 옻칠처럼 검으며 유면의 기름방울이 떨어진 듯한 요변(窯變)은 밤하늘의 뭇별같이 아름답다.

이는 송대(宋代) 북방 요장(窯場)에서 복건(福建) 건요(建窯) 제품을 모방 제작한 것이다. 유면의 기름방울 모양의 동그란 점은 소성과정에서 고온 또는 가마 분위기의 변화로 인해 흑유의 철이 표면에 석출되어 형성된 것이다. 흑자결정유(黑瓷結晶釉)에는 이 밖에 토호유(兎毫釉), 자고반유(鷓鴣斑釉) 등이 있다.

131

대모유완(玳瑁釉碗)

송대(宋代)
높이 7.2cm 입지름 18cm 굽지름 6.4cm 무게 0.34kg
1980년 서안시(西安市) 문물상점에서 넘겨받음

Glazed Bowl in the Color of Hawksbill

Song Dynasty(960AD~1297AD)
H 7.2cm Mouth D 18cm Feet D 6.4cm Weight 0.34kg
Transferred by Xi'an Cultural Relic Shop in 1980

입은 벌어지고 구순부(口脣部)는 둥글며 배벽은 가파르게 경사지고 낮은 권족(圈足)이 달렸다. 태질은 비교적 거칠고 외벽은 시유(施釉)를 끝까지 하지 않았으며 안바닥에서는 삽권(澁圈)을 볼 수 있다. 내벽은 그리 검지 않고 다양한 모양의 담황유가 스며들어 물보라 같기도 하고 꽃구름 같기도 하며 특히 해양 동물인 대모(玳瑁) 색깔과 같다. 이런 기물은 소태에 유약을 입힌 후 가마에 넣어 1차 소성한 후 다시 팽창 계수가 다른 유약을 입혀 2차 소성한 것이다. 고온에서 여러 색상의 유층이 갈라지고 흐르고 뭉치며 홈을 메우고 서로 스며들어 흑색 가운데 대모 모양의 얼룩무늬가 형성된다. 대모유는 송대(宋代)에 처음으로 나타났고 강서(江西) 길안(吉安) 영화요(永和窯) 제품이 대표적이며 북방 지역의 요장(窯場)에서는 발견된 적이 없다. 이 완은 굽이 작고 조형이 삿갓 모양에 가까운 등 송대 말기에 유행했던 양식이다.

132

흑유은릉완(黑釉銀稜碗)

송대(宋代)
높이 4.9cm 입지름 10.2cm 밑지름 3.4cm 무게 0.14kg
1979년 서안시(西安市) 문물상점에서 넘겨받음

Black Glazed Bowl with Silver Edge

Song Dynasty(960AD~1297AD)
H 4.9cm Mouth D 10.2cm Bottom D 3.4cm Weight 0.14kg
Transferred by Xi'an Cultural Relic Shop in 1979

전체적으로 흑유를 입힌 완이다. 외벽은 유약이 끝까지 닿지 못했으며 낮은 권족(圈足)이 달렸다. 태질은 매끄러운 편이고 태색은 짙다. 유면은 검은색 가운데 갈색이 약간 서려 있다. 흑유의 주요 발색제는 산화철 및 미량의 망간, 코발트, 구리, 크롬 등 산화제이다. 흔히 보이는 적갈색 또는 암갈색 자기의 유약 중 산화철 비율은 8% 정도이다. 예를 들어 유층 두께를 1.5cm로 늘리면 자기 유색은 검은색이 된다. 송금(宋金)시대에 흑유자기를 대량 생산했다. 이 완은 굽이 작고 배가 깊은 편이며 태질이 거칠고 성글다. 또한 구연(口沿)에 은테를 둘렀는데 이는 모두 송대(宋代)에 유행했던 장식기법이므로 이 완의 연대를 송대로 잡을 수 있다.

구연에 은테를 두르는 장식기법은 두 가지 의도가 있다. 하나는 사용자의 신분과 부귀를 나타내기 위한 것으로 오대(五代), 송대 초기 통치계급이 사용하던 자기에서 많이 보인다. 다른 하나는 결함을 가리기 위한 것으로 예를 들면 정요(定窯)와 경덕진요(景德鎭窯)에서는 기물(器物)을 겹쳐 놓고 소성하기 때문에 구연에 유약이 입혀지지 않아 구연을 감싸는 방법으로 대처했다.『오월비사(吳越備史)』,『송양조공봉록(宋兩朝貢奉錄)』및『송회요집고(宋會要輯稿)』에 기록된 자기공물 중에 금구(金釦), 은구(銀釦) 등 명칭이 있다. 은테가 떨어진 부분을 살펴보면, 구연에 유약이 입혀져 있어 사용자가 자신의 신분 또는 부귀를 나타내기 위해 은테 장식을 한 것으로 보인다. 고요하고 엄숙한 느낌을 주는 검은색에 흰색의 은테를 더하여 강렬한 대비효과를 이룸으로써 우아함과 장중함, 화려함과 질박함이 어우러졌다.

133

장유자완(醬釉瓷碗)

북송(北宋)
높이 4.3cm 입지름 11cm 굽지름 3.1cm | 무게 0.09kg
1966년 서안시 신안(西安市 新安) 벽돌공장 출토

Dark Brown Glazed Bowl

Northern Song Dynasty(960AD~1127AD)
H 4.3cm Mouth D 11cm Feet D 3.1cm Weight 0.09kg
Excavated from Xin'an Brickfield Xi'an in 1966

구연(口沿)은 밖으로 벌어지고 구순부(口脣部)는 뾰족하고 둥글다. 배는 가파르게 경사지고 작은 권족(圈足)이 달려 있다. 전체적으로 얇으면서도 단단하다. 전체에 장유를 입혔는데 유층이 고르고 광택도도 강하며 민무늬이다.

장유자기는 송대(宋代)에 휘주요(輝州窯)가 '자정(紫定)'을 바탕으로 새롭게 만들어낸 품종으로 수량은 청유자기에 이어 두 번째로 많고 유질은 칠기의 실투성(失透性)이 있어 송대의 짙은 갈색 칠기와 장식효과가 비슷하다. 대표적인 기형에는 벌어진 입, 경사진 배에 권족이 달린 완, 와족(臥足) 접시, 와족반 등이 있다. 휘주요 전체 제품 중에서, 장유자기의 소성온도가 가장 높고 태체 소결(燒結)이 가장 좋다. 송대와 금대(金代)에 대량 제조했고 원대(元代)의 것은 적다.

북송(北宋) 시기 장유자기로 가장 이름난 요장(窯場)은 하북(河北) 정요(定窯)로 그 유색을 '자정'이라 했다. 최근 하남(河南) 수무(修武) 당양욕요(當陽峪窯)에서 '자정'과 유사한 장유자기가 대량 출토되었는데 이로부터 송대에 정요, 휘주요, 수무(修武) 당양욕요(當陽峪窯)에서 상품(上品)의 장유를 생산하였음을 알 수 있다.

134

장유기구소용(醬釉騎狗小俑)

송대(宋代)
높이 3.6cm 무게 0.014kg
1979년 서안시(西安市) 문물상점에서 넘겨받음

Dark Brown Glazed Figure Riding Dog Pottery

Song Dynasty(960AD~1297AD)
H 3.6cm Weight 0.014kg
Transferred by Xi'an Cultural Relic Shop in 1979

큰 눈을 한 어린아이가 강아지를 타고 있다. 어린아이는 고개를 들고 두 손으로 강아지의 목을 잡았다. 강아지는 입을 벌리고 고개를 흔들며 큰 귀를 등 쪽으로 늘어뜨리고 바닥에 곧게 서 있다. 기물(器物)의 절반만 유약을 입혔으며 유층이 얇은 곳은 노란색이 감돈다. 태색은 회백색이고 태질은 거칠고 성글다. 이 기물은 고대(古代)의 장난감으로 당시 현실생활을 파악할 수 있다. 어린아이의 천진난만함과 강아지의 생기발랄함이 돋보인다.

135

교태자완(攪胎瓷碗)

송대(宋代)
높이 4.2cm 입지름 9.6cm 굽지름 3.7cm 무게 0.09kg
1979년 서안시(西安市) 문물상점에서 넘겨받음

Twisted-colored Porcelain Bowl

Song Dynasty(960AD~1297AD)
H 4.2cm Mouth D 9.6cm Feet D 3.7cm Weight 0.09kg
Transferred by Xi'an Cultural Relic Shop in 1979

평평한 구순부(口脣部), 곧은 입, 깊은 호형의 배에 권족(圈足)이 달린 완으로 교태(攪胎)이다.

교태기물(絞胎器物)은 당대(唐代)에 처음 나타났으며 '교태(絞胎)'라고도 한다. 교태는 흰색과 갈색 두 가지 진흙을 비벼 띠를 만든 다음 번갈아 배열하고 다시 새로운 진흙을 만들어 눌러서 성형하거나 또는 번갈아 배열한 두 가지 색의 진흙을 얇은 편(片)으로 잘라 기물 바탕 표면에 붙인다. 교태기물 유약에는 투명한 고온의 칼슘 유약과 노란색 저온의 납유약이 있다. 송대(宋代)에 대량 생산하다 이후 점차 적어졌다. 송대 교태 자기 가마터에는 하남성(河南省) 당양욕요(當陽峪窯), 보풍(寶豐) 청량사요(淸凉寺窯) 등이 있다. 이 완은 입이 흰색이고 교태가 깃털 무늬를 이루어 송대 교태자기(絞胎瓷器)의 대표 격이라 할 수 있으며 조형과 공예특징으로 보아 수무현(修武縣) 당양욕요의 제품으로 추정된다.

136

천람유반(天藍釉盤)

금대(金代)
높이 2.7cm 입지름 11.2cm 굽지름 9.7cm 무게 0.14kg
1970년 서안시(西安市) 중약재 도매부에서 넘겨받음

Sky Blue Glazed Tray

Jin Dynasty(1115AD～1234AD)
H 2.7cm Mouth D 11.2cm Feet D 9.7cm Weight 0.14kg
Excavated from Xi'an Chinese Medicine Market in 1970

얕은 배, 살짝 오므라든 구연(口沿)에 권족(圈足)이 달린 반이다. 유색은 하늘색이고 유면은 두껍고 윤이 나며 어떤 무늬도 없다. 구연은 유층이 얇아 갈색 바탕을 드러냈다. 유약이 끝까지 닿지 않았고 바깥바닥에는 하트 모양으로 튀어나온 부분이 있다. 태토와 유약은 전형적인 균요(鈞窯) 특징을 띠었다.

하남성(河南省) 우주시(禹州市)에 위치한 균요는 송금(宋金)시대 청유자기를 생산했던 전형적인 요장(窯場) 중 하나였다. 그 유색은 일반적인 청유와 달리 담청색, 하늘색 등 색조가 있는데 모두 반딧불 같은 그윽한 남색 광택이 난다. 유약 중 발색제 주요성분으로 산화철 외에 소량의 산화구리가 들어 있어 유면 위에 반점이 생겨나 마치 저녁노을처럼 아름답다.

137

천람유자반완(天藍釉紫斑碗)

금대(金代)
높이 9cm 입지름 20.2cm 굽지름 5.9cm 무게 0.66kg
1978년 10월 23일 서안시 파교구(西安市 灞橋區) 동쪽 교외 야금부(冶金部) 서북 물자처(西北物資處) 출토

Sky Blue Glazed Bowl with Purple Dots

Jin Dynasty(1115AD～1234AD)
H 9cm Mouth D 20.2cm Feet D 5.9cm Weight 0.66kg
Excavated from Northwest Goods and Materials Office of Metallurgy Ministry in Baqiao District at east suburban Xi'an in Oct 23 1978

구순부(口脣部)는 둥글고 입은 살짝 오므라들었으며 호형(弧形)의 배에 작은 권족(圈足)이 달렸다. 태체는 비교적 두껍고 유약은 감색이며 전체적으로 민무늬이다. 외벽의 굽과 가까운 부분은 유약이 닿지 않았다. 내벽 구연(口沿) 아래에 비교적 큰 보라색 반점이 있고 작은 보라색 반점들이 벽 곳곳에 분포되어 있다. 권족과 구연의 유층이 얇은 부위는 짙은 태색을 드러내었다.

이 완의 권족 모양 및 태토와 유약 특징으로 보아 금대(金代) 균요(鈞窯) 제품으로 추정된다.

138

흑유각시문매병(黑釉刻詩文梅甁)

금대(金代)
높이 33.5cm 배지름 22.5cm 밑지름 10.07cm 무게 1.7kg
1965년 서안시 서사가영(西安市 西師家營) 남쪽 출토

Black Glazed Plum Vase with Poem

Jin Dynasty(1115AD~1234AD)
H 33.5cm Belly D 22.5cm Feet D 10.07cm Weight 1.7kg
Excavated from Xishijiaying village Xi'an in 1965

작은 입에 짧고 가는 목을 가진 매병이다. 어깨가 풍만하고 아래로 내려가면서 점차 좁아지다 아래에서 살짝 벌어졌으며 안쪽으로 들어간 권족(圈足)이 있다. 바탕은 희고 매끈하다. 조형이 아름답고 미끈하며 입과 목은 버섯 모양을 이루었는데 이는 송금(宋金)시대 북방 매병의 표준 조형이다. 어깨에는 점소(粘燒) 흔적이 있다.

전체에 흑유를 입히고 각획(刻劃)기법으로 장식하였는데 쌍현문(雙弦紋) 4줄에 의해 위쪽 어깨, 아래쪽 어깨, 윗배, 아랫배, 배 아래 다섯 부분으로 나뉜다. 어깨에는 춤추는 나비 다섯 마리를 새겼고, 윗배에는 "속인이 도를 배움에 밖에서 신선을 찾는데 신선에게 매달림이 허망됨을 알지 못하노라. 고개 돌려 보니 나는 새가 낭원에서 멀어지고, 어느덧 날이 개어 사선천을 눈부시게 비추네(迷人學道外求仙, 不覺神仙被妄纏. 回首金烏逝閬花, 一轉清日耀禪天)"라는 시를 새겨 넣어 구도(求道)하는 신선사상을 반영하였으며 아랫배에는 앙련판(仰蓮瓣) 여섯 개를 새겼다. 목 아랫부분과 배 아래는 문양이 없다.

139

장유장경병(醬釉長頸甁)

금대(金代)
높이 20cm 입지름 7.1cm 배지름 10.8cm 밑지름 7cm 무게 0.47kg
1983년 서안시(西安市) 문물상점에서 넘겨받음

Dark Brown Glazed Long Neck Bottle

Jin Dynasty(1115AD~1234AD)
H 20cm Mouth D 7.1cm
Belly D 10.8cm Bottom D 7cm Weight 0.47kg
Transferred by Xi'an Cultural Relic Shop in 1983

입은 벌어지고 구순부(口脣部)는 둥글다. 목은 굵고 길며 어깨는 처지고 배는 살짝 불룩하고 권족(圈足)은 높다. 전체에 자금유(紫金釉)를 입혔는데 유층이 두껍고 윤이 나며 유색은 보랏빛이 감도는 짙은 갈색이다. 자금유는 고온의 장유를 가리킨다. 일반적으로 북송(北宋) 정요(定窯)에서 생산한 짙은 갈색 자기를 '자정(紫定)'이라 하는데 송대(宋代) 하남(河南) 수무(修武) 당양욕요(當陽峪窯) 및 섬서(陝西) 휘주요(輝州窯) 등 북방 요장(窯場)은 모두 칠기를 모방한 장유자기를 생산했다. 청대(淸代) 경덕진(景德鎭) 어요(御窯)에서 생산한 장유자기는 '자금유(紫金釉)'라고 한다.

140

흑유잔(黑釉盞)

원대(元代)
높이 4.7cm 입지름 13.3cm 밑지름 5.2cm 굽높이 0.9cm 무게 0.19kg
2001년 7월 서안시 신성구 한삼채(西安市 新城區 韓森寨) 원대 벽화묘(壁畵墓) 출토

Black Glazed Lamp

Yuan Dynasty(1297AD~1368AD)
H 4.7cm Mouth D 13.3cm
Bottom D 5.2cm Feet H 0.9cm Weight 0.19kg
Excavated from a Mausoleum of Fresco of Yuan Dynasty at Hansenzhai in Xincheng District Xi'an in Jul 2001

얄팍한 구순부(口脣部), 넓은 입, 비스듬한 호형(弧形)의 배를 가진 잔(盞)으로 구연(口沿)은 조금 손상되고 넓은 권족(圈足)은 밖으로 벌어졌으며 굽 안쪽 벽은 그다지 반듯하지 않다. 전체에 흑유를 입히고 안바닥에 삽권(澁圈)이 있으며 외벽의 절반까지 유약의 흘러내림 현상이 보인다. 유면은 그다지 검지 않고 외벽 유면은 두께가 고르지 않다. 외벽에는 소태를 다듬은 흔적이 뚜렷하고 첩소하였다. 이 잔은 등잔걸이와 함께 출토되었으며 원래 등잔걸이에 걸렸던 것으로 추정된다. 등잔걸이 바로 위쪽 묘벽(墓壁)의 튀어나온 부분에는 연기에 그을린 검은 흔적이 보이는데 이는 등잔으로 무덤 속에서 불을 켰었음을 말해준다.

141

장유잔(醬釉盞) 탁(托)

원대(元代)
잔높이 5.1cm 입지름 10.8cm 밑지름 4.1cm 무게 0.15kg
받침높이 4.3cm 입지름 5.1cm 쟁반지름 8.8cm 굽지름 4.4cm 무게 0.09kg
2001년 7월 서안시 신성구 한삼채(西安市 新城區 韓森寨) 원대 벽화묘(壁畵墓) 출토

Dark Brown Glazed Lamp and Saucer

Yuan Dynasty(1297AD~1368AD)
H 5.1cm Mouth D 10.8cm Bottom D 4.1cm | Weight 0.15kg
H 4.3cm Mouth D 5.1cm Plate D 8.8cm Feet D 4.4cm Weight 0.09kg
Excavated from a Mausoleum of Fresco of Yuan Dynasty at Hansenzhai in Xincheng District Xi'an in Jul 2001

잔: 오므라든 입, 둥근 구순부(口脣部), 비스듬한 호형(弧形)의 배에 넓은 권족(圈足)이 달렸다. 바깥바닥은 하트 모양을 이루었다. 유면에는 토호문(兎毫紋)이 가득하고 광택도가 강하다. 내벽에는 장유 얼룩이 세 곳 있는데 속칭 '구지홍(狗舐紅)'이라 하며 유면에는 토끼털 모양의 갈색 세사문(細絲紋)이 가득하다. 외벽은 굽 가까이까지 유약을 입혔으며 흘러내림 현상이 있다. 굽 가까이에서 노태되었는데 태색은 회백색이고 태질은 비교적 거칠다. 태토, 유약, 조형으로 보아 휘주요(輝州窯)에서 건요(建窯) 제품을 모방 제작한 것이다. 이 외에 조형과 유색이 똑같고 크기만 다른 잔 두 점이 함께 출토되었다.

받침: 구순부는 뾰족하고 잔좌(盞座)는 속이 비었으며 입은 살짝 밖으로 벌어지면서 위로 쳐들렸다. 고권족(高圈足)은 노태되어 토홍색(土紅色)을 띠며 소성온도가 높지 않다. 잔좌에는 장유를 입히고 내외 벽은 굽과 가까운 절반 부분에 유약을 입혔다. 유색이 고르지 않고 광택이 약하며 유면에는 흑점과 흘러내림 현상이 보인다. 잔좌는 비교적 거칠다. 함께 출토된 다른 세 점 가운데 한 점은 훼손되었지만 조형과 유색이 모두 같고 크기만 다르다.

잔과 잔받침은 세트인데 무덤이 도굴되어 구체적인 짝을 알 수 없어 크기에 따라 세 세트로 나누었다.

142

천람유완(天藍釉碗)

원대(元代)
높이 11.4cm 입지름 22.5cm 굽지름 7.1cm 무게 1kg
1999년 3월 18일 서안시 고신(西安市 高新) 개발구 중제(中際)회사 기초공사현장 출토

Sky Blue Glazed Bowl

Yuan Dynasty(1297AD~1368AD)
H 11.4cm Mouth D 22.5cm Feet D 7.1cm Weight 1kg
Excavated from building site of Zhongji Company at Hi-Tech Industry Developing District in Xi'an in Mar 18 1999

완의 입은 살짝 오므라들고 불룩한 배는 아래로 내려갈수록 좁아지며 권족(圈足)이다. 밑굽에 장유를 칠하였으며 태색은 연회색이고 유색은 하늘색이며 유면은 유탁 현상이 보이고 두껍고 윤이 난다. '지정(至正) 15년' 기년묘(紀年墓)에서 출토되었으며 원대(元代) 균요(鈞窯) 제품이다.

유약의 발색원소로는 철과 구리가 있는데 환원염(還元焰)으로 고온 소성하면 환원반응을 일으켜 철은 청색을, 구리는 붉은색을 띤다. 이때 사용하는 유약을 요변유(窯變釉)라 부르며 유약 속에 들어 있는 P_2O_5로 인해 철과 구리가 분리된다. 완성품의 색상은 저녁 무렵의 하늘처럼 화려하고 아름답다.

143

갈유척화전지연문쌍이관 (褐釉剔花纏枝蓮紋雙耳罐)

원대(元代) 말기 명대(明代) 초기
높이 29.2cm 입지름 5.8cm 배지름 24.4cm 밑지름 12.4cm 무게 3.18kg
2004년 12월 서안시 서대가(西安市 西大街) 확장개조공사 상해공관 기초공사현장 옛 우물 출토

Brown Glazed Pot with Double Handles and Lotus Decoration

Yuan and Ming Dynasty(1297AD~1644AD)
H 29.2cm Mouth D 5.8cm
Belly D 24.4cm Bottom D 12.4cm Weight 3.18kg
Excavated from a well at Building site of Xidajie road Xi'an in Dec 2004

입은 작고 바르며 어깨와 목 사이에 두 귀를 부착하였다. 어깨는 둥글고 배는 불룩하며 권족(圈足)은 안으로 들어갔다. 안팎에 모두 갈유를 입혔으며 유약은 아랫배까지 닿았다. 어깨와 배에 각각 현문(弦紋) 두 줄을 둘렀고 그 사이에 연화당초문(蓮花唐草紋)을 조각하였다. 태질은 옅은 회황색이다.

척화(剔花)기법은 소태 표면에 유약을 입힌 후 먼저 문양을 그리고 문양을 제외한 유층을 깎아 태체를 드러내는 것으로 유색과 태색이 대비 효과를 이루고 문양은 부조의 느낌이 있다. 북송(北宋) 자주요(磁州窯)에서 흑유척화기법을 사용한 후 다른 요장(窯場)으로 퍼졌으며 금원(金元)시대까지 이어졌다.

이 기물(器物)은 조형이 소박하고 예스러운 쌍이관과 함께 우물에서 출토되었는데 이를 보면 물을 긷는 용도인 것으로 추정된다. 그러나 일반적인 생활 자기와 달리 척화선이 유창하고 무늬가 예스럽고 시원하여 예술적 미감이 넘친다. 압인(壓印)기법으로 줄무늬를 새긴 작은 쌍이(雙耳)는 원대에 최초로 나타났고 명청(明淸)시대에도 종합적인 기형, 유색, 기법 등을 여전히 사용했다. 이로 볼 때 이 기물은 원말(元末) 명초(明初) 제품으로 추정된다.

144

다엽말유자병(茶葉末釉瓷甁)

명대(明代) 초기
높이 22cm 입지름 5.6cm 배지름 16.8cm 밑지름 10.6cm 무게 1.34kg
2005년 1월 서안시 연호로(西安市 蓮湖路) 금원오주풍정(錦園五洲風情) 공사 현장 출토

Tea Dust Glazed Pot

Ming Dynasty(1368AD~1644AD)
H 22cm Mouth D 5.6cm
Belly D 16.8cm Bottom D 10.6cm Weight 1.34kg
Excavated from Building site of Jinyuan at Lianhu road Xi'an in Jan 2005

철릉(凸稜)이 있는 입, 짧은 목, 둥근 어깨를 가진 병으로 아랫배는 안으로 좁아지며 권족(圈足)이 있다. 다엽말유(茶葉末釉)를 입혔는데 안쪽은 전체, 바깥쪽은 아랫배까지 유약을 입혔다. 태색은 옅은 노란색이다.

다엽말유는 고대(古代) 중국의 철결정유 중 중요한 품종의 하나로 유색은 노란색과 녹색이 뒤섞였는데 황갈색 바탕에 세밀한 녹색 반점이 가득 분포되어 마치 찻잎 분말 같다. 다엽말유는 당대(唐代)에 나타나 북방의 흑유 가마터에서 흔히 출토된다. 청대(淸代) 이전에는 대부분 북방에서 생산했다.

이 기물(器物)의 구연(口沿)은 송금(宋金)시대 뒤집힌 사다리꼴 병 모양을 이어받은 것으로 북방지역에서 생산된 민간 생활용 자기이다. 예스러우면서도 정교하며 물을 긷던 도구로 추정된다.

145

다엽말유쌍이관(茶葉末釉雙耳罐)

명대(明代)
높이 21.4cm 입지름 15.2cm 배지름 18.4cm 밑지름 10.6cm 무게 1.85kg
2004년 12월 서안시 서대가(西安市 西大街) 확장개조공사 상해공관 기초공사 현장 옛 우물 출토

Tea Dust Glazed Pot with Double Handles

Ming Dynasty(1368AD~1644AD)
H 21.4cm Mouth D 15.2cm
Belly D 18.4cm Bottom D 10.6cm Weight 1.85kg
Excavated from a well at Building site of Xidajie road Xi'an in Dec 2004

큰 입은 살짝 벌어지고 그 아래에는 두 귀를 부착하였으며 배는 둥글고 권족(圈足)은 낮다. 다엽말유(茶葉末釉)를 입혔는데 안쪽은 갈색이 감돌고 바깥쪽은 황록색을 띤다. 안쪽은 전부, 바깥쪽은 배까지만 시유(施釉)하였다. 바탕은 황백색이다.

북방지역에서 생산했던 민간생활 자기로 물을 긷던 도구이다. 구체적인 요장(窯場)은 알 수 없다. 함께 출토된 것으로 원대 갈유척화연화당초문쌍이관(褐釉剔花蓮花唐草紋雙耳罐)이 있는데 입 아래 압인(壓印)기법으로 줄무늬를 새긴 귀가 달린 것으로 보아 명대(明代)로 추정된다.

146

갈유쌍이관(褐釉雙耳罐)

명대(明代)
높이 20.2cm 입지름 7.2cm 배지름 19.4cm 밑지름 12.6cm 무게 1.55kg
2005년 서안시 연호로(西安市 蓮湖路) 금원풍정(錦園風情) 공사현장 출토

Brown Glazed Pot with Double Handles

Ming Dynasty(1368AD~1644AD)
H 20.2cm Mouth D 7.2cm
Belly D 19.4cm Bottom D 12.6cm Weight 1.55kg
Excavated from Building site of Jinyuan at Lianhu road Xi'an in Feb 2005

구순부(口脣部)가 둥글고 입이 곧은 쌍이관(雙耳罐)으로 둥글고 불룩한 배는 아래로 내려가면서 좁아지고 권족(圈足)은 안으로 오목하게 들어갔다. 안쪽 전체와 바깥쪽 아랫배까지 갈색 유약을 입혔다. 어깨에서는 유약을 한 바퀴 긁어내고 윗배에서는 유약을 두 줄 긁어냈다. 바탕은 노란색을 띠고 바깥 바닥에는 '亞(아)' 자를 묵서하였다.

147

흑유요변완(黑釉窯變碗)

명대(明代)
높이 7.4cm 입지름 19.4cm 굽지름 6.3cm 무게 0.91kg
1989년 서안시(西安市) 공안국에서 넘겨받음

Black Glazed Bowl

Ming Dynasty(1368AD~1644AD)
H 7.4cm Mouth D 19.4cm Feet D 6.3cm Weight 0.91kg
Transferred by Xi'an Police Bureau in 1989

넓은 입, 둥근 구순부(口脣部), 얕은 호형의 배에 권족(圈足)이 달린 완이다. 태색은 연회색이고 시유(施釉)를 끝까지 하지 않았으며 전체적으로 민무늬이다.

원대(元代)에는 이런 유형의 완의 경우, 입이 오므라드는데 이 완은 그렇지 않으며 배가 호형에 둥근 편이므로 명대(明代) 휘주요(輝州窯) 제품임을 알 수 있다. 소성 과정에서 유약의 흘러내림 현상으로 인해 윗배의 유층이 얇은 부분은 황갈색을 띠고 아랫배의 유층이 두꺼운 부분은 흑색을 띠는데 서로 자연스럽게 이어졌다.

148

흑유획화어문완(黑釉劃花魚紋碗)

명대(明代)
높이 4.3cm 입지름 12.9cm 굽지름 5.8cm 무게 0.2kg
1979년 서안시(西安市) 문물상점에서 넘겨받음

Black Glazed Bowl Carving Fish Pattern

Ming Dynasty(1368AD~1644AD)
H 4.3cm Mouth D 12.9cm Feet D 5.8cm Weight 0.2kg
Transferred by Xi'an Cultural Relic Shop in 1979

넓은 입, 둥근 구순부(口脣部), 호형(弧形)의 배에 권족(圈足)이 달린 완이다. 태색은 황백색이고 태질은 비교적 거칠다. 내외 벽에 흑유를 입혔고 굽은 노태되었다. 첩소하기 위해 안바닥에서 유약 한 바퀴를 긁어냈다. 현문(弦紋) 두 줄 사이에 서로 꼬리를 문 물고기 두 마리를 장식했다. 현문과 물고기는 모두 흑유 위에 새긴 것으로 얕은 바탕을 드러내었는데 짙은 유약과 옅은 무늬가 대비 효과를 이루었다. 자유롭고 시원한 문양과 간결한 색채 대비는 자주요계의 전형적인 풍격이다.

이 완은 명대(明代) 휘주요(輝州窯)·진로요(陳爐窯) 제품으로 장식기법과 풍격에서 자주요계(磁州窯係)의 영향이 뚜렷하다. 흑유 위에 새기거나 긁어내는 것은 모두 자주요계에서 흔히 사용한 기법이다.

149

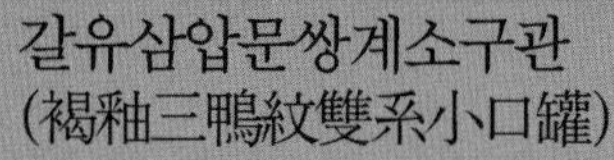

갈유삼압문쌍계소구관 (褐釉三鴨紋雙系小口罐)

명대(明代)
높이 22.4cm 입지름 6.6cm 배지름 16.7cm 밑지름 10.9cm 무게 1.86kg
1983년 서안시(西安市) 문물상점에서 넘겨받음

Brown Glazed Small Openness Pot with Two Loops and Carving Three Ducks Pattern

Ming Dynasty(1368AD~1644AD)
H 22.4cm Mouth D 6.6cm
Belly D 16.7cm Bottom D 10.9cm Weight 1.86kg
Transferred by Xi'an Cultural Relic Shop in 1983

입이 작고 구순부(口脣部)가 둥글다. 구순부에는 유약을 입히지 않았고 목 중간에는 철릉(凸稜)이 있으며 목과 어깨 사이에 납작한 귀 두 개가 부착되어 있다. 어깨는 둥글고 배는 불룩하며 권족(圈足)이 달렸고 바깥바닥에는 하트 모양으로 두드러져 나왔다. 바탕은 회백색으로 거칠며 갈색 유약을 끝까지 닿지 않게 입혔다. 윗배에는 오리 세 마리를 연이어 장식하였고 그 아래위로 각각 현문(弦紋) 두 줄과 한 줄이 있다. 각획(刻劃)기법을 사용하였으며 문양 부분에 얇은 바탕이 드러나 유색과 태색이 선명한 대비를 이룬다. 문양은 간필(簡筆)기법을 사용했는데 간단한 획 몇 개로 오리를 생동감 넘치게 표현하여 호방함 속에 사랑스러움이 묻어나게 하였다. 이로부터 장인의 숙련된 솜씨를 엿볼 수 있을 뿐만 아니라 강렬한 장식효과도 나타난다. 이 기물(器物)은 자주요(磁州窯)의 영향을 받았으나 자주요보다 호방하고 태질, 유색 및 장식기법은 북방 민요(民窯) 것이며 시대는 명대(明代)로 추정된다.

150

남유완(藍釉碗)

명대(明代) 말기
높이 6.9cm 입지름 21cm 굽지름 8.3cm 무게 0.68kg
1983년 3월 26일 서안시(西安市) 문물상점에서 넘겨받음

Blue Glazed Bowl

Ming Dynasty(1368AD~1644AD)
H 6.9cm Mouth D 21.0cm Feet D 8.3cm Weight 0.68kg
Transferred by Xi'an Cultural Relic Shop in Mar 26 1983

넓은 입, 둥근 구순부(口脣部), 가파르게 경사진 배에 권족(圈足)이 달린 완이다. 내외 벽에는 모두 짙은 남색 유약을 입혔고 바깥바닥에는 유약이 없이 칼자국이 뚜렷하다. 구연(口沿)과 밑굽에는 짙은 갈색 유약을 칠했다.

151

남유퇴첩어문관(藍釉堆貼魚紋罐)

명(明) 만력(萬曆)
높이 15.8cm 입지름 9.7cm 배지름 15.4cm 밑지름 9.2cm 무게 1.03kg
1983년 서안시(西安市) 문물상점에서 넘겨받음

Blue Glazed Pot with Fish Pattern

Wanli Reign of Ming Dynasty(1573AD~1620AD)
H 15.8cm Mouth D 9.7cm
Belly D 15.4cm Bottom D 9.2cm Weight 1.03kg
Transferred by Xi'an Cultural Relic Shop in 1983

둥근 구순부(口脣部), 살짝 오므라든 입, 둥글고 네모난 어깨를 가진 관(罐)으로 배는 내려갈수록 점차 좁아진다. 전체에 남색 유약을 입혔는데 유층은 두껍고 뚜렷한 유약 수축 현상이 있으며 일부분은 흰색 바탕이 드러났다. 어깨에는 명대의 전형적인 운문(雲紋)인 '卐(만)' 자형 운문을 새겼다. 윗배의 물고기는 몸통이 가늘고 길며 머리가 뾰족하고 꼬리는 양쪽으로 갈라지고 온몸에 비늘이 있다. 아랫배에는 수초문(水草紋)을 새겼다. 반듯한 기형, 매끈한 조형, 장중한 유색, 간결한 장식이 특징이며 명대(明代) 만력(萬曆) 시기 민요(民窯) 제품이다.

152

남유비파존(藍釉琵琶尊)

청(淸) 강희(康熙)
높이 17cm 입지름 9.5cm 배지름 13.1cm 밑지름 8.1cm 무게 0.91kg
1985년 서안시(西安市) 문물상점에서 넘겨받음

Blue Glazed Zun Utensil in Lute Shape

Kangxi Reign of Qing Dynasty(1662AD~1722AD)
H 17cm Mouth D 9.5cm
Belly D 13.1cm Bottom D 8.1cm Weight 0.91kg
Transferred by Xi'an Cultural Relic Shop in 1985

입은 벌어지고 구순부(口脣部)는 둥글며 목은 굵고 안으로 들어갔다. 어깨는 미끈하며 배는 처졌고 권족(圈足)은 매끈하다. 흰 태체는 무게감이 있고 단단하며 유면은 빛이 난다. 기형이 현악기인 비파와 비슷하여 '비파존(琵琶尊)'이라고 불리며 청대(淸代)에 유행하던 장식품이다. 전체적으로 조형이 풍만하고 무게감이 있으며 외벽 및 권족에 우아하고 짙은 남색 유약을 입혔다. 원래 유약 위에 장식했던 금채문양이 어렴풋하게 보인다.

남유는 원대(元代) 경덕진요(景德鎭窯)에서 사용하던 것으로 고온 석회감유(石灰鹼釉)에 속하는데 유탁감이 강하고 주요 발색제는 코발트이며 1,300도의 고온에서 소성한다. 명청(明淸)시대 남유를 '제람(霽藍)' 또는 '제람(祭藍)'이라 한다. 이 시기 남유는 질감 및 색상이 더 우수한데 특히 선덕(宣德) 시기 남유 자기는 보석처럼 빛나 '보석람(寶石藍)'이라고 불렸다. 청대(淸代) 강희(康熙)·옹정(雍正) 시기 남유는 색상이 균일하고 안정적인데 그중 짙은 것은 선덕 시기 남유를 모방한 것이나 두께나 윤기, 장중함에서 뒤처진다.

이 비파존은 태체가 두껍고 태질이 희고 단단하며 매끈하고 기형이 듬직하고 대범하며 권족도 커 청대 강희 시기 제품으로 추정된다.

153

홍유반(紅釉盤)

청(淸) 강희(康熙)
높이 3.7cm 입지름 22cm 밑지름 13.2cm 무게 0.38kg
1979년 서안시(西安市) 문물상점에서 넘겨받음

Red Glazed Tray

Kangxi Reign of Qing Dynasty(1662AD~1722AD)
H 3.7cm Mouth D 22cm Bottom D 13.2cm Weight 0.38kg
Transferred by Xi'an Cultural Relic Shop in 1979

벌어진 입에 둥근 구순부(口脣部), 얕은 배에 낮은 권족(圈足)이 달린 반이다. 바깥바닥에는 청유를 입혔고 유면에 빙렬이 보인다. 기물(器物) 표면에는 홍유를 입히고 구연(口沿)은 흰색을 띠며 유면에는 세밀한 빙렬이 있다.

홍유는 주로 2가지 종류로 구분된다. 하나는 '동적유(銅赤釉)'인데 구리를 착색제로 하고 주요 성분은 산화칼슘으로 환원분위기에서 고온 소성된 것이다. 다른 하나는 '철적유(鐵赤釉)'인데 철을 착색제로 하고 주요 성분은 녹반으로 산화분위기에서 저온 소성하며 '철홍유(鐵紅釉)'라고도 부른다. 전체에 고온 동적유를 입히는 것은 원대(元代) 경덕진요(景德鎭窯)에서 사용하였고 명대(明代) 영락(永樂), 선덕(宣德) 시기에 '보석홍', '제홍(祭紅)', '제홍(霽紅)'이라고 불리는 오색찬란한 동적유 자기를 생산하였다. 명대 성화(成化)부터 정덕(正德) 시기, 동적유 자기는 보기 드물다. 가정 시기 철적유가 동적유를 대체하였고 소성기술도 뛰어났으나 색상은 동적유보다 화려하지 못하였다. 강희 시기에 동적유가 다시 쓰였고 명대 선덕 시기 보석홍유를 모방하였다. 당시 독도관(督陶官)이 낭정극(郎廷極)인 관계로 홍유를 '낭요홍(郎窯紅)' 또는 '낭홍(郎紅)'이라고도 부른다. 낭홍의 특징을 보면 색상이 화려한 것은 금방 굳은 소의 피 같고 색상이 옅은 것은 닭 피처럼 선홍빛을 띤다. 구연은 대부분 노태되어 '등초변(燈草邊)'이라 하고 아래로 내려갈수록 색상이 더욱 짙어지며 유면에는 흔히 세밀한 빙렬이 있다. 이 홍유반은 청대(淸代) 강희(康熙) 시기 동적유 자기반으로 담홍색이며 '등초변'과 빙렬이 있다.

154

제홍유상이존(霽紅釉象耳尊)

청(淸) 건륭(乾隆)
높이 35.6cm 입지름 15.2cm 배지름 24.7cm 밑지름 15.3cm 무게 4.77kg
1985년 서안시(西安市) 문물상점에서 넘겨받음

Red Glazed Zun Utensil with Elephant-shaped Handles

Qianlong Reign of Qing Dynasty(1736AD~1795AD)
H 35.6cm Mouth D 15.2cm
Belly D 24.7cm Bottom D 15.3cm Weight 4.77kg
Transferred by Xi'an Cultural Relic Shop in 1985

벌어진 입에 둥근 구순부(口脣部), 얕은 배에 낮은 권족(圈足)이 달린 반이다. 바깥바닥에는 청유를 입혔고 유면에 빙렬이 보인다. 기물(器物) 표면에는 홍유를 입히고 구연(口沿)은 흰색을 띠며 유면에는 세밀한 빙렬이 있다.

홍유는 주로 2가지 종류로 구분된다. 하나는 '동적유(銅赤釉)'인데 구리를 착색제로 하고 주요 성분은 산화칼슘으로 환원분위기에서 고온 소성된 것이다. 다른 하나는 '철적유(鐵赤釉)'인데 철을 착색제로 하고 주요 성분은 녹반으로 산화분위기에서 저온 소성하며 '철홍유(鐵紅釉)'라고도 부른다. 전체에 고온 동적유를 입히는 것은 원대(元代) 경덕진요(景德鎭窯)에서 사용하였고 명대(明代) 영락(永樂), 선덕(宣德) 시기에 '보석홍', '제홍(祭紅)', '제홍(霽紅)'이라고 불리는 오색찬란한 동적유 자기를 생산하였다. 명대 성화(成化)부터 정덕(正德) 시기, 동적유 자기는 보기 드물다. 가정 시기 철적유가 동적유를 대체하였고 소성기술도 뛰어났으나 색상은 동적유보다 화려하지 못하였다. 청대(淸代) 강희(康熙) 시기에 동적유가 다시 쓰였고 명대 선덕 시기 보석홍유를 모방하였다. 당시 독도관(督陶官)이 낭정극(郎廷極)인 관계로 홍유를 '낭요홍(郎窯紅)' 또는 '낭홍(郎紅)'이라고도 부른다. 낭홍의 특징을 보면 색상이 화려한 것은 금방 군은 소의 피 같고 색상이 옅은 것은 닭 피처럼 선홍빛을 띤다. 구연은 대부분 노태되어 '등초변(燈草邊)'이라 하고 아래로 내려갈수록 색상이 더욱 짙어지며 유면에는 흔히 세밀한 빙렬이 있다. 이 홍유반은 청대 강희 시기 동적유 자기반으로 담홍색이며 '등초변'과 빙렬이 있다.

155

노균유육방관이병(爐鈞釉六方貫耳瓶)

청(淸) 건륭(乾隆)
높이 35.4cm 입지름 16.2×12.5cm 배지름 24.5×18.1cm
밑지름 16.4×12.5cm
무게 3.87kg
1985년 서안시(西安市) 문물상점에서 넘겨받음

Glazed Bottle with Hexagonal Belly and Hollow Handles

Qianlong Reign of Qing Dynasty(1736AD~1795AD)
H 35.4cm Mouth D 16.2×12.5cm
Belly D 24.5×18.1cm Bottom D 16.4×12.5cm
Weight 3.87kg
Transferred by Xi'an Cultural Relic Shop in 1985

육각형 병으로 목에 관이(貫耳)를 장식하고 권족(圈足)은 밖으로 벌어졌으며 태체는 무게감 있고 태색은 하얗고 태질은 단단하다. 전체에 노균유(爐鈞釉)를 입혔다. 노균유는 청대(淸代) 옹정(雍正) 연간에 나타난 것으로 두 차례에 걸쳐 소성해 형성된 저온 유탁유(乳濁釉)이다. 유면을 보면 유층이 두껍고 불투명하며 담청색, 총취청(蔥翠青), 주사홍(朱砂紅) 및 남색, 녹색 등 다양한 색상이 있는데 균요(鈞窯)를 모방한 것이다. 각종 색채가 가마 속에서 용해되고 흘러내리며 서로 섞여 다양한 크기의 얼룩무늬를 형성하였다. 청대 옹정 · 건륭(乾隆) 시기 유면의 얼룩무늬는 대부분 수직선 형태이며 부드러운 광택이 났다. 도광(道光) 이후로는 휘어진 원형으로 변하였고 광택도 사라졌다. 이 병은 모양이 반듯하고 유색이 서로 섞여 아름다운 채색 얼룩을 형성하였다. 노균은 청대에 만들어진 것이며 병 양식도 청대 특유의 것이다.

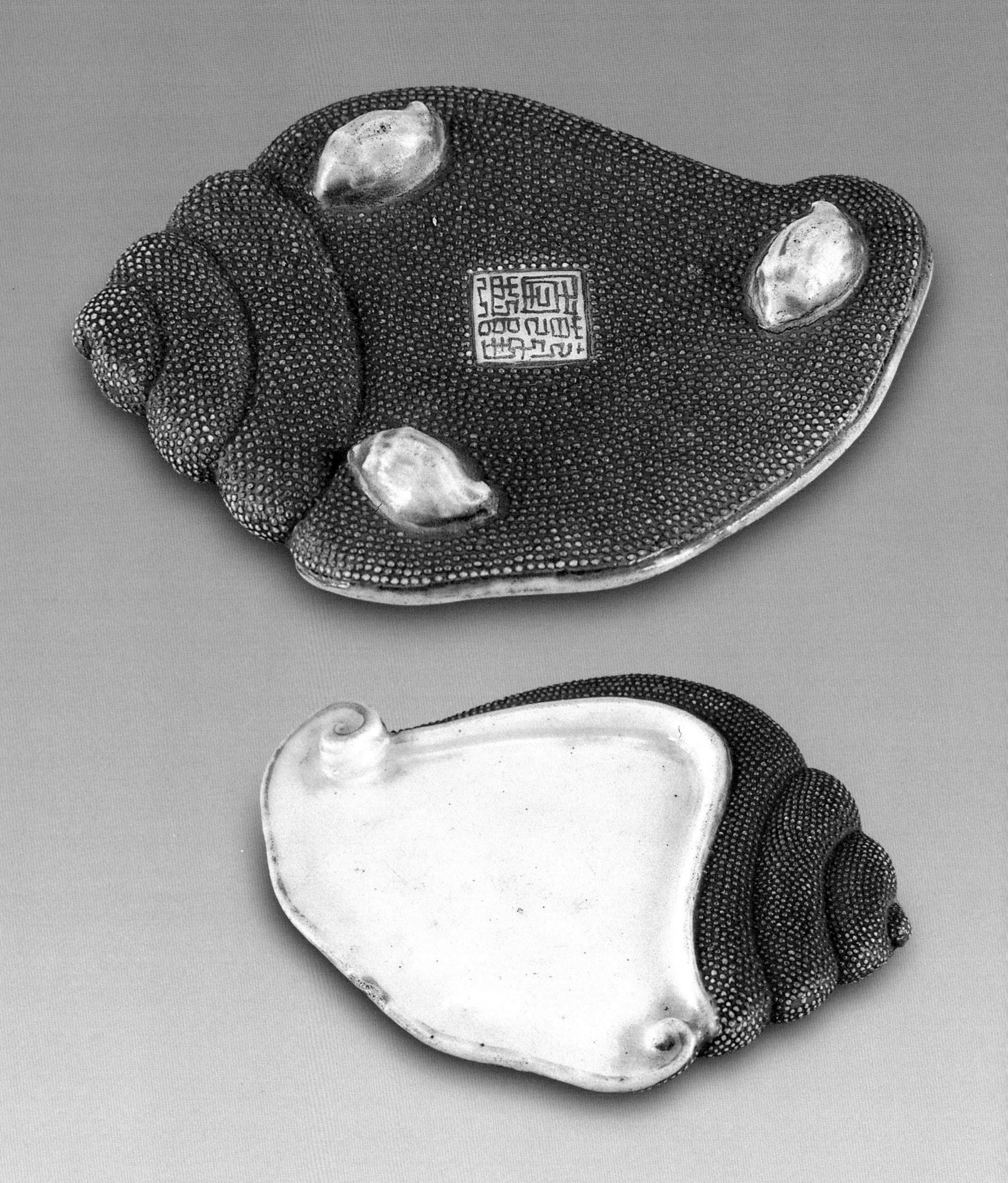

156

남유해라형필첨(藍釉海螺形筆掭)

청(淸) 건륭(乾隆)
길이 8.5cm 너비 6.4cm 두께 1.3cm 무게 0.05kg
1979년 서안시 종고루(西安市 鐘鼓樓) 보관소에서 넘겨받음

Blue Glazed Shell-shaped Utensil

Qianlong Reign of Qing Dynasty(1736AD~1795AD)
L 8.5cm W 6.4cm T 1.3cm Weight 0.05kg
Transferred by Xi'an Bell Tower and Drum Tower Cultural Relic Agency in 1979

필첨(筆掭)은 문방구로 붓에 먹이 고르게 묻게 하고 필봉을 원활하게 한다. 기물(器物)은 납작하고 평평한 소라 모양이고 아래에 작은 소라 모양 굽 세 개가 있다. 바닥 중심에는 전서체(篆書體)로 붉은색의 '乾隆年制(건륭년제)'가 쓰여 있는데 필법이 시원하고 붓을 꺾거나 끝을 맺은 부분의 색상이 진하며 붓 흔적이 뚜렷하다. 태체는 희고 매끈하며 태질은 단단하다. 정면은 백유를, 소라 머리 및 바닥에는 발색이 윤이 나는 남유를 입혔다. 이 소라형 필첨은 구상이 절묘하고 제작이 정교해 보기 드문 작품이다.

157

남유천구병(藍釉天球甁)

청(淸) 가경(嘉慶)
높이 40.1cm 입지름 7.7cm 배지름
21.7cm 밑지름 12.7cm 무게 4.05kg
1985년 서안시(西安市) 문물상점에서 넘겨받음

Blue Glazed Globular Bottle

Jiaqing Reign of Qing Dynasty(1796AD~1820AD)
H 40.1cm Mouth D 7.7cm
Belly D 21.7cm Bottom D 12.7cm Weight 4.05kg
Transferred by Xi'an Cultural Relic Shop in 1985

곧은 입, 둥근 구순부(口脣部), 가늘고 긴 목, 미끈한 어깨에 권족(圈足)이 달린 천구병(天球甁)으로 윗배가 둥글고 볼록하다. 바깥바닥에 '大淸乾隆年制(대청건륭년제)'가 전서체(篆書體)로 쓰여 있다. 태체는 깔끔하고 단단하며 전체에 남유를 입혔고 유색은 화려하고 짙으며 유질은 광택이 있어 명대(明代) 선덕(宣德) 시기 '보석람(寶石藍)'에 비견된다.

천구병은 명대 영락(永樂), 선덕 시기에 생산되기 시작하였고 청대(淸代) 강희(康熙) · 옹정(雍正) · 건륭(乾隆) 시기에도 모방하여 제작하였다. 그중 옹정 시기 것이 가장 비슷했고 건륭 시기부터 목이 점차 길어지고 배도 높아졌으며 가경 이후로 더욱 심해졌다. 이 병의 바탕, 유약, 조형은 모두 가경 시기 특징을 띠었다.

158

남유완(藍釉碗)

청(淸) 가경(嘉慶)
높이 7.4cm 입지름 17cm 굽지름 6.9cm
무게 0.37kg
1977년 9월 27일 서안시 자강로(西安市 自强路)
말사료공장 출토

Blue Glazed Bowl

Jiaqing Reign of Qing Dynasty(1796AD~1820AD)
H 7.4cm Mouth D 17cm Feet D 6.9cm
Weight 0.37kg
Excavated from Ziqiang Road Xi'an in Sep 27 1977

널찍한 입, 얄팍하고 둥근 구순부(口脣部), 깊은 배에 권족(圈足)이 달린 완이다. 바깥바닥에 '대청가경년제(大淸嘉慶年制)'가 전서체(篆書體)로 쓰여 있다. 내벽은 하얗고 외벽 및 권족에는 남유를 입혔으며 구연에는 장유를 칠했다. 태체는 치밀하지만 순도와 백도가 낮다. 남유는 색상이 비교적 짙고 구연과 권족 아랫부분 남색은 비교적 옅다. 유면은 거칠며 세밀하고 고른 작은 점들이 보인다.

남유는 고온 단색유약에 속하고 원대에 만들어져 명대(明代) 영락(永樂) · 선덕(宣德) 시기에 발전하였다. 청대(淸代) 강희(康熙) · 옹정(雍正) · 건륭(乾隆) 시기에 많이 쓰였고 색상도 안정되었다. 건륭 이후 중국 고대(古代) 자기 제조업이 점차 쇠락함에 따라 남유자기의 수량과 품질도 하락했다. 이 완은 태체 질 및 남유 색상이 강희 · 옹정 · 건륭 시기에 미치지 못해 건륭 말기 또는 그 후 제품으로 추정된다.

159

방가유화구수병배(倣哥釉花口獸柄杯)

청대(淸代)
높이 10.1cm 입지름 11.1cm 굽지름 5.6cm 무게 0.46kg
1979년 서안시(西安市) 문물상점에서 넘겨받음

Glazed Cup with Flower-petal Mouth and Beast-shaped Handle

Qing Dynasty(1644AD~1911AD)
H 10.1cm Mouth D 11.1cm Bottom D 5.6cm Weight 0.46kg
Transferred by Xi'an Cultural Relic Shop in 1979

연꽃 모양의 입에 짐승 모양의 손잡이[柄]가 달린 배로 권족(圈足)이 달렸으며 굽바닥은 시유(施釉)하지 않았다. 안팎 유색은 모두 흰색에 청색이 서려 있고 빙렬이 보이며 태색은 하얗고 태질이 단단하다. 이 기물(器物)은 가유(哥釉)자기를 모방했다. 가유자기는 관요(官窯) 기법의 영향을 받아 유면에 조각무늬가 가득한 청자이다. 유층에 빙렬이 생긴 것은 소지와 유약의 팽창계수가 달라 소성한 후 냉각시킬 때 태체가 표면의 유층을 당기기 때문이다. 소지와 유약이 잘 결합되어 유층이 떨어져 나가지 않고 손이 긁힐 염려도 없으며 특이하고 자연스러운 무늬가 생긴다. 송대 장인들은 소지와 유약의 성분을 이용해 인위적으로 빙렬을 만들었으며 자기예술에 찬란한 빛을 더했다. 명청(明淸)시대 이후 가유자기는 더욱 복잡해졌으며 경덕진에 전문적으로 가유자기를 모방 제작하는 가요호(哥窯戶)가 있었기 때문에 이 기물들을 송원(宋元)시대 가유자기와 구분 지어야 한다. 이 배는 조형이 운치 있고, 유면이 두껍고 윤이 나며 빙렬이 자연스럽고 태체가 흰색으로 청대(淸代) 경덕진요(景德鎭窯) 제품이다.

방가유자좌(倣哥釉瓷座)

청대(清代)
높이 17.6cm 입지름 14.4cm 배지름 18.1cm 밑지름 16.1cm 무게 1.93kg
1979년 서안시(西安市) 문물상점에서 넘겨받음

Porcelain Base

Qing Dynasty(1644AD~1911AD)
H 17.6cm Mouth D 14.4cm
Belly D 18.1cm Bottom D 16.1cm Weight 1.93kg
Transferred by Xi'an Cultural Relic Shop in 1979

이 기물(器物)은 목기(木器) 양식을 모방해 제작한 것이다. 태체는 무게감 있고 태질은 깨끗하고 단단하다. 바닥의 노태된 부분은 화석홍(火石紅)을 띠었다. 기형은 허리가 잘록하고 다리는 휘었으며 받침이 있다. 앉는 부분은 뚫린 상태이고 허리에도 구멍이 있다. 전체에 가유를 입혔는데 청색을 띤 백색이다. 유층에는 빙렬이 있다. 소지와 유약이 잘 결합되어 자연스러운 미를 보여준다.

161

홍유관이편방병(紅釉貫耳扁方甁)

청대(淸代) 말기
높이 14.4cm 입지름 5.9×3.9cm 배지름 8.6×6cm 밑지름 5.5×4.5cm
무게 0.29kg
1985년 서안시(西安市) 문물상점에서 넘겨받음

Red Glazed Square Bottle with Hollow Handles

Late Qing Dynasty(1644AD~1911AD)
H 14.4cm Mouth D 5.9×3.9cm
Belly D 8.6×6cm Bottom D 5.5×4.5cm | Weight 0.29kg
Transferred by Xi'an Cultural Relic Shop in 1985

곧은 입은 살짝 벌어지고 구연(口沿)은 평평하며 목은 잘록하고 어깨는 미끈하며 아랫배가 살짝 볼록하며 굽과 가까운 곳에서 안쪽으로 모였으며 권족(圈足)은 살짝 밖으로 벌어졌다. 목 양측에는 대칭으로 통(筒) 모양 관이(貫耳)가 있다. 전체 기형은 납작한 방형(方形)이다. 전체에 진홍색 유약을 입혔는데 유면은 고르지도 깨끗하지도 않으며 세밀한 연홍색의 점들이 섞여 있다. 구연, 배 모서리 및 관이 모서리에 입혀진 붉은색 유약은 옅지만 화려하다.

관이병은 송대(宋代)에 나타난 것으로 가요(哥窯), 관요(官窯), 용천요(龍泉窯)에서 모두 생산했다. 청대(淸代)에도 모방 제작하였으며 특히 옹정(雍正)·건륭(乾隆) 시기 모방품이 많았는데 방가요개편자(倣哥窯開片瓷), 방관요분청유(倣官窯粉青釉) 등이 있었다. 이 밖에, 다엽말유(茶葉末釉), 방균유(倣鈞釉)와 방청화관이병(倣青花貫耳甁) 등도 있는데 배는 원형, 방형, 팔릉형이 있다. 홍유관이병은 청대(淸代) 말기 광서(光緖) 시기 것이 많고 형태는 사릉방병(四稜方甁)이 많다.

방가유소구존(倣哥釉小口尊)

청대(淸代) 말기
높이 28.2cm 입지름 10.2cm 배지름 19.7cm 밑지름 14.3cm 무게 2.64kg
1985년 서안시(西安市) 문물상점에서 넘겨받음

Porcelain Zun Utensil with Small Mouth

Qing Dynasty(1644AD~1911AD)
H 28.2cm Mouth D 10.2cm
Belly D 19.7cm Bottom D 14.3cm Weight 2.64kg
Transferred by Xi'an Cultural Relic Shop in 1985

작고 벌어진 입, 둥근 구순부(口脣部), 잘록한 목, 처진 배를 가진 존(尊)으로 큰 권족(圈足)이 달렸다. 바깥바닥에 '大明成化(대명성화)'라는 글씨가 보인다. 태체는 두껍고 유색은 유백색이다. 유면의 빙렬은 세밀하고 노란색을 띤 부분과 크고 성기며 담자색을 띤 부분으로 나뉘는 '금사철선(金絲鐵線)'이다.

가요(哥窯)는 원대(元代) 문헌기록에 처음으로 나타나는데 공제(孔齊)가 쓴 『정재지정직기유편(靜齋至正直記遺編)』에 '가가동요(哥哥洞窯)', '가가요(哥哥窯)'가 보인다. 이후의 문헌에서도 가요에 대한 기록이 자주 보이지만 설명이 부족해 가요자기에 '자구철족(紫口鐵足)'과 세밀한 빙렬이 있다고만 적고 있다. 연구에 의하면 유면에 빙렬이 가득한 가유자기는 절강(浙江) 항주(杭州) 수내사요(修內司窯) 위쪽 및 용천요(龍泉窯) 청자에 일부 나타나며 단독으로 요계(窯系)를 형성하지는 않았다.

경덕진요(景德鎭窯)는 명대(明代) 선덕(宣德) 시기부터 가요개편자기(哥窯開片瓷器)를 모방 제작했는데 특히 청대(淸代)에 다수 모방하였으며 기형에는 존(尊), 병(甁), 로(爐) 등이 있다. 이 존은 조형이 우둔해 보이고 태체가 두꺼우며 기법이 거칠어 청대 말기 제품으로 추정된다.

163

방가유이이병(倣哥釉螭耳瓶)

청대(淸代) 말기
높이 52.3cm 입지름 17.2cm 배지름 27.1cm 밑지름 19.5cm
무게 10.43kg
1985년 서안시(西安市) 문물상점에서 넘겨받음

Porcelain Bottle with Double Chi Dragonshaped Handles

Qing Dynasty(1644AD~1911AD)
H 52.3cm Mouth D 17.2cm
Belly D 27.1cm Bottom D 19.5cm
Weight 10.43kg
Transferred by Xi'an Cultural Relic Shop in 1985

병은 입이 벌어지고 구순부(口脣部)가 얄팍하고 둥글며 목이 잘록하고 아랫배가 살짝 불룩하고 권족(圈足)은 넓고 두꺼우며 나팔처럼 밖으로 벌어졌다. 목에는 등이 굽은 이룡(螭龍) 모양 귀 한 쌍을 부착하였다. 유면은 유백색을 띠고 전체적으로 큰 검은색 빙렬과 작은 노란색 빙렬이 가득한데 바로 가유를 모방한 '금사철선(金絲鐵線)' 장식이다.

명청(明淸) 교체기에, 경덕진요(景德鎭窯)는 가유자기를 모방 제작하기 시작했고 청대에 수량이 늘어났으며 기형은 청대(淸代)만의 풍격을 띠었다. 단순하게 가유를 모방한 것이 있는가 하면 가유청화 등 품종도 있었다. 이 병은 태토와 유약 질이 좋지 않고 구연 및 밑굽을 다듬은 것도 거칠어 청대 말기 것으로 추정된다.

채회자기

彩繪瓷器

Color Painted Porcelain

채회자기(彩繪瓷器)는 회화기법으로 장식한 자기로 유상채(釉上彩), 유하채(釉下彩) 및 유상채와 유하채를 결합한 것 등 세 가지로 나뉜다. 삼국(三國)시대에 처음 나타났으며 남경(南京) 우화대(雨花臺) 오묘(吳墓)에서 출토된 청유갈채반구호(青釉褐彩盤口壺)가 그 증거이다. 청대(淸代) 말기까지, 중국 채화자기의 발전은 아래와 같은 세 단계를 거쳤다.

발전기[당대(唐代)]: 채회자기는 삼국시대에 나타나 당대(唐代)에 이르러 초보적인 발전을 이루었다. 대표적인 호남(湖南) 장사요(長沙窯)의 장식방법은 청유(青釉) 밑에 갈색, 녹색으로 그리는 것이었다. 청유를 바탕색으로 하였기 때문에 갈색과 녹색의 대비효과가 뚜렷하지 못하며 이후 백유(白釉)를 바탕색으로 한 각종 채회자기에 비해 초급 단계에 속한다. 서안(西安)지역에서도 당대 실제사(實際寺) 유적지에서 장사요 집호(執壺)가 출토되었다.

성숙기[송금(宋金)시대]: 하북(河北) 자주요(磁州窯)의 백지흑채자(白地黑彩瓷)가 대표적이다. 장식기법은 백색 화장토를 입힌 표면에 흑채로 그린 후 투명한 유약을 입혀 고온 소성하는 것이다. 문양이 호방하고 자유로우며 흑백대비가 강렬하고 회화기법과 색채도 장사요 채회자기보다 발전하여 채회장식의 성숙기에 들어섰다. 자주요는 유하백지흑채자(釉下白地黑彩瓷) 외에도 금대(金代)에 이어 유상홍록채자(釉上紅綠彩瓷)를 생산하였다. 자주요계 백지흑채자는 서안지역에서도 소량 발견되었다.

번영기[원명청(元明淸)시대]: 이 시대는 중국 채회자기의 전성기로 중심지는 점차 강서(江西) 경덕진요(景德鎭窯)로 옮겨갔다. 채회자기의 종류는 이전보다 증가하여 단순한 유상채와 유하채 외에도 유상채와 유하채의 결합형태가 나타났다. 구체적으로 청화(青花), 유리홍(釉裏紅), 두채(斗彩), 오채(五彩), 법랑채(珐琅彩), 분채(粉彩) 등이 있으며 색채가 다양하고 각자 특색이 있었다. 상술한 경덕진요 품종 외에도 자주요, 휘주요(輝州窯) 등 요장(窯場)에서는 원명(元明)시대에 백지흑화자기(白地黑花瓷器)를 생산하였다. 서안지역에서 원명시대 자기가 다수 발견되었는데 채회자기 중에는 청화가 수량이 가장 많고 다음으로 백지흑화, 유리홍, 두채, 오채, 법랑채, 분채 등이 있다. 실용기물(實用器物)부터 장식품까지 모두 발견되어 기형(器形)이 다양함을 알 수 있다.

Color painted porcelain is a kind of porcelain with painted decoration, including three kinds which are upperglazed painting, underglazed painting, and both upper and under glazed painting. The earliest appearance was the dish-shaped mouth celadon kettle with brown painting of Three Kingdoms period found in Yu Huatai of Nanjing City. Till the Late Qing Dynasty, the colorful painting porcelain has experienced three important stages:

Preliminary Stage(Tang Dynasty): the color painted porcelain has developed a little in Tang Dynasty after its emergence, the representation is Changsha Kiln in Hunan Province, and the decoration techniques are underglazed brown and green. Comparing with white glazed color painted porcelain, those green glazed brown painted porcelain of Changsha Kiln is still in the preliminary stage, because the background is green, which does not compare distinctively with brown and green colors. In Xi'an area some color painted porcelain of Changsha Kiln were also excavated, such as the kettle excavated in Shi Ji Temple of Tang Dynasty.

Maturing Stage(Song and Jin Dynasty): the representation is the black painting on white ground porcelain of Yaozhou Kiln in Hebei Province. The decoration technique is to paint on the white roughcast with black colors, and then dip into transparent glaze. The pattern is simple and rough, and the color of black and white contrast sharply, the technique and colors are all more advanced than those color painted porcelains made in Changsha Kiln. Besides the porcelains with underglazed black, Cizhou Kiln also make porcelains with upperglazed red and green, most of which are made in Jin Dynasty. It is the early kind of upperglazed color painted porcelain in ancient China. Some black painting on white ground porcelain of Yaozhou Kiln was also found in Xi'an area.

Prosperous Stage(Yuan, Ming and Qing Dynasty): Yuan, Ming and Qing Dynasty is the most prosperous age of Chinese color painted porcelain, the kiln center is moving slowly to the Jing Dezhen Kiln of Jiangxi Province. The color painted porcelains species has increased, besides upperglazed and underglazed, there are some porcelain with upperglaze and underglaze color painted decoration. The color painted species are blue and white, underglaze red, contrasting color, five colors, enamel color, mixed color, etc, the colors are various. Apart from the above species, Cizhou Kiln and Yaozhou Kiln also make black painting on white ground porcelain in Yuan and Ming Dynasty. The excavation in Xi'an city is rich, the blue and white porcelains are more in quantity, and also has some black painting on white ground porcelain, underglaze red, contrasting color, five colors, enamel color, mixed color, etc. The utensil species are various and comprehensive including those for utility and exhibition.

164

청유채회국판문합개(青釉彩繪菊瓣紋盒蓋)

당대(唐代)
높이 3.4cm 입지름 10cm 무게 0.11kg
2003년 7월 서안시 천복사(西安市 薦福寺) 유적지 당대 요혈(窯穴) 출토

Green Glazed Box Lid with Chrysanthemum Pattern

Tang Dynasty(618AD~907AD)
H 3.4cm Mouth D 10cm Weight 0.11kg
Excavated from Jianfu Temple Xi'an in Jul 2003

원형의 뚜껑 표면이 튀어나왔다. 원래 몸통과 자모구(子母口)를 이루나 몸통은 이미 유실되었다. 청유는 노란색이 감돌고 유하(釉下)에 갈록채국화문(褐綠彩菊花紋)을 장식하였는데 중심에 한 송이가 있고 주변에는 원래 네 송이가 있어야 하지만 국화 꽃잎 네 개만 그렸다. 태질은 노란색을 띤다. 간단한 획 몇 개로 그린 국화문은 소박하면서도 중국화 특유의 멋이 있다. 장사요에서 성행한 유하채 기법을 사용해 청유 밑에 철과 구리를 발색제로 갈색과 녹색 문양을 그렸다. 이러한 기법은 고대(古代) 도자기 채회장식에 커다란 영향을 미쳤다.

청유갈록채회(青釉褐綠彩繪)는 당대(唐代) 장사요(長沙窯)에서 주로 사용한 기법이다. 장사요는 장사시(長沙市) 동관진(銅官鎮) 등지에 위치하고 당대에 생산을 시작하였으며 청유갈록채회자기 위주였다. 이 합 뚜껑은 당대 장사요의 전형적인 기물(器物)에 속한다. 장사요에서 출토된 자기 합은 원형, 방형 및 거북이 모양 등 여러 종류가 있다. 원형 합은 몸통과 자모구를 이루어 꼭 닫힌다. 그 밖에 입 부분이 곧은 것과 오므라든 것이 있다. 일부 오므라든 입의 합은 뚜껑에 '油盒(유합)'이란 글자가 있는데 이는 머릿기름[또는 면지(面脂)]을 담는 데 쓰였음을 알려 준다.

이 합 뚜껑은 서안 천복사(薦福寺) 유적지 당대 요장(窯藏)에서 출토되었는데 함께 출토된 것으로는 장사요 자기완, 자기관 등이 있으며 모두 유하채 기법을 사용하였다. 이는 장사요 제품이 당대 도읍지인 장안(長安)에서 발견된 중요한 사례이다. 당 왕조는 국력이 강대하고 경제가 번영하였으며 대외 경제 · 문화 교류가 빈번하였다. 이를 바탕으로 장사요는 당대에 수출용 자기를 대량 생산하였으며 동아시아, 동남아시아, 남아시아, 서아시아의 여러 국가에서 발견, 출토되었다.

165

소태흑채등(素胎黑彩燈)

당대(唐代)
높이 5.2cm 입지름 9.1cm 밑지름 4.7cm 무게 0.13kg
1979년 서안시(西安市) 문물상점에서 넘겨받음

Porcelain Lamp with Black Floral Design

Tang Dynasty(618AD~907AD)
H 5.2cm Mouth D 9.1cm Bottom D 4.7cm Weight 0.13kg
Transferred by Xi'an Cultural Relic Shop in 1979

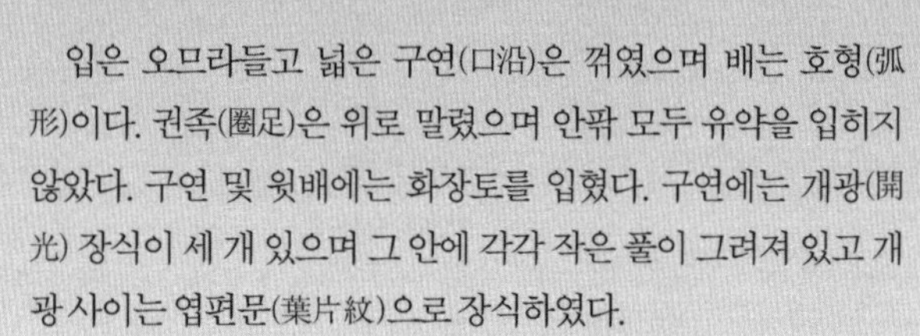

입은 오므라들고 넓은 구연(口沿)은 꺾였으며 배는 호형(弧形)이다. 권족(圈足)은 위로 말렸으며 안팎 모두 유약을 입히지 않았다. 구연 및 윗배에는 화장토를 입혔다. 구연에는 개광(開光) 장식이 세 개 있으며 그 안에 각각 작은 풀이 그려져 있고 개광 사이는 엽편문(葉片紋)으로 장식하였다.

등(燈)은 당대(唐代)에 보기 흔한 기형(器形)중 하나로 모양은 시대가 이를수록 굽이 많이 말리고 구연이 더욱 평평하다. 초당(初唐)과 성당(盛唐)의 조형은 대부분 구연이 넓고, 배가 호형이며 권족이 말렸다. 중당(中唐) 시기는 배가 꺾였으며 굽이 말린 것이 적고 전체적으로 높아졌으며 굽도 날로 높아지고 말리지 않았다. 만당(晩唐) 시기에는 배가 90도 이상 꺾였으며 굽은 점차 손잡이 모양으로 발전하였다. 이 등과 조형이 같은 것으로는 당대 휘주요(輝州窯) 삼채에서 찾을 수 있으며 1953년 낙양(洛陽) 용문(龍門) 향산사(香山寺) 2호 무덤에서 굽이 말린 삼채등이 출토된 바 있다. 향산사 2호 무덤은 성당(盛唐) 시기 고분으로 이 같은 등이 성당 시기 것임을 증명해준다.

166

소태흑채합(素胎黑彩盒)

당대(唐代)
높이 4.9cm 입지름 5.2cm 배지름 6.3cm 밑지름 3.2cm 무게 0.12kg
1983년 서안시(西安市) 문물상점에서 넘겨받음

Porcelain Box with Black Floral Design

Tang Dynasty(618AD~907AD)
Total H 4.9cm Mouth D 5.2cm
Belly D 6.3cm Bottom D 3.2cm Weight 0.12kg
Transferred by Xi"an Cultural Relic Shop in 1983

곧은 배에 전병 모양 굽이 달린 합으로 호형(弧形)의 둥그런 뚜껑과 자모구(子母口)를 이룬다. 태색은 회황색(灰黃色)이고 뚜껑 표면에는 단순한 화엽문(花葉紋)이 있다.

소태흑채자기는 당대(唐代) 황보요(黃堡窯)에서 나타난 것으로 먼저 바탕에 백색 화장토를 입힌 후 흑유로 도안을 그리고 소성했다. 이렇게 하면 흰색 바탕 위에 볼록하게 튀어나온 검은 무늬로 인해 질박하고 우아하며 특별한 운치를 지니게 된다. 일부 소태흑채반의 도안은 이슬람 유리그릇의 풍격을 띠었는데 섬서(陝西) 부풍(扶風) 법문사(法門寺) 당대 지궁(地宮)에서 출토된 이슬람 유리쟁반의 장식도안과 비슷하다.

합은 당대에 흔한 기형으로 몸통은 초당(初唐) 시기 둥글납작했으나 점차 높아져 만당(晩唐)에는 깊은 통(桶) 모양 합이 나타났다. 다리는 전병 모양에서 벽(壁) 모양으로 다시 권족(圈足)으로 변하였다.

167

백지흑화잔탁(白地黑花盞托)

송대(宋代)
전체높이 4.7cm 잔높이 4cm 입지름 9.5cm 굽지름 3.1cm
받침높이 2.4cm 지름 10.2cm 안지름 4.3cm 굽지름 3.7cm
총무게 0.1kg
1979년 서안시(西安市) 문물상점에서 넘겨받음

Porcelain Tray and Saucer with Black Floral Design over a White Ground

Song Dynasty(960AD~1297AD)
Total H 4.7cm Cup H 4cm Mouth D 9.5cm Feet D 3.1cm
Tray H 2.4cm D 10.2cm Inside D 4.3cm Feet D 3.7cm
Total Weight 0.1kg
Transferred by Xi'an Cultural Relic Shop in 1979

널찍한 입, 밖으로 젖혀진 구연(口沿), 가파르게 경사진 배벽에 작은 권족(圈足)을 가진 잔(盞)이다. 잔받침은 원형이고 중간이 비었으며 권족이 달렸다. 잔의 구연은 흑유를 입히고 안바닥에는 흑유로 여운문(如雲紋) 세 조를 그렸다. 잔받침은 유백유(乳白釉)를 입혔고 구연에는 흑유로 여운문 다섯 조를 그렸다. 바탕은 희고 매끄럽다. 자주요계 풍격으로 하남(河南) 상구(商丘) 수당(隋唐)운하에서 소지와 유약, 회화 풍격이 이와 유사한 백유흑채(白釉黑彩) 잔받침이 출토된 바 있다. 이 잔받침의 유색과 회화풍격은 송금(宋金)시대 하남 우주(禹州) 배촌요(扒村窯) 제품과 유사하다.

168

백지흑화시문매병(白地黑花詩文梅甁)

원대(元代)
높이 34.1cm 입지름 4.5cm 밑지름 8.7cm 무게 2.03kg
1972년 서안시 곡강지 묘파두촌(西安市 曲江池 廟坡頭村) 출토

Plum Vase with Poem and Black Floral Design over a White Ground

Yuan Dynasty(1297AD~1368AD)
H 34.1cm Mouth D 4.5cm Bottom D 8.7cm Weight 2.03kg
Excavated from Miaopotou village at Qujiang Pool Xi'an in 1972

작은 입은 뒤집히고 목은 짧으며 어깨는 호형(弧形)이다. 타원형 배는 깊고 배 아래는 밖으로 벌어졌으며 작은 납작바닥이다. 몸체는 백색 화장토 위에 흑채로 그린 다음 투명유약을 입혔다. 현문(弦紋)에 의해 다섯 부분으로 나뉘는데 입에는 흑채를 칠하고 어깨에는 파초문(芭蕉紋)을, 윗배에는 권지화엽문(卷枝花葉紋)을 그렸으며 아랫배에는 "바람이 부니 십 리 밖에도 향이 나는구나(風吹十里透甁香)"라는 시구를 적어 술을 담는 용도임을 알려준다.

이 병은 조형이 아름답고 선이 명쾌하며 문양과 시구가 소탈하여 민간도안과 민속예술 풍격을 짙게 띤다. 원대(元代) 자주요(磁州窯)의 전형적인 제품으로 원대 북방 장인이 이룬 조형과 장식의 예술적 경지를 남김없이 보여준다.

169

백저흑화고족배(白底黑花高足杯)

명대(明代) 중기
높이 8.6cm 입지름 8.9cm 굽높이 3.8cm 굽지름 3.4cm
무게 0.16kg
1979년 서안시(西安市) 문물상점에서 넘겨받음

High Feet Cup with Black Floral Design over a White Ground

Ming Dynasty(1368AD~1644AD)
Total H 8.6cm Mouth D 8.9cm Feet H 3.8cm Feet D 3.4cm
Weight 0.16kg
Transferred by Xi'an Cultural Relic Shop in 1979

이 배는 입이 벌어지고 배가 깊고 호형(弧形)이며 나팔 모양의 다리가 밖으로 벌어졌으며 다리 위쪽에는 죽절(竹節) 모양의 철현문(凸弦紋)이 둘러져 있다. 밑굽에는 흰색 지정(支釘)이 세 개 있다. 외벽에는 간단한 화엽문(花葉紋)이 그려져 있고 아랫배는 바탕을 드러냈으며 손잡이[柄]에는 흑유를 입혔다. 이처럼 철릉(凸稜)이 있는 다리 조형은 원대 경덕진요(景德鎭窯) 고족배(高足杯)와 뚜렷하게 구분되고 명대(明代) 성화(成化) 연간 경덕진요 고족배과 비슷하다. 그러므로 이 배의 생산연대는 명대 중기이고 생산지는 휘주요(輝州窯)인 것으로 추정된다.

휘주요의 전성기는 북송(北宋) 시기로 주요 제품은 청유자기이며 원말 명초부터 황보요(黃堡窯)와 진로요(陳爐窯)에서 자주요(磁州窯) 풍격의 백지흑화자기를 모방 제작하기 시작했다. 원래 원대(元代) 휘주요 것으로 판단했던 백지흑화자기는 연구를 통해 명대 것으로 밝혀졌다. 휘주요 백지흑화자기의 장식기법은 송대(宋代)에 새기기, 긋기, 찍기 위주였으나 명대에 회화 위주로 변하였다. 태토와 유약 질은 송대에 미치지 못하지만 자연스럽고 시원한 풍격은 송대보다 훨씬 탁월하다.

170

두채용봉문탁반
(斗彩龍鳳紋托盤)

명(明) 가정(嘉靖)
높이 2.3cm 입지름 11.9cm 밑지름 8.2cm
무게 0.1kg
1979년 서안시(西安市) 문물상점에서 넘겨받음

Contrasting Colors Tray with Dragon and Phoenix Pattern

Jiajing Reign of Ming Dynasty(1522AD~1566AD)
H 2.3cm Mouth D 11.9cm Bottom D 8.2cm
Weight 0.1kg
Transferred by Xi'an Cultural Relic Shop in 1979

입은 벌어지고 구순부(口脣部)는 뾰족하고 둥글며 배는 얕고 둥글며 권족(圈足)이 달렸다. 이는 잔받침 가운데 탁반 부분으로 안바닥 중심에는 돌출된 받침환이 있다. 태질은 매끈하고 태체는 가볍고 얇으며 유면은 깨끗하고 빛난다. 청화 현문(弦紋) 세 조에 의해 탁반은 벽, 바닥, 중심으로 나뉜다. 벽과 중심은 민무늬이며 주제문양은 바닥에 있는데 머리와 꼬리가 이어진 용봉(龍鳳)으로 사이에 '壬(임)' 자형 운문(雲紋)이 있다. 용봉 및 운문은 모두 두채(斗彩)형식으로 선이 가늘고 화면이 안정되어 보인다.

이 탁반은 태토, 유약, 문양 등으로 보아, 모두 성화 시기 두채 풍격에 부합되고 '임' 자형 운문도 명대(明代) 성화(成化) · 홍치(弘治) 시기에 흔히 보이는 양식이다.

남북조(南北朝) 말기와 당대(唐代)에 용과 봉황이 따로 그려졌고 송대에 이르러 용봉을 함께 그리기 시작했다. 예를 들어 휘주요(輝州窯) 청자완과 반에는 모두 마주 보며 춤추는 용봉문이 있다. 원대 자주요 백지흑화관에도 용봉문이 그려져 있다. 명청(明淸)시대 자기에는 더 많이 보이는데 특히 관요 자기에서 많이 보이며 대부분 부부간의 사랑, 화목, 원만함을 뜻하고 황제, 태자의 혼례에 쓰이기도 했다. 이 탁반 속 용은 몸통이 길고 늘씬하며 바퀴 모양의 발톱이 있다. 간단하게 그림으로써 발톱이 힘없어 보이고 구순부도 위로 뒤집혀 전체적으로 온순해 보이는데 이는 모두 명대 중기, 가정(嘉靖) 시기 용문(龍紋)의 특징이다. 봉황문양은 전형적인 가정연간의 특징을 띠어 명대 중기와는 뚜렷한 차이점이 존재한다.

171

백유흑화항(白釉黑花缸)

명대(明代)
높이 62cm 입지름 34cm 밑지름 16cm 무게 12kg
1997년 봄 서안시(西安市) 남쪽 교외 곡강(曲江)호텔 공사현장 명묘(明墓) 출토

White Glazed Jar with Black Floral Design

Ming Dynasty (1368AD~1644AD)
H 62cm Mouth D 34cm Base D 16cm Weight 12kg
Excavated from a tomb of Ming dynasty at Building site of Qujiang Hotel in southern suburb of Xi'an in 1997

입은 크고 구순부(口脣部)는 둥글고 두꺼우며 깊은 호형(弧形)의 배는 아래로 내려갈수록 좁아지고 납작바닥이며 기형은 큼직하다. 항아리 안쪽은 갈유(褐釉)를 입히고 윗부분에는 비문(篦紋)을 찍어 출렁이는 물결을 표현하였다. 구연 안팎은 유약을 입히지 않았다. 바탕은 황백색이고 태질은 거친 편이다. 바탕에 백색 화장토를 입히고 그 위에 흑화(黑花)를 그린 후 투명유약을 입혀 흑백의 뚜렷한 대비효과를 이루었다. 아랫배에는 여러 겹의 규칙적인 와문(瓦紋)이 둘러져 있다. 흑화는 윗배에 새겨져 있는데 아래위로 굵고 가는 검은 선을 둘렀으며 그 사이에 변형된 연문(蓮紋)을 중심으로 주위에 와문(渦紋)과 화엽문이 둘러싼 두 조의 서로 같은 문양이 있다. 이 기물(器物)은 명대(明代) 휘주요(輝州窯) 진로요구(陳爐窯區)에서 제작한 것으로 민간공예의 운치가 느껴진다.

고대(古代) 중국에서는 무덤에 '장명등(長明燈)'을 켜 놓는 풍습이 있었는데 이 항아리는 묘실에서 출토되었으므로 기름을 담는 그릇으로 추정된다. 이 기물은 명대 진번(秦藩) 견양(汧陽) 혜공왕(惠恭王) 부인인 전 씨(錢氏) 무덤의 부장품이다. 명대 성화(成化) 21년(1485년)에 매장된 명확한 연대 기록이 있는 무덤으로 명대 자주요계 백지흑화자기 발전상황 연구에 있어 실물자료가 된다.

백지흑화가채회용항(白地黑花加彩繪龍缸)

명(明) 홍치(弘治)
높이 62cm 입지름 40cm 밑지름 19cm 무게 12.6cm
1999년 8월 서안시 안탑구 금호타촌(西安市 雁塔區 金呼沱村) 명(明) 홍치(弘治) 9년(1497년) 견양(汧陽) 단의왕(端懿王) 주공쟁(朱公鏳) 무덤 출토

Porcelain Vat with Dragon Pattern and Black Floral Design over a White Ground

Ming Dynasty(1368AD~1644AD)
H 62cm Mouth D 40cm Base D 19cm Weight 12.6kg
Excavated from tomb of Qianyang King Ruiyi in Ming dynasty at Jinhutuo Village in Yanta District, Xi'an in Aug 1999

몸체는 크고 곧은 입에 둥근 구순부(口脣部)가 있다. 살짝 볼록한 배는 내려가면서 점차 좁아지고 권족(圈足)이다. 내벽에는 장흑색(醬黑色) 유약을 입히고 외벽에는 백유를 입혔는데 살짝 노란빛이 감돈다. 배 아래위에는 각각 흑색으로 그린 현문(弦紋) 다섯 줄이 있고 사이에는 변형된 권지화엽문(卷枝花葉紋)이 그려졌다. 구연 및 바닥은 유약을 입히지 않았다. 외벽의 백유 위에 백색 분말을 칠한 후 그 위에 화려한 운룡(雲龍) 도안을 그렸다. 분홍색, 노란색, 담녹색, 검은색 등이 보이지만 그림이 벗겨진 부분이 많아 용의 배와 꼬리부분만 비교적 뚜렷하게 보이고 나머지는 식별이 어렵다.

명묘(明墓)는 서안시(西安市) 남쪽 교외 안탑구(雁塔區) 금호타촌(金呼沱村)에 위치하며 명대 진번왕(秦藩王)이 책봉한 군왕묘(郡王墓)로 묘지(墓誌)에는 "함녕현 위곡리지원(鹹寧縣韋曲里之原)"이라는 매장 위치가 기록되어 있다. 묘주(墓主)는 진강왕(秦康王) 셋째 아들로 명대(明代) 정통(正統) 원년에 출생해 11년에 군왕(郡王)으로 책봉되었고 홍치(弘治) 8년(1496년) 6월 8일에 60세 나이로 병으로 졸하였다. 견양(汧陽)에서 50년간 왕위에 있었고 명대 관제(官制)로는 1품에 속하였다. 명대 진왕부(秦王府)의 가족 무덤은 서안시 동남쪽 봉서원(鳳栖原) 및 소릉원(少陵原)에 집중되었다. 무덤은 많지만 도굴로 인해 아직 온전히 보전된 명대 진번왕 및 군왕 무덤은 발굴하지 못한 상황이다. 이 묘는 도굴되기는 했으나 묘실구조가 완전히 보존되어 있고 채회도용(彩繪陶俑) 79점, 도제(陶制) 가옥모형, 가구, 취사기 등 명기(明器) 그리고 나무도장, 옥대식(玉帶飾), 동전 및 묘지(墓誌)가 출토되었다. 이 항아리는 남향인 무덤의 묘문(墓門) 안 동쪽에 놓여 있었고 출토 당시 조각으로 발견되었으며 기름을 담았던 것으로 추정된다. 관 앞에서 민무늬 백자완(白瓷碗) 1점이 함께 출토되었다.

이 항아리는 장식기법과 용도가 비교적 특이한데 명대 휘주요(輝州窯) 진로요구의 백지흑화자기에 채회한 후 무덤의 장명등(長明燈)으로 사용한 것으로 명대 경덕진 어요의 청화용문항아리를 모방하였다. 명대 어요의 청화용문항아리는 '대양(大樣)', '이양(二樣)', '삼양(三樣)' 등으로 분류되는데 궁정에서 물, 쌀, 기름을 담는 용도로 쓰였고 이 밖에 궁전 건축물의 화재 방지 및 황제릉의 부장품으로도 쓰였다. 예를 들어, 만력황제 정릉(定陵) 지궁(地宮)에는 '장명등'[또는 '만년항(萬年缸)'이라 칭함]으로 쓰이는 가정 시기 청화용문항아리 세 점이 놓여 있다. 상해박물관 소장품과 경덕진 주산(珠山) 어요 유적지 출토품에도 명대 선덕에서 정통(正統) 시기의 대형 청화용문항아리가 있다. 『명신종실록(明神宗實錄)』에는 만력 13년에 재상이 '신식대용항(新式大龍缸)'의 제작 중단을 주청한 기록이 있다. 청대, 당영(唐英)은 『용항기(龍缸記)』에서 "명대 만력 시기 어요에서 수차례 용문항아리를 시험 제작하였으나 모두 실패했다. 이에 요공(窯工)인 동공민(童公閔)은 온갖 노력 끝에 끝내 성공했으니 후대 요공들은 그를 '풍화신(風火神)'이라고 칭하였다"라고 기록하였으며 이 밖에, 청대(淸代) 옹정(雍正) · 건륭(乾隆) 시기도 만력 시기 청화용문항아리를 볼 수 있었다고 적고 있다. 명대 어요에서 생산한 청화용문항아리는 그 수가 매우 적고 품계에 따라 사용해 진번왕 묘군에서는 아직까지 어요에서 생산한 청화용문항아리가 발견되지 않았다. 이 대체품 외에 기타 명대 번왕 종실묘(宗室墓)에서는 명대 휘주요 다엽말유(茶葉末釉) 항아리를 부장하는 풍습이 있음을 발견하였다.

이 항아리는 명대 군왕묘에 부장된 자기로 만든 만년등(萬年燈, 항아리) 및 용문항아리의 실례를 풍부히 하였을 뿐만 아니라 명대 휘주요 백지흑화자기의 시대 구분 연구에 있어서도 매우 진귀한 기년묘(紀年墓) 자료가 된다.

173

척화백자관(剔花白瓷罐)

명대(明代) 말기
높이 30cm 입지름 18.2cm 배지름 27.2cm 밑지름 14.5cm
무게 3.8kg
1979년 서안시(西安市) 문물상점에서 넘겨받음

White Porcelain Pot with Carved Decoration

Ming Dynasty(1368AD~1644AD)
H 30cm Mouth D 18.2cm
Belly D 27.2cm Bottom D 14.5cm
Weight 3.8kg
Transferred by Xi'an Cultural Relic Shop in 1979

구연(口沿)은 평평하고 입은 짧고 곧다. 목은 없고 둥글면서 불룩한 배는 내려갈수록 좁아지고 권족(圈足)이다. 문양 구도는 비교적 빽빽하지만 층차가 뚜렷하다. 주제문양은 윗배에 위치한 동글납작한 개광 속에 그려져 있다. 그중 하나에는 꽃을 손에 쥔 동자를 새기고 다른 하나에는 한종리(漢鍾離)와 여동빈(呂洞賓) 및 동자를 새기고 주위에 파초문(芭蕉紋)을 장식하였다. 개광(開光) 사이는 수파어문(水波魚紋)으로 구분했다. 어깨에는 회문(回紋) 및 변형된 연판문(蓮瓣紋)이 있고, 아랫배에는 운문(雲紋) 및 파초문 등 보조문양을 장식하였다.

기물(器物)은 조형이 풍만하고 가공도 정교하다. 특히 장식 면에서 척지법(剔地法)으로 문양을 돋보이게 하고 동시에 음각으로 세부를 나타냈다. 고대(古代) 척화(剔花)기법은 음각과 양각 두 가지로 구분되며 명대 자주요의 대표적인 기법이다. 이 관(罐)은 도안에서 명대(明代) 제품임을 추정할 수 있다. 『문박(文博)』에서 1992년 제1기에 발표된 「서안성 출토 명대 요장(窯藏) 유물」에는 다음과 같은 내용이 있다. 1988년 5월 서안시 건설공정국(建設工程局) 기초공사과정에서 명대 요장 유물이 발견되었는데 그중 자기, 법랑기 및 동보살상(銅菩薩像) 22점, 선덕통보(宣德通寶), 가정통보(嘉靖通寶) 등 고대 화폐도 포함되어 있었다. 이 관(罐)은 명대 요장에서 출토된 자기로 문양과 제재로 보아 명대 가정(嘉靖), 만력(萬曆) 시기 자주요계 작품으로 추정된다.

174

법화수파연문매병(琺華水波蓮紋梅甁)

명대(明代) 말기
높이 29.9cm 입지름 4.3cm 배지름 14.4cm 밑지름 10cm
무게 1.68kg
1985년 서안시(西安市) 문물상점에서 넘겨받음

Plum Vase with Enamel Lotus and Waves Pattern

Ming Dynasty(1368AD~1644AD)
H 29.9cm Mouth D 4.3cm
Belly D 14.4cm Bottom D 10cm
Weight 1.68kg
Transferred by Xi'an Cultural Relic Shop in 1985

구순부(口脣部)는 둥글고 입은 작으며 목은 짧고 잘록하다. 풍만한 어깨는 내려가면서 점점 좁아지고 권족(圈足)이다. 몸체는 늘씬하고 술을 담는 기물(器物)로 송대(宋代)에 나타나 금원(金元)시대에 성행하였고 명청(明淸)시대에 이르러 기형이 풍만해지고 장식품으로 쓰였다. 이 기물은 전체에 법람유(琺藍釉)를 입히고 그 위에 옅은 색의 법화채(琺華彩)를 칠했다. 유색은 청옥처럼 아름답고 부드러우며 약간 흐른 흔적이 있고 미세한 어자문(魚子紋)이 보인다. 문양은 채색화의 입분법(立粉法)을 사용하였다. 바탕에 영락문(纓絡紋), 하엽문(荷葉紋), 파도문(波濤紋) 등 문양의 윤곽을 간단히 그린 다음 노란색, 녹색, 남색 등 유약으로 바탕과 문양의 색상을 채워 가마에 넣고 소성하는 기법이다. 이런 기법은 명대(明代) 산서(山西)에서 나타나 가정(嘉靖) 이후 성행하였으며 흔히 병(甁), 관(罐), 발(鉢) 등 기물에 사용되었다. 이 기물의 배 중앙에는 뚜렷한 이음선이 보이는데 이는 두 부분을 이어 만든 것임을 말해주는 것으로 명대의 특징이다.

175

법화전지연문관(琺華纏枝蓮紋罐)

명대(明代) 말기
높이 34.2cm 입지름 16.1cm 배지름 32cm 밑지름 19cm
무게 10.76kg
1979년 서안시(西安市) 문물상점에서 넘겨받음

Pot with Enamel Lotus Pattern

Ming Dynasty(1368AD~1644AD)
H 34.2cm Mouth D 16.1cm
Belly D 32cm Bottom D 19cm
Weight 10.76kg
Transferred by Xi'an Cultural Relic Shop in 1979

구순부(口脣部)는 평평하고 입은 커다랗다. 구연(口沿)은 네모지고 꺾였으며 경사진 어깨는 풍만해지다가 내려가면서 점차 좁아지고 납작바닥이며 뚜껑이 없고 태체는 두껍고 무겁다. 어깨 문양은 상하로 나뉘는데 위층은 연결된 복련판문(覆蓮瓣紋)이고 아래층은 안에 팔보문(八寶紋)을 채운 여의두문(如意頭紋)이다. 배의 주제 문양은 모란당초문(牧丹唐草紋)이다. 굽과 가까운 부위에는 어깨와 대응되는 복련판문이 있다. 전체는 법람유(琺藍釉)를 입혔고 유색은 청옥같이 깨끗하고 빛이 나며 약간의 흐름현상이 보이며 세밀한 어자문(魚子紋)이 있다.

176

법화연화문개관(琺華蓮花紋蓋罐)

명대(明代) 말기
높이 31.8cm 입지름 13.8cm 배지름 23.07cm 밑지름 16.6cm
무게 2.04kg
1983년 서안시(西安市) 문물상점에서 넘겨받음

Porcelain Pot and Lid with Enamel Lotus Pattern

Ming Dynasty(1368AD~1644AD)
H 31.8cm Mouth D 13.8cm
Belly D 23.07cm Bottom D 16.6cm
Weight 2.04kg
Transferred by Xi'an Cultural Relic Shop in 1983

구순부(口脣部)는 평평하고 입은 커다랗다. 짧은 목에 경사진 어깨는 풍만해지다가 내려가면서 점차 좁아지고 바닥은 밖으로 살짝 벌어졌다. 커다란 보주 꼭지가 달린 뚜껑은 엎어 놓은 바리때 모양으로 청대(淸代) 유행하던 장군관의 전신(前身)이다. 뚜껑에는 여의운두문(如意雲頭紋) 안에 화훼 도안을 채웠다. 목에는 간단한 운문(雲紋) 장식이 보이고 어깨에도 여의운두문 안에 꽃을 채웠다. 배에는 주제문양인 연잎, 연꽃, 물새가 보인다. 굽 근처에는 변형된 연판문(蓮瓣紋)이 있다.

177

오채모단봉문관(五彩牡丹鳳紋罐)

청(清) 순치(順治)
높이 17.6cm 입지름 7.8cm 배지름 15.9cm 밑지름 10.8cm
무게 0.98kg
1973년 서안시 자강로(西安市 自强路) 출토

Porcelain Pot with Peony and Phoenix Pattern

Shunzhi Reign of Qing Dynasty(1644AD～1661AD)
H 17.6cm Mouth D 7.8cm
Belly D 15.9cm Bottom D 10.8cm
Weight 0.98kg
Excavated from Ziqiang Road Xi'an in 1973

구순부(口脣部)는 둥글고 입은 곧으며 목은 짧다. 풍만한 어깨와 둥근 배를 가졌으며 내려가면서 점차 좁아지며 권족(圈足)이고 굽 바깥 부분에는 칼로 깎아낸 흔적이 있다. 전체적으로 오채(伍彩)를 입혔으며 청화현문(青花弦紋)에 의해 네 부분으로 나뉜다. 목에는 변형된 붉은색 화염문(火焰紋)을, 어깨에는 짙은 녹색 가지와 잎 사이에 붉은색 모란을 측면으로 그렸다. 배에는 주제문양인 녹색 뿌리, 가지, 잎과 활짝 핀 붉은색 모란 및 날갯짓하는 봉황을 그렸다. 봉황은 커다란 볏, 살짝 벌어진 짧은 입구, 쭉 째진 두 눈을 가졌다. 목의 털은 세밀하게 하나하나 곧추 세워졌으며 날개는 꺾였는데 녹색 삼각형 문양으로 깃털을 표현하였다. 발은 가늘고 작지만 힘 있어 보이고 꼬리 깃털은 몇 가닥으로 나뉘었다. 굽과 가까운 아랫배에는 두 줄의 청화 현문 사이에 홍유, 녹유로 번갈아 장식하였다. 그 위의 노란색과 녹색은 이미 벗겨지기 시작하였으며 유상채임을 알 수 있다. 화훼, 가지, 잎, 뿌리 등은 모두 윤곽을 그리고 색을 채우는 기법을 위주로 하였는데 이런 기법은 명대(明代) 성화(成化) 연간에 생겼으며 가정(嘉靖)·만력(萬曆)·강희(康熙) 연간에 가장 많이 사용되었다. 형태와 기법으로 보아 순치(順治) 연간 경덕진요(景德鎭窯) 제품으로 추정된다.

178

유하삼채대반(釉下三彩大盤)

청(淸) 강희(康熙)
높이 6.9cm 입지름 34.9cm 굽지름 21.8cm 무게 2.08kg
1981년 서안시(西安市) 문물상점에서 넘겨받음

Underglazed Tri-color Tray

Kangxi Reign of Qing Dynasty(1662AD~1722AD)
H 6.9cm Mouth D 34.9cm Feet D 21.8cm Weight 2.08kg
Transferred by Xi'an Cultural Relic Shop in 1981

입은 벌어지고 구순부(口脣部)는 뾰족하고 둥글다. 안바닥을 드러내고 쌍권족(雙圈足)이다. 굽 가장자리는 미꾸라지 등 모양이다. 바탕은 희고 단단하며 유면은 매끄럽다. 청화 발색은 청남색으로 주명료(珠明料)로 그린 것이다. 안쪽에 그린 유하삼채산수도(釉下三彩山水圖)는 '분수(分水)' 기법, 즉 농필(濃筆)과 담필(淡筆), 구륵법(鉤勒法)과 몰골법(沒骨法)을 결합하여 그렸다. 농필로 높고 험한 산과 중첩된 커다란 바위를 생동감 있게 표현하고, 담필로 보일 듯 말 듯한 먼 산을 그렸다. 고목은 바람을 맞으며 서 있는데 일부는 유리홍으로 그려 가을바람이 부는 가운데 쓸쓸함이 느껴진다. 나무 옆 바위에는 두청색(豆靑色)을 칠하여 전체 화면의 푸른 산과 바위를 표현하였다. 안쪽 장식은 층차감과 입체감이 있으며 청화의 분수기법까지 더해 중국화의 표현 기법이 엿보인다. 외벽에는 호방하고 힘 있는 필법으로 대나무와 매화를 그려 강인한 정신세계를 표현하였다.

유하삼채는 청대(淸代) 강희(康熙) 시기에 나타났으며 산화코발트, 산화구리, 산화철 등의 착색제를 사용하고 청화, 유리홍, 두청 등 세 가지 색으로 그렸다. 색상마다 필요한 온도가 달라 난이도가 높고 따라서 전해지는 것도 극히 적어 이 반의 희소가치를 알 수 있다.

이 반은 태토, 유약, 청화 발색, 유하삼채 및 화면의 층차감 등이 청대 강희 시기 채회(彩繪)자기의 특징을 띠고 있다.

179

황지소삼채화훼문완(黃地素三彩花卉紋碗)

청(淸) 강희(康熙)
높이 9.2cm 입지름 18.9cm 굽지름 7.5cm 무게 0.52kg
1979년 서안시(西安市) 문물상점에서 넘겨받음

Tri-color Bowl with Flower Pattern on Yellow Ground

Kangxi Reign of Qing Dynasty(1662AD~1722AD)
H 9.2cm Mouth D 18.9cm Feet D 7.5cm Weight 0.52kg
Transferred by Xi'an Cultural Relic Shop in 1979

크게 벌어진 입, 얄팍하고 둥근 구순부(口脣部), 깊은 배에 굽이 달린 완이다. 바깥바닥에 방형(方形)의 도기(圖記) 관지가 보인다. 태체는 매끈하고 단단하며 내외 벽은 모두 저온 황유를 입혔다. 내벽은 민무늬이고 외벽에는 화훼 세 조를 그렸는데 각각 녹색, 흰색, 갈색의 저온 유약으로 식물의 잎, 꽃, 가지를 그렸다.

이 황지소삼채(黃地素三彩)에 사용된 공예는 먼저 소태 위에 절지화를 새기고 고온 소성한 후 저온 황유를 입히고 각각 채색을 추가한 다음 다시 저온 소성했다. 문양 중에 붉은색이 없기 때문에 황지소삼채에 속한다. 화려하고 고급스러운 황색 바탕에 담아하고 산뜻한 녹색, 흰색, 갈색을 더함으로써 더욱 고아하고 대범해 보인다.

180

분채인물문완(粉彩人物紋碗)

청(淸) 강희(康熙)
높이 5.2cm 입지름 11.9cm 굽지름 5.7cm 무게 0.1kg
1979년 서안시(西安市) 문물상점에서 넘겨받음

Porcelain Bowl with People Figure Pattern

Kangxi Reign of Qing Dynasty(1662AD~1722AD)
H 5.2cm Mouth D 11.9cm Feet D 5.7cm Weight 0.1kg
Transferred by Xi'an Cultural Relic Shop in 1979

벌어진 입, 둥근 구순부(口脣部), 깊은 배에 권족(圈足)이 달린 완이다. 바깥바닥에 청화 도기(圖記) 관지가 있는데 붓, 은정(銀錠), 여의(如意)로 구성된 도안으로 '원하는 바를 이룬다'는 뜻이다. 태체는 비교적 얇고 태질은 깨끗하고 매끈하며 유면은 빛난다. 내벽은 희고 민무늬이며 외벽에는 주제문양 두 조를 그렸다. 하나는 두 문인이 마주 앉아 이야기를 나누는 그림이고 다른 하나는 휴금방우도(携琴訪友圖)이다. 먼 곳의 산봉우리와 근처의 책상이 배경 역할을 한다. 전체 화면은 화려한 유상오채(釉上五彩)와 달리 옅고 부드러운 발색인데 이것이 바로 분채이다.

이 완은 청대(淸代) 옹정(雍正) 시기 자기특징을 띠었지만 분채 색상이 고르지 못하고 기법도 서툰 편이다. 그러므로 강희(康熙) 말기와 옹정 초기 것으로 추정된다.

181

분채절지모단문완(粉彩折枝牡丹紋碗)

청(淸) 옹정(雍正)
높이 5.4cm 입지름 11.6cm 굽지름 5.8cm 무게 0.09kg
1979년 서안시(西安市) 문물상점에서 넘겨받음

Porcelain Bowl with Peony Twig Pattern

Yongzheng Reign of Qing Dynasty(1723AD~1735AD)
H 5.4cm Mouth D 11.6cm Feet D 5.8cm Weight 0.09kg
Transferred by Xi'an Cultural Relic Shop in 1979

벌어진 입, 둥근 구순부(口脣部), 깊은 배에 크고 가지런한 권족(圈足)이 있다. 바깥바닥에는 두 겹의 동그라미 안에 '大淸雍正年制(대청옹정년제)'가 해서체로 쓰여 있다. 태질은 매끈하고 깔끔하며 유면은 맑고 빛난다. 외벽에는 분채로 활짝 핀 모란을 그렸는데 꽃은 담홍색과 연분홍색이고, 가지와 잎은 담녹색과 담남색이다. 꽃잎은 간결하고 대범하며 그 색상은 담아하고 부드러워 옹정 시기 분채기법의 성숙함을 보여준다. 내벽은 민무늬이지만 안바닥에 간단한 화훼가 그려졌다.

강희(康熙) 시기와 비교해 옹정(擁正) · 건륭(乾隆) 시기는 분채자기의 전성기이다. 옹정 시기 분채는 백자의 바탕이 깨끗하고 유약이 맑아 특히 이름났다. 옹정 시기 분채의 장식제재는 화훼, 초충, 나비, 새를 위주로 하고 그 외 인물, 동물, 산수 등이 있는데 모두 시화의 정취와 고아한 의경(意境)을 담았으며 청화자기에서 흔히 보이는 당초문은 드물다. 문양은 대부분 회화 구도로, 기물(器物)의 구연(口沿), 목, 배 아래 등에 장식을 하지 않아 기형과 조화를 이루고 전통적인 중국화 구도를 완성했다.

이 완의 태토와 유약은 옹정 시기 백자와 유사하며 모란 색상은 부드럽고 고아하며 문양은 중국화 구도를 이룬다. 또한 옹정 시기 관지가 있어 시기를 알 수 있다.

182
분채(粉彩) '오공지일(五供之一)' 화고(花觚)

청(清) 옹정(雍正)
높이 21cm 입너비 6cm 배너비 6.5cm 바닥너비 7.5cm 무게 0.6kg
1980년 서안시(西安市) 문물상점 수집

Porcelain Gu Utensil with "One of the Five Offerings" Pattern

Yongzheng Reign of Qing Dynasty(1723AD~1735AD)
H 21cm Mouth L 6cm
Belly L 6.5cm Bottom L 7.5cm Weight 0.6kg
Collected by Xi'an Cultural Relic Shop in 1980

네모난 입은 밖으로 벌어지고 중심부는 돌출되어 사다리 모양을 이루었으며 아래위 부분은 모두 중간으로 가면서 좁아지고 네모난 굽은 구연보다 크며 밑바닥은 오목하게 들어가고 노태되었다. 유층이 두껍고 구연(口沿) 아래에는 녹색 바탕에 권초문(卷草紋)을 그렸다. 두 권초문 아래는 복숭아로 장식하고 중심부에는 다투어 피어난 복숭아 꽃 네 송이를 그렸으며 아랫부분에는 연꽃이 하늘거리고 있다. 기하문(幾何紋)을 사이에 두고 화훼가 세 구역으로 나뉘어 전체 문양이 서로 어우러지고 기품 있고 우아한 느낌을 준다. 분홍색, 남색, 녹색, 흰색으로 꽃잎과 바탕색을 칠했다. 안료는 수입산을 사용하였는데 이는 서양문화의 영향을 받은 것으로 자기 제작역사의 새로운 시작이라고 할 수 있다.

분채는 고온 소성한 백자 위에 도안 윤곽을 간단히 그린 후 그 위에 '유리백[玻璃白]'을 채워 넣고 다시 채색 안료를 입힌 다음 깨끗한 붓으로 씻어내어 농담과 명암 효과를 내는 기법을 말한다. 예를 들어 꽃술에는 붉은색 안료를 가장 두껍게 남기고 몰골법을 사용해 명암과 농담이 두드러지고 문양의 입체감이 느껴진다. 분채자기는 강희 말기에 시작되어 옹정 시기에 전성기를 맞이하였다. 분채자기는 약 700℃에서 소성해 질감이 오채자기보다 부드럽기에 '연채(軟彩)'라고도 한다.

'오공(五供)'은 사당(祠堂)이나 묘우(廟宇)에서 사용하는 제사용품으로 향로 1점, 촛대 2점, 화고[향통(香筒)이라고도 부름] 2점으로 구성되었다.

분채인물방형필통(粉彩人物方形筆筒)

청(淸) 옹정(雍正)
높이 12.9cm 너비 7.7×7.8cm 무게 0.44kg
1979년 서안시(西安市) 문물상점에서 넘겨받음

Porcelain Square Brush Holder with Figure Pattern

Yongzheng Reign of Qing Dynasty(1723AD~1735AD)
H 12.9cm L 7.7×7.8cm Weight 0.44kg
Transferred by Xi'an Cultural Relic Shop in 1979

필통은 직사각형으로 납작바닥에 방형(方形) 굽이 4개 있다. 바탕은 희고 단단하며 유면은 빛난다. 구연(口沿)에는 철적유로 기하도안을 장식하고 사면에는 각각 '고사도(高士圖)'를 그렸는데 인물을 그림에 필법이 세밀하고 선이 유창하며 표정이 다양하고 색상 사용이 뛰어나다. 고사도는 문인아사(文人雅士)들의 생활의 정취를 반영해 그렸는데 예술미뿐만 아니라 문인의 정신생활과 가치관을 파악할 수 있다. 즉 봉건적 도덕규범에 따라 벼슬을 하지 않고 은거하던 사람을 보여준다.

분채인물문대반(粉彩人物紋大盤)

청(淸) 건륭(乾隆)
높이 5.7cm 입지름 36.2cm 밑지름 21.8cm 무게 1.3kg
1983년 12월 서안시(西安市) 문물상점에서 넘겨받음

Porcelain Tray with Figure Pattern

Qianlong Reign of Qing Dynasty(1736AD~1795AD)
H 5.7cm Mouth D 36.2cm Bottom D 21.8cm Weight 1.3kg
Transferred by Xi'an Cultural Relic Shop in Dec 1983

입은 벌어지고 구순부(口脣部)는 뾰족하고 둥글며 구연(口沿)은 장유를 시유(施釉)하고 배는 얕고 배벽은 직선에 가깝다. 바닥을 드러내고 권족(圈足)이며 굽 외벽은 안으로 기울어졌다. 구연 가장자리에는 개광(開光) 4개를 배치하였고 개광 속에는 담묵으로 산수문(山水紋)을 그렸으며 개광 사이는 붉은색과 녹색의 도안이 있다. 안 바닥의 주제문양을 보면 노송 아래에 두 사람이 서 있는데 그중 나이 든 사람은 호인(胡人)으로 손에 여의를 들고 있다. 젊은이는 얼굴이 넓적하고 대머리인 것으로 보아 승려인 듯하다. 노송과 돌은 담녹색, 인물의 옷은 각각 담황색과 담남색을 사용해 시원하고 간결해 보인다.

청대 분채자기 중에서 강희 시기 것은 극히 드물다. 옹정(雍正) 시기 분채자기는 화훼, 곤충, 나비 위주이고 인물문(人物紋)이 적은데 이국풍격의 인물문은 더욱 적고 문양의 선과 색채가 더 가늘고 부드러운 편이다. 건륭 시기는 대외교류가 늘어나 자기에서도 이국색채의 문양이 자주 보인다. 그러므로 이 반은 청대 건륭 시기 것으로 추정된다.

185

분채인물촉대(粉彩人物燭台)

청(淸) 건륭(乾隆)
높이 22.2cm 밑지름 6×10cm 무게 0.9kg
1979년 서안시(西安市) 문물상점에서 넘겨받음

Porcelain Candle Holder in People Figure Shape

Qianlong Reign of Qing Dynasty(1736AD~1795AD)
H 22.2cm Bottom D 6×10cm Weight 0.9kg
Transferred by Xi'an Cultural Relic Shop in 1979

촛대는 광택이 나고 매끄러우며 우아하고 바탕은 희고 단단하다. 몸집이 우람한 무사 두 명이 직사각형 받침 위에 쪼그리고 있다. 무사는 호인으로 큰 얼굴에 곱슬머리이고 흰 수염이 위로 휘었다. 눈을 부릅뜨고 입을 크게 벌렸으며 비늘갑옷을 입었다. 두 손으로는 초를 꽂는 데 사용하는 해당화 모양의 탁반을 들고 있다. 전체적으로 분채를 입혔고 구도가 뛰어나며 예술성과 실용성을 모두 갖추었다.

186

청화분채모단문화분(青花粉彩牡丹紋花盆)

청(清) 건륭(乾隆)
높이 18.9cm 입지름 21.1cm 밑지름 14.4cm 무게 1.39kg
1985년 서안시(西安市) 문물상점에서 넘겨받음

Porcelain Basin with Peony Flower Pattern

Qianlong Reign of Qing Dynasty(1736AD~1795AD)
H 18.9cm Mouth D 21.1cm Bottom D 14.4cm Weight 1.39kg
Transferred by Xi'an Cultural Relic Shop in 1985

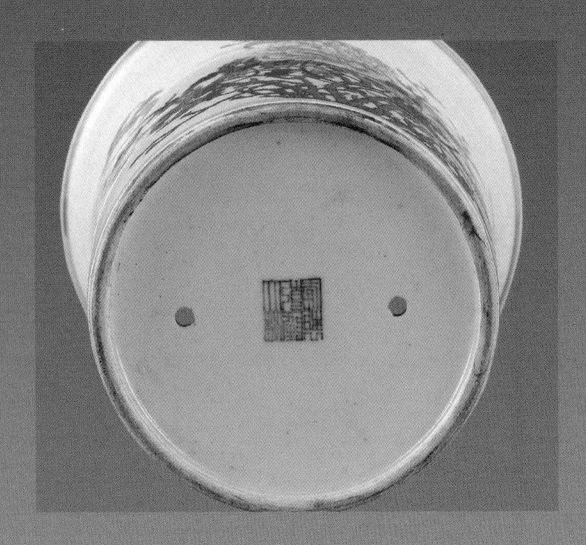

구연(口沿)은 밖으로 젖혀지고 곧은 배에 권족(圈足)이다. 유면은 매끄럽고 바탕은 희고 단단하다. 바깥바닥에는 '大清乾隆年制(대청건륭년제)'가 전서체(篆書體)로 쓰여 있다. 구연에는 청화 회문(回紋)을 둘렀고 배에는 주제문양인 모란을 그렸다. 줄기와 잎은 청화로 그렸는데 색상의 농담에 운치가 있고 잎의 양면을 표현해 입체감을 강조하였다. 꽃은 다양한 분채로 그렸는데 발색이 담아하고 다양한 색상의 꽃을 세밀하게 그려 풍부한 층차감을 보여주었다. 전체적으로 사실적 묘사에 가깝다. 꽃 중의 왕인 모란은 부귀의 상징으로 기물(器物)에 그려 아름다운 생활에 대한 바람을 표현하였다. 이 화분은 기형이 반듯하고 태토와 유약 질이 좋을 뿐만 아니라 분채기법도 발전해 청대(清代) 건륭(乾隆) 시기 자기 제조업의 흥성을 보여준다.

187

녹지분채화훼문반(綠地粉彩花卉紋盤)

청(淸) 건륭(乾隆)
높이 3.3cm 입지름 12cm 굽지름 12.8cm 무게 0.31kg
1979년 서안시(西安市) 문물상점에서 넘겨받음

Porcelain Tray with Flower Pattern on a Green Ground

Qianlong Reign of Qing Dynasty(1736AD~1795AD)
H 3.3cm Mouth D 12cm Feet D 12.8cm Weight 0.31kg
Transferred by Xi'an Cultural Relic Shop in 1979

벌어진 입, 얄팍하고 둥근 구순부(口脣部)에 굽이 달린 반이다. 바깥바닥에는 '大清乾隆年制(대청건륭년제)'가 전서체(篆書體)로 쓰여 있다. 태체는 단단하고 유면은 광택이 부족하다. 내벽에는 저온 녹유(綠釉)를, 구연에는 장유를, 외벽에는 백유(白釉)를 입혔다. 외벽에는 유상홍채(釉上紅彩)로 죽문(竹紋) 3조를, 내벽에는 '낙화유수'를 그렸다. 녹유 위 어둡고 미세한 무늬는 잔물결을 상징하며 물 위로 분홍색과 진홍색의 연꽃, 석류꽃, 모란 등이 떨어져 있다. 이런 무늬는 속칭 '낙화유수'라 하며 "떨어지는 꽃은 마음 있으나, 흐르는 물은 무정하네(落花有意, 流水無情)"란 시구에서 온 것으로 송대부터 자기 문양으로 나타났다. 예를 들어 송대(宋代) 휘주요(輝州窯) 청자에는 이런 문양이 자주 보이는데 단지 물결의 화법(畵法)과 화훼 종류가 다를 뿐이다.

이 반은 소성을 거친 백자에 저온 녹유를 입히고 그 위에 물결을 그린 다음 그림을 그릴 부분에 비소를 함유한 유리백(琉璃白)을 칠한 후(석류꽃은 제외) 그 위에 꽃을 그려 색상이 담아한 분홍 꽃을 만들어 냈다. 이런 채회(彩繪) 유형을 '색지분채(色地粉彩)'라고 한다.

이 반은 꽃이 간결하고 문양에 층차감이 있는 것을 보아 청대(清代) 건륭(乾隆) 말기로 추정된다.

188

오채과지과과문반(五彩過枝瓜果紋盤)

청(淸) 건륭(乾隆)
높이 3.4cm 입지름 18.9cm 굽지름 12.1cm 무게 0.29kg
1983년 3월 26일 서안시(西安市) 문물상점에서 넘겨받음

Porcelain Tray with Fruit and Melons Pattern

Qianlong Reign of Qing Dynasty(1736AD~1795AD)
H 3.4cm Mouth D 18.9cm Feet D 12.1cm Weight 0.29kg
Transferred by Xi'an Cultural Relic Shop in Mar 26 1983

벌어진 입, 얄팍하고 둥근 구순부(口脣部), 호형의 배에 권족(圈足)이 달린 반이다. 바깥바닥에는 금채(金彩)를 사용해 쓴 전서체(篆書體) '大淸乾隆年制(대청건륭년제)'가 있다. 외벽에는 동적유를 입히고 유면의 금채 위에 꽃 몇 송이를 그렸다. 내벽의 유면은 흰색 가운데 청색이 살짝 서려 있다. 주제문양은 안바닥에 그려져 있는데 유상오채로 담자색 포도, 짙은 보라색 가지, 노란색 여주, 붉은색 호박과 꽃, 녹색 덩굴 등을 그렸다. 흰색 바탕으로 인해 문양의 색상은 더욱 짙고 화려해 보이며 외벽의 홍유와 어우러져 더욱 돋보인다.

오채자기는 채회자기의 일종으로 금대(金代)에 싹트기 시작했는데 예를 들어 금대 자주요(磁州窯)의 유상홍록채자기(釉上紅綠彩瓷器) 등이 있다. 기법을 살펴보면 소성을 거친 백자에 붉은색, 녹색 등 안료로 그림을 그린 후 약 800℃에서 저온 소성한다. 오채자기는 청화오채와 유상오채 두 가지로 나뉜다. 명대(明代) 초기에는 선덕(宣德) 시기 청화오채연지원앙문완(靑花五彩蓮池鴛鴦紋碗) 등 청화오채가 많고 대부분이 유하청화이다. 명대 중 · 말기에 이르면 유하청화가 보편화되는데 청대(淸代) 강희(康熙) 중 · 후기에 이르러 청화는 오채자기에서 거의 사라지고 유상오채로 대체되었다. 자주 사용된 색상으로는 붉은색, 녹색, 노란색, 갈색, 보라색 등이 있다. 소성을 거친 오채는 유리처럼 단단하고 색상 또한 아름답기 때문에 '경채(硬彩)'라고도 부른다. 강희 시기에는 오채자기가 성행하였는데 색상이 다양하고 색조가 화려하다. 옹정(雍正) · 건륭(乾隆) 시기에는 분채, 법랑채(琺瑯彩)가 늘어났으며 오채자기는 점차 줄어들었다. 청대 말기의 오채자기는 색상이 지나치게 짙고 광택이 적으며 문양이 빽빽하고 경직되었으며 내포된 의미 또한 통속적이었다.

이 반은 색상이 화려하고 문양 풍격이 옹정 시기보다는 못하지만 청대 말기처럼 번잡하지 않아 건륭 시기 것으로 추정된다.

189

유리홍용봉문장경관이병(釉裏紅龍鳳紋長頸貫耳甁)

청(淸) 건륭(乾隆)
높이 30cm 입지름 7.4cm 배지름 21.9cm 밑지름 12.9cm 무게 2.79kg
1985년 서안시(西安市) 문물상점에서 넘겨받음

Long Neck Underglazed Red Bottle with Dragon and Phoenix Pattern

Qianlong Reign of Qing Dynasty(1736AD~1795AD)
H 30cm Mouth D 7.4cm
Belly D 21.9cm Bottom D 12.9cm Weight 2.79kg
Transferred by Xi'an Cultural Relic Shop in 1985

황동(黃銅)으로 입을 감싸고 긴 목에 미끈한 어깨, 둥글납작한 배에 권족(圈足)이다. 목 윗부분 양쪽에 관형(管形) 관이(貫耳)가 부착되어 있다. 전체적으로 유리홍(釉裏紅)으로 당초문(唐草紋)을 표현하였으며 그 사이에 용무늬를 그려 넣었다. 용은 입을 크게 벌리고 혀를 내밀었으며 머리털이 휘날리고 온몸에 비늘이 가득하며 다섯 발가락으로 된 발이 있다. 유리홍은 동적유로 소태 위에 문양을 그린 후 투명유약을 입혀 고온 소성된 것이다. 원대 경덕진(景德鎭)에서 이미 성공적으로 소성했고 홍무(洪武) 연간에 성행하였으나 붉은색이 번지고 화려함이 부족하였다. 명대(明代) 선덕(宣德) 시기 소성법이 발전했으나 명대 중 · 후기부터 쇠퇴하기 시작하였고 청대(淸代) 강희(康熙) 시기에 다시 발전한 후 옹정(雍正) 시기에 전성기를 이루었다. 이 병은 전체적으로 문양이 정교하고 발색이 화려하여 수준 높은 회화기법과 소성기술을 자랑하는 건륭(乾隆) 시기 유리홍의 걸작이다. 건륭 이후 이 같은 기법은 쇠퇴하였다.

190

청화유리홍완(青花釉裏紅碗)

청(淸) 건륭(乾隆)
높이 9.8cm 입지름 19.6cm 굽지름 8.6cm 무게 0.55kg
1979년 서안시(西安市) 문물상점에서 넘겨받음

Blue and White Porcelain Bowl with Underglazed Red Decoration

Qianlong Reign of Qing Dynasty(1736AD~1795AD)
H 9.8cm Mouth D 19.6cm Feet D 8.6cm Weight 0.55kg
Transferred by Xi'an Cultural Relic Shop in 1979

입은 벌어지고 구순부(口脣部)는 둥글고 뾰족하며 깊은 배에 권족(圈足)이 있다. 바깥바닥에는 '大淸乾隆年制(대청건륭년제)'가 전서체로 쓰여 있다. 태체는 단단하지만 유면은 순도와 백도가 낮다. 청화 발색은 어두운 남색이다. 내벽은 민무늬이고 외벽에는 송죽매(松竹梅)의 세한삼우도(歲寒三友圖)를 그렸다. 매화는 유하(釉下)에서 동적유로 그렸는데 붉은색이 깨끗하지 못하고 노란빛을 띠며 나머지는 청화로 그렸다. 문양의 회화기법은 숙련되었지만 전체적으로 생동감이 부족하다.

이 완은 기형 및 문양 구도로 볼 때, 명대(明代) 초기 청화송죽매완(青花松竹梅碗)과 비슷하지만 청화 발색이 어두운 편이고 유리홍의 발색이 명대 초기 것보다 화려하지 못하다. 태체의 단단함과 회화 구도 및 연대 기록을 보아 명대 영락(樂樂) · 선덕(宣德) 시기 것을 모방한 청대(淸代) 건륭(乾隆) 시기 제품으로 추정된다.

191

청화유리홍상병(青花釉裏紅賞瓶)

청(淸) 건륭(乾隆)
높이 34cm 입지름 9.5cm 배지름 23.3cm 밑지름 15.1cm 무게 3.04kg
1985년 서안시(西安市) 문물상점에서 넘겨받음

Blue and White Porcelain Bottle with Underglazed Red Decoration

Qianlong Reign of Qing Dynasty(1736AD~1795AD)
H 34cm Mouth D 9.5cm
Belly D 23.3cm Bottom D 15.1cm Weight 3.04kg
Transferred by Xi'an Cultural Relic Shop in 1985

입은 밖으로 벌어지고 목은 길며 둥글납작한 배에 밖으로 벌어진 권족(圈足)이 있다. 태질은 부드럽고 깨끗하며 태색은 희다. 기형(器形)은 반듯하고 유면은 윤이 난다. 청화 발색은 짙고 중후하며 유리홍 발색은 순수하고 색상이 짙으며 문양은 다층구도이다. 입에는 변형된 파초문(芭蕉紋)을 그리고, 목에는 파초문을 장식하였는데 중앙에는 좁고 긴 흰색 삼각형 문양을 남겨 잎맥을 나타내었다. 파초문 아래에는 회문(回紋)을 둘렀고 그 아래로 변형된 파초문이 있다. 배에는 연화당초문(蓮花唐草紋)을 그렸는데 가지와 잎은 모두 중후한 남색 청화로 표현하였고 꽃은 유리홍으로 표현하였는데 그중 꽃술, 엽판(葉瓣)이 매우 선명하다. 하얀 바탕, 남색 잎, 붉은색 꽃이 서로 어울려 빛난다. 청화와 유리홍은 소성조건이 달라 함께 반영하기 어려워 이 병에서 장인의 뛰어난 솜씨를 엿볼 수 있다.

상병(賞瓶)은 청대(淸代) 옹정(雍正) 시기에 처음으로 나타나 청대 말기까지 유행하였는데 황제가 대신에게 하사하였기에 상병이라 불렀다. 조형은 벌어진 입, 긴 목, 둥글납작한 배에 권족이며 배에는 주로 연화당초문을 장식하여 청렴을 뜻하였다. 청대 말기까지 조형과 문양은 큰 변화가 없었다. 청대 상병은 청화 위주이고 청화유리홍은 보기 드물다.

192

청화유리홍구도문매병 (青花釉裏紅九桃紋梅甁)

청(淸) 건륭(乾隆)
높이 52.1cm 입지름 8.4cm 배지름 24.8cm 밑지름 14.4cm
무게 8.81kg
1964년 서안시(西安市) 문물관리위원회 수집

Blue and White Plum Vase with Peach Pattern

Qianlong Reign of Qing Dynasty(1736AD~1795AD)
H 52.1cm Mouth D 8.4cm
Belly D 24.8cm Bottom D 14.4cm
Weight 8.81kg
Collected by Xi'an Cultural Relic Administration Committee in 1964

작은 입은 살짝 벌어지고 목이 가늘고 어깨는 둥글다. 어깨에서 아래로 내려가면서 점차 좁아지며 작은 납작바닥이다. 유면은 청색이 감돌고 유하(釉下)에서 청화로 바위, 가지와 잎을, 홍유로 줄기, 과일, 꽃을 그렸다. 그중 9개의 복숭아는 장수를 의미하고 꽃밭에서 날아다니는 박쥐는 행복과 장수를 뜻한다. 한 기물(器物)에 청화와 유리홍을 모두 반영하여 수준 높은 솜씨를 엿볼 수 있다. 청화는 색상이 순수하고 농담 변화로 음양과 원근을 표현하였으며 유리홍은 색상이 화려하고 꽃을 표현함에 있어서 결이 뚜렷하고 필법이 정확하여 수준 높은 회화기법과 소성기술을 보여주었다. 보기 힘든 걸작이다.

193

두청지청화수이병(豆青地青花獸耳甁)

청(清) 건륭(乾隆)
높이 40.1cm 입지름 12.7cm 배지름 21.7cm 굽지름 14cm
무게 4.05kg
1964년 서안시(西安市) 문물관리위원회 수집

Bean Green Glazed Blue and White Porcelain Bottle with Beast-shaped Handles

Qianlong Reign of Qing Dynasty(1736AD~1795AD)
H 40.1cm Mouth D 12.7cm
Belly D 21.7cm Feet D 14cm
Weight 4.05kg
Collected by Xi'an Cultural Relic Administration Committee in 1964

구순부(口脣部)는 둥글고 입은 나팔 모양이며, 목이 길다. 어깨에 수이(獸耳)를 부착하였고 배는 올리브 모양이며 권족(圈足)이 있다. 입에는 장유를 입혔고, 나머지 바탕에는 두청유(豆青釉)를 칠하였다. 목과 어깨는 각각 청화로 장식했는데 회문(回紋)과 변형된 운견(雲肩) 또는 기룡문(夔龍紋)을 배치했다. 귀는 새까맣고 짐승은 고리를 물고 있다. 배 부분의 청화 주제문양 아래에는 가요(哥窯) 백자를 모방한 빙렬문이 있고 배 중앙과 권족 아래쪽에는 장유장식이 한 줄씩 둘러졌다. 바탕에 두청유를 입힌 청화는 명대(明代) 선덕(宣德) 시기 용천요(龍泉窯) 것을 모방한 접시에서 생겨난 것으로 청대(淸代) 건륭(乾隆) 시기에 큰 발전을 이루었다. 이 병은 장식이 간단하지만 다양한 기법을 숙련되게 사용해 건륭 시기 장인의 수준 높은 솜씨를 보여준다.

194

남유묘금화훼문반(藍釉描金花卉紋盤)

청(淸) 건륭(乾隆)
높이 4.1cm 입지름 26.4cm 밑지름 14.8cm 무게 1.98kg
1979년 12월 서안시(西安市) 문물상점에서 넘겨받음

Blue Glazed Tray with Gold-traced Flower Pattern

Qianlong Reign of Qing Dynasty(1736AD~1795AD)
H 4.1cm Mouth D 26.4cm Bottom D 14.8cm Weight 1.98kg
Transferred by Xi'an Cultural Relic Shop in Dec 1979

넓은 입, 호형(弧形)의 배에 권족(圈足)이다. 바깥바닥에는 '大淸乾隆年制(대청건륭년제)'가 전서체로 쓰여 있다. 전체는 남유를 입혔고 입 가장자리에는 금채로 연속된 회문(回紋)을 그렸다. 안바닥에는 모란, 목련, 나비, 띠풀을 그렸는데 모란과 목련은 각각 부귀와 고아함을 뜻하고 나비와 띠풀은 장수를 뜻한다. 외벽에는 철적유로 죽엽문(竹葉紋)을 그렸다. 아름다운 구도와 정밀한 화법이 돋보이는 남유 금채 자기이다.

금채기물(金彩器物)은 당송(唐宋)시대에 이미 나타났고 경덕진(景德鎭)에서는 원대(元代)에 생산을 시작했으며 청대(淸代)에 금박 대신 금가루를 입히고 일반적으로 묘금(描金)기법을 사용했다. 구체적으로 보면 먼저 금가루를 아교에 용해시킨 후 적당량의 납가루를 섞어 자기에 그림을 그린 후 저온 소성하고 마노와 석영사(石英砂)로 금을 갈아내어 표면에 광택을 냈다. 이런 기법은 청대 후기에 사라졌으며 대신 금 용액으로 그림을 그렸다.

195

청화오채장군관(青花五彩將軍罐)

청대(淸代) 초기
높이 37.2cm 입지름 13.3cm 배지름 24.1cm 밑지름 6.1cm 무게 3.52kg
1983년 서안시(西安市) 문물상점에서 넘겨받음

Blue and White Pot with Painted Design

Qing Dynasty(1644AD~1911AD)
H 37.2cm Mouth D 13.3cm
Belly D 24.1cm Bottom D 6.1cm Weight 3.52kg
Transferred by Xi'an Cultural Relic Shop in 1983

구순부(口脣部)는 둥글고 곧은 입은 안으로 살짝 오므라들었으며 어깨는 둥글넓적하다. 배는 아래로 갈수록 좁아지고 납작바닥이다. 원호(圓弧) 모양의 뚜껑 중심에 보주 모양의 꼭지가 달려 있고 가장자리가 넓고 평평하다. 보주는 청화로 장식하고 그 아래에는 붉은색, 녹색 유약으로 산수를 배경으로 한 말과 유니콘을 그렸다. 목에는 붉은색과 녹색을 번갈아 사용하여 파초문(芭蕉紋)을 표현하였고 어깨에는 팔보(八寶)를 장식하였으며 배에는 금채구배문(金彩龜背紋) 위에 타원형 개광 4개가 고르게 분포되었다. 개광(開光) 안에는 청화로 산수 배경을 간단히 그리고 그 사이에 각각 오채(五彩)로 기린(麒麟), 사자, 표범, 코끼리를 그렸다. 개광 사이는 단화(團花)로 구분 지었다. 아래위로 대응되는 여의 운견을 둘렀고 그 아래는 청화와 붉은색으로 연판문(蓮瓣紋)을 표현하였다.

청화오채는 명대(明代) 성화(成化) 연간에 선덕오채를 기반으로 발전한 것으로 청대(淸代) 강희(康熙) 시기에 이르러 유상(釉上) 남채(藍彩)와 흑채(黑彩)가 나타났다. 또한 유상오채(釉上五彩)가 청화오채를 대체하게 되었으므로 이 기물(器物)은 청대 초기 청화오채의 대표작이라 할 수 있다.

196

분채알도벽병(粉彩軋道壁甁)

청(淸) 건륭~가경(乾隆~嘉慶)
높이 17.4cm 입지름 2.8×5.1cm 배지름 8.6cm 밑지름 6×2.9cm 무게 0.21kg
1985년 서안시(西安市) 문물상점에서 넘겨받음

Porcelain Bottle with Painted Design

Qianlong and Jiaqing Reign of Qing Dynasty(1736AD~1820AD)
H 17.4cm Mouth D 2.8×5.1cm
Belly D 8.6cm Bottom D 6×2.9cm Weight 0.21kg
Transferred by Xi'an Cultural Relic Shop in 1985

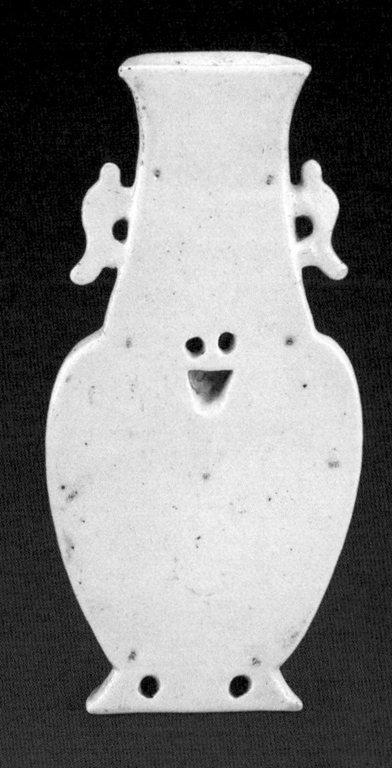

벽병(壁甁)은 벽이나 가마에 걸기 위한 것으로 '교병(轎甁)' 또는 '괘병(挂甁)'이라 부르기도 한다. 입은 밖으로 벌어지고 목은 길며 쌍이(雙耳)가 있다. 어깨는 경사지고 배는 호형이며 밖으로 벌어진 고권족(高圈足)이 있다. 태색은 하얗고 질은 단단하다. 병 하나를 절반으로 자른 모양으로 뒷면은 편평하고 끈을 매어 걸 수 있는 구멍이 있다. 녹색 바탕에 분채로 흐드러지게 핀 국화를 그렸다. 무성한 가지 옆에는 자그마한 붉은색 꽃과 남색 꽃이 있다. 전체 화면구도는 복잡하지만 정연하고 질서가 있으며 색채효과가 강렬하여 평안하고 기쁨이 넘치는 듯하다. 벽병은 명대(明代) 선덕(宣德) 연간에 최초로 나타나 청대에 유행하였다.

분채화접문완(粉彩花蝶紋碗)

청(清) 가경(嘉慶)
높이 9.1cm 입지름 22.9cm 굽지름 9.2cm 무게 0.85kg
1977년 9월 29일 서안시 자강로(西安市 自强路) 출토

Porcelain Bowl with Flower and Butterflies Pattern

Jiaqing Reign of Qing Dynasty(1796AD~1820AD)
H 9.1cm Mouth D 22.9cm Feet D 9.2cm Weight 0.85kg
Excavated from Ziqiang Road Xi'an in Sep 29 1977

입은 곧고 구순부(口脣部)는 둥글다. 구연부(口沿部)는 물결모양이고 깊은 호형의 배는 아랫배가 살짝 늘어졌으며 권족(圈足)이다. 바깥바닥에 "大清嘉慶年制(대청가경년제)"가 전서체(篆書體)로 쓰여 있다. 태체는 하얀 편이고 가벼우며 유면은 흰색에 회색이 살짝 감돌고 광택이 적다. 구연부에 장유를 입혔다. 안바닥에는 각각 다자(多子), 장수(長壽), 다복(多福)을 뜻하는 석류, 복숭아, 불수감의 '삼다도(三多圖)'를 그렸다. 반질반질한 내벽은 민무늬이고 외벽에는 화접도(花蝶圖)를 그렸다. 외벽 전체에 다양한 절지화가 흩어져 있고 그 사이로 오색나비가 나풀나풀 춤추고 있다. 꽃이 자잘한 반면 나비가 커서 비율이 맞지 않는 편이다. 화훼는 모두 분채를 사용했고 나비는 분채와 오채(五彩)가 섞여 있다. 화면이 산만하고 주제가 뚜렷하지 않다.

분채는 강희(康熙) 시기에 생산을 시작한 후 옹정(擁正) 시기에 성행하고 건륭(乾隆)·가경(嘉慶) 시기도 대량 생산되었다. 청대 중기 이후, 문양은 꽃과 나비 및 길상내용을 주로 그려 통속적인 의미를 담았다. 또한 구도가 복잡하고 주차(主次) 구분이 없다. 이 완은 태체가 견고하지 않고 유면도 회색을 띤다. 화면은 비록 산만하지만 청대 말기 자기처럼 빽빽하고 무질서하지는 않아 청대 가경 시기 작품으로 추정된다.

198

청화묘금분채개완(青花描金粉彩蓋碗)

청(清) 가경(嘉慶)
완높이 5.9cm 입지름 14.3cm 굽지름 5.3cm
뚜껑높이 3.9cm 입지름 13.4cm 굽지름 4.9cm 무게 0.39kg
1980년 서안시(西安市) 문물상점에서 넘겨받음

Blue and White Bowl and Lid with Goldtraced Decoration

Jiaqing Reign of Qing Dynasty(1796AD~1820AD)
(Body) H 5.9cm Mouth D 14.3cm Feet D 5.3cm
(Lid) H 3.9cm Mouth D 13.4cm Feet D 4.9cm Weight 0.39kg
Transferred by Xi'an Cultural Relic Shop in 1980

기물(器物)은 뚜껑과 완으로 나뉜다. 완은 곧은 입, 평평한 구순부(口脣部), 깊은 배에 권족(圈足)이다. 유면은 깨끗하나 광택도가 낮다. 구연과 뚜껑의 족근(足根)에는 장유를 입혔다. 뚜껑은 크기가 완보다 작을 뿐 모양이 일치하여 마치 엎어 놓은 완 같다. 뚜껑과 완 내벽은 문양이 없으며 외벽에는 모두 동석화조문(洞石花鳥紋)을 그렸는데 내용과 풍격은 똑같다. 화면에는 화훼(모란, 해바라기 등), 과일(복숭아), 바위, 박쥐 등 다양한 제재가 가득 그려져 있어 산만해 보인다. 열쇠 모양의 바위는 유하남채(釉下藍彩)로 그려졌고 금채로 윤곽을 그려 화면 전체가 담아함 속에 기품이 넘친다. 전체적으로 색조가 짙고 문양도 산만할 뿐만 아니라 필법 또한 조악하다. 뚜껑 손잡이 내벽과 완 바깥바닥에는 '大清嘉慶年制(대청가경년제)'가 전서체로 쓰여 있다.

박쥐는 행복, 복숭아는 장수, 모란은 부귀를 뜻한다. 이러한 제재는 명대(明代) 말기에 나타난 후 줄곧 이어져 왔으며 청대(清代) 중 · 말기 자기에서 가장 많이 보인다. 이 완은 기형이 크고 유면의 광택이 적으며 색채가 짙고 문양이 산만한데 이는 모두 청대 가경 이후 채회자기의 특징이다.

분채동호야경도배(粉彩東湖夜景圖杯)

청(淸) 도광(道光)
높이 7.8cm 입지름 16.4cm 굽지름 9.5cm 무게 0.51kg
1983년 서안시(西安市) 문물상점에서 넘겨받음

Porcelain Cup with Painted Design and Night Sites of East Lake Pattern

Daoguang Reign of Qing Dynasty(1821AD~1850AD)
H 7.8cm Mouth D 16.4cm Feet D 9.5cm Weight 0.51kg
Transferred by Xi'an Cultural Relic Shop in 1983

곧은 입은 살짝 모아졌고 배는 얕고 호형이며 그 지름도 크다. 납작바닥이고 바깥바닥에 전서체(篆書體)로 '嶰竹堂造(해죽당조)'가 쓰여 있다. 구연부(口沿部)에 금채가 보인다. 태체는 치밀하지 못하고 유층도 얇을 뿐만 아니라 유면의 광택이 적다. 내벽 유약 위에 저온 녹채를 입히고 외벽 한쪽에 아름다운 호수를 그렸는데 구연부 아래 '東湖夜月(동호야월)'이라고 쓰인 것을 보아 동호(東湖) 풍경임을 알 수 있다. 화면 가까운 곳에는 호숫가에 지은 집, 나무, 패방(牌坊) 등이 있고 멀리 잔잔한 수면 위로는 작은 정자와 멀어져 가는 작은 배 및 어렴풋한 산봉우리가 보인다. 담녹색으로 호수를 나타내고 물과 사물이 하나로 어우러진 예술적 효과를 표현하였다. 이 그림은 분채를 사용하여 호수, 집, 나무, 작은 배 등의 색상이 담아하지만 선이 딱딱하고 구도가 빽빽하다. 다른 한쪽에는 전체서로 명대 오자실(吳子實)이 동호(東湖)를 읊은 시 한 수를 적어 넣었다.

명승지, 자연풍광은 청대 중 · 말기에 유행한 자기문양이다. 예를 들어, 가경 청화자기 문양 중의 서호 2경, 장강 10경, 여산 10경, 동정호 10경 등이 있다. 이 밖에 도광 시기 분채산수시문배(粉彩山水詩文杯)에도 여산 폭포, 등왕각(滕王閣), 백록고동(白鹿古洞) 등이 보인다. 중국 각지에는 무한(武漢) 동호, 봉상(鳳翔) 동호, 남창(南昌) 동호 등 다양한 동호가 존재해 이 배(杯)의 동호가 어느 지역의 동호인지는 확정할 수 없다. 기형, 회화풍격 및 내벽에 녹유를 입힌 것은 도광 시기 분채산수시문배와 유사하다. '嶰竹堂(해죽당)'과 같은 당명(堂名) 관지가 있는 자기는 대부분 도광 시기 제품이다. 예를 들어, 분채원림도소배(粉彩園林圖小杯), 분채빙매화훼문소완(粉彩冰梅花卉紋小碗) 등의 바깥바닥에는 모두 '嶰竹主人(해죽주인)'이라는 관지가 있고 '嶰竹堂造(해죽당조)'도 도광(道光) 시기 기물(器物)에서 흔히 보인다. 그러므로 이 배는 도광 시기 것으로 추정된다.

東湖夜月
湖心亭
放生池
護國菴

남지개광분채인물방봉추병(藍地開光粉彩人物方棒槌甁)

청(清) 도광(道光)
높이 47.1cm 입너비 12.7cm 배너비 14.5cm 바닥너비 11.2cm 무게 4.34kg
1985년 서안시(西安市) 문물상점에서 넘겨받음

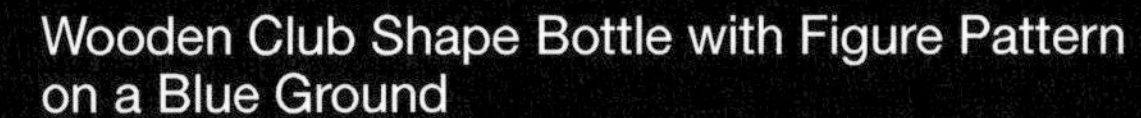

Wooden Club Shape Bottle with Figure Pattern on a Blue Ground

Daoguang Reign of Qing Dynasty(1821AD~1850AD)
H 47.1cm Mouth L 12.7cm
Belly L 14.5cm Bottom L 11.2cm Weight 4.34kg
Transferred by Xi'an Cultural Relic Shop in 1985

구연부(口沿部)는 밖으로 벌어지고 목은 길고 잘록하며 어깨는 평평하고 배는 사각형으로 점차 좁아지며 납작바닥이다. 어깨와 배가 만나는 부분은 모서리가 둥글다. 바깥바닥 중심의 오목하게 들어간 방형(方形)에는 '康熙年制(강희년제)'가 해서체로 쓰여 있다. 전체에 남유를 입히고 목, 배, 굽과 가까운 곳에 각각 꽃잎 모양, 모서리가 둥근 직사각형, 부채 모양 개광(開光)을 배치하였다. 개광 바탕은 모두 백색이고 안에는 인물고사를 그렸다. 봉추병(棒槌甁)은 청대 강희 시기 민요에서 생산한 것으로 대부분 가장자리가 튀어나온 구연부, 긴 목, 솟은 어깨를 가졌다. 방망이 모양에 가까워 봉추병이라 불렀다. 이 병은 목이 강희 시기 것보다 짧고 유면에 물결과 유사한 요철감이 있으며 인물 풍격이 강희 시기 것과 달라 강희 시기 기물(器物)을 모방한 청대(清代) 도광(道光) 시기 제품인 것으로 추정된다.

201

청화홍채용문반(青花紅彩龍紋盤)

청(淸) 함풍(咸豐)
높이 3cm 입지름 14.9cm 밑지름 9.2cm 무게 0.12kg
1979년 서안시(西安市) 문물상점에서 넘겨받음

Blue and White Tray with Red Dragon Pattern

Xianfeng Reign of Qing Dynasty(1851AD~1861AD)
H 3cm Mouth D 14.9cm Bottom D 9.2cm Weight 0.12kg
Transferred by Xi'an Cultural Relic Shop in 1979

입은 벌어지고 구순부(口脣部)는 뾰족하고 둥글며 호형(弧形) 배에 권족(圈足)이다. 바깥바닥에 철적유로 쓴 전서체 '大淸咸豐年制(대청함풍년제)'가 있다. 태체는 희고 매끈하며 유색은 백색 가운데 살짝 회색이 감돌며 유면은 매끄럽고 청화 발색은 옅다. 내벽 구연에는 코발트 안료로 보조문양인 남색 구배문(龜背紋)을 그렸다. 주제문양은 안바닥에 그린 두 겹의 남색 현문(弦紋) 속 운룡문(雲龍紋)이다. 용은 유상홍채로 그렸는데 입을 벌리고 목과 몸을 구부렸으며 발가락은 네 개다. 왼쪽 두 발과 꼬리는 앞으로 뻗었고 오른쪽 뒷발은 쳐들었으며 앞발로는 둥근 황갈색 보주를 쥐고 있다. 주변에는 유하청화로 그린 운문이 있으며 그중 비교적 큰 운문 두 개는 영지(靈芝) 모양이다. 구연부(口沿部)의 구배문과 안바닥의 운룡문(雲龍紋) 사이에는 여백을 남겼다. 외벽에는 철적유로 용 두 마리를 그리고 사이에 남색 운문과 금색 원주(圓珠)를 그렸다.

용문은 자기 문양으로 흔히 쓰이는데 남조(南朝) 말기에 자기에 나타나 원명청(元明淸)시대에 주된 장식문양이 되었다. 용문양은 주로 운룡, 해수룡(海水龍), 용봉, 천화룡(穿花龍), 단룡(團龍), 희주룡(戱珠龍) 등이 있다. 이 반의 용문은 비교적 흔한 운룡문양이다.

이 반의 용문은 몸통이 뻣뻣하고 머리도 노쇠현상이 뚜렷하며 운문은 경직되어 전체적으로 율동감이 없으므로 연대가 늦은 것으로 추정된다. 관지에 근거하여 청대(淸代) 함풍(咸豐) 시기 제품임을 알 수 있다.

202

분채개광인물대병(粉彩開光人物大甁)

청(淸) 함풍(咸豊)
높이 63.6cm 입지름 21.6cm 배지름 25.6cm 밑지름 19.8cm
무게 6.92kg
1985년 서안시(西安市) 문물상점에서 넘겨받음

Porcelain Large Bottle with Figure Pattern

Xianfeng Reign of Qing Dynasty(1851AD~1861AD)
H 63.6cm Mouth D 21.6cm
Belly D 25.6cm Bottom D 19.8cm
Weight 6.92kg
Transferred by Xi'an Cultural Relic Shop in 1985

나팔 모양 화구(花口)에 긴 목을 가졌고 목에는 사자 모양 쌍이(雙耳)가 장식되었다. 경사진 어깨에 이룡(螭龍)을 조각하였고 통(筒) 모양의 배와 권족(圈足)이 있다. 목과 배에 있는 개광(開光) 안에는 '郭子儀七子八婿拜壽圖(곽자의칠자팔서배수도)'를 그리고 굽 가까이에는 변형된 연판문(蓮瓣紋)을 그렸다. 이 병은 분채자기인데 크기가 크고 화면이 꽉 차고 화려하다. 도안은 장식성이 강하고 구도가 빽빽하며 화면이 조화롭다. 화면 속 인물의 과장된 코와 어둡고 광택이 없는 유면은 모두 청대(淸代) 함풍(咸豊) 시기 분채자기의 특징이다.

203

분채군선축수도자연간(粉彩群仙祝壽圖瓷烟杆)

청(淸) 함풍~동치(咸豊~同治)
길이 52.9cm 지름 2.6cm 무게 0.54kg
1985년 서안시(西安市) 문물상점에서 넘겨받음

Porcelain Pipestem with Immortals Worshipping Longevity Pattern

Xianfeng and Tongzhi Reign of Qing Dynasty(1851AD~1874AD)
L 52.9cm D 2.6cm Weight 0.54kg
Transferred by Xi'an Cultural Relic Shop in 1985

이 기물(器物)은 청대(淸代)의 아편용 담뱃대로 원주형이며 앞부분에서 4분의 1 되는 곳에 구멍이 나 있다. 담뱃대 양끝은 금을 입혔고 가운데는 군선축수도(群仙祝壽圖)를 그렸다. 인물 표정이 다양하고 화법이 정교하며 색상도 다채롭다. 유면은 매끄럽고 태색은 희고 태질은 단단하다. 아름다운 담뱃대는 역설적으로 서구 열강이 군사력을 앞세워 아편전쟁을 일으킨 참담한 역사를 말해준다. 이 담뱃대는 당시 사회의 병폐를 보여주는 증거이기도 하다

분채쌍동자필삽수우(粉彩雙童子筆插水盂)

청대(清代) 중기
높이 5.9cm 입지름 5.5cm 밑지름 5.7cm 무게 0.14kg
1979년 서안시(西安市) 문물상점에서 넘겨받음

Painted Water Jar with Two Kids Pottery Figurine

Qing Dynasty(1644AD~1911AD)
H 5.9cm Mouth D 5.5cm Bottom D 5.7cm Weight 0.14kg
Transferred by Xi'an Cultural Relic Shop in 1979

문방구로 물과 먹을 담는 데 쓰인다. 젖혀진 입, 경사진 어깨, 불룩한 배에 납작바닥이다. 유면은 매끄럽고 태색은 희고 태질은 단단하며 조형이 독특하다. 배에는 어린아이 자기인형 두 개를 부착하였다. 아이는 작은 눈에 가는 눈썹을 하고 옅은 미소를 짓고 있다. 머리를 둘로 나누어 묶고 둥근 깃의 짧은 적삼에 긴 바지를 입었으며 두 손은 수우(水盂) 어깨를 잡았다. 수우 배에는 긴 통형 붓꽂이 두 개가 부착되어 있다. 수우 어깨에는 당초문을, 배에는 절지화(折枝花) 세 개를 그렸다. 이 기물(器物)은 분채를 사용했는데 색채가 풍부하고 색상이 담아하지만 화법이 조악하다.

205

청화분채묘금인물화훼문방필통 (青花粉彩描金人物花卉紋方筆筒)

청대(清代) 중기
높이 12.5cm 너비 8.4cm 무게 0.57kg
1979년 서안시(西安市) 문물상점에서 넘겨받음

Blue and White Square Brush Holder with Gold-traced People Figure and Flower Pattern

Qing Dynasty(1644AD~1911AD)
H 12.5cm L 8.4cm Weight 0.57kg
Transferred by Xi'an Cultural Relic Shop in 1979

조형은 직사각형으로 구연에는 장채(醬彩)를 칠하고 안에는 연두색을 입혔으며 납작바닥 아래에는 짧은 방형(方形) 발 네 개가 있다. 사면에는 각각 분채기법으로 그린 네 폭의 화훼와 인물 그림이 있으며 가장자리에는 청화 위에 금을 입혀 권초문(卷草紋)을 그렸다. 화훼도는 그림 왼쪽 아래에 청석(青石)을 배치하였고 푸른 잎은 활짝 펼쳐졌으며 붉은 꽃은 흐드러지게 피어 있다. 위쪽에서 목련 한 가지가 뻗어 내려왔는데 더없이 깨끗해 보인다. 인물도는 집 안의 장면을 묘사한 것으로 탁자 옆에 노인이 앉아 있고 왼쪽에는 하녀가 허리를 굽히고 서 있으며 뒤쪽에는 두건을 쓰고 노란색 옷을 입은 중년남자가 서 있고 앞쪽에는 남색 옷을 입은 하인이 허리를 굽히고 두 손에 물건을 든 채 서 있다. 전체 그림은 구도가 치밀하고 색상이 풍부할 뿐만 아니라 필법도 세밀하다. 필통은 문방구의 하나로 송대(宋代)에 나타나 청대(清代)에 유행하였다. 분채는 강희(康熙) 시기에 나타났다. 이 기물(器物) 속 인물은 코가 과장되게 커다란데 이는 청대(清代) 도광(道光) · 함풍(咸豊) 시기 인물특징이다.

206

산호홍유묘금완(珊瑚紅釉描金碗)

청대(清代) 중기
높이 5.8cm 입지름 13cm 굽지름 4.5cm 무게 0.15kg
1979년 서안시(西安市) 문물상점에서 넘겨받음

Red Glazed Bowl with Gold Trace Decoration

Qing Dynasty(1644AD~1911AD)
H 5.8cm Mouth D 13cm Feet D 4.5cm Weight 0.15kg
Transferred by Xi'an Cultural Relic Shop in 1979

입은 넓고 호형(弧形)의 배에 권족(圈足)이다. 구연 안팎에는 영지(靈芝) 모양의 수운두문(垂雲頭紋)을 장식하였다. 안바닥에 단룡(團龍)을, 외벽에 공 모양의 단화(團花)를 그렸는데 단화 안에는 각각 봉황, 학, 연꽃, 난초 및 '壽(수)' 자 도안이 있다. 바탕은 희고 매끈하며 전체에 산호홍유(珊瑚紅釉)를, 문양은 금박을 입혔다. 조형은 정교하고 문양은 장수와 길상을 뜻한다. 완 표면에 입힌 산호홍유는 청대에 나타난 저온 철적유의 일종으로 소성을 거친 백자에 홍유를 입혀 유색이 고르고 빛나며 붉은색에 노란색이 감돌아 산호처럼 아름답다. 산호홍유에 금채를 더한 길상문양은 더욱 기품 있어 보인다. 바깥바닥에 찍힌 '雍正年制(옹정년제)' 관지로 보아 청대 중기 것임을 알 수 있다.

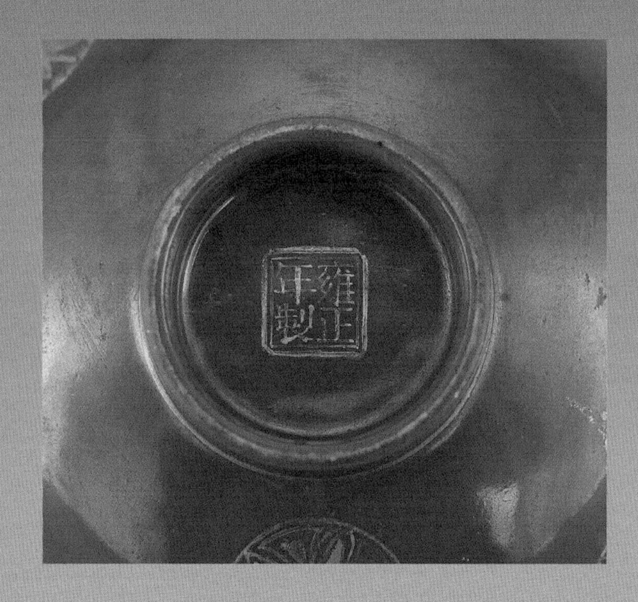

207

두청지분채고족반(豆青地粉彩高足盤)

청대(清代) 중기
높이 8.4cm 입지름 20.4cm 밑지름 9.7cm 무게 0.89kg
1985년 서안시(西安市) 문물상점에서 넘겨받음

Green Glazed High Feet Tray with Painted Design

Qing Dynasty(1644AD~1911AD)
H 8.4cm Mouth D 20.4cm Bottom D 9.7cm Weight 0.89kg
Transferred by Xi'an Cultural Relic Shop in 1985

입은 밖으로 살짝 젖혀졌고 호형(弧形)의 벽에 고권족(高圈足)이다. 권족 가운데는 돌출되었고 가장자리는 밖으로 벌어져 나팔 모양이다. 전체에 두청유를 입히고, 구연(口沿)에 장유를 입혔으며 가장자리에는 노란색 운견을 둘렀다. 안바닥에는 '壽(수)' 자를 쓰고 주변은 팔보문으로 장식하였다. 외벽은 노란색, 녹색, 분홍색, 붉은색 등 유약으로 聯珠瓔珞(연주영락)과 '肅(숙)' 자 도안을, 권족 아랫부분은 분홍색 유약으로 도안화된 앙련문(仰蓮紋)을 그렸고, 권족 내벽에는 붉은색의 '오사대부(五祠大夫)' 관지가 있다.

이 기물은 제사용 기물(器物)로서 색상, 질로 보아 청대(清代) 중기에 제조된 건륭(乾隆) 시기 모방품으로 추정된다.

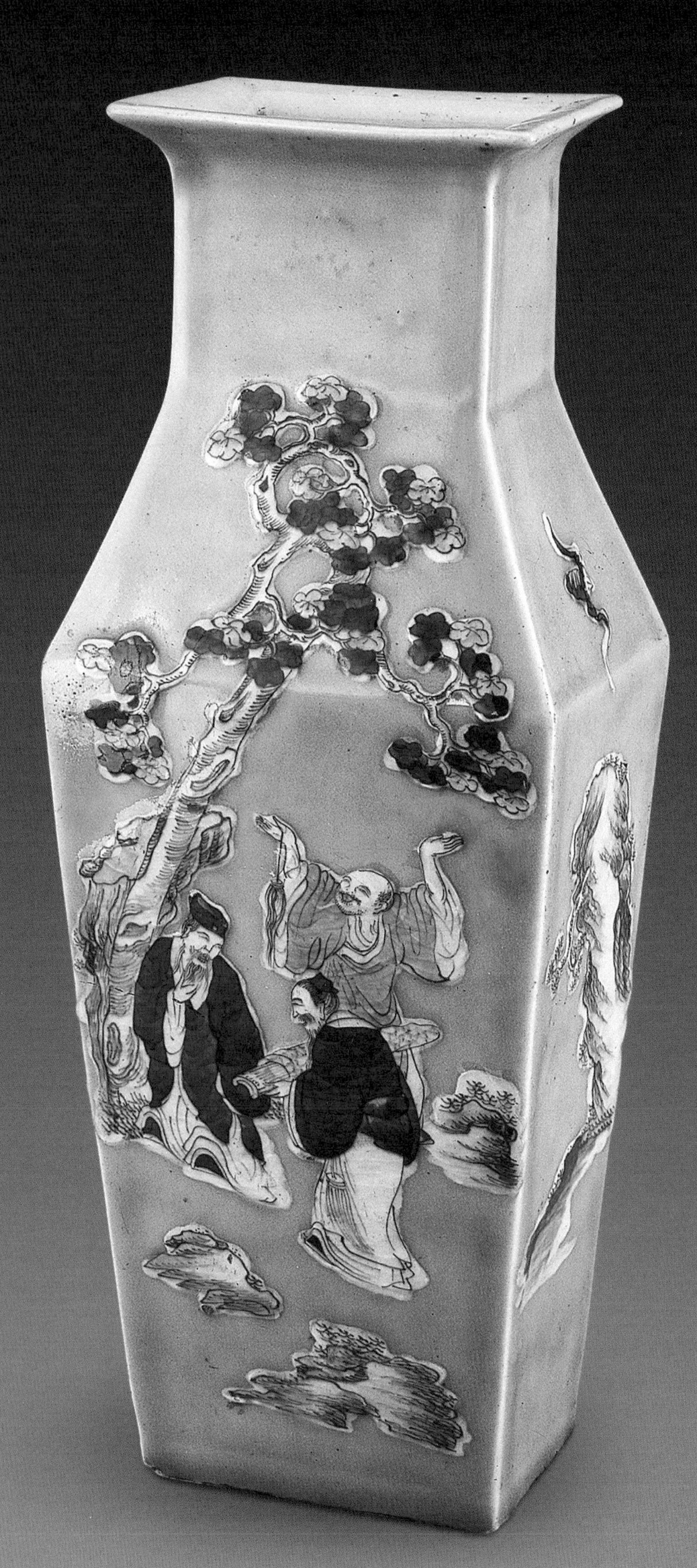

208

두청유청화인물방병(豆青釉青花人物方瓶)

청대(清代) 중기
높이 41.6cm 입너비 12.9×9cm
배너비 16×10.9cm 바닥너비 12.2×7.9cm
무게 3.01kg
1985년 서안시(西安市) 문물상점에서 넘겨받음

Bean Green Glazed Square Bottle with Blue and White People Figure Pattern

Qing Dynasty(1644AD~1911AD)
H 41.6cm Mouth L 12.9×9cm
Belly L 16×10.9cm Bottom L 12.2×7.9cm
Weight 3.01kg
Transferred by Xi'an Cultural Relic Shop in 1985

입은 젖혀지고 목은 곧고 경사진 어깨에 네모난 권족(圈足)이 있다. 태는 하얗고 단단하다. 전체에 두청유(豆青釉)를 입히고 배 부분의 도드라진 백분(白粉) 위에 청화로 '휴금방우도(携琴訪友圖)'를 그렸다. 그림 속 큰 나무 밑에서는 한 노인이 거문고를 가슴 앞에 받쳐 들고 서 있으며 그 앞에 관건(冠巾)을 쓰고 수염을 어루만지는 아사(雅士)가 있다. 옆에는 대머리를 한 자가 흥에 겨운 듯 덩실덩실 춤추고 있다. 필법을 보면 농담이 적절하고 선이 유창하여 인물을 생동감 있게 묘사하였다. 두청유는 호수처럼 색이 옅고 은은한데 그 위에 청화로 그려 남색이 한층 뚜렷하면서도 부드럽고 우아해 보인다.

두청유청화는 유하채의 일종으로 청유에서 파생되었다. 유면의 광택도는 분청, 매자청(梅子青)보다 약하다. 명대 두청유의 기본색조는 청색에 노란색이 감돌며 청색도 이전보다 담아하다. 청대에 색이 짙은 것은 녹색에 노란색이 감돌고 유면은 두껍다.

209

법랑채복수문병(琺瑯彩福壽紋瓶)

청대(清代) 중기
높이 38.7cm 입지름 12.5cm 배지름 20.4cm 밑지름 13.8cm
무게 2.83kg
1985년 서안시(西安市) 문물상점에서 넘겨받음

Enamel Bottle with Happiness and Longevity Inscription Pattern

Qing Dynasty(1644AD~1911AD)
H 38.7cm Mouth D 12.5cm
Belly D 20.4cm Bottom D 13.8cm
Weight 2.83kg
Transferred by Xi'an Cultural Relic Shop in 1985

입은 살짝 젖혀지고 굵은 목에 경사진 어깨, 권족(圈足)이 있다. 유면은 깨끗하고 법랑남채(琺瑯藍彩)로 장식하였다. 기물(器物) 구연, 목과 어깨 사이에는 방회문(方回紋)을, 목에는 변형된 수자문(壽字紋)을, 어깨와 배 아래에는 달리아와 박쥐무늬를, 배에는 방기룡문(方夔龍紋) · 수자문(壽字紋) · 박쥐무늬를, 굽 가까이에는 앙련영락문(仰蓮纓珞紋)을 그렸다. 이 병은 조형이 아름답고 화법이 치밀하며 화풍도 엄격하다. 태는 하얗고 부드러우며 재질은 단단하다. 또한 문양은 반듯하고 유면은 견고하면서도 옥처럼 섬세하고 광택이 난다. 바깥바닥에는 전서체로 '大清乾隆年制(대청건륭년제)'가 쓰여 있다. 문양을 보아 청대(清代) 중기 것으로 추정된다.

210

분채화훼문찬반(粉彩花卉紋攢盤)

청대(清代) 중 · 말기
높이 2.3cm 입지름 11.1×13.2cm 밑지름 6.5×6.9cm
무게 0.12kg
1989년 서안시(西安市) 문물상점에서 넘겨받음

A Set of Trays with Painted Design and Flower Pattern

Qing Dynasty(1644AD~1911AD)
H 2.3cm Mouth D 11.1×13.2cm
Bottom D 6.5×6.9cm
Weight 0.12kg
Transferred by Xi'an Cultural Relic Shop in 1989

이 찬반 세트는 모두 아홉 점으로 이루어졌다. 주변의 것은 사다리꼴 연판 모양이고 중심은 팔각형이며 반마다 모두 권족(圈足)이 있다. 안바닥 문양은 서로 다른데 두 점은 홍유를 바탕색으로 원형 개광(開光)을 그리고 개광 안에 각각 시문과 산수화를 장식하였다. 하나는 남색을 시유(施釉)한 위에 색상이 옅은 당초문(唐草紋)과 색상이 짙은 소단화(小團花)를 장식하였다. 나머지 여섯 점은 유상분채(釉上粉彩)를 사용하였는데 그중 두 점은 백지분채(白地粉彩)로 각각 산수와 도장 등 문양을 그리고, 나머지 네 점은 바탕색을 각각 연분홍색, 담녹색, 담황색, 담남색으로 하고 그 위에 절지화를 그렸으며 색상이 비교적 담아하다.

이 찬반 세트는 전체적으로 산만하고 화훼는 사실성이 강한 한편 예술성이 부족하다. 틀에 박힌 소단화와 도장 문양은 대부분 청대 말기에 나타났는데 이런 기물(器物)은 유층이 얇고 광택감이 떨어진다. 그러므로 이 찬반 세트는 대략 청대(清代) 중 · 말기로 추정된다.

211

분채방구고(粉彩方口觚)

청대(清代) 말기
높이 20.1cm 입너비 8.4cm 배너비 6.5cm 바닥너비 7.7cm
무게 0.72kg
1979년 서안시(西安市) 문물상점에서 넘겨받음

Porcelain Gu Utensil with Square Openness

Qing Dynasty(1644AD~1911AD)
H 20.1cm Mouth L 8.4cm
Belly L 6.5cm Bottom L 7.7cm
Weight 0.72kg
Transferred by Xi'an Cultural Relic Shop in 1979

조형은 상주(商周) 시기 청동 주기(酒器)인 '고(觚)'의 양식을 모방했다. 입은 방형이고 형체(形體)도 사각형이며 배에는 비릉(扉稜)을 장식하였다. 굽은 밖으로 벌어지고 바닥은 평평하다. 전체에 분채를 입히고 문양은 남색 바탕에 꽃무늬이다. 이 고는 제조기법이 정교하고 조형이 아름다우며 태가 희고 단단하며 분채 색상이 짙고 발색이 순수한데 이는 청대(清代) 옹정(雍正)·건륭(乾隆) 시기 분채 특징을 모방한 것이다.

212

남유개광화훼장군관
(藍釉開光花卉將軍罐)

청대(淸代) 말기
높이 46.1cm 입지름 11.7cm 배지름 24.1cm 밑지름 16.1cm
무게 4.67kg
1985년 서안시(西安市) 문물상점에서 넘겨받음

Blue Glazed Jar with Flower Pattern

Qing Dynasty(1644AD~1911AD)
H 46.1cm Mouth D 11.7cm
Belly D 24.1cm Bottom D 16.1cm
Weight 4.67kg
Transferred by Xi'an Cultural Relic Shop in 1985

213

분채산수도반(粉彩山水圖盤)

청대(清代) 말기
높이 2.8cm 입지름 15.6cm 굽지름 9.4cm 무게 0.16kg
1981년 서안시(西安市) 문물상점에서 넘겨받음

Porcelain Tray with Mountains and Rivers Pattern

Qing Dynasty(1644AD~1911AD)
H 2.8cm Mouth D 15.6cm Feet D 9.4cm | Weight 0.16kg
Transferred by Xi'an Cultural Relic Shop in 1981

벌어진 입, 얄팍하고 둥근 구순부(口脣部)에 권족(圈足)이 달린 반이다. 바깥바닥에 '대청건륭년제'가 전서체로 쓰여 있다. 태체는 얇고 가벼우며 유면은 희지만 광택이 적고 구연은 장유를 입혔다. 외벽에는 홍유로 죽문(竹紋) 세 조를 그리고 안바닥 및 내벽에는 간결한 산수화를 그렸다. 멀리 보이는 크고 작은 산봉우리 앞에는 나무 몇 그루와 작은 정자, 흩어져 있는 돌 몇 개가 있는데 화면이 자연스럽고 시원해 보인다. 색상은 담녹색, 담황색을 위주로 하고 붉은색이 없어 한층 청아해 보인다. 이처럼 화법이 간결하고 색조도 옅은 분채 산수는 만청(晚清) 시기 풍격에 속한다. 바닥의 관지는 모방한 것으로 필획이 분산되고 건륭(乾隆) 시기 관지에 비해 힘이 없고 불규칙적이다.

214

청화유리홍용봉문필통(青花釉裏紅龍鳳紋筆筒)

청대(淸代) 말기
높이 12.8cm 지름 8.2cm 무게 0.48kg
1983년 서안시(西安市) 문물상점에서 넘겨받음

Blue and White Brush Holder with Underglazedred Decoration and Dragon and Phoenix Pattern

Qing Dynasty(1644AD~1911AD)
H 12.8cm D 8.2cm Weight 0.48kg
Transferred by Xi'an Cultural Relic Shop in 1983

곧은 통 모양의 필통으로 청화 유리홍 회화장식이 있다. 주제문양은 용과 봉황이 춤추는 모습이다. 용은 동물의 왕으로 원래는 신무(神武)와 힘의 상징이었으나 봉건 사회에서 제왕의 덕과 위엄의 상징으로 변해 아무나 사용할 수 없게 되었다. 봉황은 새 중의 왕으로 『설문(說文)』에서는 "봉은 신조(神鳥)이다. 천로(天老)가 이르기를 봉황은 앞은 기러기, 뒤는 기린, 목은 뱀, 꽁지는 물고기, 이마는 황새, 뺨은 원앙새, 무늬는 용, 등은 거북, 턱은 제비, 부리는 닭을 닮았고 오색을 갖추었다. ……봉이 보이면 천하가 태평하다(風, 神鳥也. 天老曰: 風之象也, 鴻前麟後, 蛇頭魚尾 鸛顙鴛腮 尤文龜背, 嚥頭雞喙, 五色備舉)"고 적고 있다. 용과 봉황은 모두 상서로움을 나타내는 것으로 서로 어울리면 길상이 한층 더 깊어짐을 뜻한다. 주위는 '卍(만)' 자 모양의 운문(雲紋)과 화염문(火焰紋)으로 채웠다. 유면은 매끄럽고 태는 희며 태질은 단단하다. 바깥바닥에는 '大清康熙年制(대청강희년제)'가 해서체(楷書體)로 적혀 있는데 글씨가 조잡하다. 필통은 문방용구 중 하나로 송대(宋代)에 나타나 청대(清代)에 유행하였다.

두청유퇴백화쌍이병(豆青釉堆白花雙耳瓶)

청대(清代) 말기
높이 37.4cm 입지름 7.6cm 배지름 19.8cm 밑지름 13.5cm 무게 2.51kg
1985년 서안시(西安市) 문물상점에서 넘겨받음

Bean Green Glazed Bottle with Double Handle and Floral Design

Qing Dynasty(1644AD~1911AD)
H 37.4cm Mouth D 7.6cm
Belly D 19.8cm Bottom D 13.5cm Weight 2.51kg
Transferred by Xi'an Cultural Relic Shop in 1985

병은 입이 좁고 목이 길고 가는데 아래로 내려오면서 넓어지며 목과 어깨가 만나는 곳에는 철릉(凸稜) 한 바퀴가 있다. 어깨가 넓고, 배가 볼록하며 큰 권족(圈足)이다. 목 양측에는 이룡(螭龍) 모양의 귀가 붙어 있으며 바깥바닥에는 '大清乾隆年制(대청건륭년제)'가 전서체로 적혀 있다. 태체는 두껍고 단단하며 유층 역시 두꺼우면서도 고르고 매끄럽다. 전체에 옅은 두청유를 입혔다. 유하(釉下)에 백분을 입히고 배에는 상운(祥雲)과 박쥐, 목 양측에는 매화절지문을, 어깨에는 여의운견(如意雲肩) 한 둘레를 각각 그렸다. 주제문양(상운, 박쥐, 매화)은 백분을 두껍게 해 흰색 무늬가 도드라져 입체감이 나고 보조문양(운견)은 가늘게 그려 주제문양을 돋보이게 하였다. 옅은 두청유와 흰색 무늬가 어우러져 부드러우면서도 담아해 보인다.

강희(凸稜) 시기에 두청유와 백분을 사용한 청화(青花) 장식기법이 나타났고 건륭 시기에는 백분으로 무늬를 그리는 기법이 나타났다. 이런 장식기법은 청대(清代) 말기에 유행하여 병과 존 등 대형 기물(器物)에 주로 사용되었다. 병의 구름과 박쥐무늬는 청나라 말기의 뚜렷한 특징이다.

두청유퇴백화추파병(豆青釉堆白花錐把甁)

청대(清代) 말기
높이 42.6cm 입지름 4.8cm 배지름 20.8cm 밑지름 12cm 무게 3.08kg
1985년 서안시(西安市) 문물상점에서 넘겨받음

Bean Green Glazed Bottle with Floral Design

Qing Dynasty(1644AD~1911AD)
H 42.6cm Mouth D 4.8cm
Belly D 20.8cm Bottom D 12cm Weight 3.08kg
Transferred by Xi'an Cultural Relic Shop in 1985

병은 작은 입, 평평한 구순부(口脣部), 가늘고 긴 목, 미끈한 어깨, 타원형의 볼록한 배를 가졌으며 얕은 권족(圈足)이다. 바깥바닥에는 '大清乾隆年制(대청건륭년제)'가 전서체로 적혀 있는데 글씨가 조잡하다. 형태가 송곳 손잡이 모양이어서 '추파병(錐把甁)'이라 불리며 청대(清代) 강희(康熙) 시기에 나타나 강희 · 옹정(擁正) · 건륭(乾隆) 시기에 유행하였으며 청대 말기에도 보인다. 태색은 깔끔하나 태체는 단단하지도 치밀하지도 않다. 전체에 옅은 두청유를 입혔는데 분청색에 가깝다. 유면에 백분으로 늙은 매화나무를 그렸는데 가지가 배에서 목까지 뻗었다. 망울지거나 활짝 핀 매화는 엄동설한에 추위를 이기고 피어나는 매화를 연상케 한다. 두청유백화자기의 유행 시기로 볼 때 이 추파병은 청대 중 · 말기 것으로 추정된다.

217

두청유퇴백화병(豆靑釉堆白花甁)

청대(淸代) 말기
높이 38.7cm 입지름 11cm 배지름 17.7cm 밑지름 12.9cm
무게 3.3kg
1985년 서안시(西安市) 문물상점에서 넘겨받음

Bean Green Glazed Bottle with Floral Design

Qing Dynasty(1644AD~1911AD)
H 38.7cm Mouth D 11cm
Belly D 17.7cm Bottom D 12.9cm
Weight 3.3kg
Transferred by Xi'an Cultural Relic Shop in 1985

병은 구순부(口脣部)가 둥글고 구연(口沿)이 밖으로 말렸으며 목이 짧고 굵으며 배는 통 모양에 가깝다. 몸체는 아래로 가면서 점차 좁아지고 권족(圈足)이다. 바깥바닥은 시유(施釉)하였는데 흰색 바탕에 남색의 동그라미 한 쌍이 있다. 태체는 두껍고 무거운 편이고 전체적으로 청색에 황색이 감도는 두청유(豆淸釉)를 입혔는데 색상이 짙고 유면은 깨끗하지도 고르지도 않다. 배에는 백분으로 매화 한 그루와 기타 화훼를 그렸으나 유층이 두껍고 색이 짙어 매화가 희지 않다. 꽃망울과 활짝 핀 꽃의 구분이 명확하지 않으며 배열 또한 지나치게 정연하고 줄기는 위가 아닌 가로로 뻗어 꽃나무가 늙고 힘없어 보인다. 회화 수준이나 예술성이 떨어지는 것으로 보아 청대(淸代) 말기 작품으로 추정된다.

분청유퇴백화등롱존 (粉青釉堆白花燈籠尊)

청대(清代) 말기
높이 45.2cm 입지름 14.9cm 배지름 22.8cm 밑지름 14.4cm
무게 5.46kg
1985년 서안시(西安市) 문물상점에서 넘겨받음

Bean Green Glazed Lantern Shape Zun Utensil with Floral Design

Qing Dynasty(1644AD~1911AD)
H 45.2cm Mouth D 14.9cm
Belly D 22.8cm Bottom D 14.4cm
Weight 5.46kg
Transferred by Xi'an Cultural Relic Shop in 1985

존은 벌어진 입, 둥근 구순부(口脣部), 굵은 목, 미끈한 어깨, 통 모양 배를 가졌으며 권족(圈足)이다. 태체는 흰 편이며 유면은 고르고 매끄럽다. 전체에 옅은 두청유를 입혔는데 색상은 연한 분청유에 가깝다. 형태가 길고 둥근 등롱과 비슷해 '등롱존'이라 불린다. 배에는 백분으로 동석화조도(洞石花鳥圖)를 그렸다. 작은 동석 옆에는 활짝 핀 국화 두 송이와 모초(茅草)가 있고 국화 위쪽 어깨와 목 부분에는 훨훨 나는 나비가 있다. 언뜻 보기에는 지극히 평범한 모습이지만 그 속에는 깊은 뜻이 내포되어 있다. 띠 모(茅)와 나비 접(蝶)은 각각 '耄(모)', '耋(질)'과 중국어 발음이 같고 국화 또한 건강과 장수를 뜻하므로 이 그림은 장수에 대한 소망을 표현한 것이다. 이처럼 비슷한 발음으로 길상과 소망을 표현하는 문양은 명대(明代) 말기 자기에 나타나기 시작하여 청대(清代) 중 · 말기에 성행하였다.

219

남유운룡문반(藍釉雲龍紋盤)

청(淸) 광서(光緖)
높이 4.7cm 입지름 25cm 밑지름 16.5cm
무게 4.64kg
1979년 12월 서안시(西安市) 문물상점에서 넘겨받음

Blue Glazed Tray with Cloud and Dragon Pattern

Guangxu Reign of Qing Dynasty(1875AD~1908AD)
H 4.7cm Mouth D 25cm Bottom D 16.5cm
Weight 4.64kg
Transferred by Xi'an Cultural Relic Shop in Dec 1979

넓적한 입, 둥글고 얄팍한 구순부(口脣部), 얕은 호형(弧形)의 배에 권족(圈足)이 달렸다. 태체는 부드럽고 희다. 내외 벽과 안바닥에는 운룡문(雲龍紋)이 있다. 안바닥에는 비교적 큰 오조룡(五爪龍)이 있는데 용의 앞쪽에는 화염주(火焰珠)가 있고 주위에는 운문(雲紋)이 가득하여 구름 속에서 용이 여의주를 희롱하는 모양을 이룬다. 내외 벽에는 가늘고 작은 용무늬가 있는데 주위에는 역시 운문이 가득하여 마치 구름 속에서 여의주를 쫓는 듯하다.

이 반의 장식은 흰색 바탕에 남색으로 무늬를 그리는 일반적인 청화와 달리 남색 바탕에 무늬는 흰색을 남기고 흰색 용무늬와 일부 운문을 남색으로 그렸다. 이는 바탕에 먼저 무늬의 윤곽을 새기거나 찍은 후 코발트 안료로 무늬 밖을 칠하고 무늬의 세부적인 부분을 그린 후 투명유약을 입혀 고온 소성하는 기법으로 청화장식의 또 다른 기법이다.

이 반은 운룡문이 조잡하고 무늬의 포치 또한 산만해 청대 말기 작품으로 추정된다. 그러나 태토와 유약의 질, 코발트 남색 발색이 좋아 청대(淸代) 말기 자기 제조가 잠시 부흥했던 광서(光緖) 시기 작품으로 보인다.

220

반홍화훼문반(矾紅花卉紋盤)

청(清) 광서(光緖)
높이 4cm 입지름 34.6cm 밑지름 18.7cm 무게 1.36kg
1983년 서안시(西安市) 문물상점에서 넘겨받음

Red Glazed Tray with Flower Pattern

Guangxu Reign of Qing Dynasty(1875AD~1908AD)
H 4cm Mouth D 34.6cm Bottom D 18.7cm Weight 1.36kg
Transferred by Xi'an Cultural Relic Shop in 1983

둥근 구순부(口唇部), 얕은 배, 평평한 안바닥에 권족(圈足)이 달린 반이다. 태체는 얇고 치밀하지 못하며, 유면은 희고 깨끗하나 광택이 없다. 외벽에는 대나무무늬 세 조를 그렸다. 안쪽 가장자리에는 현문(弦紋)과 여의운문(如意雲紋) 한 바퀴를 둘렀다. 안바닥 가운데에는 다자(多子), 다복(多福), 장수를 뜻하는 석류, 불수감, 복숭아를 그렸고 그 주위에는 크기가 서로 다른 절지화와 과일, 그리고 박쥐 세 마리를 빼곡하게 그려 넣었다. 무늬는 모두 붉은색이고 포치가 지나치게 빽빽하고 복잡하며 주차(主次)도 분명하지 않다.

이 반은 유약 위에 철적유를 사용했다. 태토와 유약의 질, 무늬특징으로 볼 때 청대 말기 작품으로 추정된다.

221

분채봉천연문완(粉彩鳳穿蓮紋碗)

청(淸) 광서(光緖)
높이 8.9cm 입지름 20.6cm 밑지름 9.1cm 무게 0.64kg
1980년 서안시(西安市) 문물상점에서 넘겨받음

Porcelain Bowl with Phoenix in Lotus Pattern

Guangxu Reign of Qing Dynasty(1875AD~1908AD)
H 8.9cm Mouth D 20.6cm Feet D 9.1cm Weight 0.64kg
Transferred by Xi'an Cultural Relic Shop in 1980

벌어진 구연(口沿), 얇고 둥근 구순부(口脣部), 깊은 배에 큰 권족(圈足)이 달린 완이다. 바깥바닥에는 '大清光緖年制(대청광서년제)'란 두 줄의 해서체 글자가 있다. 바탕은 흰 편이나 치밀하지도 부드럽지도 못하다. 또한 유층이 얇고 유면에 광택이 없다. 내벽은 흰색이며 무늬가 없다. 외벽에는 아래위로 각각 비교적 두껍고 진한 갈색의 현문(弦紋) 한 바퀴가 둘러져 있고 그 사이에 주제문양인 봉천연문(鳳穿蓮紋)이 있다. 소성을 거친 백자에 색상이 서로 다른 봉황 네 마리가 연꽃숲 사이에서 나는 모습을 그렸다. 무늬는 포치가 산만하고 주차(主次)의 구분이 없는데 이 같은 무늬는 청대 말기에 유행하였다. 이 시기 분채는 색상이 짙어 담아하고 부드러운 맛이 없다. 관지로 보아 청대(淸代) 광서(光緖) 연간 작품임을 알 수 있다.

222

묵지소삼채인물문출극존(墨地素三彩人物紋出戟尊)

청대(淸代) 말기 중화민국 초기
높이 18cm 입지름 14.1cm 배지름 12.3cm 밑지름 10.2cm
무게 0.81kg
1985년 서안시(西安市) 문물상점에서 넘겨받음

Black Glazed Zun Utensil with Tri-color People Figure Pattern

Qing Dynasty(1644AD~1911AD)
H 18cm Mouth D 14.1cm
Belly D 12.3cm Bottom D 10.2cm
Weight 0.81kg
Transferred by Xi'an Cultural Relic Shop in 1985

이 기형은 청동기 중 출극존(出戟尊)을 모방한 것으로 벌어진 입, 잘록한 목, 볼록한 배에 이층 계단식 굽 형태의 권족(圈足)이 있다. 전체적으로 목, 배, 권족 세 부분으로 나뉜다. 배 주위에는 노란색 비릉(扉稜) 네 개가 있으며 배와 굽 사이에는 노란색 덧띠[凸起]가 있다. 구연에 녹색을 칠하고 회문(回紋)을 새겼다. 외벽의 문양도 세 부분으로 나뉘는데 모두 정원인물문(庭院人物紋)이다. 목 부분에는 꽃병, 난간 등을 배경으로 귀부인 둘이 책상을 사이에 두고 마주 앉아 바둑을 두고 시녀 한 명이 옆에서 바라보고 있다. 배는 다시 두 부분으로 나뉘는데 오른쪽에는 단정히 앉아 있는 어른 앞에서 어린아이가 꿇어앉아 책을 읽고 있고 왼쪽에는 관복을 입은 사람과 편한 복장을 한 사람이 서 있다. 권족 부분은 영희도(嬰戲圖)로 토실토실한 어린아이가 양손에 바람개비를 들고 마당에서 뛰어놀고 아이의 아버지가 책상 옆에 앉아 그 광경을 지켜보는 모습이다. 문양은 검은색 바탕에 녹색, 노란색, 분홍색을 사용하고 붉은색은 없다. 전체적으로 소박하고 깔끔하다. 조형이나 장식 기법 등은 모두 강희 시기 것과 비슷하나 화풍이 경직되었는데, 특히 인물의 표정과 용필(用筆)이 강희(康熙) 시기 특유의 풍모를 잃어 청 말 중화민국 초기의 모조품으로 추정된다.

소삼채찬반(素三彩攢盤)

청대(淸代)
높이 2.8cm 입지름 11.9cm 밑지름 7.1cm
무게 0.13kg
1979년 서안시(西安市) 문물상점에서 넘겨받음

Tri-color Tray

Qing Dynasty(1644AD~1911AD)
H 2.8cm Mouth D 11.9cm Bottom D 7.1cm
Weight 0.13kg
Transferred by Xi'an Cultural Relic Shop in 1979

이 접시는 찬반(攢盤) 중의 하나이다. 오각형이며 구연(口沿)에 물결무늬와 꽃무늬를 그렸다. 안바닥에는 연꽃무늬를 그렸는데 망울을 터뜨린 연꽃과 활짝 펼쳐진 연잎이 바람에 하느작거린다. 전체적으로 필법이 유창하고 생동감이 있다. 바탕은 희고 태질이 견고하다.

찬반은 명대(明代) 만력(萬曆) 시기에 나타나 청대(淸代) 말기에 이르러 정식 요리에 쓰였다. 접시 여러 개가 모여 세트를 이루므로 찬반 또는 전반(全盤)이라 불렀으며 밑반찬이나 후식을 담는 데 사용하였다. 접시의 개수에 따라 '오자(五子)', '칠교(七巧)', '팔선(八仙)', '구자(九子)', '십성(十成)'이라 불렀다. 각종 재질의 상자에 세트로 보관하였다.

이 접시는 소삼채로 꾸몄는데 꽃은 보라색을 띠고 가지와 물결은 녹색을 띤다. 농담 변화를 주어 대자연에 대한 느낌을 표현하였으며 기하형 물결, 사실적이면서도 과장된 연꽃과 연잎은 장인의 손을 거쳐 왕성한 생명력을 드러내고 있다.

청화자기

青花瓷器

Blue and White Porcelain

청화자기(青華瓷器)는 일종의 유하채(釉下彩)자기로 소태에 산화코발트를 안료로 무늬를 그리고, 그 위에 투명유약을 입혀 1,300℃ 정도의 고온 환원염(還元焰)으로 소성한 도자기이다. 청화자기에 사용하는 코발트 원료는 고온에서 소성하면 남색을 띠는데 착색력이 강하고 발색이 산뜻하고 안정적이며 소성 성공률이 높은 특징이 있다. 안료는 중국산과 수입산으로 나뉘며 발색은 다소 차이가 있다.

1970~1980년대 강소성(江蘇省) 양주(揚州) 당성(唐城) 유적지에서 출토된 당대(唐代) 청화자기는 안료로 코발트를 사용했고 바탕, 유약, 색상은 하남성(河南省) 공현요(鞏縣窯) 제품과 같다. 이는 당대에 공현요에서 이미 청화자기를 제작하였음을 말해준다. 원대(元代)에 이르러 청화자기가 보편화되었는데 그중 경덕진요(景德鎭窯)가 대표적이다. 원대에 사용하던 코발트 원료는 수입산과 중국산이 있었다. 수입산은 망간 함량이 낮고 철 함량이 높으며 칼륨 성분이 있어 색상이 화려하고 유면에 흑색 반점이 있다. 이와 반대로 중국산은 망간 함량이 높고 철 함량이 낮아 색조가 연하며 흑색 반점이 없고 무늬도 단순한 편이다.

명대(明代)에 이르러 청화자기가 주류가 되었으며 경덕진(景德鎭)에서 생산한 청화는 질이 좋고 종류가 많으며 기형이 다양하고 문양 또한 뛰어났다. 따라서 경덕진은 중국 자기 생산의 중심지가 되었다. 홍무(洪武)에서 숭정(崇禎) 연간에 이르기까지 청화 발색은 각각 나름대로의 특징을 띠었지만 영락(永樂) · 선덕(宣德) 연간의 것이 가장 뛰어나 이 시기를 청화자기의 황금기라 한다. 청대(清代)는 청화자기가 크게 발전한 시기로 초기인 순치(順治) 연간, 전기(前期)인 강희(康熙) · 옹정(擁正) · 건륭(乾隆) 연간, 중 · 말기인 가경(嘉慶)에서 광서(光緖) 연간 등 세 단계로 나눌 수 있다. 이 중 강희 시기의 청화는 색조를 8~9단계로 나누어 수묵화의 효과를 내었다.

Blue and white porcelain is underglazed decorative porcelain under high temperature, which is made up of cobalt ore containing cobalt oxide, and depicted ornamentation on the bisque porcelain body, then covered a layer of transparent glaze on the porcelain body, adopting high-temperature reducing flame in 1300 centigrade to sinter at a time. As the raw material used for blue and white porcelain, by means of high temperature sintering, and cobalt will present blue appearance, it is characterized by good tinting strength, vivid fineness, high rate of successful sintering and stable color appearance that has unique in a large number of decorative porcelain. The raw material used for the blue and white porcelain can be divided into two categories, including the domestic and import one, and their color appearances are different from each other.

In the 1970s and 1980s, site of the city of Tang Dynasty in Yangzhou, Jiangsu Province successively unearthed specimens of the white and blue porcelain, by scientific test, and color materials are cobalt, fetal, glaze and color, which are as same as products in kiln, Gongxian County, Henan Province, that at early time in Tang Dynasty, the kiln in Gongxian County, Henan Province begun to make the blue and white porcelain. The blue and white porcelain in Yuan Dynasty was generally sintered successful, especially; the kiln in Jing Dezhen is the most representative. The cobalt materials can be divided into two categories, which are the domestic and imported ones. Imported materials are characterized by low composition of manganese in cobalt-manganese compound, high composition of iron and potassium, color of the blue and white porcelain depicted is the strongest brilliant, and there are black spots on the surface of glaze. However, the domestic ones are characterized by high composition of manganese, low composition of iron, quietly elegant hue, and there are no black spots, as well as the ornamentation depicted is simpler compared with the imported ones.

In Ming Dynasty, the blue and white porcelain has became mainstream of the porcelain, the products produced in Jing Dezhen are with a high quality, rich varieties and various ware shapes that reached a historical peak, and has became the center of Chinese porcelain production. From the Hongwu period to Chongzhen period of Ming Dynasty, every period the blue and white porcelain has its own unique features, in terms of quality, the ones during Yongle and Xuande can be as the best, and they are known as golden age for the blue and white porcelain. The blue and white porcelain during Qing Dynasty is the most advanced period for its development, which can be distinguish levels refer to concentrated and diluted color, so that color-order with eight or nine layers was formed, achieved wash painting effect, in particular, was canonized by later generation. To sum up, development period of the white and blue porcelain can be divided into three stages: The Shunzhi blue and white porcelain in the early period of Qing Dynasty; the Kangxi, Yongzheng and Qianlong blue and white porcelain in prophase of Qing Dynasty; and the Jiaqing blue and white porcelain to Guangxu blue and white porcelain in advanced period of Qing Dynasty.

224

청화세한삼우문완(青花歲寒三友紋碗)

명대(明代) 초기
높이 7.2cm 입지름 17cm 굽지름 2.7cm 무게 0.36kg
1983년 서안시(西安市) 문물상점에서 넘겨받음

Blue and White Bowl with Pine, Bamboo and Plum Pattern

Ming Dynasty(1368AD~1644AD)
H 7.2cm Mouth D 17cm Feet D 2.7cm Weight 0.36kg
Transferred by Xi'an Cultural Relic Shop in 1983

벌어진 입, 얄팍하고 둥근 구순부(口唇部), 높은 운두에 권족(圈足)이 달린 완이다. 태색은 흰 편이고 태질은 부드럽다. 유색은 흰빛 가운데 청색이 감돌고 유면은 윤이 난다. 청화는 흑남색(黑藍色)을 띠는데 무늬의 일부분에는 검은색 결정 얼룩이 있는 것을 보아 수입 코발트 안료로 그린 것으로 추정된다. 외벽에는 주제문양인 송죽매 세한삼우도(歲寒三友圖) 두 조와 사이사이 함께 어우러진 바위 등 문양이, 안바닥에는 송죽매 한 조가 있다. 구연(口沿) 안팎에는 각각 거북등 모양을 보조문양으로 그렸으며 내벽은 문양이 없다.

세한삼우문은 대부분 송죽매(또는 측백나무, 대나무, 매화)로 구성되며 각각 장생, 군자의 도, 절개를 상징한다. 세 가지 모두 겨울철 추위를 이겨내므로 '세한삼우'로 불렸다. 이 제재는 송대(宋代)에 처음으로 자기에 나타났고 원대(元代)에는 특정 정치와 문화배경에서 더욱 유행하였다. 원대의 세한삼우문은 송죽매를 단독으로 그린 것과 바위, 파초를 배경으로 한 것 두 가지로 나뉜다. 명대 초기에도 세한삼우문은 지속적으로 유행하였으며 바위, 난간과 함께 정원 풍경으로 묘사되었다. 청대(清代)의 송죽매는 사실적 묘사를 추구하였는데 때로는 시문을 배치하거나 댓잎으로 시를 감추기도 하였다. 예를 들어 고궁박물원에 소장되어 있는 옹정청화유리홍병(雍正青花釉裏紅甁)에 바로 댓잎으로 시를 감춘 부분이 있다.

이 완은 송죽매와 바위가 그려졌는데 송죽매의 화법이 원대와는 확연히 다르다. 코발트의 발색으로 보아 명대(明代) 영락(永樂)·선덕(宣德) 연간의 제품으로 추정된다.

225

청화아랍백문완(青花阿拉伯紋碗)

명(明) 영락(永樂)
높이 4.4cm 입지름 13.3cm 굽지름 3.8cm 무게 0.18kg
1983년 서안시(西安市) 문물관리위원회 수집

Blue and White Bowl with Arabic Inscription

Yongle Reign of Ming Dynasty(1403AD~1424AD)
H 4.4cm Mouth D 13.3cm Feet D 3.8cm Weight 0.18kg
Collected by Xi'an Cultural Relic Administration Committee in 1983

살짝 오므라든 입에 호형(弧形)의 배, 와족(臥足)을 가진 완이다. 안쪽 구연에는 파도무늬가 있고 차례로 화훼로 된 이방연속무늬, 잎이 조롱박 모양인 관지련(串枝蓮) 그리고 꽃잎 모양의 기하무늬를 그렸다. 바깥쪽 구연(口沿)에는 변형된 아랍문자 한 바퀴가 있는데 '신이여, 우리를 굽어 살피소서'라는 의미이다. 글자 사이는 매듭 모양이 있고 글자 아래쪽에는 쌍현문(雙弦紋)이 있다. 복부에는 아래위로 변형된 엽문(葉紋)이 연속하여 대칭으로 있고 굽에 가까운 부분에는 관지련이 있다. 이 완은 다양한 문양으로 주제를 부각해 변화가 풍부하고 곡선과 직선을 결합하여 통일과 조화를 이루었다.

청화는 색상이 농염하고 검은 반점이 보이는데 이는 수입 코발트 안료로 그렸기 때문이다. 태체는 얇고 가벼우며 유질(釉質)은 부드러우며, 화면은 깔끔하고 모양은 반듯하다.

226

청화기린문화구반(青花麒麟紋花口盤)

명(明) 정통(正統)
높이 4.1cm 입지름 25.2cm 밑지름 16cm 무게 0.8kg
1983년 서안시(西安市) 문물상점에서 넘겨받음

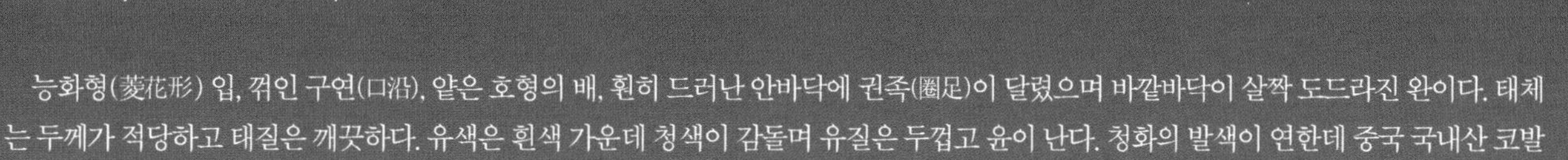

Blue and White Tray with Flower-Petal Mouth and Kylin Pattern

Zhengtong Reign of Ming Dynasty(1436AD~1449AD)
H 4.1cm Mouth D 25.2cm Bottom D 16cm Weight 0.8kg
Transferred by Xi'an Cultural Relic Shop in 1983

능화형(菱花形) 입, 꺾인 구연(口沿), 얕은 호형의 배, 훤히 드러난 안바닥에 권족(圈足)이 달렸으며 바깥바닥이 살짝 도드라진 완이다. 태체는 두께가 적당하고 태질은 깨끗하다. 유색은 흰색 가운데 청색이 감돌며 유질은 두껍고 윤이 난다. 청화의 발색이 연한데 중국 국내산 코발트 안료를 사용한 것으로 추정된다.

주제문양은 다리를 구부리고 뒤를 돌아보는 기린으로 안바닥에 그려져 있다. 기린은 외뿔이 나 있고 몸에는 인갑(鱗甲)이 있으며 사자 꼬리에 발굽이 있다. 정수리와 꼬리 부분의 털이 나부끼고 있다. 주위에는 배경으로 바위, 풀 따위를 그렸다. 그림은 윤곽을 그려서 색을 칠했는데 윤곽선이 짙고 안에 칠한 부분은 옅다. 꺾인 구연에는 전문(錢紋)을 그렸으며 아래위로 각각 청화현문(靑花弦紋)을 둘렀다. 전문과 현문 모두 자유롭게 그렸는데 특히 위의 현문은 선이 흐릿하고 번짐 현상마저 있으며 전문의 색상 역시 고르지 못하다.

기린은 중국 고대전설에서 나오는 서수(瑞獸) 중 하나로 상서로움의 상징이기도 하다. 원대에 바위, 과일 등과 함께 청화자기의 주제문양으로 나타났으며 유명한 것으로는 청화기린화과문능구대반(靑花麒麟花果紋菱口大盤) 등이 있다. 기린문(麒麟紋)은 명대 초기에도 지속적으로 유행하였으며 청화자기에서 많이 보인다. 중기에 들어서서 적어지다가 말기에 다시 성행하였는데 명말 청초의 기린문은 파초와 함께 파초기린문(芭蕉麒麟紋)을 이루었다. 청대에는 길상관념이 증가하면서 기린문이 심심찮게 보이며 기린송자(麒麟送子), 인토옥서(麟吐玉書) 등 문양이 나타났다.

청대의 청화자기와 비교할 때 이 반은 태토와 유약의 순도와 백도가 높지 않고 바탕의 치밀도가 낮은 것을 보아 명대(明代)의 것으로 추정된다. 그리고 기린의 조합형식(바위, 꽃, 과일 조합)으로 볼 때 원대(元代) 기린문 조합과 비슷하므로 명대 초기 것으로 추정된다. 호방한 회화풍격은 정통(正統)·경태(景泰)·천순(天順) 연간의 특징이다.

227

청화휴금방우도대관 (青花携琴訪友圖大罐)

명(明) 정통(正統)~천순(天順)
높이 35cm 입지름 21cm 배지름 39cm 굽지름 19.5cm
무게 10.3kg
1979년 서안시(西安市) 문물상점에서 넘겨받음

Blue and White Large Pot with Visiting Friend pattern

Zhengtong and Tianshun Reign of Ming Dynasty(1436AD~1464AD)
H 35cm Mouth D 21cm Belly D 39cm Feet D 19.5cm
Weight 10.3kg
Transferred by Xi'an Cultural Relic Shop in 1979

관은 입이 곧고 구순부(口脣部)가 둥글며 어깨가 풍만하고 아랫배가 안으로 오므라들었으며 굽에는 선명하게 깎인 흔적이 있고 얕은 권족(圈足)이다. 구연(口沿)에는 능형 격금문(格錦紋)이 있고, 어깨에는 금문(錦紋) 가운데 해당화 모양의 개광(開光) 네 조가 있는데 개광 안에는 연화절지문(蓮花折枝紋)이 그려져 있다. 배에는 휴금방우도(携琴訪友圖)가 그려져 있다. 소나무와 운기가 꽉 찬 사이로 누대가 높이 서 있고 그 위에서 주인과 노복이 손님을 기다리고 있다. 방문객은 말을 탔으며 앞에는 각각 가야금과 검을 든 동자가 길을 안내하고 뒤에는 노복이 각각 술을 지고 뒤따르고 있다. 굽에 가까운 곳에는 파도문양이 둘러져 있다.

문양은 굵은 붓으로 윤곽을 그린 다음 색을 칠하였는데 청화 남색 가운데 회색빛이 약간 감돌며 조금 번졌다. 태색은 희고 태질은 단단하며 태체는 두껍고 무겁다. 유색은 희고 유질은 부드럽다. 도자사에서 공백기로 분류되는 명대(明代) 정통(正統)~천순(天順) 연간의 제품이다.

228

청화전지화훼문고족배(青花纏枝花卉紋高足杯)

명대(明代) 중기
높이 7.9cm 입지름 7.9cm 굽지름 3.9cm 굽높이 3.8cm 무게 0.09kg
1981년 서안시(西安市) 문물상점에서 넘겨받음

Blue and White High Feet Cup with Twigs and Flowers Pattern

Ming Dynasty(1368AD~1644AD)
H 7.9cm Mouth D 7.9cm Feet D 3.9cm Feet H 3.8cm Weight 0.09kg
Transferred by Xi'an Cultural Relic Shop in 1981

입이 크고 약간 벌어졌으며, 구순부(口脣部)가 얄팍하고 둥글며, 배가 깊고 곧으며, 고족(高足)은 나팔 모양이다. 유면은 두껍고 윤이 나지만 순도와 백도가 낮아 유백색에 가깝다. 청화의 발색은 담백하고 우아하다. 안바닥에는 절지화(折枝花)가 그려져 있고 내벽은 구연부(口沿部)의 현문(弦紋) 두 줄을 제외하고 아무런 장식이 없다. 외벽에는 주제문양인 시원하고 담아한 당초문(唐草紋)을 그렸고 다리 부분에는 운문(雲紋)이 두 개 있다. 다리 아래위 양쪽 끝부분과 구연 안팎에 각각 청화 현문을 두르는 것은 명대 중기 특히 성화 시기 청화자기의 전형적인 특징이다. 문양은 구륵선염법(勾勒渲染法)으로 그렸는데 선이 가늘고 부드러우며 전체 화면은 산뜻하고 자연스럽다. 굽 바깥바닥에는 '大明成化年制(대명성화년제)' 여섯 글자가 해서체로 쓰여 있다.

명대(明代) 성화(成化) 시기는 중국 고대(古代) 청화자기의 전성기에 속하며 시대적 특징이 뚜렷하다. 동시대의 기타 자기와 마찬가지로 태토와 유약이 매끄럽고 부드러우며 조형이 정교하고 발색이 청아하고 담백한데 코발트 안료는 강서(江西) 악평(樂平)에서 나는 평등청[平等青, 일명 피당청(陂塘青)]을 사용하였다. 이런 코발트 안료의 특징은 철성분이 적어 발색이 옅고 깨끗하다. 여기에 매끄러운 태토와 유약, 정교한 조형, 단순하고 시원한 문양 구도로 성화 청화자기의 독특한 예술 풍격을 이루었다. 다리에 있는 여의운문(如意雲紋)이 정통(正統) 시기 특징을 띠어 성화(成化) 시기 것을 모방한 것으로 추정된다.

229

청화전지호로병(青花纏枝葫蘆甁)

명(明) 정덕(正德)
높이 44cm 입지름 8.5cm 배지름 29.5cm 밑지름 16.5cm
무게 6.57kg
1984년 5월 서안시(西安市) 문물상점에서 넘겨받음

Blue and White Calabash Shape Bottle with Twigs Pattern

Zhengde Reign of Ming Dynasty (1506AD–1521AD)
H 44cm Mouth D 8.5cm
Belly D 29.5cm Bottom D 16.5cm
Weight 6.57kg
Transferred by Xi'an Cultural Relic Shop in May 1984

조롱박 모양인 병은 입을 곧게 세웠으며 어깨가 매끈하고 허리가 잘록하며 배가 볼록하고 바깥바닥은 안으로 오목하게 들어갔으며 시유(施釉)하지 않았다. 태질이 부드럽고 태체가 두껍고도 무거우며 이어서 만든 흔적이 뚜렷하다. 유색은 흰색 가운데 청색이 감돌며 유면은 두껍다. 문양은 구도가 조밀한데 여섯 부분으로 나누어 그렸다. 구연부(口沿部)에는 직금문(織錦紋)을, 아래위 배에는 각각 연화당초문(蓮花唐草紋) 네 개를, 허리에는 상운(祥雲) 네 개를, 허리 아래쪽과 굽에 가까운 부분에는 각각 변형된 연판문(蓮瓣紋) 한 바퀴를 그렸다. 청화는 색상이 부드럽고 담아하며 살짝 회청색(灰青色)을 띠기도 하였다.

이 기물(器物)은 조형이 소탈하고 단정하며 듬직하고 당당하다. 명대 정덕 시기 전통적인 단선으로 윤곽을 그리는 기법 외에 쌍선으로 윤곽을 그린 후 색을 채워 넣는 기법을 사용하였으며 선이 가늘고 기법이 유창하다. 도안은 대칭으로 연화당초문을 그렸는데 이는 장수를 뜻한다. 조밀한 문양 구도는 명대(明代) 가정(嘉靖)·만력(萬曆) 시기 자기의 장식풍격을 열었다. 이 자기는 현존하는 명대 정덕(正德) 시기의 몇 안 되는 작품 중 하나이다.

230

청화인물문고족배(青花人物紋高足杯)

명(明) 가정(嘉靖)~만력(萬曆)
높이 10.1cm 입지름 14.9cm 밑지름 4.5cm 무게 0.29kg
1983년 서안시(西安市) 문물상점에서 넘겨받음

Blue and White High Feet Cup with People Figures Pattern

Jiajing and Wanli Reign of Ming Dynasty(1522AD~1620AD)
H 10.1cm Mouth D 14.9cm Bottom D 4.5cm Weight 0.29kg
Transferred by Xi'an Cultural Relic Shop in 1983

배는 벌어진 입, 둥글고 얄팍한 구순부(口脣部), 둥근 호형(弧形)의 배를 가졌으며 고권족(高圈足)은 땅에 닿는 부분에 이르러 밖으로 살짝 벌어졌다. 바탕은 희고 부드러우며 유층은 두껍고 윤이 난다. 청화 발색은 남색이다. 내벽에는 문양이 없으며 구연부와 안바닥에는 각기 매화와 인물문(人物紋)을 그렸다. 인물문은 노인이 소나무 옆에서 책을 읽고 그 앞으로 강물이 흐른다. 권족 외벽에는 거꾸로 된 파초문(芭蕉紋)을 그렸다. 주제문양은 '십팔학사도'로 배의 외벽에 그렸다. 화면 중심에는 책과 바둑판이 놓여 있는 탁자가 있고 학사 열여덟 명이 탁자를 에워싸고 있는데 그 표정과 동작이 각양각색이다. 탁자 옆에는 세 사람이 앉아 있으며 그중 한 사람은 자기 왼편을 가리키고 있다. 화면 오른쪽에 있는 한 사람은 걸상에 앉지 않고 서서 양팔을 들었는데 비교적 흥분한 듯하고 그 오른쪽으로 두 사람이 서서 담담하게 의논하고 있다. 탁자 왼쪽에는 세 사람이 양팔을 잡고 표정 없이 서 있는데 사색 중인 듯하다. 화면 속 인물은 흥분한 이가 있는가 하면 개별적으로 토론하는 이도 있고 말없이 사색하는 이도 있다.

당태종[唐太宗, 이세민(李世民)]이 진왕(秦王)으로 있을 때 궁성 서쪽에 문학관(文學館)을 설립하고 두여회(杜如晦), 방현령(房玄齡), 육덕명(陸德明), 공영달(孔穎達), 우세남(虞世南) 등 문사 18명을 불러들였다. 세 조로 나누어 매일 여섯 명씩 돌아가며 문헌과 나랏일을 토론하게 하였는데 이들을 일컬어 '18학사'라 한다. 태종이 황제의 자리에 오른 후 '18학사'는 모두 중용되었다. 태종은 염입본(閻立本)에게 그림을 그리게 하고 저량(褚亮)에게 찬(贊)을 지어 18인의 이름과 호, 출생지 등을 모두 적게 하고 18학사라 칭하였다. 당현종(唐玄宗) 개원(開元)연간 상양궁(上陽宮) 식상정(食象亭)에서 장열(張說), 서견(徐堅), 하지장(賀知章) 등 열여덟을 학사로 삼고 동악(董萼)에게 명하여 그림을 그리게 하고 어필로 찬을 지었다. 후대에는 대부분 이를 화제(畵題)로 하여 여섯 또는 넷이 모여 그림을 품평하는 내용을 그렸는데 중국 타이베이고궁박물원에 소장된 '십팔학사도(十八學士圖)'(축)가 그 예이다. 명청(明清)시대 자기에 그려진 십팔학사도는 여기에서 그 근원을 찾을 수 있다.

이 고족배(高足杯)는 태체가 얇고 가벼우며, 유면은 윤이 난다. 구연과 권족 외벽에는 각기 청화현문(青花弦紋) 두 바퀴가 있다. 다리에 그려진 파초문은 명대(明代) 말기 청화자기의 특징이다.

청화용문관(青花龍紋罐)

명(明) 가정(嘉靖)~만력(萬曆)
높이 17.1cm 입지름 9.6×7.6cm 배지름 16.9×13.9cm 밑지름 9.9×8.8cm
무게 1.01kg
1979년 서안시(西安市) 문물상점에서 넘겨받음

Blue and White Pot with Dragon Pattern

Jiajing and Wanli Reign of Ming Dynasty(1522AD~1620AD)
H 17.1cm Mouth D 9.6×7.6cm
Belly D 16.9×13.9cm Bottom D 9.9×8.8cm
Weight 1.01kg
Transferred by Xi'an Cultural Relic Shop in 1979

관은 둥근 구순부(口脣部), 살짝 외반된 입에 둥그런 어깨를 하고 있다. 볼록한 배는 아래로 내려오면서 점차 좁아지다가 굽 가까이에서 잘록하게 들어갔으며 권족(圈足)이다. 몸체는 과릉형(瓜棱形)이다. 목의 각 면에는 동글납작한 꽃잎 모양 개광을 배치하고 그 안에 꽃을 채워 넣었다. 어깨에는 복련문(覆蓮紋)을 그렸는데 연꽃잎은 서로 이어졌으며 사이마다 가는 선으로 나누었고 꽃잎 안에는 위로 향한 인동문(忍冬紋)이 있다. 배 역시 네 부분으로 나뉘며 당초문이 가득하다. 주제문양은 용문으로 용머리는 위로 향했고 입을 크게 벌렸는데 위턱은 여의두 모양이고 아래턱은 긴 편이다. 정수리 털은 앞으로 흩날리고 몸통은 'S'형으로 굽었으며 온몸은 비늘로 덮였고 네 발은 풍차 모양을 이루었다. 굽 가까이에는 여의 모양 꽃잎무늬가 있다. 전체적으로 조형이 풍만하고 문양이 세밀하여 또 하나의 아름다운 청화작품이다.

청화해마옥토문완(青花海馬玉兎紋碗)

명대(明代) 말기
높이 11.6cm 입지름 21.9cm 굽지름 9.4cm 무게 0.79kg
1983년 서안시(西安市) 문물상점에서 넘겨받음

Blue and White Bowl with Horse and Rabbit Pattern

Ming Dynasty(1368AD~1644AD)
H 11.6cm Mouth D 21.9cm Feet D 9.4cm Weight 0.79kg
Transferred by Xi'an Cultural Relic Shop in 1983

곧고 살짝 벌어진 입, 둥근 구순부(口脣部), 깊은 배에 권족(圈足)이 달린 완이다. 태질은 부드러운 편이고 유면은 흰색 가운데 청색이 감돈다. 청화의 발색은 회남색(灰藍色)으로 중국산 코발트로 그린 듯하다. 구연(口沿) 내벽에는 해수문(海水紋)을 그렸는데 세밀한 파도 위로는 불수감 모양의 물보라가 인다. 이는 명대(明代) 영락(榮樂) 시기의 해수문(海水紋)과 비슷하지만 물보라가 복잡하고 지나치게 틀에 박혔으며 소용돌이가 뚜렷하지 않고 또한 물보라 사이마다 매화 모양의 작은 꽃이 있다. 안바닥에도 해수문을 그렸는데 주위에 방사상 꽃무늬 10개가 정연하게 배열되어 있다. 외벽 구연 아래에는 파도해수문(波濤海獸紋)을 그렸는데 말 모양의 해수 몇 마리가 파도 속에서 나는 듯이 달리고 있다. 거칠게, 높게 인 파도의 화법은 선덕 시기와 비슷하지만 선덕(宣德) 시기의 파도보다 세기가 약하다. 주제문양은 외벽에 그린 동물문(動物紋)이다. 쌍선 10개로 외벽을 나누었으며 개광(開光)마다 서로 다른 모습의 토끼가 있다. 앞으로 달리거나 천천히 걷거나 서 있는 등 동작에 관계 없이 머리는 동일한 방향을 향하고 있다. 주변은 바위, 난간 혹은 화초로 장식하였는데 화면마다 대동소이하므로 토끼 한 마리가 앞으로 나아가는 과정의 동작들을 묘사한 듯하다. 문양은 단선(單線)으로 그리고 색을 칠하는 기법을 사용하였는데 색상이 옅다.

명대(明代) 정덕(正德) 시기부터 본조(本朝)의 자기를 모방하기 시작했다. 이 완은 태토와 유약이 부드럽고 윤이 나며 색상이 옅고 우아하다. 그러나 해수문은 확실하게 영락(永樂), 선덕 시기의 것을 모방한 것으로 이는 명대 말기에 흔히 사용하던 기법이다. 또한 문양 구도가 빽빽하고 산만하여 명대 중기에 비해 소탈하고 간결하지 못하다. 그러므로 이 완은 명대 말기 경덕진(景德鎭) 민요(民窯) 제품으로 추정된다.

233

청화집호(青花執壺)

명대(明代) 말기
높이 12.6cm 입지름 3.1cm 배지름 9.4cm 밑지름 6.3cm
무게 0.36kg
1979년 서안시(西安市) 문물상점에서 넘겨받음

Blue and White Kettle

Ming Dynasty(1368AD~1644AD)
H 12.6cm Mouth D 3.1cm
Belly D 9.4cm Bottom D 6.3cm
Weight 0.36kg
Transferred by Xi'an Cultural Relic Shop in 1979

유는 휘었고 몸체는 과릉형(瓜棱形)이며 손잡이와 권족(圈足)이 달린 집호이다. 유면은 투명하고 윤이 나며 유색은 흰색 가운데 살짝 청색이 감돌고 청화 발색은 담아하다. 바탕은 희고 견고하며 기형이 독특하다. 뚜껑과 어깨에는 빙매문(氷梅紋), 굽에 가까운 부분에는 연판문(蓮瓣紋)을 그렸다. 주제문양은 주렁주렁 열린 오이와 춤추는 나비인데 접(蝶)과 질(瓞)은 중국어에서 같은 발음이고 질은 작은 오이를 가리킨다. 이 그림은 오이와 나비의 조합으로 '과질면면(瓜瓞綿綿)'을 나타냈다. 『시경』「대아(大雅)」에는 "길게 뻗은 오이덩굴, 백성이 처음 살 때 두수에서 칠수까지 이르렀네(綿綿瓜瓞, 民之出生, 自土沮漆)"라는 구절이 있는데 옛사람들은 이로써 자손이 번성하고 가업이 번창하길 기원하였다.

이 호는 발색이 담아하고 선을 그린 후 색을 칠하는 회화기법을 사용함으로써 유창하고 자연스러우며 대범하다. 그러나 태질이 청대의 것보다 치밀하지 못하므로 명대(明代) 말기 제품으로 추정된다.

청화인물문화고(青花人物紋花觚)

명(明) 숭정(崇禎)
높이 46.4cm 입지름 20cm 밑지름 15.7cm 무게 4.63kg
1985년 서안시(西安市) 문물상점에서 넘겨받음

Blue and White Gu Utensil with Figure and Flower pattern

Chongzhen Reign of Ming Dynasty(1628AD~1644AD)
H 46.4cm Mouth D 20cm Bottom D 15.7cm Weight 4.63kg
Transferred by Xi'an Cultural Relic Shop in 1985

고(觚)는 입이 벌어지고 구순부(口脣部)가 둥글며 배는 통(筒) 모양으로 내려오다가 굽 가까이에서 밖으로 벌어졌다. 납작바닥이며 입보다 조금 작다. 태체는 두꺼운 편이고 유면은 부드럽고 깔끔하며 윤이 난다. 청화 발색은 불안정한데 중국산 절료(浙料, 코발트의 일종)로 그린 것으로 추정된다. 문양은 세 부분으로 나뉘며 주제문양은 윗배에 그려졌다. 화면에는 여섯 명의 인물이 있는데 그중 한 노인이 강변에서 손을 모으고 답례하고 있으며 옆에는 낚싯대가 놓여 있다. 그 앞에는 답례하는 또 한 사람과 호위무사 네 명이 있으며 무사들의 손에는 각각 칼, 창 등이 들려 있다. 주위에는 바위, 수목 및 풀들이 배경으로 그려져 있다. 이 장면은 '문왕방현도(文王訪賢圖)'인 듯하다. 그 아래로 각기 당초문(唐草紋)과 역삼각형 모양의 파초문(芭蕉紋)이 그려져 있다.

문왕은 주문왕(周文王) 희창(姬昌)을 가리키는데 상대 말기 서백후(西伯侯) 희창은 인의를 펴고 현사들을 불러들여 조정을 돌보았다. 하루는 비웅(飛熊)이 날아드는 꿈을 꾸고 이튿날 곧바로 찾아다니다가 우연히 무길(武吉)이라는 나무꾼을 만나게 되었다. 무길은 희창을 위수(渭水)로 안내했고 희창은 그곳에서 때마침 낚시하고 있는 강상(姜尙, 강태공)을 만나게 되었다. 희창은 먼저 둘째 아들을 보내 만나고자 하였지만 강상이 거들떠보지 않아 친히 가서 이야기를 나누다가 그의 호가 비웅임을 알게 되었으니 곧 꿈 그대로였던 것이었다. 그리하여 희창은 강상에게 보필해줄 것을 청하면서 강상을 수레에 앉히고 자기가 끌었다. 강상의 보필을 받아 종국적으로 상을 멸하고 주를 세우게 되었다. 이를 문왕방현(文王訪賢, 문왕이 현사를 찾아뵙다)이라 하며 명청(明淸)시대 자기의 장식소재로도 자주 쓰였다.

화고(花觚)는 명대(明代) 숭정(崇禎) 시기 나타난 기형으로 청대(淸代) 순치(順治) · 강희(康熙) 시기에 유행하였다. 숭정 시기의 화고는 배가 볼록하지 않고 윗배에는 화조나 서수 및 인물을 그리고 중간배와 아랫배에는 당초문 아래로 늘어뜨린 파초잎을 그렸는데 뚜렷한 시대적 특징을 띠었다. 청대 초기부터 중간배가 나오기 시작하여 강희 시기에 이르러 완전히 볼록한 상태가 되었다.

조형으로 볼 때 이 화고는 숭정 시기 화고의 특징에 부합된다. 또한 태토와 유약이 순치 시기보다 견고하고 부드럽지 못하며 청화 발색도 순치 시기보다 짙지 않다. 문양 역시 순치 · 강희 시기에 비해 대범하고 힘찬 풍격이 부족하다.

235

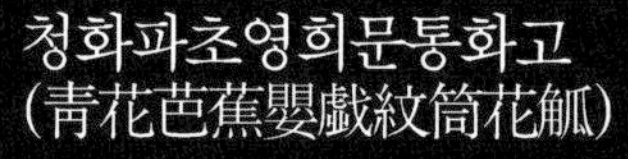

청화파초영희문통화고 (青花芭蕉嬰戱紋筒花觚)

청(淸) 순치(順治)
높이 19.8cm 입지름 9.2cm 밑지름 16.3cm 무게 0.42kg
1974년 서안시(西安市) 문물상점에서 넘겨받음

Blue and White Gu Utensil with Banana Leaves and Kids Playing Pattern

Shunzhi Reign of Qing Dynasty(1644AD~1661AD)
H 19.8cm Mouth D 9.2cm Bottom D 16.3cm Weight 0.42kg
Transferred by Xi'an Cultural Relic Shop in 1974

이 고(觚)는 입이 크게 벌어지고 구연부(口沿部) 아래에서 확 좁아졌으며 구순부(口脣部)가 둥글다. 통 모양의 배는 좁은 편이고 굽 가까이에서 밖으로 벌어졌으며 납작바닥이다. 태체는 두꺼운 편이고 유면은 깨끗하고 윤이 나며 청화 발색은 남색이다. 입에는 장유를 입혔다. 배에는 바위와 커다란 파초를 그렸는데 파초나무 아래에는 어린아이 둘이 뛰놀고 있다. 문양 구도는 비교적 단순하고 용필이 독특하다. 파초잎을 짙게 그렸는데 짙은 남색은 파초잎이 더욱 푸르러 보이게 한다. 나무줄기는 옅게 윤곽만 그렸는데 색상은 담묘청화(淡描青花)에 가깝다. 전체적으로 파초나무는 위가 무겁고 아래가 가벼운 감을 주어 적합하지 않은 듯하나 사실상 이는 멀리서 나무를 바라본 효과에 부합되는 것으로 멀리서 보았을 때 크고 빽빽한 수관(樹冠)이 뚜렷하게 보이는 것은 당연지사이다. 아이들은 웃옷 색상을 짙게 한 것 외에 머리, 다리 그리고 발 부분은 모두 소묘하였다. 바위의 색상도 농담이 분명하다. 전체적으로 이 그림은 원근 및 농담의 층차감이 있지만 강희 시기 청화자기에 비해 층차감이 뚜렷하지 못하다. 그리고 진한 갈색의 입과 파초문(芭蕉紋)은 모두 청대(淸代) 순치(順治) 청화자기의 전형적인 특징이므로 이 화고는 청대 초기 순치 시기의 제품으로 추정된다.

청화방옥수목문통화고 (青花房屋樹木紋筒花觚)

청(清) 순치(順治)
높이 19.5cm 입지름 8.5cm 밑지름 6.5cm 무게 0.37kg
1974년 서안시(西安市) 문물상점에서 넘겨받음

Blue and White Gu Utensil with Houses and Trees Pattern

Shunzhi Reign of Qing Dynasty(1644AD~1661AD)
H 19.5cm Mouth D 8.5cm Bottom D 6.5cm Weight 0.37kg
Transferred by Xi'an Cultural Relic Shop in 1974

벌어진 입, 둥근 구순부(口脣部), 통(筒) 모양 배를 가진 고(觚)이다. 굽 가까이에서 밖으로 살짝 벌어졌고 계단식 굽이며 밑지름은 입지름보다 작다. 태질은 깨끗하고 태체는 두꺼운 편이며 유면은 깨끗하고 부드럽다. 청화 발색은 남색에 가까운데 중국산 절료(浙料)로 그린 것으로 추정된다. 구연(口沿)에는 장유를 입혔고 굽은 유약을 입히지 않은 세사(細砂)이다. 문양은 기물(器物)의 중간배와 아랫배에 그려졌는데 구도가 간결한 수목도(樹木圖)이다. 집 뒤에 나무 몇 그루가 자라고 있는데 큰 나무는 앙상한 줄기만 있고 그 옆에 작은 나무에는 잎이 가득 달렸다. 먼 곳에는 작은 바위가 보인다. 단순하지만 층차감이 보이며 명말(明末)의 문양보다 완벽하고 성숙해 보인다.

계단식 굽은 권족(圈足)의 외벽을 한 둘레 깎아내어 유약이 밑굽에 닿지 못하게 함으로써 두 개의 서로 다른 높이의 단면을 이루는 것으로 밑부분이 편평한 방형(方形)이거나 둥그스름하고 뾰족한 모양이다. 일반적으로 전자가 후자보다 시대가 앞선다. 계단식 굽은 청대(淸代) 순치(順治) 시기에 나타나 강희(康熙) 시기에 유행하였다. 이 화고는 아직 배가 나오지 않았고 순치 청화자기의 중요한 특징인 진한 갈색 구연과 소탈한 바위가 있으며 견고하고 부드러운 태체와 세사 굽을 갖춰 청대 초기 순치 시기 것임을 알 수 있다.

237

청화화훼문관음존(青花花卉紋觀音尊)

청(淸) 강희(康熙)
높이 24.6cm 입지름 5.3cm 배지름 13.1cm 밑지름 9.6cm
무게 1.04kg
1985년 서안시(西安市) 문물상점에서 넘겨받음

Blue and White Bottle with Flower Pattern

Kangxi Reign of Qing Dynasty(1662AD~1722AD)
H 24.6cm Mouth D 5.3cm
Belly D 13.1cm Bottom D 9.6cm
Weight 1.04kg
Transferred by Xi'an Cultural Relic Shop in 1985

작고 곧은 입, 둥글넓적한 구순부(口脣部), 짧은 목에 풍만한 어깨를 가진 존(尊)이다. 둥글고 볼록한 배는 아래에서 갑자기 잘록해지고 밑굽은 밖으로 벌어졌으며 계단식 굽이다. 태질은 치밀하지 못하고 유면은 청색이 감돌며 청화 발색은 회남색(灰藍色)인데 고르지 못하다. 배는 꽃으로 꽉 차 있는데 그 사이에 덩굴 국화가 끼어 있다. 구연과 굽과 가까운 부분에는 청화현문(青花弦紋)이 한 둘레씩 있고 목에는 간결한 파초문(芭蕉紋)이, 목과 어깨가 만나는 부분에는 삼각무늬가 있다. 문양은 구도가 복잡하고 용필에 거침이 없다.

태토와 유약의 질과 문양의 풍격으로 볼 때 이 관음존(觀音尊)은 청대(淸代) 초기의 특징을 띠고 있다. 계단식 굽은 청대 초기부터 강희 시기에 유행하던 것이므로 청대 강희(康熙) 시기 것으로 추정할 수 있다.

238

청화산수문팔방난반 (青花山水紋八方暖盤)

청(清) 강희(康熙)
높이 4.9cm 입지름 23.5cm 굽지름 14.3cm 무게 1.29kg
1981년 서안시(西安市) 문물상점에서 넘겨받음

Blue and White Warming Tray with Mountains and Rivers Pattern

Kangxi Reign of Qing Dynasty(1662AD~1722AD)
H 4.9cm Mouth D 23.5cm Feet D 14.3cm Weight 1.29kg
Transferred by Xi'an Cultural Relic Shop in 1981

난반(暖盤)은 구순부(口脣部)가 네모지고 구연(口沿)이 위로 향하여 살짝 올라갔으며 팔각형 모양의 배는 얕다. 벽은 경사가 크게 졌으며 구연(口沿) 양쪽에는 각각 구멍난 삼각형 손잡이가 있고 안바닥이 훤히 드러났으며 권족(圈足)이 달렸다. 이런 접시 모양은 청화자기에서 보기 드문데 일반 자기접시와는 달리 뜨거운 물을 담아 보온하는 난반이다. 태체는 두껍고 무거우며 유색은 흰 편이고 청화 발색은 불안정한데 산뜻한 남색을 위주로 하므로 절료(浙料)로 그린 듯하다. 주제문양은 산수도(山水圖)로 안바닥에 그려졌다. 고요한 호수를 중심으로 하여 주위에는 정자, 회랑, 수목 및 집 들이 배치되어 있다. 구연 안쪽과 안바닥 바깥쪽에는 각기 능형문이 둘러져 있고 구연 바깥쪽에는 절지화 6개가 균일하게 배치되어 있다.

이런 기형은 보기 드문 것으로 조형, 굽, 문양으로 볼 때 청대(清代) 초기 수출품이었을 것으로 추정된다.

239

청화영희문장군관(青花嬰戲紋將軍罐)

청(淸) 강희(康熙)
높이 38.3cm 입지름 15.1cm 배지름 26.7cm 밑지름 17.3cm
무게 6.25kg
1985년 서안시(西安市) 문물상점에서 넘겨받음

Blue and White Pot with Kids Playing Pattern

Kangxi Reign of Qing Dynasty(1662AD~1722AD)
Total H 38.3cm Mouth D 15.1cm
Belly D 26.7cm Bottom D 17.3cm
Weight 6.25kg
Transferred by Xi'an Cultural Relic Shop in 1985

관(罐)은 구순부(口脣部)가 둥글고 입이 곧고 살짝 안으로 오므라들었으며 어깨가 둥글넓적하다. 배는 아래로 내려갈수록 좁아지다 편평한 굽으로 이어진다. 뚜껑이 달렸는데 손잡이는 보주 모양이고 아래는 원호(圓弧) 모양인데 가장자리는 넓고 편평하다. 뚜껑은 후에 맞춘 것으로 풍격이 몸체와 전혀 다르다. 모양이 장군 투구 같으므로 이런 유형의 기물(器物)을 통틀어 '장군관(將軍罐)'이라 부른다. 뚜껑의 손잡이는 노태 상태이고 아랫부분은 청화로 당초문을 그렸다. 목 부분은 아래위로 교차되는 삼각무늬인데 안에는 변형된 인동문(忍冬紋)이 있다. 어깨 부분에 그려진 물고기비늘과 전문(錢紋)은 여의문(如意紋)에 의해 여러 부분으로 나뉘었으며 부분마다 안에 절지화가 그려진 꽃잎모양의 개광이 있다. 배 부분에는 호석(湖石)과 파초 사이에서 뛰놀고 있는 아이들을 그린 영희문(嬰戲紋)이 있다. 아이들은 모두 정수리에만 머리카락을 남기고 두루마기를 입었다. 이들은 바둑을 두거나 구경하고 서화를 감상하거나 부채질하며 이야기하기도 하고 거문고를 타기도 하는데 인물형상이 생동감이 있고 표정이 각양각색이다. 굽 가까운 곳의 앙련문(仰蓮紋)은 꽃잎이 넓고 두꺼우며 서로 이어졌다. 영희문은 자기에서 흔히 쓰이는 제재로 주로 어린아이들이 뛰노는 장면을 그리며 당대(唐代) 장사요 유하채호(釉下彩壺)에서도 보인다. 송금(宋金)시대에 이르러 크게 발전하였으며 새기거나 인화하는 기법을 사용함으로써 어린아이의 형상도 다양해졌다. 예를 들어 꽃을 가지고 놀거나 말을 타거나 팽이를 돌리거나 뱃놀이하거나 등등인데 그중 자주요(磁州窯)의 영희문이 가장 생동감이 있다. 명청(明淸)시대 자기 제조업이 발전함에 따라 청화, 오채(五彩), 분채 등 여러 형식으로 나타났다. 이 관은 청대(淸代) 강희(康熙) 초기 것이다.

240

청화전지모단문대개장군관
(青花纏枝牡丹紋帶蓋將軍罐)

청(清) 강희(康熙)
높이 62cm 입지름 19.5cm 배지름 38cm 밑지름 16.5cm 무게 12.77kg
1984년 서안시(西安市) 동쪽 교외 동방(東方)기계공장 출토

Blue and White Pot with Peony and Twigs Pattern

Kangxi Reign of Qing Dynasty(1662AD~1722AD)
Total H 62cm Mouth D 19.5cm
Belly D 38cm Bottom D 16.5cm Weight 12.77kg
Excavated from Dongfang Machine Factory at east suburban of Xi'an in 1984

뚜껑이 달린 관(罐)으로 뚜껑이 장군의 투구 같은데 위에는 복숭아 모양의 손잡이가 달렸다. 살짝 밖으로 벌어진 입, 둥근 구순부(口脣部), 짧은 목을 가졌으며 바닥 정중앙에는 지름이 1cm인 둥근 구멍이 나 있다. 목과 굽 가까운 곳에는 각각 변형된 연판문(蓮瓣紋)이 있고 어깨에는 산자문(山字紋)과 여의운문(如意雲紋)이 있다. 배는 여덟 조의 모란당초문(牧丹唐草紋)으로 가득 채웠는데 꽃잎마다 밖에는 청화로 윤곽선을 그렸다. 뚜껑 역시 세 조의 모란당초문으로 장식하였고 가장자리는 낙화유수문(落花流水紋)으로 장식하였다. 이 관은 조형이 반듯하고 대범하며 바탕이 부드럽고 구도가 꽉 차 강희(康熙) 시기 대형 청화 기물(器物) 중에서 상품(上品)이다.

241

청화산수인물화고(青花山水人物花觚)

청(淸) 강희(康熙)
높이 46.6cm 입지름 22cm 배지름 17.8cm 밑지름 14.7cm
무게 3.27kg
1985년 서안시(西安市) 문물상점에서 넘겨받음

Blue and White Gu Utensil with Mountains, Rivers and Figure Pattern

Kangxi Reign of Qing Dynasty(1662AD~1722AD)
H 46.6cm Mouth D 22cm
Belly D 17.8cm Bottom D 14.7cm
Weight 3.27kg
Transferred by Xi'an Cultural Relic Shop in 1985

화고(花觚)는 나팔 모양의 구연(口沿)이 밖으로 벌어졌고 입지름이 큰 편이며 목은 미끈하게 뻗었고 어깨는 둥글다. 둥근 배는 아래로 내려가면서 점차 좁아지다가 굽 가까이에서 밖으로 벌어졌다. 계단식 굽이다. 태질은 희고 말끔하면서도 부드러우며 유색은 밝다. 목에는 청화로 산수를 묘사하였고 배 부분 역시 산수인데 가까운 곳에 인물고사를 묘사해 넣었다. 강희(康熙) 시기 청화는 이미 숙련된 산수화기법으로 중국 전통회화 풍격을 성공적으로 재현하여 깔끔하고 수려한 분위기를 그려냈다. 화고는 입과 목 부분이 밖으로 활짝 벌어져 봉미(鳳尾) 모양을 이루기에 봉미존 또는 봉미병이라 부른다. 청대(淸代) 순치(順治) 시기에 나타난 조형으로 강희 시기 경덕진(景德鎭) 민요(民窯)에서 가장 많이 보이며 청대 말기, 심지어 중화민국 시기에도 여전히 생산하였다. 청화(青花), 오채(五彩), 묘금(描金) 등 여러 가지 종류가 있다.

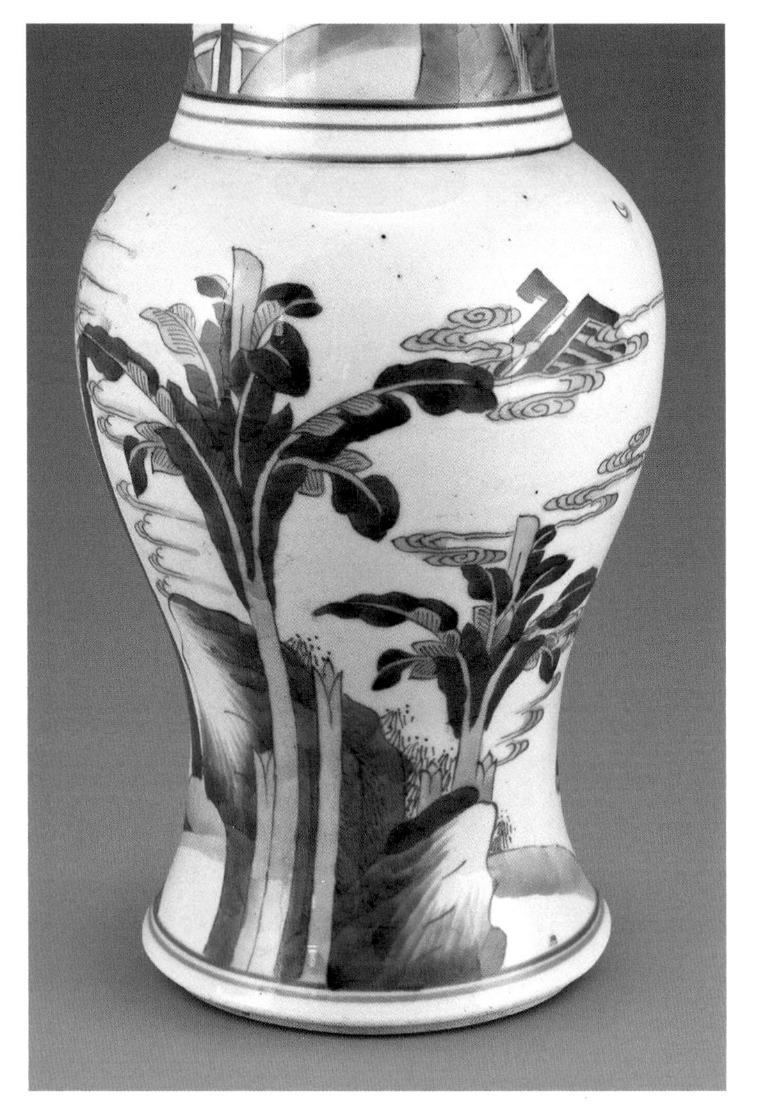

242

청화팔선축수문향로(青花八仙祝壽文香爐)

청(淸) 강희(康熙)
높이 14.4cm 입지름 23.6cm 배지름 25.6cm 굽지름 13.3cm
무게 2.26kg
1979년 서안시(西安市) 문물상점에서 넘겨받음

Blue and White Incense Burner with Eight Immortals Worshipping Longevity Pattern

Kangxi Reign of Qing Dynasty(1662AD~1722AD)
H 14.4cm Mouth D 23.6cm
Belly D 25.6cm Feet D 13.3cm
Weight 2.26kg
Transferred by Xi'an Cultural Relic Shop in 1979

벌어진 입, 짧은 목, 볼록한 배에 권족(圈足)이 달린 향로이다. 목에는 구름과 잡보문(雜寶紋)을, 배에는 주제문양인 장수노인과 팔선(八仙)을 그렸다. '팔선'은 도교에서 나오는 여덟 신선의 총칭으로 늘 함께 나타나 팔선이라 부른다. 이들은 수중에 각기 다른 물건을 들고 있는데 한종리(漢鐘離)는 부채, 여동빈(呂洞賓)은 검, 장과로(張果老)는 어고(魚鼓), 조국구(曹國舅)는 옥판(玉板), 철괴리(鐵拐李)는 조롱박, 한상자(韓湘子)는 피리, 남채화(藍采和)는 꽃바구니, 하선고(何仙姑)는 연꽃을 들고 있다. 팔선 가운데 하선고만 여자이다. 전하는 바에 의하면 일부는 당대(唐代)에, 일부는 송대(宋代)에 도를 닦아 신선이 되었다고 한다. 이 향로는 유면에 광택이 있고 바탕은 희고 견고하며 청화 발색은 청남색이다. 회화기법이 유창하고 자연스러우며 다양한 얼굴표정으로 인물의 서로 다른 내면을 그려내었다. 청화의 발색과 조형은 청대(淸代) 강희(康熙) 시기 양식이다.

243

청화산수문육각개합(青花山水紋六角蓋盒)

청(清) 강희(康熙)
높이 11.6cm 입길이 18.4cm 입너비 11.5cm 밑길이 12.5cm 밑너비 7.5cm
무게 0.65kg
1980년 서안시(西安市) 문물상점에서 넘겨받음

Blue and White Hexagon Box with Mountains and Rivers Pattern

Kangxi Reign of Qing Dynasty(1662AD~1722AD)
Total H 11.6cm Mouth L 18.4cm Mouth W 11.5cm
Bottom L 12.5cm Bottom W 7.5cm
Weight 0.65kg
Transferred by Xi'an Cultural Relic Shop in 1980

합은 구연(口沿)이 편평하게 꺾였으며 구순부(口脣部)가 네모지고 가로로 넓은 육각형이다. 배는 깊은 편이고 아래로 내려가면서 좁아지는 사다리꼴이다. 양쪽에는 사슴 머리 모양의 손잡이가 달렸고 권족(圈足)은 밖으로 벌어졌다. 뚜껑 역시 가로로 긴 육각형으로 살짝 호형(弧形)이며 위에는 오이 꼭지 모양의 꼭지가 달렸다. 현문(弦紋) 두 바퀴에 의해 뚜껑의 문양은 세 부분으로 나뉘는데 주제문양은 꼭지를 중심으로 한 산수도(山水圖)이고 가장자리에는 능형문이 있으며 그 사이는 문양이 없는 빈 공간이다. 몸체의 외벽에는 산수도가 그려져 있는데 청화 발색이 산뜻한 것이 운남(雲南) 주명료(珠明料)로 그린 것이다. 화면에서 원경은 옅게, 근경은 짙게 표현함으로써 층차감이 뚜렷하다. 기형(器型)이 수출자기의 풍격을 띤 것을 보아 청대(清代) 강희(康熙) 시기 제품으로 추정된다.

244

청화(青花) '복수강녕(福壽康寧)' 문고족배(紋高足杯)

청(清) 강희(康熙)
높이 12.8cm 입지름 13.1cm 굽높이 6.2cm 굽지름 7.2cm
무게 0.52kg
1980년 서안시(西安市) 문물상점에서 넘겨받음

Blue and White High Feet Cup with Four Chinese Characters

Kangxi Reign of Qing Dynasty(1662AD~1722AD)
H 12.8cm Mouth D 13.1cm
Feet H 6.2cm Feet D 7.2cm
Weight 0.52kg
Transferred by Xi'an Cultural Relic Shop in 1980

둥근 구순부(口脣部), 살짝 벌어진 구연(口沿), 통(筒) 모양에 가까운 배를 가진 고족배(高足杯)로 나팔 모양 권족(圈足)은 밖으로 벌어졌다. 태토와 유약은 희고 윤이 나며 청화색상은 산뜻한 청남색이다. 내벽에는 문양이 없고 구연부에만 능형문(菱形紋)이 있다. 안바닥에는 '壽(수)' 자가 있다. 외벽은 매화를 채웠으며 그 가운데 원형 개광(開光) 네 개가 고르게 배치되어 있다. 개광 안에는 각기 '福(복) · 壽(수) · 康(강) · 寧(녕)'이 해서체로 쓰여 있는데 글자체가 굵고 크며 힘차 보인다. 권족 벽에는 운문(雲紋)과 팔보문(八寶紋)이 그려져 있다.

'福壽康寧(복수강녕)' 등 길상문자가 자기의 주제문양으로 나타나기 시작한 것은 명대(明代) 가경(嘉慶) 시기이며 청대(清代) 말기까지 지속되었다. 글자는 '萬福攸同(만복유동)', '永保長壽(영보장수)', '福(복)', '壽(수)' 등 넉 자 또는 한 자로 쓰여 있다. 일부는 나뭇가지를 엮어 '福壽康寧(복수강녕)' 글자를 나타내었다.

이 고족배(高足杯)는 태체가 견고하고 두꺼우며 태토와 유약이 희고 부드러운 것이 강희 시기 청화자기 특징을 띠며 청화 발색으로 보아 주명료(珠明料)로 그린 것이므로 청대 강희(康熙) 시기로 추정된다.

245

청화절지모단문대반(青花折枝牡丹紋大盤)

청(清) 강희(康熙)
높이 5.7cm 입지름 35.4cm 밑지름 21cm 무게 1.1kg
1983년 서안시(西安市) 문물상점에서 넘겨받음

Blue and White Tray with Peony Pattern

Kangxi Reign of Qing Dynasty(1662AD~1722AD)
H 5.7cm Mouth D 35.4cm Bottom D 21cm Weight 1.1kg
Transferred by Xi'an Cultural Relic Shop in 1983

접시의 벌어진 입 끝부분은 살짝 밖으로 젖혀졌고 구순부(口脣部)는 얄팍하고 둥글며 운두가 낮다. 벽과 안바닥은 호형(弧形)으로 이어졌으며 권족(圈足)은 안쪽으로 경사졌다. 태질은 부드럽고 단단하며 유면은 흰색 가운데 청색이 감돌고 구연은 진한 갈색이다. 청화의 발색은 남색으로 운남 주명료(珠明料)로 그린 것이다. 내벽과 안바닥에는 활짝 피어난 모란절지문(牡丹折枝紋)을 그렸는데 사이사이에 작은 잎과 꽃들을 가득 채워 넣어 화면 전체가 조밀하다. 비록 문양이 빽빽하지만 꽃은 짙게, 잎과 줄기는 옅게 표현하여 층차와 농담이 분명하다. 외벽에는 간결한 매화절지문(梅花折枝紋)을 그렸다.

진한 갈색 구연(口沿)은 순치(順治) 청화자기의 특징으로 강희(康熙) 초까지 이어졌으나 중기에는 보기 드물다. 큰 꽃과 잎, 대범하고 힘찬 선, 빽빽한 문양 구도 등은 모두 강희 초기 청화자기의 전형적인 특징이므로 이 접시를 강희 초기 경덕진(景德鎭) 제품으로 추정할 수 있다.

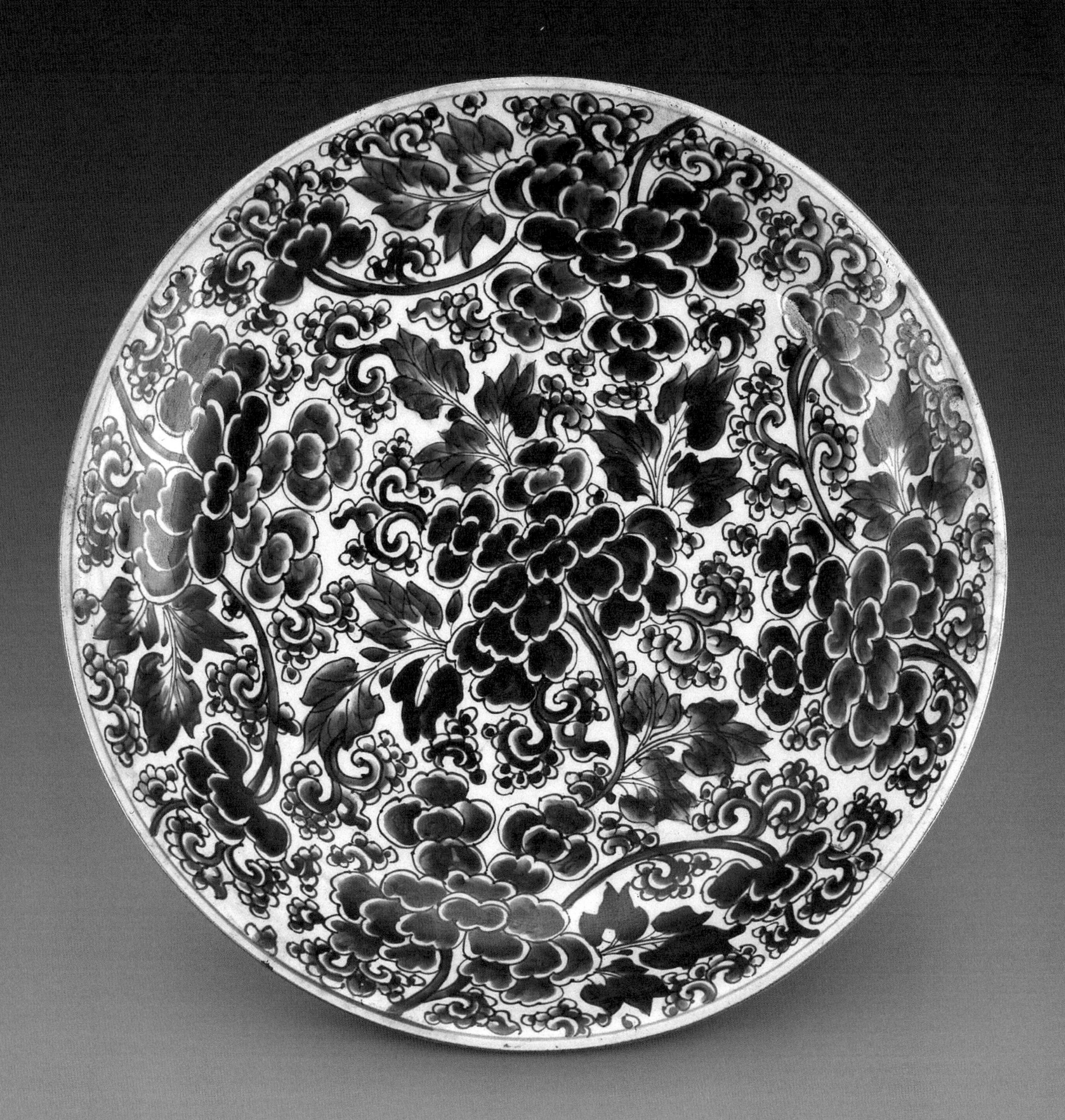

246

청화봉황모단문반 (青花鳳凰牡丹紋盤)

청(清) 강희(康熙)
높이 3.7cm 입지름 22cm 굽지름 13.2cm 무게 0.38kg
1981년 서안시(西安市) 문물상점에서 넘겨받음

Blue and White Tray with Phoenix and Peony Pattern

Kangxi Reign of Qing Dynasty(1662AD~1722AD)
H 3.7cm Mouth D 22cm Feet D 13.2cm Weight 0.38kg
Transferred by Xi'an Cultural Relic Shop in 1981

벌어진 입, 얄팍하고 둥근 구순부(口脣部), 훤히 드러난 배, 쌍권족(雙圈足)이 있는 접시이다. 태질은 부드럽고 단단하며, 유면은 청색을 띠며 청화 발색은 하늘색이다. 외벽은 문양이 없고 내벽 구연에는 청화현문(青花弦紋)이 둘러져 있으며 내벽과 안바닥에는 봉황모란문(鳳凰牧丹紋)이 그려져 있다. 아름다운 봉황 두 마리가 동석(洞石) 위에 서 있는데 꼬리가 높이 휼날린다. 높은 쪽에 선 봉황은 꼬리가 톱날 모양을 이루고 고개를 숙여 먹이를 쪼고 있다. 낮은 쪽에 선 봉황은 꼬리가 띠 모양을 이루고 머리를 앞으로 내밀어 먹이를 찾고 있는 듯하다. 동석 옆에는 잎이 무성한 모란 두 송이가 있는데 화사하게 핀 꽃 주위에는 나비들이 춤추고 있다.

이 접시는 문양 구도가 빽빽하고 선이 호방하고 힘차며, 모란꽃잎이 커다란 것이 강희 초기 청화자기의 특징을 띠었다. 그리고 동석화훼류는 청대(清代) 초기 순치(順治) 시기 청화자기의 전형적인 제재이므로 이 접시는 대략 강희(康熙) 초기 것으로 추정된다.

247

청화산석화훼문완(青花山石花卉紋碗)

청(淸) 강희(康熙)
높이 5.3cm 입지름 9.3cm 굽지름 4.5cm 무게 0.1kg
1979년 서안시(西安市) 문물상점에서 넘겨받음

Blue and White Bowl with Stone Hills and Flowers Pattern

Kangxi Reign of Qing Dynasty(1662AD~1722AD)
H 5.3cm Mouth D 9.3cm Feet D 4.5cm Weight 0.1kg
Transferred by Xi'an Cultural Relic Shop in 1979

완의 벌어진 입은 살짝 젖혀졌고 구순부(口脣部)는 둥글고 얄팍하며 배는 깊고 권족(圈足)은 곧고 높은데 반듯하게 깎아내었다. 바깥바닥에는 해서체로 '碧(玉)堂制[벽(옥)당제]'라 쓰여 있다. 태질은 부드럽고 단단하며 유색은 흰색 가운데 청색이 감돌고 유면은 광택이 있다. 청화 발색은 하늘색이다. 구연 안팎과 권족 외벽에는 각기 하늘색 청화현문(青花弦紋) 두 줄이 둘러져 있고 내벽은 민무늬이며 안바닥에는 동석화훼문(洞石花卉紋)이 그려져 있다. 주제문양은 외벽에 그려졌는데 울창한 파초, 단단한 바위, 흐드러지게 핀 모란과 연꽃 등으로 농담이 분명하다.

이 완의 태토와 유약은 청대(淸代) 강희(康熙) 시기의 특징을 띠었으나 문양의 화풍은 순치 시기 호방한 느낌을 그대로 지니고 있다. 그중 동석파초는 순치(順治) 시기 청화자기의 전형적인 제재로 강희 초기에도 여전히 쓰였으나 동석은 순치 시기와 달리 풍만해졌다. 또한 커다란 꽃과 잎은 강희 초기 화훼문의 특징이므로 이 완의 연대는 강희 초기로 추정할 수 있다.

청화운룡문반(靑花雲龍紋盤)

청(淸) 강희(康熙)
높이 7cm 입지름 33.5cm 굽지름 20.7cm 무게 1.44kg
1979년 12월 서안시(西安市) 문물상점에서 넘겨받음

Blue and White Tray with Cloud and Dragon Pattern

Kangxi Reign of Qing Dynasty(1662AD~1722AD)
H 7cm Mouth D 33.5cm Feet D 20.7cm
Weight 1.44kg
Transferred by Xi'an Cultural Relic Shop in Dec 1979

능화(菱花) 모양의 입, 얇고 둥근 구순부(口脣部), 살짝 오므라든 구연(口沿)을 가진 접시이다. 호형(弧形)의 배는 깊은 편이고 쌍권족(雙圈足)은 안쪽이 낮고 바깥쪽이 높다. 바깥바닥에는 두 겹의 동그라미 안에 '大淸康熙年制(대청강희년제)'가 해서체(楷書體)로 쓰여 있다. 태체는 단단하고 유면은 흰색 가운데 청색이 살짝 감돌며 청화 발색은 청남색으로 강희 중기 주명료(珠明料)를 사용하였다. 구연 쪽 현문(弦紋)은 구연과 마찬가지로 능화 모양을 이루고 내벽과 안바닥의 문양은 하나로 어우러진다. 안바닥에는 머리카락이 곧추 서고 이빨을 드러내고 발톱을 휘두르는 몸통이 구불구불한 용을 정면으로 그렸고 내벽에는 화염 모양의 운문(雲紋) 사이를 가로지르는 용 두 마리를 측면으로 그렸다. 용은 발가락이 다섯 개이고 몰골이 흉악해 보인다. 전체 화면은 구도가 빽빽하고 회화풍격이 소탈하고 힘 있다. 외벽에는 잡보(雜寶)를 그렸다.

청화자기 문양 중의 용은 대부분 측면이고 정면을 그린 것은 명대(明代) 가정(嘉靖) 시기부터 시작되어 청대(淸代) 초기 및 건륭(乾隆) 시기까지 유행하였다. 강희(康熙) 중기에 일부 정면을 향한 용의 이마에는 '王(왕)' 자가 보이기도 하는데 극히 드물다.

이 접시는 단단한 태체, 부드럽고 흰 유면, 청남색 청화, 정면을 향한 용문, 소탈하고 힘찬 회화풍격 등 강희 중기 청화자기의 특징이 뚜렷해 연대 추정이 가능하다.

249

청화산수인물문반(青花山水人物紋盤)

청(淸) 강희(康熙)
높이 3.2cm 입지름 30.1cm 굽지름 16.2cm 무게 1.02kg
1980년 서안시(西安市) 문물상점에서 넘겨받음

Blue and White Tray with Mountains and River and People Figure Pattern

Kangxi Reign of Qing Dynasty(1662AD~1722AD)
H 3.2cm Mouth D 30.1cm Feet D 16.2cm Weight 1.02kg
Transferred by Xi'an Cultural Relic Shop in 1980

넓은 입, 얄팍하고 둥근 구순부(口脣部), 낮은 운두에 권족(圈足)이 달린 접시이다. 태질은 부드럽지 못하고 유면은 청색이 감돌며 청화 발색은 물총새 깃의 빛깔과 같은 청남색이다. 외벽에는 시원한 대나무 잎 세 조가 그려져 있다. 안쪽 구연(口沿)에는 농담이 고르지 않은 매화 위에 타원형 개광 네 개를 고르게 배치하였으며 개광(開光) 안은 서로 대칭으로 두 조의 절지화로 장식하였다. 산수와 수목의 주제문양은 안바닥에 그렸다. 멀리 높게 솟은 산봉우리 몇 개가 보이고 그 앞 울창한 나무숲과 돌계단, 집, 다리 및 사람은 하나로 어우러졌다. 이 모든 것은 강물에 에워싸였으며 수면에는 멀어져 가는 작은 배 몇 척이 떠 있고 앞에는 늙은 어부가 낚싯대를 드리워 낚시질하고 있으며 강변에는 아름답게 어우러진 나무 그림자가 보인다. 수면을 옅게 칠한 외에 다른 부분은 모두 짙은 색으로 묘사하였다. 중국산수화의 전형적 구도로 된 화면에는 낚시질하는 사람과 집 창밖으로 은은하게 보이는 사람이 보이는데 각각 '어초경독(직)[漁樵耕讀(織) 각기 어부, 나무꾼, 농부, 서생을 가리킨다]' 중의 어부와 서생을 나타낸다.

경직도(耕織圖)는 남송(南宋) 시기에 처음 나타났으며 유송년(劉松年)이 〈경직도〉를 그린 바 있다. 청대(淸代) 강희(康熙) 35년(1696년)에 황제는 궁정화가 초병정(焦秉貞)에게 명하여 46폭의 경직도를 그리도록 하였다. 강희 51년(1712년) 목각 전판(殿板) 〈경직도〉가 간행된 후 기타 공예품에서 모방하기에 이르렀고 자기에도 경직도가 나타나기 시작하였다. 이로부터 경직도가 있는 자기는 강희 말기 제품으로 추정할 수 있다. 구체적인 내용에 있어서도 차이가 있는데 어떤 것은 경직도, 어떤 것은 어초경독(직)도이고 일부는 그중 세 가지만 취하였다. 또한 함축적으로 그 뜻을 표현한 것도 있는데 예를 들어 책 한 권 또는 창문에 비친 그림자로 서생을 나타내거나 물로만 어부를 나타내기도 하였다. 이러한 문양이 강희 말기에 나타난 것은 물론 회화의 직접적인 영향을 받아서이기도 하지만 다른 일면으로는 당시 사회가 상대적으로 안정되고 사람들 역시 안정된 생활을 누리고 있었음을 반영한다.

250

청화(靑花) '어초경독(漁樵耕讀)' 도반(圖盤)

청(淸) 강희(康熙)
높이 4cm 입지름 29.3cm 굽지름 15.7cm 무게 0.98kg
1982년 서안시(西安市) 문물상점에서 넘겨받음

Blue and White Tray with Fishing, Farming and Reading Pattern

Kangxi Reign of Qing Dynasty(1662AD~1722AD)
H 4cm Mouth D 29.3cm Feet D 15.7cm Weight 0.98kg
Transferred by Xi'an Cultural Relic Shop in 1982

넓은 입, 얄팍하고 둥근 구순부(口脣部), 낮은 운두에 권족(圈足)이 달린 접시이다. 바깥바닥에는 '康熙年制(강희년제)'가 해서체로 쓰여 있다. 태질은 부드럽지 못하고 유면은 청색이 감돈다. 청화 발색은 물총새 깃의 빛깔과 같은 청남색이다. 외벽에는 시원한 대나무 잎 세 조가 그려져 있다. 내벽 구연에는 매화 위에 타원형 개광 네 개가 고르게 배치되어 있으며 그 안에는 서로 대칭으로 절지화와 강변에서 낚시하는 그림이 그려져 있다. 주제문양은 바위와 나무이고 안바닥에 그려졌다. 바위와 나무 옆으로 난 길에는 세 사람이 걷고 있는데 맨 뒤 사람은 어깨에 나무를 메고 힘겹게 걷고 있다. 중간에 있는 사람은 맨 앞 사람과 인사하고 있는 듯하며 뒤에는 소가 따르고 있다. 소는 바위와 나무를 채 벗어나지 못하여 앞부분만 보이고 목줄은 주인 손에 쥐어 있지 않고 자연스럽게 늘어뜨려져 있다. 맨 앞 사람은 소를 끄는 사람과 마주하여 손을 모으고 허리를 굽혔다. 화면 왼쪽 잎이 무성한 나무 아래에 있는 크고 편평한 돌 위에는 책, 붓, 접부채가 놓여 있다. 보기에 평범한 그림이지만 '어초경독'의 내용이 함축되어 있다. 나무꾼은 뚜렷하게 나타나고 소로 농부를 나타내었으며 개광(開光) 속 낚시꾼은 어부를 가리키며 돌 위 책으로 서생을 나타내었다. 문양제재, 청화 발색과 화면의 층차감 등이 모두 강희(康熙) 시기 청화자기의 특징을 띠었으므로 이 접시는 강희 말기 경덕진요(景德鎭窯)에서 생산한 것으로 추정할 수 있다.

251

청화개광산수문완(青花開光山水紋碗)

청(清) 강희(康熙)
높이 8.4cm 입지름 17.5cm 굽지름 8.2cm 무게 0.37kg
1979년 서안시(西安市) 문물상점에서 넘겨받음

Blue and White Bowl with Mountains and River Pattern

Kangxi Reign of Qing Dynasty(1662AD~1722AD)
H 8.4cm Mouth D 17.5cm Feet D 8.2cm
Weight 0.37kg
Transferred by Xi'an Cultural Relic Shop in 1979

둥근 구순부(口脣部), 밖으로 젖혀진 꽃잎 모양 입, 깊은 배에 매끄러운 권족(圈足)이 달린 완이다. 바깥바닥에는 '康熙年制(강희년제)'가 해서체(楷書體)로 쓰여 있다. 태체는 단단하고 치밀하며 유면은 희고 맑으며 윤이 난다. 청화 발색은 산뜻하다. 내벽 구연(口沿)에는 해수문(海水紋)이 둘러져 있는데 물결이 호형 삼각형으로 물고기 비늘 같아 보인다. 내벽에는 절지화(折枝花) 네 조가 배치되어 있는데 구도가 시원하다. 외벽에 있는 네 개의 직사각형 개광(開光) 안에는 각기 두 조의 산수화와 꽃병이 그려져 있으며 그중 산수화는 고즈넉하고 층차감이 강하다. 구연 외벽과 권족에는 각각 청화현문(青花弦紋) 두 겹이 둘러져 있다.

이 완의 태체, 유면, 청화 발색은 모두 강희(康熙) 시기 청화자기의 특징을 띠었지만 청화 발색은 강희 시기 전형적인 물총새 깃과 같은 청남색이 아니다. 문양도 소탈하고 힘 있는 강희 시기 풍격이 아니라 담아하고 고요한 옹정(雍正) 시기 특징을 지니고 있어 강희 말기 것으로 추정할 수 있다.

청화고사도반(青花高士圖盤)

청(清) 강희(康熙)
높이 4.2cm 입지름 15.4cm 굽지름 7cm 무게 0.24kg
1979년 서안시(西安市) 문물상점에서 넘겨받음

Blue and White Tray with Scholar Pattern

Kangxi Reign of Qing Dynasty(1662AD~1722AD)
H 4.2cm Mouth D 15.4cm Feet D 7cm Weight 0.24kg
Transferred by Xi'an Cultural Relic Shop in 1979

살짝 젖혀진 넓은 입, 얄팍하고 둥근 구순부(口唇部), 얕은 호형(弧形)의 배에 권족(圈足)이 달린 접시이다. 바깥바닥에는 방형의 도기(圖記)가 찍혀 있다. 태토와 유약의 순도와 백도가 높지 않지만 유면은 매끄러운 편이다. 청화 발색은 담아하다. 안바닥과 내벽의 문양은 한 폭의 완벽한 인물산수도를 구성한다. 문양의 중심은 두 인물이다. 앞에 선 사람은 고사(高士)로 연모(軟帽)를 쓰고 두루마기를 입었으며 긴 수염을 휘날리며 말을 타고 있다. 그 뒤로 동자가 매화 가지를 어깨에 둘러메고 서둘러 뒤따르고 있다. 바로 뒤에는 커다란 매화나무가 있는데 가지가 수면에 닿을 정도로 늘어졌다. 인물 주변에는 산수, 바위, 다리 난간 등이 배치되어 있다. 동자가 어깨에 멘 매화로 보아 이 그림은 '사애도(四愛圖)' 중 '임화정(林和靖)의 애매(愛梅)'인 듯한데 앞에 말 탄 사람이 곧 송대 고사 임화정이다.

'사애도'는 '고사도'라 부르기도 하며 고대(古代) 문인아사(文人雅士) 넷이 좋아한 것을 그렸다. 즉 왕희지(王羲之)는 백조를, 도연명(陶淵明)은 국화를, 주돈이(周敦頤)는 연꽃을, 임화정은 매화를 사랑했던 것을 가리킨다. 또 다른 한 가지 설로는 왕희지는 난초를, 도연명은 국화를, 주돈이는 연꽃을, 임화정은 학을 사랑했다고도 전해진다. 이 제재는 가장 먼저 원대 자기에서 나타났는데 청화자기 매병(梅瓶) 배 부분 네 개의 능형(菱形) 개광(開光) 속에 '사애도'가 그려져 있었으며 명청(明清)시대에도 지속적으로 사용되었다. 고사는 때로는 넷이 함께, 때로는 한둘씩 나타났는데 모두 기물(器物)의 조형에 따른 것이다. 병(瓶), 관(罐) 등 대형 기물에서는 대부분 배에 네 명의 고사를 그렸는데 예를 들어 원대 청화고사도매병(青花高士圖梅瓶)과 원대 자주요의 사애도(四愛圖) 항아리 등이 있다. 배(杯) 등의 소형 기물에는 두 명의 고사를 그렸는데 명대(明代) 성화(成化) 시기 두채고사배(斗彩高士杯) 등이 있다. 접시 종류의 기물은 일반적으로 안바닥에 고사 한 명을 그렸는데 이 접시가 그 예이다.

'사애도'의 구도는 규칙적인 편인데 모두 고사 한 명에 동자 한 명으로 때로는 물건을 감상하거나 때로는 동자가 손에 물건을 드는 형상이다. 이 접시에 그려진 고사(古士) 임화정은 송대(宋代) 사람으로 서호(西湖) 근처의 외딴 산에 은거하면서 평생 홀로 지냈다. 매화와 학을 특히 좋아하였는데 스스로 이르기를 "매화 아내에, 학 자식을 두었다(梅妻鶴子)"고 하였다.

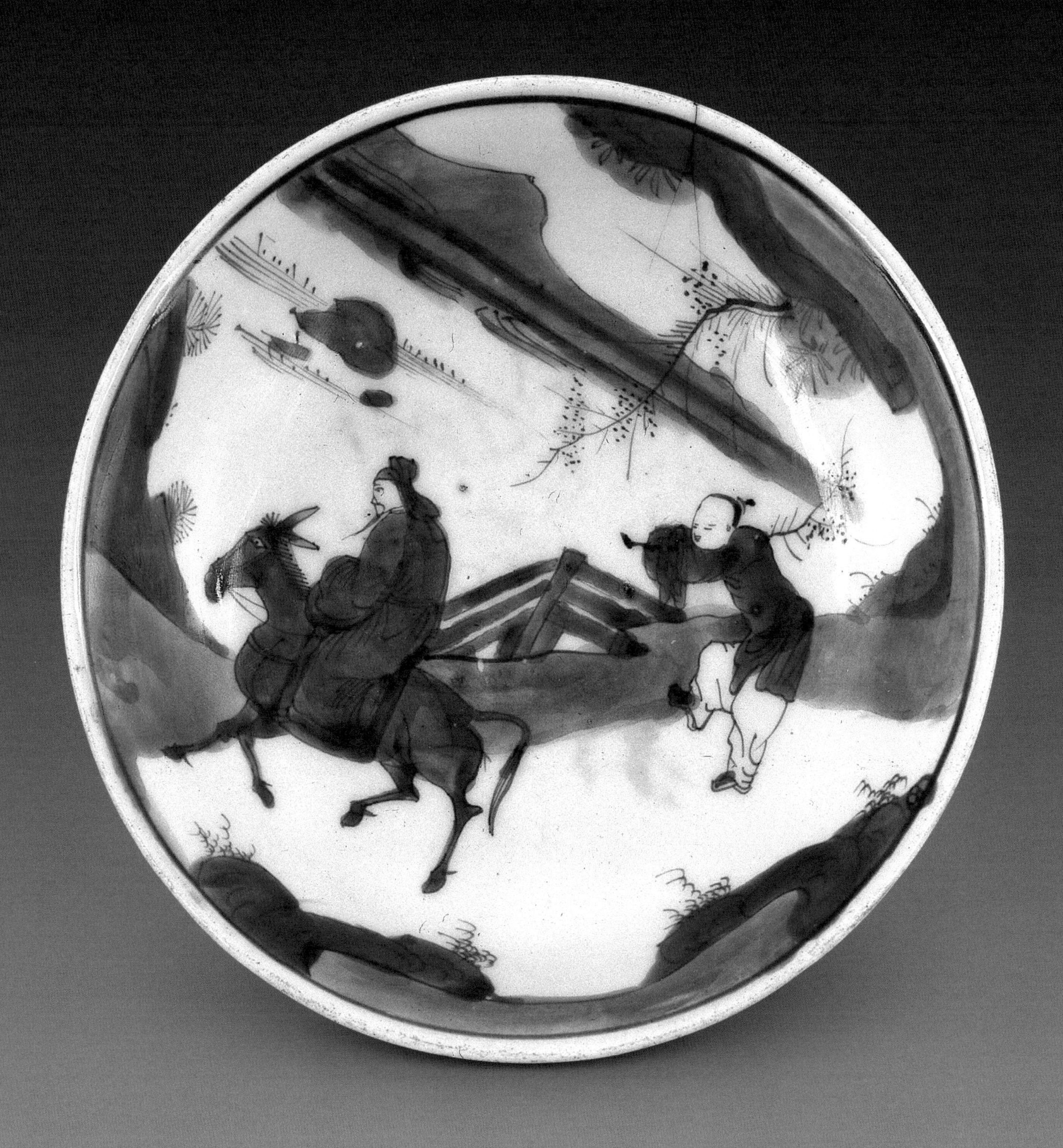

253

청화(靑花) '문도(問道)' 도완(圖碗)

청(淸) 강희(康熙)
높이 5cm 입지름 10.5cm 굽지름 3.9cm
무게 0.1kg
1980년 서안시(西安市) 문물상점에서 넘겨받음

Blue and White Bowl with "Inquiring for Knowledge" Pattern

Kangxi Reign of Qing Dynasty(1662AD~1722AD)
H 5cm Mouth D 10.5cm Feet D 3.9cm
Weight 0.1kg
Transferred by Xi'an Cultural Relic Shop in 1980

완은 구연(口沿)이 밖으로 젖혀졌으며 구순부(口脣部)가 얄팍하고 둥글며 배가 깊다. 넓은 권족(圈足)은 안쪽이 낮고 바깥쪽이 높다. 바깥바닥에는 전서체(篆書體)로 '永樂年制(영락년제)'가 쓰여 있다. 태체는 순도와 백도가 높지 않고 유면은 흰색 가운데 청색이 감돌며 청화 발색은 짙다. 내벽 문양은 '낙하유수'로 촘촘한 소용돌이 위로 매화, 국화 모양의 꽃송이들이 떨어져 내린다. 주제문양은 외벽에 그렸는데 '장량(張良)이 황석공(黃石公)에게 가르침을 구하다'란 고사 내용을 취한 듯하다. 커다란 역삼각형 모양의 산봉우리 아래에 노인이 앉아 있는데 오른팔로는 책 상자를 누르고 몸을 돌려 오른편에 꿇어앉아 있는 젊은이를 보고 있다. 두 사람은 이야기를 나누는 듯하다.

이 완은 문양 색상이 산뜻하고 층차감이 뚜렷한데 바위는 윤곽만 짙게 하고 여백으로 표현하였으며 인물은 화면의 주제이므로 짙게 묘사하였다. 이 밖에 멀리 보이는 대나무, 돌, 달, 구름 등은 모두 옅게 표현하였다. 권족은 강희(康熙) 시기에 흔히 쓰인 넓은 모양으로 이 완이 강희 시기의 것임을 알 수 있다. 바깥바닥에 쓰인 '영락년제'는 이전의 왕조 것을 모방한 것으로 영락(永樂) 시기의 전서체와는 확연히 다르다.

254

청화봉천모단문대반
(青花鳳穿牡丹紋大盤)

청(淸) 강희(康熙)
높이 9.7cm 입지름 45.5cm 밑지름 25cm 무게 5.14kg
1981년 서안시(西安市) 문물상점에서 넘겨받음

Blue and White Tray with Phoenix and Peony Pattern

Kangxi Reign of Qing Dynasty(1662AD~1722AD)
H 9.7cm Mouth D 45.5cm Bottom D 25cm Weight 5.14kg
Transferred by Xi'an Cultural Relic Shop in 1981

넓은 입, 호형(弧形)의 얕은 배에 권족(圈足)이 달린 접시이다. 안바닥에는 높은 관에 굽은 목, 세 가닥의 긴 꼬리를 가진 봉황 다섯 마리를 청화로 그렸고 빈 공간은 모란 네 송이로 채웠다. 구연(口沿)에는 작은 모란 여섯 송이를 한 바퀴 둘렀다. 청화 발색은 청남색으로 강희(康熙) 시기 청화의 전형적인 발색이다. 윤곽을 그리고 색을 칠하는 기법으로 그렸으며 부분적으로 농담의 경계가 있다. 바탕은 희고 매끈하며 유면은 흰색 가운데 청색이 감돈다. 바깥바닥에는 두 겹의 동그라미 안에 '大淸康熙年制(대청강희년제)'가 해서체(楷書體)로 새겨져 있다. 기형이 반듯하고 회화기법이 유창하여 강희 시기 청화자기의 전형적인 시대적 특징을 나타내었다.

255

청화화조문완(青花花鳥紋碗)

청(清) 강희(康熙)
높이 5.3cm 입지름 7.9cm 굽지름 3.3cm 무게 0.07kg
1979년 서안시(西安市) 문물상점에서 넘겨받음

Blue and White Bowl with Flowers and Birds Pattern

Kangxi Reign of Qing Dynasty(1662AD~1722AD)
H 5.3cm Mouth D 7.9cm Feet D 3.3cm Weight 0.07kg
Transferred by Xi'an Cultural Relic Shop in 1979

벌어진 입, 얄팍하고 둥근 구순부(口脣部), 깊은 배를 가진 완이다. 권족(圈足)은 높은 편이고 반듯하게 돌려 깎아내었다. 태색은 희고 태질은 매끈하면서도 단단하고 유면은 희고 윤이 난다. 안바닥에는 난초가 그려져 있다. 청화 발색은 농담이 분명하다. 구연(口沿) 안팎과 권족 외벽에는 각기 청화현문(青花弦紋) 두 줄이 둘러져 있다. 내벽은 문양이 없다. 외벽에는 정취가 넘치는 화조문이 있는데 활짝 핀 연꽃과 망울진 연꽃 사이로 작은 새가 날아다닌다. 새와 잎은 옅은 단선으로 묘사하였고 꽃의 화법은 독특한데 꽃봉오리와 꽃자루는 담남색으로 윤곽만 그리고 여백으로 표현했으나 배경은 오히려 짙은 남색이다. 짙은 배경을 제외하고 전체 꽃무늬는 시원하고 간결하며 담아하다.

이 완의 태토와 유약 유형은 강희(康熙) 시기 청화자기와 비슷하고 배경색 역시 전형적인 강희 시기 청화의 색상이다. 그러나 정교한 조형, 담아하고 시원한 문양 및 구연 안팎과 권족 외벽에 있는 두 겹의 청화현문은 모두 성화(成化) 자기의 기법을 따른 것으로 강희 청화자기 중에서는 보기 드물다. 그러므로 이 완은 강희 시기에 명대 성화 청화자기를 모방 제작하였음을 알 수 있다.

성화 시기 청화자기는 조형이 정교하고 태체가 부드럽고 맑으며 윤이 나고 그림이 담아하고 기품이 있어 자기만의 독특한 풍격을 이루었다. 수준 높은 질과 예술 성과에 힘입어 명대(明代) 가정(嘉靖)·만력(萬曆) 시기 및 청대(清代) 강희(康熙)·옹정(雍正)·건륭(乾隆) 시기에 모두 이를 모방 제작하였는데 그중 옹정 시기의 제품이 가장 유사하다.

256

청화동물문완(青花動物文碗)

청(清) 강희(康熙)
높이 5.7cm 입지름 17.4cm 굽지름 6.5cm 무게 0.26kg
1964년 서안시(西安市) 문물관리위원회 수집

Blue and White Bowl with Animal Pattern

Kangxi Reign of Qing Dynasty(1662AD~1722AD)
H 5.7cm Mouth D 17.4cm Feet D 6.5cm Weight 0.26kg
Collected by Xi'an Cultural Relic Administration Committee in 1964

젖혀진 입, 얄팍하고 둥근 구순부(口脣部), 가파른 호형(弧形)의 배에 권족(圈足)이 달린 완이다. 바깥바닥에는 해서체(楷書體)로 '大明成化年制(대명성화년제)'가 쓰여 있다. 태체는 얇고 가벼우며 유면은 깔끔하고 부드러우며 청화 발색은 산뜻한 청남색으로 운남 주명료(珠明料)로 그린 것이다. 내벽은 희고 매끄러우며 구연에 둘러진 두 겹의 청화현문(青花弦紋) 외엔 다른 문양이 없다. 안바닥에는 산수와마문(山水臥馬紋)이 그려져 있다. 주제문양은 외벽에 그려졌는데 자태가 서로 다르나 머리 방향이 같은 말 일곱 필로 경직된 모습으로 보아 길들여진 말인 듯하다. 말 사이는 괄호 모양의 운문(雲紋)으로 채웠다. 외벽 구연(口沿)과 권족에도 각각 청화 현문 두 겹이 둘러져 있다.

이 완은 부드럽고 깔끔한 태체, 매끄럽게 정돈된 권족, 산뜻한 청화 발색 등 강희 시기 청화자기의 특징을 띠었다. 괄호 모양의 운문은 명말 청초에 유행하였고 순마도(馴馬圖)는 숭정(崇禎) 시기 청화자기에서도 보이는데 말의 형상이 이 완의 말과 비슷해 이 완은 청대(清代) 강희(康熙) 초기 청화자기로 추정된다.

바깥바닥에 비록 '대명성화년제'라 쓰여 있지만 전체적인 특징이 강희 시기 청화자기와 비슷하고 또한 글자체도 실제 성화 시기 글자체처럼 힘 있어 보이지 않는다. 성화 시기 청화자기와 비슷한 점은 기형(器形)이 작은 편이고 태체가 얇으며 문양 풍격이 시원하고 담아한 것이다. 이로 볼 때 이 완은 강희(康熙) 시기에 명대(明代) 성화(成化) 시기의 기형을 모방 제작한 것임을 알 수 있다.

257

청화화훼문완(青花花卉紋碗)

청(淸) 옹정(雍正)
높이 5.8cm 입지름 17.6cm 굽지름 6.2cm 무게 0.27kg
1983년 서안시(西安市) 문물상점에서 넘겨받음

Blue and White Bowl with Flower Pattern

Yongzheng Reign of Qing Dynasty(1723AD~1735AD)
H 5.8cm Mouth D 17.6cm Feet D 6.2cm Weight 0.27kg
Transferred by Xi'an Cultural Relic Shop in 1983

완은 입이 벌어지고 구순부(口脣部)가 얄팍하고 둥글며 배가 사선으로 내려가면서 좁아지고 권족(圈足)이 둥글고 윤이 난다. 바깥바닥에는 '大明嘉靖年制(대명가정년제)'가 해서체(楷書體)로 쓰여 있다. 구연(口沿) 외벽과 권족에는 각각 청화현문(青花弦紋) 두 겹이 둘러져 있고 구연은 진한 갈색이다. 태체는 두꺼운 편이고 바탕은 희지도 부드럽지도 않은 편이며 유면은 흰색 가운데 청색이 감돌고 청화 발색은 어두운 남색이다. 내벽에는 구연에만 문양이 있고 안바닥에는 절지화(折枝花)가 그려져 있다. 외벽에는 절지화와 기린이 번갈아 배치되어 있다. 관지와 태토, 유약의 특징으로 볼 때 이 완은 명대(明代) 가정(嘉靖) 시기 것 같지만 청화 발색이 남색 가운데 자줏빛이 감도는 특징이 없고 기형 또한 가정 시기에는 보기 드문 것이다. 또한 입에 장유를 시유(施釉)하는 것은 대부분 청대(淸代)에서 유행한 것이고 권족도 윤이 난다. 그러므로 이 완은 청대에 가정 시기 제품을 모방 제작한 것으로 조형과 권족의 형태로 보아 옹정(雍正) 시기의 것으로 추정된다.

258

청화화훼문완(青花花卉紋碗)

청(淸) 옹정(雍正)
높이 5.5cm 입지름 19.8cm 굽지름 7cm 무게 0.37kg
1980년 서안시(西安市) 문물상점에서 넘겨받음

Blue and White Bowl with Flower Pattern

Yongzheng Reign of Qing Dynasty(1723AD~1735AD)
H 5.5cm Mouth D 19.8cm Feet D 7cm Weight 0.37kg
Transferred by Xi'an Cultural Relic Shop in 1980

얄팍하고 둥근 구순부(口脣部), 낮은 운두에 작은 권족(圈足)이 달린 완으로 입과 굽의 지름 차이가 큰데 굽에서 입까지 거의 직선으로 벌어졌다. 태체는 희고도 부드러우며 유면은 매끄러우나 순도와 백도가 낮다. 구연(口沿)은 장유를 입혔고 청화 발색은 어두운 편이다. 구연 안쪽에는 태양문(太陽紋)과 유사한 바탕무늬가 있고 내벽은 문양이 없다. 안바닥에 있는 두 겹의 동그라미 안에는 '덕성당조(德星堂造)'가 해서체로 반듯하게 쓰여 있다. 바깥바닥에는 '玉堂佳器(옥당가기)'라 쓰여 있다. 외벽 구연과 권족에는 각각 담남색의 청화현문(青花弦紋) 두 겹이 둘러져 있다. 외벽에는 절지화 세 조가 그려져 있다. 구연 색상, 청화 발색, 문양 구도, 태체, 유면 및 삿갓 모양의 조형 등으로 볼 때 옹정 시기 명대 제품을 모방 제작한 것으로 추정된다. '德星堂造(덕성당조)'는 재당(齋堂) 관지에 속하는 것으로 명대(明代) 가정(嘉靖) 시기에 처음 나타났으며 청대(淸代)에 이르러 많이 보인다. '玉堂佳器(옥당가기)'는 지금의 광고문구와 유사한 것으로 명대 말기에 나타나 청대 자기에서 자주 보인다.

259

청화화조문완(青花花鳥紋碗)

청(清) 옹정(雍正)
높이 9.8cm 입지름 19.9cm 굽지름 8.9cm 무게 0.51kg
1983년 서안시(西安市) 문물상점에서 넘겨받음

Blue and White Bowl with Flowers and Birds Pattern

Yongzheng Reign of Qing Dynasty(1723AD~1735AD)
H 9.8cm Mouth D 19.9cm Feet D 8.9cm Weight 0.51kg
Transferred by Xi'an Cultural Relic Shop in 1983

벌어진 입, 둥근 구순부(口脣部), 깊은 배에 고권족(高圈足)이 달린 완이다. 바깥바닥에는 도기(圖記)가 있다. 태체는 순도와 백도가 높지 않고 유면은 유백색이며 청화 발색은 흑남색(黑藍色)이다. 내벽은 구연(口沿)과 안바닥에 화훼문(花卉紋)이 있다. 외벽에는 흐드러지게 핀 절지화(折枝花)와 날아다니는 새들을 그렸는데 구도가 시원하고 간결하다.

덕화요는 복건성(福建省) 덕화현(德化縣)에 자리 잡고 있으며 송대(宋代)에서 청대(清代)까지 자기를 생산하였는데 송원(宋元)시대는 청백자를 위주로 하고 명대에는 유백색으로 이름난 중국백자를 생산했으며 명대 중기부터 청화자기를 생산하였다. 청대에 이르러 강희(康熙) · 옹정(雍正) · 건륭(乾隆) 시기는 덕화요 청화자기의 흥성기였으나 가경(嘉慶) 시기부터 쇠락하기 시작하였다. 덕화요의 청화자기는 유층이 두껍고 번짐이 있으며 발색이 어둡다.

260

청화(青花) '복록봉후(福祿封侯)' 문완(紋碗)

청(淸) 옹정(雍正)
높이 5.4cm 입지름 11.8cm 굽지름 4.6cm 무게 0.13kg
1979년 서안시(西安市) 문물상점에서 넘겨받음

Blue and White Bowl with Monkey, Crane and Bee Pattern

Yongzheng Reign of Qing Dynasty(1723AD~1735AD)
H 5.4cm Mouth D 11.8cm Feet D 4.6cm Weight 0.13kg
Transferred by Xi'an Cultural Relic Shop in 1979

넓은 입, 둥근 구순부(口脣部), 깊은 호형(弧形)의 배를 가진 완이다. 권족(圈足)은 작고 높은데 반듯하고 안바닥에는 작은 꽃 그림이 있고 바깥바닥에는 '大淸雍正年制(대청옹정년제)'가 두 겹의 동그라미 안에 해서체(楷書體)로 쓰여 있다. 바탕은 희고 깔끔하며 유면은 부드럽고 윤이 나며 청화 발색은 담아하다. 내벽은 문양이 없다. 외벽의 그림은 나무 위에서 원숭이 한 마리가 복숭아를 따 먹고 있고 나무 아래에는 바위, 난간 및 풀이 있으며 그 옆에는 고고하게 서 있는 학 한 마리와 춤추는 꿀벌들이 있다. 평범해 보이는 제재이나 그 뜻은 심오해 원숭이는 관직, 복숭아와 학은 장수, 꿀벌은 '봉한다'는 의미로 합하면 '장수봉후(長壽封侯)', 즉 장수하고 관직에 나아간다는 의미이다. 회화기법은 쌍선으로 윤곽을 그리고 색을 칠하는 기법을 사용하였는데 선이 가늘고 문양 구도가 시원하고 수려하다.

옹정(雍正) 시기는 청대(淸代) 청화자기 절정기에 속하며 강희(康熙)·건륭(乾隆) 시기 청화자기와 비교해 부드러우면서도 가볍고 얄팍한 태체, 희고 맑으며 윤이 나는 유면, 정교하고 아름다운 조형 및 시원하고 간결한 문양으로 이름났다. 이 완은 이상의 특징 외에 바깥바닥의 연호에서 그 시대를 청대 옹정 시기로 추정할 수 있다.

261

청화운룡문완(靑花雲龍紋碗)

청(淸) 옹정(雍正)
높이 6.8cm 입지름 15.6cm 굽지름 6.2cm
무게 0.3kg
1979년 서안시(西安市) 문물상점에서 넘겨받음

Blue and White Bowl with Cloud and Dragon Pattern

Yongzheng Reign of Qing Dynasty(1723AD~1735AD)
H 6.8cm Mouth D 15.6cm Feet D 6.2cm
Weight 0.3kg
Transferred by Xi'an Cultural Relic Shop in 1979

둥근 구순부(口脣部), 곧은 입, 깊은 호형(弧形)의 배를 가진 완이다. 권족(圈足)은 곧고 윤이 나며 높은 편이다. 바깥바닥에는 '大淸雍正年制(대청옹정년제)'가 두 겹의 동그라미 안에 반듯한 해서체로 쓰여 있다. 태체는 희고 매끈하며 유면은 맑고 윤이 난다. 청화 발색은 산뜻함 속에 화려함이 서려 있다. 내외 벽에는 모두 운룡문(雲龍紋)이 그려져 있는데 용의 몸통은 굵고 단단하며 발가락이 다섯 개다. 몸통은 구름에 가려져 세 부분으로 나뉘는데 이를 일러 '운룡삼현(雲龍三現)'이라고 한다. 이런 문양은 청대(淸代) 초기 순치(順治) 시기에 자주 보인다. 외벽의 용문(龍紋)은 구연을 넘어 내벽에까지 뻗어나갔는데 이런 용문을 '과장룡(過墻龍)'이라 한다. '과장룡' 또는 '과장화(過墻花)'(화훼일 경우)는 옹정(雍正) 시기 나타난 회화기법으로 완, 반 등 기형에 자주 쓰였다.

이 완의 태토, 유약, 권족으로 볼 때 청대 옹정 시기의 청화자기로 추정된다. 운룡문은 여전히 일부 청대 초기의 특징을 유지하고 있는데 예를 들어 문양이 소탈하고 힘 있으며 또한 운룡삼현 형식으로 되어 있다.

262

청화연지문완(青花蓮池紋碗)

청(淸) 옹정(雍正)
높이 5.4cm 입지름 13.1cm 굽지름 4.6cm
무게 0.18kg
1979년 서안시(西安市) 문물상점에서 넘겨받음

Blue and White Bowl with Lotus Pattern

Yongzheng Reign of Qing Dynasty(1723AD~1735AD)
H 5.4cm Mouth D 13.1cm Feet D 4.6cm
Weight 0.18kg
Transferred by Xi'an Cultural Relic Shop in 1979

젖혀진 입, 얄팍하고 둥근 구순부(口脣部), 깊은 배에 윤이 나는 권족(圈足)이 달린 완으로 조형이 아담하다. 바깥 바닥에는 두 겹의 동그라미 안에 '大淸雍正年制(대청옹정년제)'가 조잡한 해서체(楷書體)로 쓰여 있다. 태토와 유약은 희고 윤이 나며 청화 발색은 담아하다. 내벽에는 문양이 없고 외벽에는 물결이 출렁이는 수면에 활짝 핀 연꽃과 여러 가지 수초가 자라고 있는 연지수초문(蓮池水草紋)이 둘러져 있다. 외벽 구연 아래와 권족에는 각각 하늘색의 청화 현문(青花弦紋) 두 겹이 둘러져 있다. 태토와 유약의 특징으로 보아 이 완은 청대(淸代) 옹정(雍正) 시기 제품으로 추정할 수 있다. 그러나 외벽의 연지수초문(蓮池水草紋)은 명대(明代) 성화(成化) 시기 청화자기의 전형적인 문양으로 특히 띠 모양의 수초는 당시 청화자기에서 흔히 볼 수 있는 양식이다. 그러므로 이 완은 옹정 시기에 성화 시기 제품을 모방 제작한 것으로 추정된다.

명대 성화 시기와 청대 옹정 시기의 청화자기는 공통점이 많은데 예를 들어 태토와 유약이 부드럽고 희며 유면이 윤이 나고 기형이 대부분 작고 태체가 가볍고 얇으며 청화 발색이 담아하고 문양 구도가 시원하다. 두 시기 모두 청화자기의 흥성기에 속하므로 질이 좋은데 중국 자기사에서는 '명대에는 성화, 청대에는 옹정'이라는 말이 있다. 풍격이 유사하여 옹정 시기에 성화 시기 청화자기를 대량 모방하였는데 진짜와 구분하기 힘들 정도이다. 그러나 자세히 관찰하면 구분이 가능한데 빛을 향해 보면 성화 시기 진품은 태색이 연홍색이지만 옹정 시기 모조품은 청백색이며 전자의 구연 아래와 권족의 현문 두 겹은 위쪽이 짙고 아래쪽이 옅지만 후자의 농담은 같으며 전자의 관지는 '大明成化年制(대명성화연제)'이지만 후자는 '大淸雍正年制(대청옹정년제)'이다.

263

청화파도운문종식병 (青花波濤雲紋琮式瓶)

청(淸) 건륭(乾隆)
높이 26.4cm 입지름 8.1cm 배지름 9.69×9.37cm 밑지름 8.8cm
무게 1.98kg
1979년 서안시(西安市) 문물상점에서 넘겨받음

Blue and White Jade Cong Shaped Bottle with Cloud and Wave Pattern

Qianlong Reign of Qing Dynasty(1736AD~1795AD)
H 26.4cm Mouth D 8.1cm
Belly D 9.69×9.37cm Bottom D 8.8cm
Weight 1.98kg
Transferred by Xi'an Cultural Relic Shop in 1979

병은 둥근 구순부(口脣部), 곧은 입, 짧은 목에 평평한 어깨를 가졌다. 배는 안쪽이 둥글고 바깥쪽이 네모진 종(琮)을 모방한 조형이고 낮은 권족(圈足)이 있다. 어깨 모서리에는 각각 삼각형 모양의 변형된 화초문을 그렸고 목, 어깨, 굽에는 각각 현문(弦紋) 두 겹을 둘렀다. 어깨 아래쪽에는 쌍선으로 변형된 화판문(花瓣紋)의 윤곽을 그렸고 굽과 가까운 곳에는 변형된 앙련판문(仰蓮瓣紋)이 있다. 배에는 주제문양인 파도문(波濤紋)이 그려져 있는데 파도가 출렁거려 거품이 사방으로 튀는 가운데 태양이 상운(祥雲) 위에 떠 있다. 전체적으로 조형이 반듯하고 바탕이 희고 말끔하며 유색이 맑고 윤이 난다. 또한 듬직하고 기품이 있어 아름다운 청화자기이다.

264

청화전지화훼문대항(青花缠枝花卉紋紋缸)

청(淸) 건륭(乾隆)
높이 33.7cm 입지름 38.3cm 배지름 37.9cm 밑지름 19.6cm 무게 8.91kg
1985년 서안시(西安市) 문물상점에서 넘겨받음

Blue and White Large Jar with Flowers Pattern

Qianlong Reign of Qing Dynasty(1736AD~1795AD)
H 33.7cm Mouth D 38.3cm
Belly D 37.9cm Bottom D 19.6cm Weight 8.91kg
Transferred by Xi'an Cultural Relic Shop in 1985

넓고 평평한 구연(口沿), 커다란 입, 살짝 오므라든 목을 가진 항아리이다. 목 아랫부분에는 덧띠가 둘러져 있고 살짝 부른 배는 아래로 내려가면서 점차 좁아진다. 전체는 청화로 장식하였다. 구연에는 당초문(唐草紋), 목에는 남색 바탕에 흰색으로 구성된 연주문(連珠紋)이 있다. 배 위쪽에는 남색 바탕에 흰색으로 된 변형된 여의운두문(如意雲頭紋)이, 아래쪽에는 가늘고 긴 변형된 연판문(蓮瓣紋)이, 중심에는 연화당초문(蓮花唐草紋)이 그려져 있다. 전체적으로 조형이 듬직하고 색상 사용이 정확하고 세심하며 색조가 화려하므로 청대(淸代) 초기 청화자기로 추정된다.

265

청화전지화훼문절연반(青花纏枝花卉紋折沿盆)

청(淸) 건륭(乾隆)
높이 9.2cm 입지름 38.1cm 밑지름 29.3cm 무게 3.14kg
1981년 서안시(西安市) 문물상점에서 넘겨받음

Blue and White Foliated Edge Basin with Twigs and Flowers Pattern

Qianlong Reign of Qing Dynasty(1736AD~1795AD)
H 9.2cm Mouth D 38.1cm Bottom D 29.3cm Weight 3.14kg
Transferred by Xi'an Cultural Relic Shop in 1981

넓고 평평한 구연(口沿), 둥근 구순부, 호형(弧形)의 배에 납작바닥을 가진 대야이다. 태체는 치밀하고 유면은 흰색 가운데 청색이 감도는데 길피문(桔皮紋)이 서려 있다. 이는 명대(明代) 선덕(宣德) 시기 청화자기를 모방하였다. 청화 발색은 색조가 안정되고 깊은 남색인데 중국산 절료(浙料)로 그린 것이다. 구연(口沿)에는 해수문(海水紋)을 그렸는데 삼각 호형의 물결 가장자리를 여백 처리함으로써 일렁이는 물결 위로 물보라가 이는 듯하다. 해수문 아래위로 각각 청화현문(青花弦紋)이 둘러져 있다. 안바닥에는 달리아당초문으로 채웠는데 반듯하게 그려 생동감이 부족하다. 당초문 주위에는 두 겹의 청화현문이 둘러져 있고 내외 벽에는 모두 문양이 없다.

명청(明淸)시대 달리아 무늬는 모두 당초문의 형식으로 나타났는데 특히 명대 말기에는 형식이 단일하여 당초문 외에 다른 형태가 보이지 않으며 문양 또한 선이 가지런하고 얽매어 있어 생동감을 느끼기 힘들다. 이 대야의 안바닥에 그려진 달리아당초문은 청대 가장 흔한 형식으로 지나치게 일치성을 추구하여 변화가 적고 화면이 경직되어 보인다.

청화 발색과 문양 특징으로 보아 이 대야는 청대(淸代) 초기 건륭(乾隆) 시기 제품이다. 명대(明代) 선덕(宣德) 시기 청화자기를 모방 제작한 것으로 유면은 뚜렷하게 청색이 감돌고 또한 선덕 시기 청화자기 특유의 길피문이 있으며 기형이 크고 듬직한 특징이 있다. 그러나 청화 발색이나 문양 등을 보면 본조(本朝)의 특징이 뚜렷한바 청화 발색이 화려하지 않고 당초문은 변화와 생동감이 부족하며 해수문 또한 지나치게 정연하다.

266

청화화과문반(青花花果紋盤)

청(淸) 건륭(乾隆)
높이 4.6cm 입지름 26cm 굽지름 17.5cm 무게 0.66kg
1980년 서안시(西安市) 문물상점에서 넘겨받음

Blue and White Tray with Flowers and Fruit Pattern

Qianlong Reign of Qing Dynasty(1736AD~1795AD)
H 4.6cm Mouth D 26cm Feet D 17.5cm Weight 0.66kg
Transferred by Xi'an Cultural Relic Shop in 1980

넓은 입, 얄팍하고 둥근 구순부(口脣部), 호형(弧形)의 배에 권족(圈足)은 외벽이 안쪽으로 경사졌다. 바깥바닥에는 '大清乾隆年制(대청건륭년제)'가 전서체(篆書體)로 쓰여 있다. 태체는 순도와 백도가 낮고 유면은 흰색 가운데 청색이 감돌며 청화 발색은 옅다. 외벽에는 문양이 없고 안바닥에는 모란절지문(牧丹折枝紋)과 앵두가지가 그려져 있는데 담묘(淡描)기법을 사용하였고 색상은 담아하고 산뜻하며 화면은 소탈하고 간결하다. 이러한 것들은 옹정(擁正) 시기 청화자기와 비슷하나 둘을 비교하여 보면 이 반은 태토와 유약의 백도가 낮고 권족도 옹정 시기 청화자기처럼 매끄럽지 못하다. 태토와 유약의 특징과 문양 구도 방식으로 보아 청대(淸代) 건륭(乾隆) 시기 청화자기로 추정된다.

267

청화오복(靑花五蝠) 복(福) 봉수문반(捧壽紋盤)

청(淸) 건륭(乾隆)
높이 7.8cm 입지름 41.7cm 굽지름 19.9cm 무게 3.37kg
1981년 서안시(西安市) 문물상점에서 넘겨받음

Blue and White Tray with Five Happiness and Longevity Pattern

Qianlong Reign of Qing Dynasty(1736AD~1795AD)
H 7.8cm Mouth D 41.7cm Feet D 19.9cm Weight 3.37kg
Transferred by Xi'an Cultural Relic Shop in 1981

능형의 입, 넓고 꺾인 구연(口沿), 낮은 운두, 편평한 안바닥에 권족이 달린 반이다. 바깥바닥에는 '大淸乾隆年制(대청건륭년제)'가 전서체로 쓰여 있다. 태질은 단단하고 유면은 청색이 짙게 감돌며 청화 발색 또한 짙다. 구연에는 이중 여의운두(如意雲頭)를, 안바닥에는 여의운두 여덟 개와 둥근 '壽(수)' 자로 된 꽃술로 이루어진 꽃을 그렸다. 꽃 주위에는 박쥐 다섯 마리가 에워싸고 있는데 '오복봉수(五福捧壽, 오복을 부름)'를 뜻한다.

268

청화사복봉수문반(青花四福捧壽紋盤)

청(清) 건륭(乾隆)
높이 2.4cm 입지름 11.4cm 굽지름 6.2cm 무게 0.08kg
1979년 서안시(西安市) 문물상점에서 넘겨받음

Blue and White Tray with Four Happiness and Longevity Pattern

Qianlong Reign of Qing Dynasty(1736AD~1795AD)
H 2.4cm Mouth D 11.4cm Feet D 6.2cm Weight 0.08kg
Transferred by Xi'an Cultural Relic Shop in 1979

넓은 입, 젖혀진 구연(口沿), 얄팍하고 둥근 구순부(口脣部), 얕은 호형(弧形)의 배에 권족(圈足)이 달린 반이다. 바깥바닥에는 방형의 도기(圖記) 관지가 있다. 태질이 단단하고 유색은 흰색 가운데 살짝 청색이 감돌고 청화 발색은 짙은데 절료(浙料)로 그린 것이다. 주제문양은 안바닥에 그려졌으며 둥근 수(壽)자를 중심으로 박쥐 네 마리가 고르게 에워싸고 있는데 '사복봉수(四福捧壽)'를 뜻한다. 내벽에는 이룡천화문(螭龍穿花紋)이 그려져 있는데 작은 이룡 두 마리가 당초문 사이를 꿰뚫고 지나는 화면이다. 구연 내벽 및 문양 사이에는 각각 색상이 매우 옅은 두 겹의 남색 현문(弦紋)이 둘러져 있다.

문양과 청화 발색으로 보아 이 반은 청대(清代) 건륭(乾隆) 시기 복건성(福建省) 덕화요(德化窯)의 제품이다.

'壽(수)' 자는 원대에 자기에 나타나기 시작했으며 기물(器物)의 안바닥 또는 바깥바닥에 새기거나 인화하거나 혹은 묵서하였다. 명청(明清)시대, '수' 자는 단독으로 자기에 나타나는 경우가 적고 대부분 다른 문자 또는 문양과 어우러져 더욱 풍부한 뜻을 나타내었는데 이를테면 명대 완의 외벽에는 '福壽康寧(복수강녕)' 넉 자를 쓰는 경우가 많았다. 청대 자기에서 '수' 자 주위에는 네다섯 마리의 박쥐가 에워싸고는 했는데 이는 '蝠(복)'과 '福(복)'이 동음인 것을 차용해 오복봉수 또는 사복봉수를 뜻하는 것이다. 대부분 오복봉수로 특히 건륭(乾隆) 시기에 성행하였으며 사복봉수는 보기 드문 편이다.

269

청화해수용문고족반(青花海水龍紋高足盤)

청(淸) 건륭(乾隆)
높이 18.1cm 입지름 23.5cm 굽높이 14.4cm 굽지름 17.5cm
무게 2.03kg
1985년 서안시(西安市) 문물상점에서 넘겨받음

Blue and White High Feet Tray with Sea Waves and Dragon Pattern

Qianlong Reign of Qing Dynasty(1736AD~1795AD)
Total H 18.1cm Mouth D 23.5cm
Feet H 14.4cm Feet D 17.5cm
Weight 2.03kg
Transferred by Xi'an Cultural Relic Shop in 1985

운두가 낮은 반으로 입이 곧고 바닥이 편평하며 밑에는 속이 빈 나팔 모양 다리가 있다. 굽 안쪽에는 '大淸乾隆年制(대청건륭년제)'가 전서체로 쓰여 있다. 안쪽은 문양이 없고 외벽에는 당초문(唐草紋)이 그려져 있다. 주제문양은 다리에 그려져 있는데 파도가 일렁이는 바닷속에서 물고기 세 마리가 노닐고 수면에서는 운룡(雲龍)이 구슬을 쫓고 있다. 용은 눈이 튀어나오고 벌린 입가로는 송곳니가 보인다. 용은 중국에서 가장 큰 신물(神物)로 옛사람들은 최상의 길조로 여겼다. 용무늬는 원래 신무(神武)와 힘의 상징이었으나 봉건시대에 이르러 황제의 '덕'과 '위엄'의 상징이 되었다. 『본초강목』에서는 "용은 머리는 낙타, 뿔은 사슴, 눈은 귀신, 귀는 소, 목은 뱀, 배는 도마뱀, 비늘은 잉어, 발톱은 매, 발바닥은 호랑이와 같은데 등에는 81개 비늘이 있어 99양수를 갖췄으며, 입가에는 수염, 이마에는 명주(明珠), 목에는 역린, 머리에는 박산이 있다(形有九似: 龍似駝, 角似鹿, 眼似鬼, 耳似牛, 頭似蛇, 腹似蜃, 鱗似鯉, 爪似鷹, 掌似虎; 背有八十一鱗具九九陰數, 口旁有須髯, 額下有明珠, 喉下有逆鱗, 頭上有博山)"라고 적고 있다. 이 반은 기형이 반듯하고 청화 발색이 바르며 회화기법이 숙련되고 화면에는 정취가 넘쳐흐른다.

청화화훼문병(青花花卉紋瓶)

청(淸) 건륭(乾隆)
높이 17.9cm 배지름 8.3cm 굽지름 4.7cm 무게 0.39kg
1985년 서안시(西安市) 문물상점에서 넘겨받음

Blue and White Bottle with Flower Pattern

Qianlong Reign of Qing Dynasty(1736AD~1795AD)
H 17.9cm Belly D 8.3cm Feet D 4.7cm Weight 0.39kg
Transferred by Xi'an Cultural Relic Shop in 1985

살짝 벌어진 구연(口沿), 둥근 구순부(口脣部), 가늘고 긴 목, 미끈한 어깨, 타원형의 배를 가진 병으로 권족(圈足)은 살짝 밖으로 벌어졌다. 태질은 말끔하고 부드러우며 유색은 유백색으로 명청(明淸)시대 경덕진요(景德鎭窯) 청화자기의 청백유 또는 분백유(粉白釉)와는 확연하게 구분된다. 유면은 유탁 현상이 보이며 유색의 영향으로 청화 발색은 회남색(灰藍色)이다. 주제문양은 정원 풍경을 묘사한 취죽모란문(翠竹牡丹紋)으로 배에 그려져 있다. 모란 두 송이 가운데 한 송이는 활짝 피어났고 한 송이는 망울이 갓 터졌으며 푸른 대나무는 생기가 넘쳐난다. 멀리 난간과 풀 등 배경이 보인다. 문양은 회화기법이 숙련되고 구도는 전통 중국화 방식으로 테두리 장식이 없다. 전체 화면은 주제가 두드러지게 표현되었으며 청대(淸代) 말기 청화자기의 문양처럼 문양이 빽빽하고 조잡하지 않다.

덕화요(德化窯)는 명대(明代) 정덕(正德)·가정(嘉靖) 시기에 청화자기를 생산하기 시작하여 청대 강희(康熙) 시기부터 도광(道光) 시기까지 전성기를 맞았으며 청대 말기에는 쇠락하였다. 덕화요의 청화자기는 재질이 단단하고 유약은 흰색이며 청화 발색은 대부분은 회남색을 띠거나 어둡다. 문양 구도는 간결하고 시원하며 필법은 자유분방하고 화면은 단순하고 소박하며 대범하다. 문양제재로는 식물, 산수, 동물, 인물 등이 있으며 그중 식물이 가장 많다. 조형은 대부분 일상용품으로 이를테면 완, 반, 배(杯), 관(罐), 병(甁) 등이다.

태토와 유약 및 문양의 필법, 구도 등으로 보았을 때 덕화요 청화자기 전성기 때의 제품이며 조형 특징으로 보아 청대 건륭(乾隆) 시기 것으로 추정된다.

271

청화향초용문완(青花香草龍紋碗)

청(清) 건륭(乾隆)
높이 5.1cm 입지름 9.5cm 굽높이 5.2cm 무게 0.11kg
1980년 서안시(西安市) 문물상점에서 넘겨받음

Blue and White Bowl with Dragon Pattern

Qianlong Reign of Qing Dynasty(1736AD～1795AD)
H 5.1cm Mouth D 9.5cm Feet H 5.2cm Weight 0.11kg
Transferred by Xi'an Cultural Relic Shop in 1980

살짝 벌어진 곧은 입, 둥근 구순부(口唇部), 직선에 가까운 깊은 배에 권족(圈足)이 달린 완이다. 태체는 순도와 백도가 낮고 유면은 흰색 가운데 청색이 감돌며 구연(口沿) 부위 유층은 마모된 흔적이 뚜렷하다. 청화 발색이 어둡고 번짐 현상이 심한 것을 보아 중국산 코발트 안료로 그린 듯하다. 내벽에는 구연의 청화현문(青花弦紋)을 제외하고 문양이 없다. 외벽에는 용무늬가 그려져 있는데 조잡하다. 머리가 모호하고 발가락은 세 개가 길고 하나가 짧아 힘없어 보이고 꼬리는 꽃 모양에 가깝다. 구연 외벽과 권족에는 각각 발색이 옅은 청화현문 두 겹이 둘려져 있다. 안바닥에는 간략하게 풀이 그려져 있고 바깥바닥에는 방형의 도기(圖記) 관지가 있다.

용무늬는 중국 고대(古代) 자기에서 흔히 볼 수 있는 문양으로 남조(南朝) 말기에 자기에 나타난 후 원명청(元明清)시대에 자기의 주요 문양이 되었다. 기나긴 도자기 예술사에서 용의 형상은 일정한 규율에 따라 변화하였다. 원대에는 길고 힘이 있었으며 발가락이 세 개 또는 네 개인 용만 보인다. 명대에는 원대보다 튼실해졌으며 어요(御窯)에는 발가락이 다섯 개인 용이 나타났다. 명대(明代) 중기, 특히 경태(景泰)에서 성화(成化) 시기까지 용의 형상은 온순하고 사랑스러우며 대부분 입으로 연꽃을 내뿜고 앞발만 있고 뒷발은 없었으며 꼬리를 꽃 모양으로 그려 '향초용(香草龍)'이라 불렀다. 성화, 홍치(弘治) 이후 이런 용무늬는 보기 드물다. 가정 시기에 정면으로 그린 용이 나타났고 머리카락이 양옆으로 휘날리는 모습이었다. 청대에는 용무늬가 늙고 힘없어 보이며 초기에는 간혹 정면으로 그린 용이 보인다.

이 완은 명대의 화풍이 엿보이나 도안이 조잡하고 임의적이며 명대 중·말기 청화자기 문양에 비해 간결하고 시원하지 못하다. 용무늬는 몸체가 짧고 튼실하며 꼬리가 꽃 모양에 가깝고 용맹함이 결여되어 순박함에 가까운데 청대(清代) 옹정(擁正)·건륭(乾隆) 시기 풍격이다. 구연 및 권족에 있는 현문 두 겹은 모두 이 시기에 자주 볼 수 있는 양식이다.

272

청화화훼문와족완(青花花卉紋臥足碗)

청(清) 건륭(乾隆)
높이 3.4cm 입지름 10.4cm 굽지름 5.1cm 무게 0.1kg
1979년 서안시(西安市) 문물상점에서 넘겨받음

Blue and White Bowl with Flower Pattern

Qianlong Reign of Qing Dynasty(1736AD~1795AD)
H 3.4cm Mouth D 10.4cm Feet D 5.1cm Weight 0.1kg
Transferred by Xi'an Cultural Relic Shop in 1979

살짝 벌어진 곧은 입, 얄팍하고 둥근 구순부(口脣部), 호형(弧形)의 배에 와족(臥足)인 완이다. 바깥바닥에는 '大清乾隆年制(대청건륭년제)'가 전서체(篆書體)로 쓰여 있다. 태질은 단단하고 부드러우며 유면은 희고 윤이 나며 청화 발색은 차분하고 안정적인 남색이다. 내벽은 문양이 없고 외벽 구연에 청화현문(青花弦紋) 두 줄이, 굽과 가까운 곳에는 한 줄이 둘러져 있다. 외벽에 그려진 주제문양은 고르게 배치된 절지화 네 조로 각각 국화, 연꽃, 매화, 모란이다. 문양 구도가 시원하고 산뜻하다.

와족완은 송대에 나타나 명청(明清)시대에도 보이는데 성화(成化) 시기 전형적인 청화자기 조형 중 하나이다. 이 완의 태토와 유약의 특징, 문양 풍격 및 조형 등으로 볼 때 성화 시기 청화자기와 유사하다. 그러나 자세히 관찰하면 유면이 지나치게 희고 청화 발색이 성화 시기보다 짙으며 문양의 선이 두껍고 부드럽지 못하다. 또한 구연(口沿)의 청화 현문 색상을 보면 윗줄이 짙고 아랫줄이 옅으며 윗줄은 색상이 고르지 못하다. 그러므로 이 완은 청대(清代) 건륭(乾隆) 시기에 명대 성화 시기 제품을 모방한 것으로 추정된다.

청화전지화훼문천구병(青花纏枝花卉紋天球瓶)

청(淸) 가경(嘉慶)
높이 37.2cm 입지름 7.8cm 배지름 22.4cm 밑지름 12.9cm
무게 2.57kg
1985년 서안시(西安市) 문물상점에서 넘겨받음

Blue and White Globular Bottle with Flowers and Twigs Pattern

Jiaqing Reign of Qing Dynasty(1796AD~1820AD)
H 37.2cm Mouth D 7.8cm
Belly D 22.4cm Bottom D 12.9cm
Weight 2.57kg
Transferred by Xi'an Cultural Relic Shop in 1985

병은 입이 곧고 살짝 벌어졌으며 구순부(口唇部)가 평평하고 목이 곧고 길며, 배는 구형이고 권족(圈足)이다. 기형은 큰 편이고 태체는 두껍고 무거우며 유면은 흰색 가운데 청색이 살짝 감돌고 청화 발색은 어두운 편이다. 구연 외벽에는 매화를 그렸다. 목과 배에는 당초문이 꽉 차 있는데 문양 구도가 빽빽하고 빈 공간이 적다.

천구병(天球瓶)은 서아시아 문화의 영향을 받은 것으로 명대(明代) 영락(永樂) 시기에 최초로 나타났으며 선덕 시기에 생산한 외에 명대 기타 시기는 발견된 것이 없다. 청대(淸代) 강희(康熙) 시기에 간혹 영락 · 선덕(宣德) 시기 천구병을 모방 제작한 것이 보이지만 대부분은 옹정(雍正) · 건륭(乾隆) 시기에 제작한 것이다. 옹정 시기 기형(器形)은 영락 · 선덕 시기의 것과 매우 유사한데 목이 짧고 배가 동글납작하며 비율이 적당하고 건륭 시기의 것보다 기형이 아름답다. 건륭 시기 천구병은 목이 길고 입이 굵으며 배가 높고 둥글다. 건륭 시기 천구병과 비교할 때 이 천구병은 목이 더 길고 배가 더 높으며 특히 영락, 선덕 시기 천구병의 구형과 달라 건륭 시기 이후로 추정된다.

중국 고대(古代) 청화자기의 발전은 건륭 중기에 이르러 이미 전성기를 지났고 건륭 말기부터 정체 현상이 나타나기 시작하여 가경(嘉慶) 시기에는 쇠퇴의 길에 들어서게 되었다. 그러나 당시 건륭이 태상황으로 건재한 까닭에 가경 전기의 청화자기는 기형, 태토와 유약의 질, 청화 발색 등 여러 면에서 건륭 시기와 비슷하였다. 가경 후기에 이르러 전성기 때와는 달리 태토와 유약 가공이 정밀하지 못하고 청화 발색이 어두워졌다. 이 천구병은 발색이 건륭 시기와 차이가 많고 문양이 선이 경직되고 주차(主次) 구분이 없지만 태토와 유약 질이 괜찮은 편이고 기형도 반듯해 청대 중기 기물(器物)로 추정된다.

274

청화(青花) "어초경독(漁樵耕讀)" 도반(圖盤)

청(清) 광서(光緖)
높이 3.5cm 입지름 29.2cm 굽지름 15.7cm 무게 0.92kg
1982년 서안시(西安市) 문물상점에서 넘겨받음

Blue and White Tray with "Fishing Farming and Reading" Pattern

Guangxu Reign of Qing Dynasty(1875AD~1908AD)
H 3.5cm Mouth D 29.2cm Feet D 15.7cm Weight 0.92kg
Transferred by Xi'an Cultural Relic Shop in 1982

넓은 입, 얄팍하고 둥근 구순부(口脣部), 낮은 운두에 권족(圈足)이 달린 접시이다. 바깥바닥에는 '康熙年制(강희년제)'가 해서체로 쓰여 있다. 태질은 부드럽지 못하고 유면은 청색이 감돈다. 청화 발색은 물총새 깃 빛깔에 가까운 짙은 청남색이다. 내벽은 구연(口沿) 아래에 매화를 그리고 그 위에 타원형 개광(開光) 네 개를 고르게 배치했으며 개광 속에는 절지화와 강변에서 낚시질하는 그림 두 조가 서로 대칭으로 있다. 주제문양은 중심에 그려져 있는데 내용은 어초경독(漁樵耕讀)에 관한 것이다. 화면은 산수와 나무를 위주로 하여 산봉우리, 울창한 나무숲 사이에 사람이 보인다. 화면 오른쪽에는 멀리 어깨에 나무를 둘러멘 나무꾼이 보이고 가까운 쪽에는 소로 밭을 가는 농부가 보이며 강가에는 서로 손을 모으고 허리 굽혀 작별 인사하는 두 사람이 보인다. 나무꾼과 농부는 작게 그려 알아보기 힘들 정도이고 강가에 두 사람은 또렷하게 묘사하였다. 그림에서 어부, 나무꾼, 농부는 한눈에 알아볼 수 있으나 서생은 숲 속 집으로 함축적으로 표현하였다.

앞에서 서술한 강희(康熙) 시기 '어초경독도' 접시와 비교할 때 이 접시는 청화 발색이 화려하지 못하고 주제문양의 세부묘사도 세밀하지 못하지만 다른 면에서는 거의 유사해 광서(光緖) 시기에 모방 제작한 제품으로 추정된다. 청대(清代)에 이르러 자기 제조업(製瓷業)은 건륭(乾隆) 말기부터 쇠락하다가 광서 시기에 짧은 부흥기가 있었다. 광서 시기에는 자기의 질을 개선하고 생산을 늘리는 한편 강희 시기 자기를 대량 모방 제작하였는데 매우 유사하므로 감정 시 주의해야 한다.

Celadon

1. Proto Celadon Zun

The mouth part is round with straight neck, slanting shoulder and bended belly, the high circle base is casting aside. On the shoulder and belly part are printed with net pattern, on the mouth part and shoulder part are sticked with patches of red trace of vermilion.

The outside surface of the utensil is glazed, the mouth part is peeling off, the inside part is not glazed, on which is dotted with impurity dots, the glaze is yellowish blue, and roughcast is grey and white as well as coarsely made. The inside base and inside part of the high circle base is marked with traces of circle, which indicate the molding is by using circulating wheels.

This kind of celadon was called galzed pottery, and is almost the same with the porcelain we see today according to testifying the eggshell, glaze and temperature. But it still is on the primary stage of porcelain making, thus modern researchers call the celadon of Shang and Zhou Dynasty to Western Han Dynasty 'primary porcelain', which use steel as color, and is the earliest color glaze of Chinese history. In the southwest Xi'an city, the site of Western Zhou Feng City and Hao City, some primary celadon were excavated in the archeology excavation, yet mostly were broken, the similar foundings were also appeared in the Zhou Yuan Site of Fu Feng County in Shaanxi Province, thus the rarely seen primary celadon was taken as something valuable. This Zun was excavated in Zhou Zhi County, and it took the complete shape, and contributes to the research material for that of Western Zhou Dynasty Porcelain in the Xi'an area.

2. Proto Celadon Pot with Lid

The mouthpart is casting outside, with short lip, bulging belly and circle feet, a circle of Xuan pattern is engraved on the feet part, and the whole body is glazed with green and blue glaze. The lid is round shape with a half circle shape button, the lid and the pot mouth part is matching well with a popper.

Another similar pot of same shape and glaze color was excavated at the same time, besides some remaining pieces of border, shoulder and belly were found, a piece is inscribed with four Chinese characters as "Li Yi Nine Litres". Referring to some other characters on the mean time potteries, this set of pottery should be the food container buried in the Qin Shihuang Emperor's Tomb. According to the archeologist's document, only one Qin Dynasty porcelain container was found there, which is fairly important.

3. Proto Celadon Bu, Water Vessels

The mouthpart is holding back, the border is flat and broad, the belly part is bulging like a ball, and the flat base center is sunken. On the shoulder are stick the beast face shape rings, its two ears rearing upside, on the face there is a horizontal "S" pattern. On the upper belly part there are three lines of flat thin bars, on which are inscribed with two circles of sunken convex strings. On the shoulder and belly part there are some curling cloud pattern, on which are some little dots and thorn pattern. The roughcast is gray, and the quality is fine. The firing temperature is high, so we can heard silvery sound when knocking the surface. The glaze is blue and green, the inside base is thickly glazed, the outside surface is glazed till the middle belly part, the inside surface and outside near base part is not glazed, and the color is red and brown.

The primary porcelain Bu Wares imitate the bronze wares, the early Bu of Han Dynasty has flat lips, short straight mouthpart, slanting shoulders, flat round shallow belly, flat base with three flat short feet. On the shoulder part there are symmetrical Pu Shou(Door Knocker) and two ears, the ears are rearing upward above the utensil mouth. The round cover has handle in the middle. Under the cover is a circle of protruding bar to be set closely on the mouthpart of the utensil. In the middle West Han Dynasty, the shoulder part was turning to be more bulging, the both ears are moving downward, their upside is as high as the mouthpart, the three feet is vanishing. Till the Late West Han Dynasty, the Bu ware body is turning to be more huge, the mouth part is holding back, the lip is broad and flat, the belly part is more bulging, the two ears on the shoulder part is lower than the mouth part. In East Han Dynasty, the primary porcelain Bu ware is replaced with printing pattern pottery Lei Vein-vessel Porcelain.

This primary celadon Bu Ware is excavated in the tomb of Cheng Di Emperor of West Han Dynasty Jian Shi Reign the third year(30B.C.). The date is exact. It is a standard utensil of late West Han Dynasty, and is a material document for studying porcelain development.

4. Proto Celadon Pot with Two Handles and Wave Pattern

The mouthpart is trumpet like, with long neck and round bulging belly, the feet is circle like. On the shoulder part is stick with two symmetrical erect ears, on which are piled with some cloud pattern, below is fastened with circle rings. The mouthpart and neck part is inscribed with water wave pattern, the shoulder part is stick with three flat short bars, above which are two sunken convex string. The body part is inscribed with some tile pattern. The roughcast is gray, fine and compact. The firing temperature is high and the base part is fired to have breach on it. The glaze color is blue and green, the inside trumpet mouthpart is glazed, yet no glazing on the inside belly part, the outside is glazed from neck to the middle belly part, the mouthpart, neck and lower belly part is not glazed, and the glaze color is red and brown. The mouthpart and neck part has traces of vermilion.

This kind of two-ear kettle is the imitation of bronze wares of Han Dynasty. The primary kettle of Early Han Dynasty has out-casting mouthpart, the neck part is longer, the shoulder part is slanting and bulging and with symmetrical pattern two ears, the under belly circle feet is short. In the middle Han Dynasty, the mouthpart is casting outside like trumpet, the neck part is holding back and short, the belly is deeper, the circle feet are shorter to be made into flat base. On the shoulder part is stick with half circle, some with Pu Shou(door knocker) or dragon head. To the late West Han Dynasty, the kettle mouthpart is apparent trumpet shape, the belly part is bulging and round, most kettles had flat base. The two ears are shaped as Pu Shou(door knocker) fastened with circles.

This utensil was excavated in the tomb of Cheng Di Emperor of West Han Dynasty Jian Shi Reign the third year(30B.C.). The date is exact. It is a standard utensil of late West Han Dynasty, and is a material document for studying porcelain development.

5. Proto Celadon Pot with Two Handles and Net Pattern

The kettle mouthpart is casting outside and like the shape of a tray, the neck part is long, the belly is bulging, the base is flat, on the shoulder part are symmetrical erect ears. Below the neck part are gridding pattern, on the mouthpart is printed with convex string, from below neck part to middle belly part are four sets of convex strings, which is composed with two lines of convex strings. The base part has been repaired apparently. The roughcast is gray; the firing temperature seems very high, sound when knocking the surface. The glaze color is green and blue, like the dark green color, the inside surface is not glazed, the outside surface is glazed till the middle belly part, the neck part is not thinly glazed, the not glazed part turn to be gray color or red and brown.

The gridding pattern is the earliest pottery pattern. The gridding spread on four direction to form net pattern. The Neolithic age it is characterized by its net pattern on the pottery wares. In Shang and Zhou Dynasty on the pottery wares the net pattern begin to vanish, whereas on the solid printing pattern pottery made in Southern China, the net pattern is the common pattern. On the celadon of Shang and Zhou Dynasty the net pattern is also common, on the celadon shoulder of Three Kingdoms and West Jin Dynasty there is printed with a circle of net pattern, from then on the net pattern is no longer popular. While on the porcelain of Ming and Qing Dynasty, the net pattern sometimes is served as border pattern.

This primary celadon kettle was excavated in the tomb of Cheng Di Emperor of West Han Dynasty Jian Shi Reign the third year(30B.C.). The date is exact. It is a standard utensil of late West Han Dynasty, and is a material document for studying porcelain development.

6. Proto Celadon Zhong Utensil

There are more than 20 more pieces of celadon Zhong excavated in Han Dynasty Tombs in Xi'an area, those are mostly the type of sticking Pattern double rings, and they have different sizes and standards. On the neck part and upper belly part there are some lines of curving pattern. In the late Western Han Dynasty some thin clay lines are sticked on the upper belly part to form some bulging incredible pattern, some bigger utensils have water waves pattern on the neck and shoulder part, the double ear parts are curved with pine needle pattern, some ears are attached with Pu Shou(Door knocker) pattern. The whole shape is wheel-like, and the eggshell is connected with upper and lower parts, which contain high quantity of steel. The glazing is not so evenly spared and the crowding and blanking of glaze is common. The glaze is always the color of green or brown, the outside is only glazed on the mouth part and shoulder part, below the belly part to the base part is glazed the brown red. This kind of glazing is very special and is the particular way of glazing in Western Han and Eastern Han Dynasty. The glazing part are majorly the maximum belly and upper mouth part, the neck part is made thin and glazed plain as well as lower belly part, the ancient relic circle called this kind of

celadon glazing of Han Dynasty 'Salt Glaze'.

This kind of celadon Zhong is also called Double Ear Kettle or Double Ear Pot. The porcelain are first made in Han Dynasty when they are mostly used as wine vessel and resemble the Bronze Zhong made in Han Dynasty. The principle of image evolution is: in Western Han Dynasty, the kettle mouth part is like a tray, with a half ball like lid; in the middle Western Han Dynasty, the kettle mouth part is casting aside without any lid, yet the hollow false circle base appear; and those circle base are made higher in Eastern Han Dynasty. This type is well succeeded by the trays like mouth kettle in Three Kingdoms period till Sui Dynasty.

7. Celadon Twelve Leg Inkstone

The inkstone is round, with an arch bulging in the center. On each of the four sides there is a groove, outside which are four low walls, below are twelve hoof like feet. On the inkstone surface and bottom there is a circle of burned mark, which may be burned on the saw circle. The glaze is spread lightly. The inkstone jade is oval like, the belly part is casting inside to form a base, and several lines of incredible patterns are on the outside celadon glaze. The roughcast color of inkstone and jade is almost the same, which is grey and white, and the surface of inkstone is red.

In October 1998, the tomb of Wei in the first year of Xiao Chang reign in Wei(525AD) of Northern Dynasty were excavated in No.7171 factory of Bei Yuan in Southern Wei Qu County. There are altogether over 300 objects discovered in the tomb, this twelve hoof celadon is one of the objects, a rare celadon in the tombs of Northern Wei Dynasty.

Multi-legged inkstone first appeared in Three Kingdoms period, and three legs inkstone appeared in Eastern Wu Dynasty. The legs are generally made the shape of bear or strong man. In the Eastern Jin Dynasty the legs were made high, thus the inkstone was made higher, and four legs inkstone had appeared. Six legs inkstone mostly appeared in the Southern Dynasty, and Multi-legged inkstone was popular in Sui and Tang Dynasty. The inkstone legs are more and more, some were even made one by one in a circle. The leg of Multi-legged inkstone of Sui Dynasty are made into the shape of drips, thus the inkstone surface is even bulging. The round inkstone of Tang Dynasty are called "Pi Yong Inkstone" by modern researchers, the porcelain inkstone were gradually replaced by stone made inkstones in middle Tang Dynasty.

The academia now considers the porcelain making in Northern China probably begin in Northern Dynasty, till now the firing kiln in Northern China is that of Chen Liu Village in Lin Cheng City He Bei Province. The time of Zhai Li Kiln of Shan Dong Province began in Eastern Wei Dynasty and ended in Sui and Tang Dynasty. Chen Hao Village Kiln in Xue Cheng City Shan Dong Province also produced celadon in Northern Qi Dynasty. The time of Bei Guan Kiln of An Yang City He Nan Province is from Northern Qi Dynasty to Sui Dynasty. Celadon of Northern Wei Dynasty in Shaanxi Province was excavated from the Northern Dynasty family tombs of Yang in Hua Yin Town. This twelve leg Pi Yong celadon of Northern Wei Dynasty was excavated in Chang'an District Xi'an City, the size is very large and rare, which reflect that some large porcelain inkstone and multiple-leg inkstone have already appeared in Northern Wei Dynasty, and this really attribute to the documentation to the research.

8. Celadon Pot With Dish-shaped Mouth

The mouth part is high, below which is carved a sunken string, the neck part is long with two convex strings. The lotus pattern can be seen on the shoulder part. The bulging upper belly has a convex string, the lower belly is drawing inside and the leg part is casting outside. The whole utensil is long and lean. The flat base has obvious trace of peeling and pasting. Outside is glazed with blue and green, which is not touching the base part and the eggshell is thin. The roughcast is white and yellow, and the quality is coarse.

Tray Mouth Pot is prevalent in Western Jin Dynasty and Tang Dynasty, which is evoluting from Open Mouth Pot of Han Dynasty. The utensil body is developing from short and fat to lean and tall. This celadon tray mouth pot is excavated from the tomb of Northern Wei Dynasty, and is clearly marked with excavation time and sites, so it is one of the standard utensil for dynasty division.

9. Cock Head Celadon Pot

The tray mouth is casting outside, with long and thin neck, the belly is buliging and drawing to the lower part, the legs are casting outside, and the base is flat. There are some circles of rice like marks on the base surface. On one side there is a cock head, the cock beak is slightly open, the cap crest is rearing straightly, with the neck part strong and thick. On the other side there are double handles, on both sides of the shoulders are two square shape rings. The outside of the pot is green glaze, and the base is plain and white without glaze.

The cock head Pot is also called heavenly cock pot, and they are commonly seen in the tombs of Wei and Jin Dynasty as well as Southern and Northern Dynasty, and they are primarily seen in the late period of Three Kingdoms period. They are the most popular and representative image from Jin Dynasty to Early Tang Dynasty, and could serve as the most important clue for Dynasty division research. The cock head pot is similar to the tray mouth pot, the only difference is that there are symmetrically set head and tail, the head is either hollow or solid inside. The body and neck part of cock head pot in Western Jin Dynasty is shorter, and the tail is smaller. The pot of Eastern Jin Dynasty is higher, and neck appear after the head, whereas the tail part disappear, which is replaced by tube like handle slightly above the pot mouth. In the middle and late Eastern Jin Dynasty, the handle is decorated with dragon head and bear pattern. On the celadon cock head pot excavated in Textile Factory of Nan Jing City Jiang Su Province in 1972, the base is carved with inscription like 'Owner of this Ying is Huang Qizhi', and this kind of pot is called 'Ying' at that time in Jing Dynasty. In the Southern and Northern Dynasty, the pot is made long and thin, the cock head is big and the neck part is long, the tray mouth ridge is high. The cock head pot was made longer in Sui Dynasty, the cock head is made more realistic and stronger, with neck twisting and turning upward, the curving handle is made dragon like, yet after Sui Dynasty the cock head pot nearly disappeared.

This cock head pot is really rare and with great value as a celadon excavated from tomb of Northern Wei Dynasty, especially with exact time.

10. Four-looped Celadon Pot

The mouth part is casting outside, the neck part is short, the base part is flat and casting inside, the shoulder part is decorated with four strings. The whole roughcast is plain with glaze color blue and yellow, some cracks are spreading on the surface, the crowding glaze is thick. The roughcast is fat, and the base part has no glaze. It is apparent that the glaze is not spread properly, and some part was peeling off glaze. The roughcast is gray and white. Although the whole roughcast is simple in decoration, the visual illusion by the flowing glaze make it plain and simple, and has a strong flavor.

11. Four-looped Celadon Pot with Dish-shaped Mouth

It has round border and the mouth part is casting outside like a tray mouth. The neck is short and thick, decorated with two concave strings. The shoulder is slanting, with the upper belly bulging, and lower belly drawing inside. The base is flat and two convex strings are decorated on the shoulder, on which four double rings sticked on. Between the shoulder part and belly part there is a concave strings. The roughcast is white and gray, with some brown pots. The glaze is blue and black but not glazed properly, the lower belly part is not glazed with some crowding glaze on the shoulder and belly part. Tray mouth pot was used as container in ancient, mostly are celadon, and is prevalent in Western Jin Dynasty and early Tang Dynasty. The principle of its image evolution is from short and fat to tall and thin.

12. Four-looped Celadon Pot Printed Flower Pattern

The tray mouth is shallow, with short neck part and round bulging belly part, the base is sunken. The roughcast is gray, and a layer of white earth has been painted on the surface. The glaze is blue and brown and is not reaching to the bottom with some crowding glaze. On the shoulder part four earth made bridge shape rings are stick, the upper belly part is marked with a circle of pine needle alternating with jewel flower patterns.

From the Characters of the glaze and printed pattern, it should be made from Hong Zhou Kiln Site of Sui dynasty. Hong Zhou Kiln Site is in the Feng Cheng County of Jiang Xi Province, they are distributing in the 18 villages of five towns, and is situated around Qing Feng Stream, which is a branch of Gan River, on the hillside and knap of Yao Hu Lakeside. The kilns are large. The archeologist have already found large scale of porcelain Kilns in the Qu Jiang Lake and Tian Long Area, this area is charged by Hong Zhou State in Tang Dynasty, and the ancient Feng Cheng city Kilns should belong to those of Yao Zhou kilns. These kilns began in the later Eastern Han Dynasty, and had experienced Three Kingdoms Period, Eastern Jin and Western Jin Dynasty, Southern Dynasty, Sui and Tang Dynasty, and Five Dynasties. Being well developed during Sui and early Tang Dynasty, they had been elevated in level in glorious Tang Dynasty but the roughcast is thick and the quality is coarse.

In the book <Canon of Tea> by Lu Yu, the Hong Zhou Kiln of Tang Dynasty is ranked sixth, it says: "Brown porcelain of Hong Zhou Kiln is too dark for tea to reflect in". This four ring celadon porcelain just testify so.

13. Four-looped Celadon Pot

The mouth part is straight and short, with fat shoulder and round bulging belly, the base is pan like. The leg part is glazed, with traces of three burning spots. On the shoulder part and neck part four set of "U" shaped earth made rings are sticked, below which is a round pan like decoration. Between the shoulder part and belly part there are two circles of convex strings around the four rings, and a circle of convex string on the lower belly part. The roughcast is gray with green and yellow glaze, the eggshell is not properly spread, and the glaze is transparent.

The whole pot is oval egg shape, the belly part is decorated with convex strings, which could serve to make roughcast strong, and have the effect of dimension. This kind of style is prevalent in Sui and Tang Dynasties, the pot in Sui Dynasty is oval egg like, in the middle part of belly is always decorated with a line of convex string, on the shoulder is sticked with two rings, three rings, and four rings, among them four rings are more in quantity, the ring is always stretching above the mouth part, the four ring pot of Tang Dynasty is becoming smaller, and not reaching beyond the pot mouth, and without convex string on the pot roughcast.

14. Four-looped Celadon Pot

The border is round, mouth open straight, the mouth diameter is large, neck part is short and drawing inside, the belly is round and long, the slanting shoulder and belly part mixed together, the whole roughcast is oval like. The base diameter is bigger than the mouth part, the base is flat. There are six single bridge like ring on the shoulder part, both sides of the ring is flat and round, the middle part is bulging like a ball. The roughcast is red with green glaze outside, and some white spots on the surface, some glaze crowded, and glaze is not properly spread to the bottom, unglazed part is red.

15. Four-looped Celadon Pot

The border is coiling, the lip is thin, the neck is longer, the shoulder is slanting, the belly is bulging with sunken base. On the shoulder four arching ears are stick. The roughcast is gray, the quality is fine and compact. The glaze is green and yellowish, the inside and outside is fully glazed, the color is tender. The body seem to be made by wheeling, the base part is coarse, and on the glaze are some sand grains. This is a celadon made in Yue Kiln.

This utensil is excavated in Wu Yuanmian's tomb who was army guard in Tang Dynasty, and is buried in Hui Chang Reign the sixth year(A.D. 846). It is a standard utensil for studying Late Tang Dynasty Yue Kiln utensils.

16. Celadon Water Jar with Lid

The mouth part is drawing inside, with the belly part round and flat, the bottom is falt. A Chinese character "Get" is carved Outside. The lid is arch like and already broken. The roughcast is gray, with glaze blue and yellow, the glaze is not properly glazed with some crowding glaze, the lower part and the bottom part is not glazed. On the surface there are some black spots and traces, which indicate the indelicacy of the artcraft.

Seven Chinese characters are carved on the lower part of belly and bottom. From those words we know that the owner named 'Fan Jing'.

17. Long Neck Celadon Pot

The mouth part is open outside with long neck and round belly, the circle leg is casting outside. One shoulder is crowded with some flow traces, on the other side some double line curving handle is piled, both handle ends is decorated with some squeezed elements. On the shoulder part there is a circle of incredible pattern. The glaze is green and yellow, which do not reach to the bottom, the leg part is not well glazed, the eggshell surface is broken into many patches. It is transparent like glass, and is the product of Huang Bao Kiln of Tang Dynasty.

The Huang Bao Kiln began in Tang Dynasty. There are various breeds, one of which is celadon. and the quality is not so good. In the Five Dynasties, the celadon has become the main products, and blue celadon which was called 'Chai Yao'was made here.

18. Celadon Bowl

The mouth part is wide and the border is curling outside, the belly part is slanting and the base part is broad and regular. The roughcast is gray and in good quality, the glaze is gray and fine in quality. It is transparent and plain.

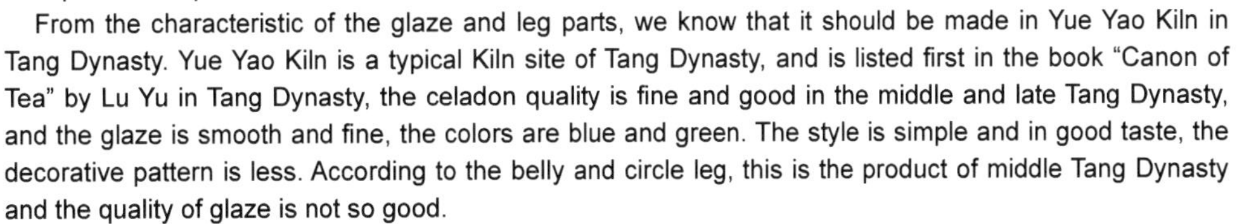

From the characteristic of the glaze and leg parts, we know that it should be made in Yue Yao Kiln in Tang Dynasty. Yue Yao Kiln is a typical Kiln site of Tang Dynasty, and is listed first in the book "Canon of Tea" by Lu Yu in Tang Dynasty, the celadon quality is fine and good in the middle and late Tang Dynasty, and the glaze is smooth and fine, the colors are blue and green. The style is simple and in good taste, the decorative pattern is less. According to the belly and circle leg, this is the product of middle Tang Dynasty and the quality of glaze is not so good.

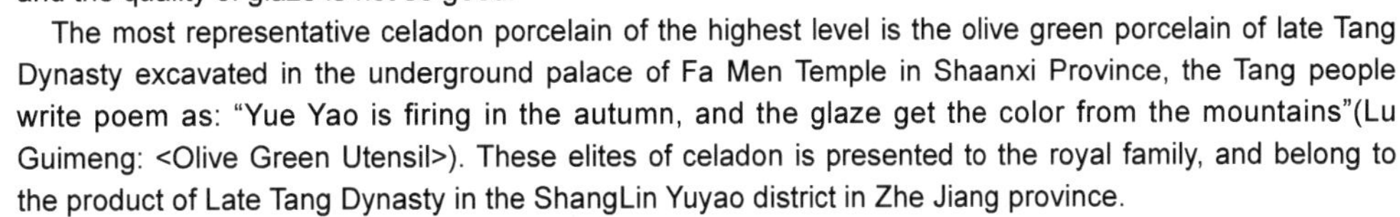

The most representative celadon porcelain of the highest level is the olive green porcelain of late Tang Dynasty excavated in the underground palace of Fa Men Temple in Shaanxi Province, the Tang people write poem as: "Yue Yao is firing in the autumn, and the glaze get the color from the mountains"(Lu Guimeng: <Olive Green Utensil>). These elites of celadon is presented to the royal family, and belong to the product of Late Tang Dynasty in the ShangLin Yuyao district in Zhe Jiang province.

19. Celadon Bowl with Flower-petal Mouth

The mouth is widely open, the border is round, and the belly is slanting with the bottom like a circle. The whole roughcast is glazed gray and blue, the outside base and whole circle base is totally glazed. The eggshell is not delicately glazed with much impurity.

This bowl is simple and has good taste, surface without patterns, five flowers, these are all typical characters in Tang Dynasty and Five Dynasties. This utensil is a little high, the leg part show the evolution from Tang Dynasty to Five Dynasties(round base to circle feet), thus the period should be Tang Dynasty to Five Dynasties.

20. Celadon Bowl

The mouth is open with the border round and it has a deep belly, which is slanting and the leg is in circle shape, on the feet there are three burning marks. The outside lower part is not glazed, yet the circle feet and base are all glazed. The style is simple and in good taste. The roughcast is gray, and the glaze is green and transparent, some little patches are spreading on the surface.

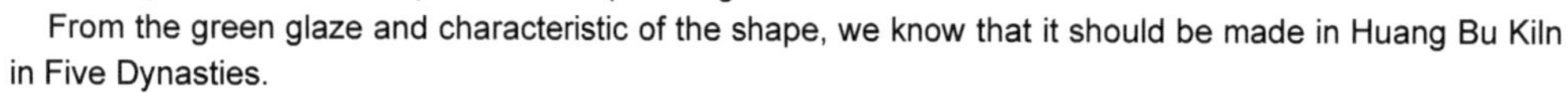

From the green glaze and characteristic of the shape, we know that it should be made in Huang Bu Kiln in Five Dynasties.

21. Celadon Tray with Five petals Mouth

The border is sharp and round, like flower petals, the belly is slanting and straight, the inside bottom is sunken, the circle feet is casting outside, on the leg are three marks. The whole roughcast is glazed in blue, the eggshell is transparent like jade, and the surface is properly spread with small patches, from the broken part the black trace could be identified on the surface. The whole roughcast is made tensely, and the eggshell is not so thick, the shape is regular without lines, the eggshell distinguish obviously from the bottom part, which has a flavor of lightness, and is totally different from the heaviness and complication of Tang Dynasty. All contribute to the fineness and delicacy of Five Dynasties.

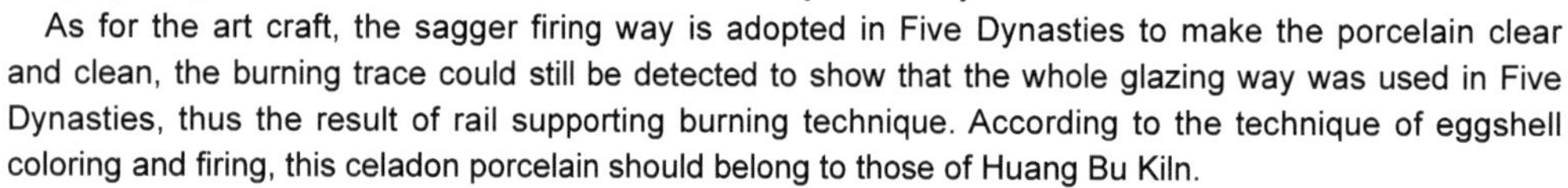

As for the art craft, the sagger firing way is adopted in Five Dynasties to make the porcelain clear and clean, the burning trace could still be detected to show that the whole glazing way was used in Five Dynasties, thus the result of rail supporting burning technique. According to the technique of eggshell coloring and firing, this celadon porcelain should belong to those of Huang Bu Kiln.

22. Celadon Kettle Carving Peony Flower Pattern

The pot mouth part is casting outside, the neck is slanting and straight, on one side of the shoulder is set with a straight Liu bar, another part is stick with a thin flat handle, the circle feet is casting outside. This kettle has been fired to twisting, the neck part is slanting and shoulder part subsiding, the belly part is twisting. Some cracks are on the belly part, which are combined by some "—", "X" shape bronze nails, judging from a small patch of defect, the belly is made to be thin.

The glaze color is light green, elegant and appreciating, the glaze is made like glass, the outside and inside are glazed fully, some air bubbles could be detected on the glaze crowding part, some yellowish glaze on the edges could be seen on the mouth part, neck part and shoulder part. The roughcast is gray and white, the quality is solid, which indicate the high temperature when firing.

There are some chrysanthemum flower pattern inscribed on the shoulder part, on the belly part are some crossing peony flower pattern, lots of leave veins and flower petals could be seen, the carving craft is fluent and skillful, the pattern is solid like a relief. On the handle are the geometry shape of diamond and sun pattern, a cross pattern is inscribed on the outside. The base is flat and without regular feet, the feet base is arching inside. The feet inside is bulging in the middle like the shape of cock's heart, the inside part is decorated with some swirling pattern, and the feet border is showing the color of red.

This kettle is the product of Huang Bao kiln branch of Yao Zhou Kiln in Five Dynasties and Early North Song Dynasty, lots of similar Five Dynasties engraved and plain Celadon kettle remains excavated in the same pit from 1980s has been found, some domestic and foreign museum has similar kettle collections. This kind of light and elegant Five Dynasties kettle was named as "East Kiln" or "Dong Kiln", the firing kiln site is not clear, yet the archeologist's excavation has settled this historical problem, this kind of "East Kiln" product is actually fired in the Huang Baoyao kiln in Five Dynasties to North Song Dynasty.

This kettle is one of the collections, the containing wooden case was made in early days, the cracks has been made smooth by the popular Qing Dynasty and Republic of China bronze nail filling craft, which could signify how people like this kettle. Watching carefully, this kettle hasn't been swept for a long time, which shows that this kettle hasn't been put into use, and it may be lost from Huang baoyao kiln branch of Yao Zhou Kiln in Qing Dynasty and Republic of China, and are carefully preserved. This kettle is precious though broken, and it really show the celadon making craft level of Yao Zhou Kiln in Five Dynasties, it show little influence of Tang Dynasty Yue Kiln on Yao Zhou Kiln, this fine hollowing craft is the craft foundation for the flourishing Song Dynasty Yao Zhou Kiln.

23. Celadon Zun Utensil Carving Flower Pattern

The mouthpart is six-petal shape, the lotus flower border is coiling outward, on the inside neck part there are six white lines in accordance with six petals. The long neck is narrow and the belly is bulging, the circle feet are high, the touchdown place is casting outside. The rough cast is light gray, the texture is fine, and the glaze color is green and blue. On the neck part there is banana leave pattern, on the belly part there is carved peony flower pattern, the carving is deep and sharp, the pattern is distinctive and clear with strength. The shape and decoration represents the characteristic of celadon of Yao Zhou Kiln in Northern Song Dynasty.

There are two kinds of Zun utensils—high ones and low ones of Song Dynasty Yao Zhou kiln porcelain, the high ones appeared in the middle Northern Song Dynasty; mostly are high circle feet. The low ones appeared in the late Song Dynasty, and the feet are low.

24. Celadon Zun Utensil Carving Flower Pattern

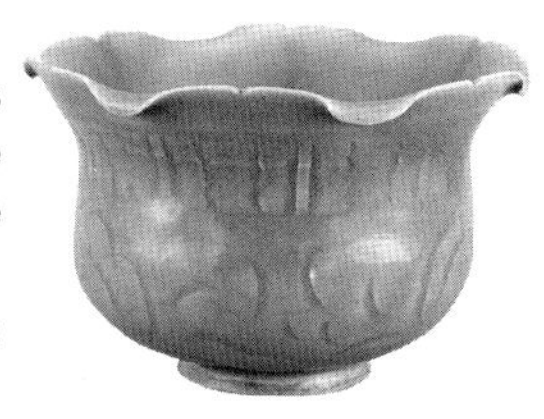

The mouthpart is wide, with six breaches on the lotus petal border, the neck is short, the round belly is flat, the circle feet is low, the base part show the red flame color. The rough cast is light gray, the texture is fine, the glaze color is green and blue, the body is thick. On the neck part is carved with banana leave pattern, on the belly part is carved with peony flower pattern.

From the characteristic of the shape and leg parts, it should be made in Yao Zhou Kiln in late Northern Song Dynasty.

25. Celadon Warming Bowl with Lotus Petal Mouth

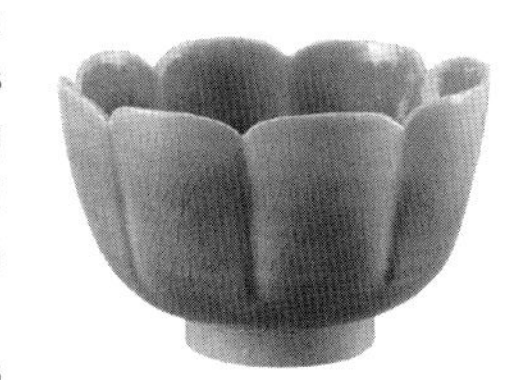

The bowl openness is eight lotus flower shape, the outside surface is straight, the belly is deep, the inside base is sunken, the circle feet is high, on the glaze part of circle feet there is light gray glaze. On the whole body there is blue glaze, the circle feet and base part is glazed with yellow glaze which is transparent, the polish is like jade, the surface glaze is plain without pattern and decoration, yet the edging body and lotus flower border are combined as a whole, all contribute to show the still elegant and dignified taste. From the characteristic of the shape and glaze, it should be made in Yao Zhou Kiln in late Northern Song Dynasty.

The Warming-Up Bowl was used as utensil to warm water or wine in Northern Song Dynasty, and was used together with flagon. The flagon was placed in the Warming-up bowl, in which is poured with warm water, therefore the heat of hot water could be transmited to the wine in the flagon.

26. Celadon Bowl Carving Water Wave and Fish Pattern

The mouth is widely open, the border is round, and the belly is holding back, the feet are like a circle. The rough cast is gray and white, the body is thick, with yellowish glaze. The outside surface of the bowl is carved with flower leave pattern. The inside surface is carved with water wave pattern and three swimming fish is in the water waves.

On the layout, the three fish are carved and dividedly evenly on the surface space, the craft man just used less carving lines to form three vivid and lovely swimming fish, the carving is fluent and natural. Around the fish there are some water wave pattern by the using of comb like instrument. The pattern is vividly made, the carving lines are sharp, the whole composition is regular, and all contribute to show the mature and skillful carving craft of Northern Song Dynasty Yao Zhouyao Kiln. The similar remains of Three Fish Bowl also appear in the Civil construction Site on Western Street of Xi'an City, and this kind of decoration subjects are so popular in the Northern Song Dynasty Decoration.

Bowl is the most quantitative and most various products of Song Dynasty Yao Zhouyao Kiln, the forms evolves a lot. The major evolution principle is that: comparing with the products of Five Dynasties, the form of Northern Song Dynasty is simpler, the arching belly is deeper, circle feet are higher and narrower, those bowl with wide mouth and deep belly are more. In the Middle Northern Song Dynasty, the sculpts are increasing in amount, the most popular ones are wide mouth coiling border round belly circle feet bowl. The only difference is that the feet are becoming smaller, the circle feet are turning to be narrower. The feet is amended fine. In the Late Northern Song Dynasty, the outside base is becoming smaller, the lower belly is more slanting, the circle feet are shorter, the outside base center have a sunken dot in the middle, the circle feet is not regulated like those of middle Northern Song Dynasty. So it should be the product of middle or late Northern Song Dynasty.

27. Celadon Bowl with Melon Shaped Belly

The mouthpart is short and straight, the belly part is bulging, the feet are like a circle, the whole body is glazed with blue glaze. This utensil is regularly made, the color and polish is like jade, the making is delicate. And this product is the representative one of Song Dynasty Yao Zhouyao kiln.

Song Dynasty is the peak period of Yao Zhouyao kiln's development, and the celadon at that time is ranked the top of all the national kilns, the art craft is fine and skillful, the place of Yao Zhouyao kiln is equal to the five other most famous kilns such as Ru Yao kiln, Guan Yao kiln, Ge Yao kiln, Jun Yao kiln, and Ding Yao kiln, etc. From Huang Bu County to Yu Huagong Palace, there are many kilns in Yao Zhouyao kiln area. The influence of Yao Zhouyao kiln is reaching to Gan Su Province, Ning Xia Province, He Nan Province, Guang Dong Province, Guang Xi Province, etc. The Yao Zhouyao Kiln branch is formed—a fairly large celadon making branch with Huang Baoyao Kilns as center. There is some description for the delicacy of porcelain making in the book of <De Ying Marquis Steles> in the seventh year of Northern Song Dynasty Shen Zong Emperor's reign: porcelains of Yao Zhouyao kiln are "polish like gold, fine and delicate like jade. Combined with earth to form roughcast by swirling the wheel, either square or round, they are all regularly made. The products are collected in the kiln, and fired with strong flame, which will cause fume, during many days the porcelain is made. While striking the sound is solid, the polish is like moistening with water."

28. Celadon Bowl with Flower-petal Mouth

The border is sharp, the mouthpart is wide, and the arching belly is bulging. On the border part there are six breaches. On the inside surface there are six lines in accordance with six breaches, the circle feet is narrow and long and not made delicately. The rough cast is gray and white, the glaze is gray and blue, the surface is plain without patterns. It was made in Yao Zhouyao kiln at Northern Song Dynasty. According to the evolvement of Celadon Bowl in Yao Zhouyao kiln at Northern Song Dynasty, this celadon should be made at early Northern Song Dynasty.

29. Celadon Tray with Flower Pattern

The mouth is wide, the border is round, the belly is slanting, the circle feet is small, the center of the tray is sunken. The rough cast is gray and white, the eggshell is thin, the glaze is olive green like. The inside surface is printed with peony flower pattern, the outside surface is carved with folding fan pattern. Judging from the printing and the little circle feet, this tray should be made in Northern Song Dynasty.

Peony flower is called "riches flower" in Song Dynasty, is the symbol of happiness and prosperity, and is one of the most popular flower pattern of Yao Zhouyao kiln. The forms are crossing peony flowers, folding peony flowers, twin peony flowers, corresponding peony flowers, peony flower in bottle, peony flower in salver, etc, they are all prosperous, vivid and distinctive.

30. Celadon Tray with Flower Pattern

The mouth is wide, the border is sharp, the belly is deeper, and the feet are circle like. The rough cast is gray and white, the eggshell is thin, and the glaze is olive green. The bowl outside surface is plain, the inside surface is printed with babies playing pattern, that is two babies playing between the crossing flowers. The shape, glaze and decoration represents the characteristic of celadon in Yao Zhouyao Kiln.

The printing craft of Yao Zhouyao kiln first appear in Tang Dynasty, they are mostly simple and part printing flower pattern. The representative Yao Zhouyao Kiln style printing(clear, fine, peaceful), which appear in the Northern Song Dynasty, is prevalent in Late Northern Song Dynasty and Jin Dynasty. Judging from the shape, this tray should be made in middle or late Northern Song Dynasty.

31. Celadon Tray with Kids and Lotus Pattern

The mouth part is wide, the border is sharp, the belly part is straight, the feet are like circle. The rough cast is gray and white; the eggshell is thin and solid. The glaze is green and yellow, and without any glaze on the outside base. The outside surface has no cracks, and there are four children images caved on the inside surface. All kids are playing round the flowers and twigs. This style is common seen among those Celadon utensils of Yao Zhouyao Kiln at late Northern Song Dynasty.

Baby Playing pattern is one of the most common ones in Song Dynasty Yao Zhouyao kilns, each baby has big head, round face, fat body, some naked with ribbons on the bodies, some naking four arms with bellyband, almost everyone has a necklace, bracelet, and anklet. The printing baby playing in flowers figures of Yao Zhouyao kiln in Northern Song Dynasty include "a baby playing in peony flowers", "double baby playing in plum flowers", "plum flower bamboo and double babies", "three babies in swaggering twigs", "four babies playing in lotus flowers", "five babies playing with a dog", "crowding babies playing in crossing grape twigs", etc.

32. Celadon Five Feet Tray Shape Incense Burner Carving Flower Pattern

The incense burner has a broad border, with flowers and leaves pattern carving on it, the incense burner is cylinders like, with five beast faces and feet pattern, and is plain without any glaze on the surface. This is fired in the Huang Baoyao Kiln of Northern Song Dynasty.

Five feet incense burner of Tang Dynasty is the primary image of five feet incense burner in Yao Zhouyao Kiln. The belly is straight, the bottom part is flat. It has five feet and with lid on it. In the Five Dynasties, this kind of incense burner could also be seen. Till Song Dynasty, there is another kind of five feet incense burner. The new invention has two forms, one is small the other is big. Big incense burner has straight mouth and broad border, the lower belly part is folding, the base is flat or like a circle, around the belly are five beasts' faces and feet, the belly and border part are decorated magnificently, and those faces and feet are delicately made. The small ones are similar to big ones, yet those tray like ones with lid has broad border and more slanting body, and they are almost plain, some patterns are only decorated on the broad border of the incense burner, those faces and feet of beasts are not carved delicately and fine.

33. Celadon Three Feet Incense Burner

The border is round and smooth, the neck is short and thick, the belly is bulging, the base is like an arch. There are three beast hoof like feet. The rough cast is gray and white, the glaze is green and yellow, the polish is bright, there are some patches on the glaze surface, which is plain.

The form of three feet incense burner is just imitating Bronze Ding Utensil. They are mostly prevalent in Jin Dynasty. This glaze is more like glass, with many bubbles, and is the products of Yao Zhouyao Kiln in Late Northern Song Dynasty.

34. Celadon Pot with Double Handles

The border is round and the mouth is tray like, the neck part is narrow, between the shoulder and neck parts there is an ear shape decoration, on the belly part is pressed eight edging sunken lines, the circle feet is casting outside. The rough cast is gray and white, and the glaze is yellowish. The lower belly part and circle feet is not glazed. The circle feet and the color of yellow can reflect the flavor of Jin Dynasty, yet the form has the taste of Song Dynasty, therefore, the making of this pot should be of Yao Zhouyao Kiln during Song and Jin Dynasties.

35. Celadon Tray

It has out casting mouth, the belly is shallow, and the feet are circle like. The glaze polish is like that of jade. The base color is yellow. The rough cast is light gray. The mouth part is mended.

Song Dynasty is the peak period of Celadon making of Yao Zhouyao kiln. From Song Dynasty, the celadon has changed a lot, the texture is fine and pure, and they are transparent. The tray form of Yao Zhouyao Kiln developed a lot, their distinctive features are big mouth, small base, and circle like feet, etc. this tray has no decoration, yet the glaze polish is fine, and the form is simple with good taste, it is the representation of Song Dynasty porcelain.

36. Celadon Bowl

The mouthpart is wide, the belly is shallow, the core is a little sunken, and the feet are circle like. The glaze is green and gray, there are six lines drawing out of the inside surface. The base feet color is olive yellow. The inside and outside are totally glazed, and without any glaze on the circle feet part. The roughcast color is light gray, and finely made. The repairing is complete.

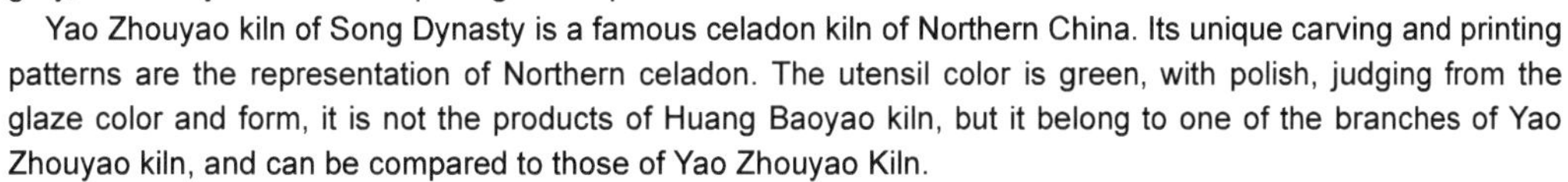

Yao Zhouyao kiln of Song Dynasty is a famous celadon kiln of Northern China. Its unique carving and printing patterns are the representation of Northern celadon. The utensil color is green, with polish, judging from the glaze color and form, it is not the products of Huang Baoyao kiln, but it belong to one of the branches of Yao Zhouyao kiln, and can be compared to those of Yao Zhouyao Kiln.

37. Green Glazed Standing Official Figure

This official is having a cap on the head, and a long robe, with his both arms around the breast, he is standing straightly, with head bending a little forward, like obediently. The official is made of pottery, and is added with some decoration, some intaglio lines show the clothes drapes. The whole body is glazed with green glaze, and some parts is yellowish. No glaze is shown on the base part, the rough cast is gray and white, the quality is coarse. This pottery is the real reflection of social official and servant, describing the daily custom vividly, and showing the inner world of people. This one could be the important document to signify the history by pottery. This pottery is long, and not plim and robust like those of Tang Dynasty, the rough cast is finer, the glaze polish is brighter, and should be made in Song Dynasty.

38. Green and Yellow Glazed Lying Female Figure

This pottery is the image of a little girl, with two plaits on the head, her face is round, her eyes are narrowing, her small mouth is turning upward, and left hand on the drum, her head is on the drum surface, her body is half lying, right hand clenching on the right leg. The whole body is totally glazed, with some green crowding glaze, there is no glaze on the base, only show gray and white rough cast, the quality is loose and coarse. The whole pottery is using the technique of pinching and carving, and show a lovely and innocent little girl lying to rest after long time tiredness. When the watchers approach her, they all hold their breath to be afraid to awake her in the dreams.

39. Green Glazed Little Dog

A little dog is lying on a square base, like swaggering its head. The little dog is squatting its hind leg, its forearm is lying on the base, its two eyes are focusing on the forwardness, it mouth straight with its nostril pointing upward, its tail is turning upward, on the neck is hanging a little bell. On the ears, eyes, and prothorax brown dotting technique are used. The porcelain is glazed with green glaze, and it is also yellowish with some lightening greenness on the crowding glaze, there is no glaze on the base, the rough cast is gray and white, the quality is loose and coarse.

40. Celadon Lion-shaped Utensil Lid

The lion is squatting, and lying on a round base. Its head is turning leftward, the snore is like Ru Yi, and turning upward also. Its both eyes are widely open, with its mouth open and teeth showing, its two ears are turning backward, its hair are dotting in screw pattern on the neck and head, below the chin there are some hair, and no hair below the neck, there is a circle on the neck, on which is decorated with bells and strings. The lion is holding its forehand on the ground, right hand on a ball, the ball surface is divided into edging lines in intaglio, between the petals are some net lines in intaglio. The utensil is glazed with green glaze, and the base part is broken.

41. Celadon Little Rabbit

The little rabbit is lying on a square base, its long ears backward on the back, head is on the base surface, forearm is below the chin. The whole body is glazed with green glaze, the glaze color is green and yellow, the glaze surface is not clean, and show gray and white rough cast which is coarse and loose. Rabbit is the traditional Chinese lucky pattern, and is nickname for the Moon, in the book of <Lunar Eclipse> by Lu Tong: 'when the string has been plucked, the rabbit is lively and in perfect state'; in the book of <Buddhist Niche Inscription> by Yu Xin: 'rabbit take the road, and bird holding back its wings', the word are referring to the moon, the porcelain animal is popular in Song Dynasty, and their images are long and narrow, the glaze color is brighter than those of Tang Dynasty, the rough cast is finer than those of Tang Dynasty.

42. Greenish White Glazed Little Dog

The four arms are rearing upward, one leg is broken like swaggering. Its head is turning rightward, and the both eyes are focusing on the forwardness, its mouth is sharp, two ears rearing upward, and its tail turning upward. This utensil is glazed with green glaze, and have some lightening part on the crowding glaze part, the four feet are not glazed, the two eyes are brown, and has light in them. The brown dotting technique is using steel as color, which is pasted under the glaze, and fired in the kiln, the roughcast is gray and white, the quality is coarse and loose. The craft men are using the technique of gripping to form a vivid little dog with some scratchings. The brown dotting technique on animal body is popular in Song Dynasty.

43. Greenish White Glazed Little Sheep

A little sheep is lying on the rectangle base, the head is turning upward and rightward, its both eyes are widely open, the big tail is dropping downward. The whole body is glazed with white glaze, the glaze surface is not clean with some green lightening on the glaze crowding part, the base is not glazed, the rough cast is gray and white, the quality is coarse and loose. Little sheep is taking the technique of gripping with some scratches on it.

44. Green Glazed Squatting Squirrel

The little squirrel is squatting on the ground, with its tail turning upward, its both forearm holding a fruit and nibble at it. The whole body is glazed with green glaze, the base has no glaze and the gray and white rough cast can be seen, the quality is coarse. Its eyes and forearms have brown spots on it, the color is made by the using of steel. In the hands of the ancient craft men, they make the cool mud into some lovely squirrels, and on their eyes are some brown spots which could make the squirrel vivid. From this we could see that ancient people have a good study of daily life and natural things. This little squirrel is a little bit long, the rough cast, glaze and its decoration all show the features of Song Dynasty.

45. Celadon Tray with Flower Pattern

The mouthpart is widely open, the border is round, the belly part is shallow, the circle feet are small. The glaze is green, with five-petal flower in the sunken core; the base part is glazed with yellow color. The whole body is totally glazed, with some parts crowded with glaze. The roughcast color is light gray and the quality is compact. It should be made in Yao Zhouyao Kiln during Northern Song and Jin Dynasty.

The tray of Yao Zhouyao Kiln is mostly produced in Tang Dynasty and Five Dynasties, there are two kinds, they are holding back mouth and widely open mouth two kinds, all have shallow belly broad and short circle feet, yet the utensil is fairly large. In the five dynasties, the forms are increasing in quantity and the utensil is turning smaller, the circle feet are casting outside. Till Early Song Dynasty the wide open mouth is rarely seen, most are wide open mouth and big circle feet tray, the utensil feet are turning to be narrower. In the middle Northern Song Dynasty, the forms are multiplay in quantity, they are altogether three major kinds, big open mouth tray, wide open mouth tray, and holding back mouth tray, they all have circle feet, the evolution law is that the mouth part is becoming larger than the base part, the early period deep belly ones are having shallower belly. The little trays in northern Song Dynasty and Southern Song Dynasty all have the distinctive features as big mouth small base, the outside base core is sunken and the outside base is bulging(also called chicken breast base), the utensil feet are commonly short, some are even slanting.

The form of this utensil has the features of Late Northern Song Dynasty and Early Jin Dynasty, the glaze color is green, and it keeps the characteristics of Song Dynasty Yao Zhouyao kiln. Five simple petals are molded and show the novel flavor. Therefore it is the product of Late Song Dynasty and Early Jin Dynasty of Yao Zhouyao kiln.

46. Celadon Bowl with Flower Pattern

The mouthpart is wide, with round border and arching belly, the circle feet are broader. The roughcast is gray and white, the eggshell is thick and not compact; the glaze is yellow, and the glaze surface is transparent, the inside base has a circle. The bowl surface is plain, the inside wall and inside base has some water waves and lotus pattern. This bowl is the representation of Yao Zhouyao kiln judging by its body thickness, circle feet broadness, and firing techniques.

47. Celadon Pear-shaped Vase

The mouthpart is small, the border is coiling, the neck is long and narrow, the belly is dropping gallbladder like, and the circle feet are not glazed. The roughcast is coarse; the glaze color is green and yellow, the neck part and lower belly part is evenly glazed, the middle part is glazed with some spotting marks.

Jade and spring bottle begins from Northern Song Dynasty. This celadon porcelain has common eggshell, and is the daily utensil of that time, the neck part is shorter than those of Northern Song Dynasty, its neck part is short and thick, the base diameter is larger, the glaze color is green and yellow, and it should be the Yao Zhouyao kiln product of Jin Dynasty.

48. Celadon Bowl

The border is round, the mouthpart is straight and holding back, the belly is bulging, and the feet are circle like, the holding back lower belly and out casting circle feet are in correspondence. The roughcast color is light gray, the glaze is yellowish, and there are some patches on the glaze surface. The plain surface is in accordance with the simple style. From the characteristic of it, we know it should be made in Jun Yao Kiln. The broader and a little out casting circle feet has the feature of Jin Dynasty, the glaze quality is not like the representative Song Dynasty porcelain.

49. Celadon Bowl with Incised Design and Carved Decoration

The mouth is wide with coiling border; the arching belly is holding inside, the feet are circle like. The roughcast is thick, gray and white; the glaze is green like jade. There are some patches on the surface. The inside surface of the bowl is carved with water wave pattern, and on the inside bottom is carved a lotus flower, this kind of pattern is called'dropping flowers on the flowing water'pattern in the porcelain decorations, in which tiny waves matches with deep carving lotus flowers.

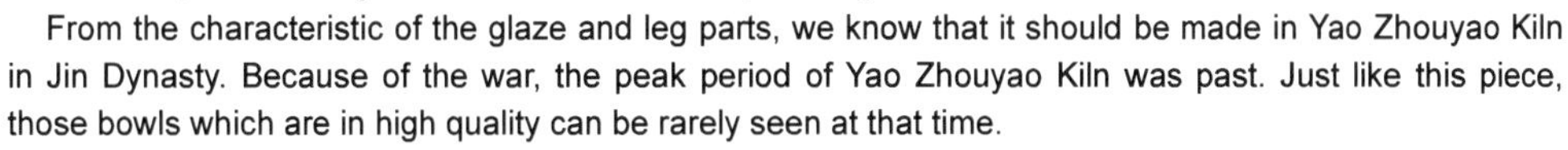

From the characteristic of the glaze and leg parts, we know that it should be made in Yao Zhouyao Kiln in Jin Dynasty. Because of the war, the peak period of Yao Zhouyao Kiln was past. Just like this piece, those bowls which are in high quality can be rarely seen at that time.

50. Celadon Tray with Flower Pattern

The mouthpart is widely open, the belly is shallow, the feet is circle like. The green glaze is yellowish, with crossing peony flower pattern. The rough cast is light gray and yellow.

Peony flower is also called richness flower, and is one of the most common flower pattern of Yao Zhouyao kiln, the forms are various. There are crossing peony flowers, folding peony flowers, crossing peony flowers, etc. Also there are peony flowers in bottle, peony flowers in salver, pearl color peony flower, etc. They are all vivid and rich in leaves and flowers. This bowl is the Jin Dynasty product of Yao Zhouyao kiln: the glaze color is different from the green and blue glaze color of Song Dynasty, the thin eggshell is yellow, and not the turmeric color of Late Jin and Early Yuan Dynasty; the decoration patterns are inherited the dense feature of Song Dynasty; the circle making technique was used as common representation in Jin Dynasty.

51. Green Glazed Bowl

The border is round, the mouth is widely open, the belly is smooth and slanting, the feet are circle like. The roughcast is gray and white, with green glazing, there are some patches on the glaze surface. The surface is plain without patterns. The circle feet are without any glaze and have the color of red. Long Quanyao kiln is the representative celadon kiln in Song and Yuan Dynasty, it was founded in Northern Song Dynasty, and was prevalent in Southern Song Dynasty, in Yuan and Ming Dynasties it was still in operation. In Southern Song Dynasty the pink green glaze and peach flower green glaze is made successfully, besides calcium oxide in the glaze, there are some amount of potassium oxide, sodium oxide, which are lime, that is different from the common lime glaze for green glaze, this lime glaze is more sticky, and could be made thick, so the celadon could be fired like jade. Long Quanyao kiln celadon in Ming Dynasty is transported into France, it get its name from the green clothes of shepherd Celadon in the drama <shepherd Alsitariar>, and celadon of the female shepherd thus is the name for Chinese porcelain.

Judging from the glaze color and quality of this bowl, this could be the product of Southern Song Dynasty of Long Quanyao kiln.

52. Green Glazed Bowl with Lotus Petal Pattern

The border is round, the mouth is widely open, the arching belly is almost straight, and the feet are circle like. For the firing need, the base part has not been glazed, therefore it has the red color. The rough cast is thin, and the glazing is pink and blue, the eggshell is thick. The outside surface of this bowl has long and narrow lotus flower pattern, and the pattern could be vaguely seen for the eggshell is thick. It has some features of Southern Song Dynasty Long Quanyao kiln in shape and glaze.

53. Greenish White Glazed Buddhist Bottle

This bottle is taller and thinner; the glaze is blue and white. The mouthpart is short like a bulging calabash, the lid has already been lost. On the neck part there are two layers of decoration, there is a circle of tiger pattern on the neck part, some cloud pattern in between; the below one is a circle of standing people(resemble Twelve animals). The whole decoration on the neck has a third dimension effect. On the belly part there are circles of incredible pattern and circle feet.

Convertion bottle has great quantity in Southern Song Dynasty, and has some excavations in the tomb of Song, Yuan, Ming Dynasty in Southern China. Those convertion bottles are used as funeral objects and always in pairs. Few bottle has some inscription such as "east storehouse", "west storehouse", etc, in the bottle are some cereals contained. The forms are almost the same: the bottle is thin and tall, on the neck part is piled with some animal and people images, and on the lid is standing a bird, therefore the bottle is also called 'Standing Bird Bottle'.

The blue and white glaze of this bottle is the creative variety in Northern Song Dynasty of Jing De zhen yao Kiln, the glaze color is white and blue, and this is also called 'blue reflection glaze'. In the middle Northern Song Dynasty and Middle Southern Song Dynasty, the blue and white glaze are the mostly beautiful, and is called 'fake jade'.

54. Greenish White Glazed Buddhist Bottle

The mouthpart is straight, with lid on the top, the neck is long and narrow, the belly is long and thin, the near feet part is out casting. There are two circles of sunken circle feet. On the utensil body there are glazed with white glaze, and is transparent with some patches on the body. On the near feet part there are no glaze and some dusting are showing outside. The roughcast is gray and white, and has fine glaze. On the lid there is a flying bird as decoration, on the neck part there are several circles of incredible patterns, in the middle part are some water waves pattern as dividing line, and thirteen standing Buddha are standing on the waves, they are all calm, and gracious. There is a huge dragon crossing in the fine cloud. Its eyes bulging, mouth widely open, hair flying in the air, and the motion is vivid like flying in the sky. The whole shape is long and with many layers, the art craft is skillful, and it is one of the representations of the three dimension objects. This utensil was excavated in the middle and lower reaches of Long River, and is one of the popular funeral objects in Song and Yuan Dynasty. The most popular decoration are pair dragon and tiger, thus they get the name 'Dragon and Tiger Bottle'. People consider it is the place of remainig spirit of dead ones, so this'spirit belong'was used to contained cereal, thus it is called 'Spirit Belonging Bottle'.

55. Greenish Yellow Glazed Toad

A vivid toad is made with its head turning upward, two eyes are bulging, on the back there are some spots. The whole body is glazed with yellow glaze, the crowding glaze part is green, the glaze surface is not even, the rough cast is gray and white and the quality is coarse and loose, it is the common feature of Song Dynasty pottery.

Toad is considered sacred object by people. In the book of <Peace Document> it says:'Toad could Frighten off enemy'. In the book of <Bao Puzi> it says:'Toad flesh is considered the best of all, for it has tornado on the head, eight character below the chin, when in the just may fifth people catch it, to use its feet as water, take it arm on body to keep off enemy armies. When enemy fire an arrow, the arrows can be spontaneously back to enemies.'In the book of <Peace Document> it says: 'there is some essence on the toad's head, when get it and eat it, it will longer the age.(prolong, extend)'. Thus we could see that toad is a kind of lucky animal that could frighten off enemies, frighten off evils, enhance longevity, and bring richness, therefore people make this toad as decoration to show best wishes.

56. Green Glazed Penis

It is imitating male penis, the inside is hollow. The outside is glazed with green glaze, and no glaze is detected inside. The rough cast is white and yellow.

In the Neolithic period, there has been some kinds of penis of various quality, those made of stone is called stone Zu, those made of pottery is called pottery Zu, besides the worshipping of procreation, it also contained some other complicated thought. The ancient penis porcelain has different usage. Some were made for people praying for offspring; some were made as practical things, such as those jade Zu, bronze Zu, they are all used by those nobles and officials when alive, and they could use them when live in another world; some are made to be the props by witches, such as those eunuch will have penis imitation as funeral objects for they lost it and want to have a complete body. In Ding Yao kiln and Zi Boyao kiln of Song Dynasty, there has a lot of porcelain penis, there is some excavation in Yao Zhouyao kiln, all reflect the need for this object. This porcelain penis is produced the same time with a Song Dynasty coin, the shape is exaggerating, and must not be the practical object for on it there is a lot of burr on it. This could also be merchandise on the market, also can show the social life of that time.

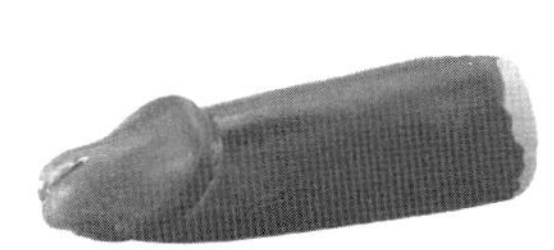

57. Celadon Bowl with Lotus-shaped Mouth and Tortoise Pattern

The mouthpart is widely open, the border is made of six coiling parts to form a lotus leave shape, the belly part is slanting with a little circle feet. The outside base is printed with a lying tortoise, its head, tail and four arms are all exposed, and the tortoise shell is easily identified. From the inside belly till the base part is inscribed with double sunken lines as lotus leave vein, which is just like a eight angle lotus flower pattern, the roughcast is white and the quality is fine and compact. The glaze color is pink and green, and smooth like jade, it is not glazed to the base circle, and the color is red. Judging from the glaze and the decoration characteristics, this bowl should be the product of Long Quan Kiln in Late Southern Song Dynasty and Early Yuan Dynasty. In Jian Chang County of Liao Ning Province from Yuan Dynasty to Yuan Dynasty the thirty one year(1294) in the tomb of Li Boyou it was excavated a similar kind of bowl, and another three fine Long Quan Kiln Tortoise Nest Lotus Leave Pattern Bowls were excavated in an ancient tomb in Xi'an city. Tortoise is regarded as a kind of immortal in ancient china, and is the symbol of longevity. Tortoise nest lotus leave pattern is a common pattern in Song, Jin and Yuan Dynasty craftworks, which means Luck and Longevity. The tortoise heart lotus leave bowl is made delicate, creative and vivid; it is really a precious artwork.

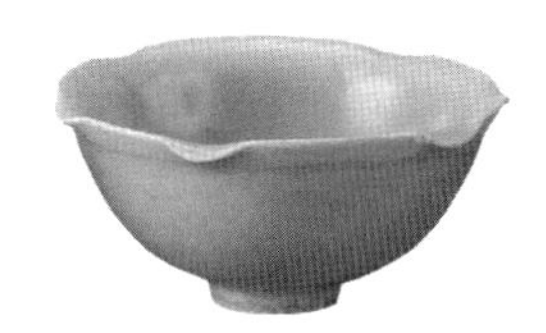

58. Celadon Tray

The border is round, the mouthpart is widely open, the belly is bulging, the feet are circle like, and the outside part is glazed. The roughcast is white; the glaze is green and blue, the glazing is not so even, on the surface there are some patches. The border is plain without patterns. It has some features between Jin and Yuan Dynasty of Yao Zhou kiln in shape and glaze. Comparing to those turmeric color glaze of Jin and Yuan Dynasty, the blue glaze of this porcelain tray should be one of the best glazing ones.

59. Yellow Glazed Bowl with Flower Pattern

The mouth part is widely open, with circle feet. It is glazed with yellow glaze, with some water waves pattern on the inside surface. The core of the base is carved with a circle. The roughcast color is light gray, and the quality is coarse. The printing techniques has been primarily utilized in Tang Dynasty for those products of Yao Zhouyao kiln, and are more prevalent in Song Dynasty, and is the same with those carving and scratching techniques. The use of molding techniques not only elevate the labor efficiency and also lower the cost, as well as increase the yielding. This bowl has the features of Late Jin Dynasty and Early Yuan Dynasty Yao Zhouyao kiln utensils: judging from the glaze color, the color is yellow after Jin Dynasty; judging from the art craft, the circle on the bowl base is for the lower class of Late Jin Dynasty, the art craft is folding firing; the decoration pattern also reflect the simple features of Jin and Yuan Dynasties.

60. Celadon Pot with Lion-shaped Cover

The mouth part is round, the neck is short and straight, the belly is holding back. A lion button is attached on the cover. Besides the circle feet the whole body is decorated with pink and green glaze, the glaze color is transparent, the rough cast is gray and white, solid and strong.

On the pot cover there is a lion as button which is vivid and motional, it is turning its head back and roaring to the sky. Below the button, the cover is divided into four parts, and with four Chinese characters on it 'beauty, Wine, Clean, Fragrance'. The inscription is made fluent. The whole body is decorated with straight edges till the circle feet, the bulging edges and sunken part has a clear contrast, and let the utensil has a three-dimention effect.

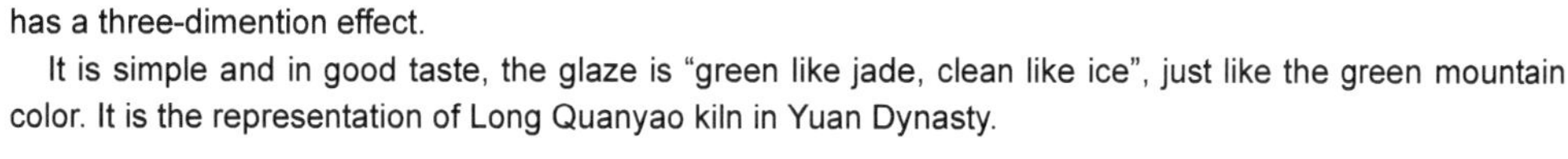

It is simple and in good taste, the glaze is "green like jade, clean like ice", just like the green mountain color. It is the representation of Long Quanyao kiln in Yuan Dynasty.

61. Celadon Pot with Lotus-shaped Lid

The mouthpart is short and straight, the upper belly is bulging and round, the lower belly is holding back, the cover is made like lotus flower, and there is a flower like button on the top. The pot belly part is decorated with edges. The roughcast is thick, the glaze color is light green, the eggshell is thin, the mouthpart and outside base is not glazed and is red. It has some features of Yuan Dynasty Long Quanyao kiln in shape and glaze.

The pot with lotus flower pattern cover has appeared in Jin Dynasty, and is prevalent in Yuan Dynasty. Besides Long Quanyao kiln, some other kilns also make this kind of utensils, such as the Jin Dynasty moon white glaze porcelain of Yao Zhouyao kiln, Yuan Dynasty Ceramic White Ware of Jing Dezhen kiln, Celadon Porcelain, Yuan and Ming Dynasty celadon porcelain of Yu Xiyao kiln in Yun Nan province. In the reign of Yong Le and Xuan De of Early Ming Dynasty, this kind of utensil is also made, but the lotus flower cover change a lot from Yuan Dynasty.

62. Celadon Three Feet Incense Burner

The border is folding, the neck is narrow, the shoulder is slanting, the belly is bulging, and there are three feet. The whole image is round and bulging, and it is the representative feature of Yuan Dynasty porcelain. The glaze is light green, the eggshell is thin without any pattern on it, the base part is red. It has some features of Yuan Dynasty Long Quanyao kiln in shape and glaze.

63. Celadon Bowl with Flower Pattern

The border is round, and the mouthpart is casting outside, the belly is deep and straight, the circle feet are bigger, the base is not glazed. The body is thick, and glazed with green glaze. Some crossing twigs and flowers can be seen on the surface.

Comparing from those of Southern Song Dynasty, the celadon of Long Quanyao kiln in Yuan Dynasty is thicker in rough cast and thinner in eggshell, the glaze color is mostly green, yet the utensil is larger, and has more decoration. This bowl has some features of Yuan Dynasty Long Quanyao kiln in shape and glaze.

64. Celadon Tray with Double Fish Pattern

The border is folding, the belly is shallow, and the feet are circle like. The inside surface is scratched with leaves pattern, and the inside base is stick with opposite double fish pattern, the outside surface is carved with long and narrow lotus flower petal, and this is the most common celadon pattern of Long Quanyao kiln in Yuan Dynasty. The rough cast is gray and white, the quality is fine, and the glaze is green and transparent. This object is excavated in a dated tomb which is 'fifth year of Zhi Zheng's reign'.

Fish pattern is one of the common decoration patterns, and has a connotation of 'rich to have fish each year'. The double fish pattern can be taken as major pattern in those Han Dynasty bronze washing utensil, Jin Dynasty Bronze Mirrors. The double fish pattern in Tang Dynasty has already appeared in tri-color potteries, and the techniques used in Chang Shayao Kiln is to stick double fish pattern on the celadon pot.

Double fish pattern is the most commonly seen one of Long Quanyao kiln in Yuan Dynasty, they are decorated on the base of the plate, washing utensils, some even has water waves on it. Generally speaking, the different direction double fish pattern is later than the same direction double fishes pattern.

65. Celadon Basin with Foliated Edge and Double Fish Pattern

The border is folding and broad, the belly is arching, the feet are circle like. The roughcast is gray and white, the glaze color is light green. The inside surface is plain, and there is printing double fish pattern on it, the outside surface is carved with straight edge.

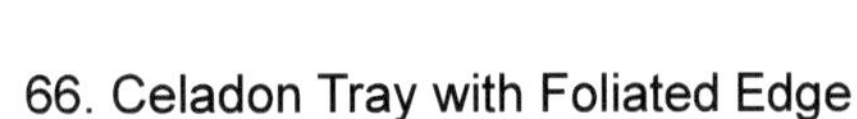

66. Celadon Tray with Foliated Edge

The border is round and folding, the arching belly is shallow, the base is flat and the feet are circle like. The rough cast is thick, the glaze is green. The outside base is not glaze but the core. On the base there is printed a peony flower, and the inside surface is carved a circle of crossing flowers, and the border is carved a circle of water waves pattern. This plate is decorated complicated, and this is one of the features of Yuan Dynasty Celadon of Long Quanyao Kiln.

67. Celadon Sugarcane Segment Washing Utensil

The mouthpart is wide, the border is plain, the belly is arch like, a circle of glaze is peeled off on the flat base. The roughcast is white, and glaze is green and transparent.

This washing utensil is made in early Yuan Dynasty of Long Quanyao kiln. On the mouth part and the belly part there are some half arches, and between each arch there is a bulging ridge, which is almost white. A circle of bulging ridge is around the belly part, and the whole utensil is like a sugarcane segment, thus the name 'Sugarcane Segment Washing Utensil'.

68. Celadon High Feet Cup

The mouthpart is widely open, the border is round, the belly is dropping, the cup is deep, with a Chinese character'Gu'on the inside base which indicates the name. The handle is in bamboo segment shape, small on the top and thick at the below, and there is bulging ridge on the base.

High feet cup is also called'Horse Top Cup', and appeared in Yuan Dynasty, is the daily utensil of Northern Chinese people. This kind of utensil had appeared in the celadon of Long Quanyao kiln, Luan Bai porcelain and celadons of Jing Dezhen kiln. In the Yong Le and Xuan De reign, it is still prevalent, the only difference from Yuan Dynasty is that the eggshell of high feet cup is comparatively thin, the bamboo ring on the handle is rarely seen, and the cup and handle is connected with glaze.

69. Celadon Bowl

The mouthpart is widely open, the belly is arch like, the feet are circle like with red color on the base. The glaze color is pink green, and the surface is smooth. The lower inside part and inside base is printed with twenty four people pattern, the outside surface is smooth and plain. Judging from the glaze features of this bowl, it should be made in Long Quanyao kiln. Yet it is different from the representative pink green glaze porcelain of Southern Song Dynasty Long Quanyao kiln, this bowl is not smooth on the surface, and the eggshell is thinner, and more transparent, and with more decorations as pattern, this is also the feature of celadon in Yuan Dynasty Long Quanyao Kiln, thus the time should be Yuan Dynasty.

70. Greenish Yellow Glazed Bowl with Incised Design

The mouthpart is holding back, the belly is arch like, the feet are like circle. The roughcast is white, and the glaze is yellowish, it is not glazed to the bottom. The outside surface is carved with many bamboo leaves and incredible pattern, and near the feet part the coiling leave pattern is carved, the inside core is carved with incredible pattern and flower and leave pattern.

The yellow and green color glaze is like the turmeric yellow glaze of Yao Zhouyao kiln in Jin Dynasty, and the former one is more yellowish, the carving pattern is simpler than those of Yao Zhouyao kiln in Song and Jin Dynasty. For a long time the making place of this kind of yellow and green glaze Celadon with bamboo ring decoration is not indicated. But the nearly finding in Chen Luyao Kiln in Tong Chuan City prove that this kind of double bamboo leave pattern green and yellow glaze bowl and plate is made in Yong Xing of Chen Luyao Kiln, and Bei Baozi Mountain slope.

71. Greenish White Glazed High Feet Cup

The mouth part is casting outside, the belly is arch like, the bottom part is plim with high circle feet. The bluish white porcelain is fairy white, on the cup surface is printed a circle of crossing lotus flower pattern. The cup body and circle feet is made separately and sticked together later.

High Feet Cup is made according to the Northern Chinese people's customs, and some wine drinking container appear in great amount in Yuan Dynasty, later they are called 'Horse Top Cup', 'Target Shape Cup'. Besides the bluish white porcelain and High feet cup of Jing Dezhenyao Kiln, some southern part kiln also make them, such as Long Quanyao kiln in Zhe Jiang province, De Huayao Kiln in Fu Jian province, Jun yao kiln in He Nan province, Ci Zhouyao Kiln in He Bei Province, Huo Yao Kiln and Jie Xiuyao Kiln in Shan Xi Province, till Ming Dynasty it is still the popular porcelain, and those be placed before Buddhist statue is called 'Clean Water Bowl'.

The high feet cup in Yuan and Ming Dynasty is almost the same, yet the craft is not the same in the connection of high feet, the feet and body is connected with mud in Yuan Dynasty, a porcelain mud is squashed when connecting, and there are some cracks on the connection part, yet the feet and body is connected with mud in Ming Dynasty, and always there is a mastoid process on the base part. This bluish white porcelain was made in Jing Dezhenyao Kiln in Yuan Dynasty.

72. Celadon Three Feet Incense Burner

The mouthpart is casting outside, the neck part is short, the belly is arching, the flat base is sunken, there are three button feet on the base, the eggshell is thick, the body is heavy, the glaze is white and fine, the shape is regular. The surface is carved with patterns. The neck part is decorated with water wave pattern, on the belly part is decorated with some crossing peony flower pattern, the craving lines are fluent. The peony flower is in blossom, the leaves are spreading and vigorous. The whole body is glazed with blue glaze, there is no glaze on the outside base. It was made in Long Quanyao kiln.

The belly part is carved with peony flower and leaves pattern, and has the characteristics of Yuan Dynasty, yet it is not as heavy as those made in Yuan Dynasty. It should be made in Early Ming Dynasty.

73. Celadon Tray

The border is round, the mouthpart is holding back, the plate belly is shallow, and the feet are circle like. The carving lines are obvious on the outside base. On outside base core a Chinese character "longevity" is

carved, and some radiating lines are found around, the inside surface of the plate is craved with several circles of incredible patterns. From the characteristic of the glaze, it should be made in Long Quanyao kiln in Ming Dynasty. "longevity" is the common character in Yuan Dynasty porcelains, besides the celadon of Long Quan kiln, there are some other products made in Ci Zhouyao kiln and Jing Dezhenyao kiln, such as printing, carving, scratching and inscription, etc.

74. Celadon Tray with Flower Pattern

The mouthpart is widely open, the border is round, the surface is arch like, the base is bulging, the feet are circle like. The roughcast is white, the quality is solid, the glaze color is green and yellow, the eggshell is thin, the base is totally glazed. The inside surface is carved with bunches of lotus flowers, the inside base part is carved with flowers. The craving lines are fluent. From the characteristic of the glaze and decoration, it should be made in Long Quanyao kiln in Ming Dynasty.

75. Celadon Tray with Flower Pattern

The border is round and mouthpart is open, the belly is straight with circle feet, the outside base is peeled off a circle of glaze. The border is not glazed. The roughcast is white, the glaze is yellowish, the eggshell is thinner, the glaze surface is not as thick and smooth as those made in Long Quanyao kiln. The inside base is printed with a peony flower in blossom, the inside surface is printed with a circle of desen peony flower blossoms, the border is printed with a circle of curling grass pattern, three sets of patterns are separated by two sets of incredible patterns. The outside surface is printed with a circle of crossing flower pattern. The decoration technique is skillful and the composition is compact. The eggshell is thin, and the glaze color is green and yellow, the pattern is complex and rigid, the time should be in early Ming Dynasty.

76. Celadon Cup with Double Handles

The mouthpart is a little open, the border is round. The lower belly part is holding back, the trumpet like circle feet are casting outside, the upper belly part is decorated with a pair of dragon ears. The glaze color is green and blue, the glaze surface is smooth without any cracks, the circle feet is red.

77. Bean Green Glazed Bowl

The mouthpart is holding back, the belly is arching with circle feet, it is hollowed between the inside base and the outside base, on which there is a hole connecting with the hollowed belly. The glaze color is blue with cracks on it. This bowl is made unique according to the legend of Three Kingdoms: Zhu Geliang lead the army for the six time to Qi Shan Mountain, Si Mayi was defeated each time, being afraid of losing again and hide in the tent. Zhu Geliang sent him a set of woman's clothes to humiliate him. According to the document, Si Mayi is not irritated whereas asking the each day meals of Zhu Geliang, and said: "with so little meal, and so many affairs to deal with, how long could he survive". Zhu Geliang use a double layer bowl to take meal to mislead the emissary that he can eat more than expectation, yet he only eat the upper layer. The later generation call this kind of bowl Zhu Ge bowl, also called Kong Ming Bowl, it is used for daily eating. Zhu Ge bowl is first seen in the hollowing utensils of Long Quanyao kiln in Northern Song Dynasty, and also fired in Ming and Qing Dynasty Jing Dezhenyao kilns. This bowl color is dark, and feet part is made coarsely, and it is the characteristic of Ming Dynasty.

78. Bean Green Glazed Tray with "Longevity" inscription and Dragon Pattern

The mouthpart is widely open, with sharp round border; the belly is shallow and arch with the flat center and circle feet. The outside base is inscribed with two lines of six Chinese characters as "Made in Qing Dynasty Kang Xi Reign". The roughcast is fine and white, the glaze color is light green, and the border is glazed with a thin layer of glaze and is white. The inside surface is not glazed evenly, the glaze colors are not in accordance. The inside base is inscribed with a Chinese character "longevity", beside are two dragons round the character "longevity", the character and dragon pattern are made in delicate lines, the pattern is made vague and not easily identified without careful watching.

Bean Green glaze is a branch of gree glaze, it has been made in those Long Quanyao kiln of Song Dynasty, the colors are green and yellowish. The bean green glaze in Ming Dynasty is mostly green and yellowish, those in Early Qing Dynasty has light color like the blue lake water. This bean green glaze porcelain plate is an imitaition of Long Quanyao Kiln in Qing Dynasty Jing Dezhenyao kiln.

79. Bean Green Glazed Bowl with Flower Pattern

The mouthpart is straight with round border and deep belly, the belly part is holding back with large circle feet. The outside base center is sunken and has crowding glaze in it, other part is exposed without glaze. The roughcast is white and fine, the glaze color is light green, the glaze surface is even, the border part is white for the thin layer of eggshell. On the outside surface is printed with some peony flowers in blossom, the flowers and branches are all over the outside surface. The shape is made regular and the craft is perfect.

The roughcast is made compact, with solumn body and strong flowers and leaves, the composition is compact, and these are all the features of Qing Dynasty Kang Xi reign porcelains. Thus this bowl should be the green glaze imitation of Long Quanyao kiln in Kang Xi reign. For the green glaze is made very maginificent in Long Quanyao kiln, and it is always the imitation subject of Jing Dezhenyao kiln. This kind of products is not as fine as those made in Long Quanyao kilns, but the eggshell thickness, the transparency of the glaze and the glaze colors are not as those made in Long Quanyao kiln.

80. Celadon Pot

The mouthpart is widely open with sharp round border, the border part is decorated with some rectangle shape lines, some parts has broken. The belly is bulging with circle feet. The roughcast color is light white, and the quality is not so compact; the glaze surface is pasted with sky blue glaze, the eggshell is not so thick with some tiny patches on it and no pattern is on the outside surface.

81. Bean Green Glazed Long Neck Bottle with Bamboo Pattern

The border is round, the neck is long and narrow, the shoulder is slanting, the belly is bulging, the feet are circle like. The whole utensil shape is elegant and it is glazed with green transparent glaze, the body is painted with some bamboo pattern as decoration, some vertical and parallel bamboo patterns are painted on the body, the bamboo stem is painted with some bamboo leaves and bamboo sprouts, the whole utensil is filled with motion and life.

White Porcelain

82. White Glazed Cup with Straight Belly

The lip is sharp, the body is straight, the belly is deep, with pan like feet, around which is a slanting edge. The roughcast is white, and the quality is fine. On the mouth border there is some knocks. The glaze is white, and greenish, with some crazes on the surface. The inside is totally glazed, and the outside is glazed till the feet part.

This porcelain cup is the excavation of a dated Sui Dynasty couple's tomb, they are Ru Nan Duke Zhang Lin, and his wife Madamn Xue, they are buried together in Da Ye Reign the third year(A.D. 607). This cup is a standard image of Sui Dynasty, and is an important material document for studying Sui Dynasty white porcelains.

83. White Glazed Deep Belly Cup

The mouthpart is straight with sharp border and cylinder like belly, the feet is like a pan and casting outside. The roughcast part is glazed with white eggshell, which takes a look of blue color, the surface is smooth and clear, the glazing did not reach the bottom.

According to the evolution of the shape of the porcelain cup, the cylinder belly shape is prevalent from South Dynasty to Early Tang Dynasty, this white porcelain cup is thin in eggshell and the lines on belly surface is straight, the eggshell quality is much better than that of Sui Dynasty, thus this should be the product of Xing Yao Kiln in Tang Dynasty.

84. White Glazed Pot

The mouthpart is straight, the border part is short, the shoulder part is arching, the upper belly is straight, and the lower belly is holding back, the feet are like a circle. On the shoulder and belly part there is a circle of sunken groove, for the jointing with the lid, which is already lost.

This utensil has a unique feature in the jointing part, and it is not a common box with only body part, but reduce to a small open on the mouth part, the box body is like a small open jar with a lid on the top. On the porcelain box made in Tang Dynasty Chang Sha kiln is written the Chinese words "Oil Box", therefore we can refer that this kind of porcelain box is used to contain makeup oil for Tang Dynasty women, and the belly part is higher than that of early Tang Dynasty. The age could be the glorious Tang Dynasty. This unique making is utilized to prevent oozing, complete airproof, more capacity, etc, and it is used as a oil containing box.

85. White Glazed Bottle with Dish-shaped Mouth and Thin Neck

The mouth part is a little casting outside, the neck is short and thin, the belly is long and bulging, the circle feet is fake. On the shoulder there is a circle of bulging Xuan pattern. The roughcast is white, and the quality is not so fine. On the base there is two nailing marks. The whole body is totally glazed with white glaze and is greenish with craze on it.

This bottle is simple and plimmed, the shape is elegant, and takes the Sui Dynasty shape and techniques, the Jade Spring Bottle of Northern Song Dynasty is just develop on this one as foundation.

This utensil is excavated in Tang Taizong Emperor's fifth song Li You's tomb in Zhen Guan Reign the seventeenth year(A.D. 643), which has exact date, and is reflecting the white porcelain development in Early Tang Dynasty.

86. White Glazed Oval Shaped Box with Two Birds Picking Ribbon Pattern

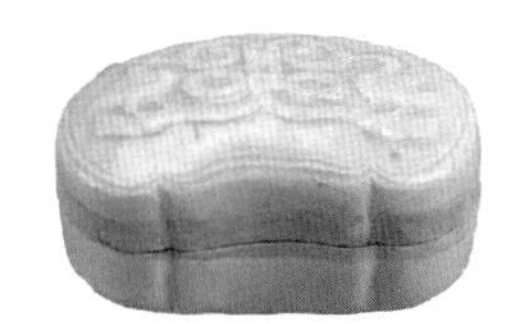

The box has a snap fastener, the shape is rectangle, on the belly there are four sunken edge. On one long side there is inscribed with bulging diamond flower petals, another long side is arching inside. The lid surface is bulging with two birds holding ribbon pattern, and has the effect of relief. On the upper there are three circles, the lower part is separated by two circles, on which two birds stand separately, like holding the ribbon. Other patterns are printed outside the lid surface boundary, in which are some fine short lines pattern. The glaze color is white, and greenish on the thick part, some little air bubbles are set inside. Except for the unglazed snap fastener, which is already set with the lid, other parts are all glazed. On the base part there are two nailing marks.

Two birds holding ribbon pattern has good composition and good meaning of longevity and good luck, it is widely used on Tang Dynasty bronze mirrors, gold and silver utensil decorations, yet it is rarely seen on the white glaze porcelains. This box just imitate the shape and pattern of gold and silver wares, and reflect the Tang Dynasty porcelain making development and its imitation of gold and silver art craft.

87. White Glazed Pot with Lid

The mouthpart is straight with short neck, the shoulder is thick and round, the bottom is flat. On the bulging lid there is a pearl like round button. The white roughcast is a little yellow; the eggshell is fine and without any cracks.

This pot with lid is round, with an appropriate pearl button, the whole shape is simple and in good taste as well as delicacy, and is the typical one in the glorious Tang Dynasty. This round image is in correlation with the color of "silver like", and "snow like" white glaze as decoration, the making is regular and delicate, the glaze is white which fully display the aesthetic taste of glorious Tang Dynasty.

88. White Glazed Pot With Double Dragon Handles

The mouth is like a tray, the neck is long and narrow, the shoulder is fat, with long and round belly, and the base is pan like. The roughcast is gray and white with thin layer of eggshell, the glaze is blue and not glazed to the bottom. The most conspicuous thing is that there is a pair of dragon shape handles on both sides between shoulder part and mouth part, the dragon roughcast is bending, three ball like decoration is stick on the body, with the dragon mouth holding the tray border and the dragon head turning backward, peeping into the tray.

This twin dragon handle pot is adopting some foreign elements in the Western Asia Hu Areaof the cock head pot, the dragon handle is replacing the cock head, which is the most eye-catching part and is very special and complicated made. In the year of 1957 the fourth Da Ye reign of Sui Dynasty(608 A.D.) there are already excavated ceramic whiteware pot with double dragon handle, which is the most prevalent model of Tang Dynasty, for example, in the tomb of Li Feng the second son of Tang Gaozu Emperor the similar kind of ceramic whiteware pot with double dragons shape handle were also unearthed, there are also same kind of model in the(three color pottery) Tri-Color Pottery of Tang Dynasty in the Chang'an city and Luo Yang city of Tang Dynasty.

Ceramic whiteware originated in the Han Dynasty, and appear in certain amount in Northern Dynasty, and is mature in the middle and late Tang Dynasty. This pot with double dragon handles image is not so white and the glaze is blue like those of Sui Dynasty, this should be the product of Xing Kiln in early Tang Dynasty.

89.White Glazed Pot with Dragon Handle

The mouth is open with curling border and short neck, the shoulder is slanting and smooth, the feet is pan like. Between one shoulder side and the border is stick a short arching Chi dragon shape handle, the image is simple. On another side of the shoulder is stick with a tube like line. The roughcast is white yet the glaze is transparent milk color; the glaze is not reaching to the bottom.

This pot is developing from the cock head pot with dragon handle, the handle is specially made and this utensil should be used as wine container.

90. White Glazed Pot

The mouth is open with short neck and slanting shoulder, the base is flat and the belly is apparently longer. On the shoulder is round tube like short lines. The glaze is transparent and not reaching to the bottom, the glaze crowded under the layer of glaze. The roughcast is white and solid, the glaze is clear and with patches on it, this is the product of Yang kiln in Tang Dynasty.

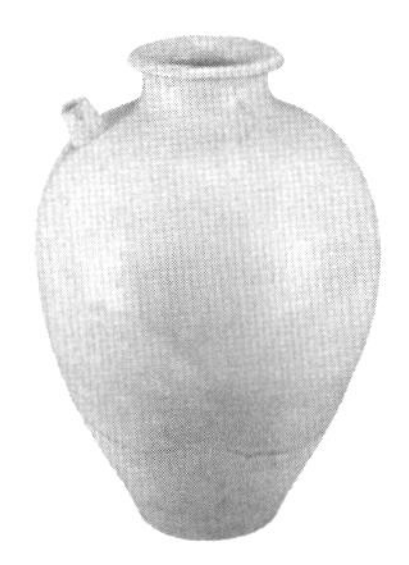

This kind of short Liu lines pot is the novel and creative one, which is really distinguished and useful. This pot is kept(completely) in complete shape and rare indeed, it show the magnificent intelligence and highly developed art craft of Tang Dynasty, and also reflect the high level at that time.

91. White Glazed Pot

It has round border and short neck, with the upper belly bulging outside, the base is flat, the size of both ends is almost the same. The roughcast is solid and white like snow. Inside and outside surface are glazed with transparent green glaze. Outside is not glazed, on the left side of the center part is carved two Chinese characters "Imperial Academy", above the center part is carved with one Chinese character "Full", the calligraphy is regular and fluent.

This ceramic white ware of Xing kiln(represent) reflect the highest level in Tang Dynasty, and is donated by the local authorities. The pot with carved "full" character is considered to be related with imperial "Great Full Warehouse". Great Full Warehouse is the imperial storing place, and is mentioned in the sculptures like <New Tang Dynasty Stories>, <Old Tang Dynasty Stories>, it is called "Treasures Warehouse" in the reign of Xuan Zong Emperor and Su Zong Emperor. The Great Full Warehouse is the biggest one for storing the gold and the silver, those could only been used by the emperor. The unearthed ceramic whiteware with "full" Chinese character is most in quantity, there are some kettle, box and pot, etc.

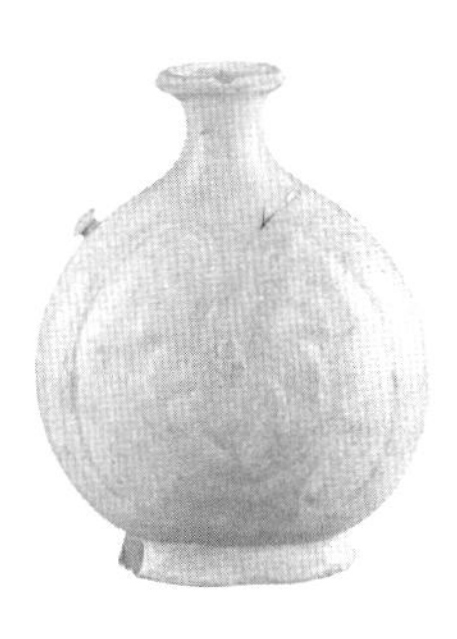

(So far) The now discovered ceramic whiteware utensils with Chinese characters "imperial academy" are mostly pots, and these pots have almost the same molding and size. "Imperial Academy" refers to those imperial academy of Tang Dynasty, which is established in early Tang Dynasty. For the exact site of(imperial palace) Imperail Academy, it should be located in the western part of city beside right silver platform, in the October 1983 and July 1984, some archeologists from Institute of Archeology of the Chinese Academy of Sciences have those utensils excavated in the remaining site of ancient imperial academy, afterwards the scale and type has been known.

This ceramic whiteware also has "Imperial Academy" and "Full" characters on them, which shows that this pot should be made as the special utensil for Great Full Warehouse. This also indicate that the ceramic whitewares with either "Imperial Academy" or "Full" are made in the same period. This pot is valuable for the research on Tang Dynasty operation system Tang Dynasty Production System.

92. White Glazed Flat Pot with Double Handles and Incised Design

The border is round with small mouth part, the neck is narrow and long, with the shoulder slanting and the belly is flat with circle like feet casting outside. On the shoulder part is piled with two peach like rings, one has already broken. On both sides of the belly are carved with dropping lotus, their leaves fat and fluent in carving lines. This pot roughcast is white and clean, yet is coarsely made, the glaze is white with yellow.

Flat pot is made to contain wine or water, which get its name from the outlook, the porcelain flat pot first appear in Western Jin Dynasty, and is named Pi,(the shape is the straight mouth round belly like, below is connected with flat circle feet, on the belly is carved with some patterns); it is shaped with straight mouth and round belly, the lower part is made into a flat round circle feet, on the belly are some carving patterns; from Southern and Northern Dynasties to Sui and Tang Dynasties, the size is becoming smaller and double rings are sticked on the shoulders, the flat belly is also printed with some patterns; till Yuan, Ming and Qing Dynasties, this kind of molding is still very prevalent.

93. White Glazed Pot in Air Bag Shape

The mouth open is small, the lower belly is bulging outside,(the fake feet) the false feet is large in its circle diameter, for the half circle contain short distance. On the bulging belly is piled with some relief pattern resemble the felt blanket on the saddle, above which is printed checker pattern, some string beads pattern is decorated on the border. Below the pot mouth part is sticked with four petals flower, and a ridge of leather like line is bulging on the neck and belly part. The roughcast is white, fine and solid, while the glaze is white with yellow.

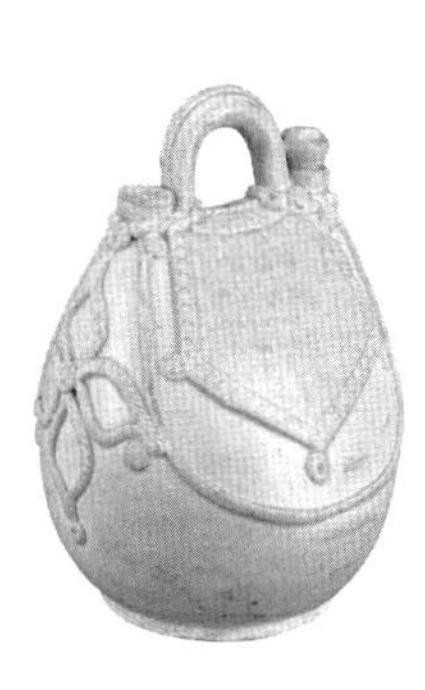

This pot just imitate the leather container of Western Asia by those nomadic people, the leather connecting part is vividly presented. This pot shape is first seen in Tang Dynasty, and is conventionally called "Leather Pot", "Horse Pot", they are excavated in the tombs of Tang Dynasty in both Xi'an city of Shaanxi Province, Xin'an City of He Nan Province, for example, in the Shaanxi History Museum there is a ceramic whiteware leather kettle unearthed from Bai Jia Kou of Xi'an city in 1956. They are almost the same with the Tang Dynasty gold and silver Dancing Horses picking cup Kettle excavated in Xi'an city, these leather pot has the flavor of western Asia, which is quite popular in Tang Dynasty.

The Leather Pot molding is later on still popular in Liao Dynasty, and they are differentiated into horse peddle and cock head molding,(the leather kettle are in five types, and they are distinguished according to the remaining leather), the time and period of them are distinguished by the remaining leather. some kettle base is even marked with Chinese character "official".

94. White Glazed Kettle and Tray with Chinese inscription "Full"

In March 2002, there were discovered over thirty ancient wells in the New South Garden of Xi'an Railway Agency Branch in Eastern Liu Jiazhuang Village of south suburb of Xi'an city in the now south garden of Xi'an bureau of Train Transportation, among one well in the south garden was excavated a series of Tang Dynasty porcelain with "Full" inscription and other utensils, in which are ceramic whiteware porcelain kettle and trays. Other utensils include blue glaze porcelain bowl, tea dust glazed tray, ceramic whiteware porcelain powder box, tri-color pottery jar, black porcelain double handle jar, pottery lotus pattern Wa Dang, and bronze decoration, etc.

This series of porcelain utensils were excavated in the Tang Dynasty Black Dragon Temple Site, the ceramic whiteware kettle image is almost similar to those ceramic whiteware kettle with "Full" inscription excavated in the Tang Dynasty Sun Shaoju Tomb of Bei Han village in Yi Xian County of He Bei Province. The difference between those two is that the handle from Black Dragon Temple Site is set nearer to the mouth part, whereas those from Sun Shaoju tomb has curving and longer Liu Zhu, and the arching handle zigzag, the latter two images are not like the simple and good tasted(of the former) former two's. the ceramic whiteware kettle from Black Dragon Temple has inscription of "thirteenth Da Zhong Reign", and the tomb of Sun Shaoju can be traced to the fifth Xian Tong Reign(864 AD) according to the epitaph. These porcelain utensils should be made in the late Tang Dynasty judging from other utensils discovered in the tomb and the image as well as the style of Tang Dynasty.

This is the second excavation of porcelain with "Full" inscription in the Tang Dynasty Black Dragon Temple Site from May 1992, and the contemporary discovery of ceramic whiteware kettle and tray is the first time, and has a great academic value. Besides the broken ceramic whiteware kettle and bowl found in the Black Dragon Temple in Xi'an city area, some ceramic whiteware kettle with "Full" inscription was also excavated in the Tang Dynasty Da Ming Palace, this ceramic whiteware kettle has inscription of Two Characters "Imperial Academy" on it including the inscription of one character of "Full". Moreover, there is a ceramic whiteware kettle with "Full" inscription stored in the Shaanxi History Museum. This new discovery of "Full" inscription ceramic whiteware kettle with handle and tray is no doubt offering some valuable practicality for the research of Tang Dynasty Royal Da Ying Store.

1. Tray

It has round border, and the tray mouth curve in five corners, some lines bulging below the mouthpart, the shallow belly is slanting with the bottom flat. On the outside bottom there are three burning marks. The roughcast is gray and white, and the inside and outside parts are glazed with white glaze, the eggshell is blue and white. The lazing polish is fine and delicate, and the texture is solid. The Chinese character "Full" was inscribed on the outside bottom before glazing. This object is excavated in the ancient well sites on Xin Chang Street of Tang Dynasty Chang'an City in now southern suburb of Xi'an City, the contemporary excavations are the four ceramic white ware tray with "Full" inscription, and they are similar to the image of this one.

2. Kettle

The mouth part is widely open, with the border coiling in, and the border narrow and long, the shoulder part round, the deep belly part bulging, with a circle of chopping on the outside border of the feet. On one side of the shoulder is a column like Liu shape, on the other side are two lines of flat handle. Below the neck part is a circle of incredible patten. On the surface of the bottom is carved in intaglio the Chinese character "Full". The eggshell is made thin, and it is glazed with white glaze from the mouthpart to the neck part till the outside surface, and not stretching to the bottom. The whole glazing is not in equality; the surface glazing is fine and delicate with glistening polish, the glaze color is blue and white, and the roughcast is gray and white, the quality is solid. The lid is umbrella like, with a stretching border and round button, the lid top is glazed with white glaze, and no glazing on the other side of the lid, on which is written the Chinese character "Seven", etc. The contemporary excavation of four subjects with "Full" inscription ceramic whiteware kettle with lid has almost the same image with this one.

95. White Porcelain with Chinese Character "Official"

This is excavated in the eastern Huo Shaobi Village of North Suburb in Xi'an city, some other fifty two porcelain utensils are at the mean time excavated, which include forty trays, twelve bowls, among them thirty three items are with Chinese character "official" inscription, they are all placed in a gray pot 0.6 meter off the earth surface, on the pot there is a square brick. These bowls, trays has very thin eggshell, and the porcelain is really good in quality as well as transparency and fineness, the circle feet are mended by knife, some outside parts are also mended, the near feet area has thick glaze with tear like glaze crowding, also the circle feet is stick with some sands. For the molding, the flower border and petal border trays are special, including the five flowers porcelain whiteware tray, three sharp petal tray, and five pairs flower petal border tray, five sharp petal border tray, round mouth bowl, the utensils are made simple, delicate and in good taste. Judging from the molding, glazing, art craft and the Chinese character Official's calligraphy, these porcelain utensils are the product of Qu Yang kiln in late Tang Dynasty.

96. White Glazed Kettle with Handle

It has round border and the oval like mouth part, on one side of which is a Liu. The neck part is narrow and the arching belly is bulging the high circle feet is casting outside. Between the belly part and the neck part is a broad narrow handle. The rough cast is gray and white, and the glaze is yellow, the eggshell is made in equality and without any lines on the surface.

This kettle has a strong art flavor of exterior area, and is similar to the Tang Dynasty phoenix head kettle, the image is simple and the figure is elegant. This image is similar to the Tang Dynasty silver handle kettle exacavated in Li Jia Ying Zi of Ao Han nationality in inner Mongolia, and the same image could be detected in the Western Asia and Middle Asian part, also found in the Ancient Roman and Israelis period, and was called "Hu Area Kettle" when imported in the Asian Countries. According to the book introduction of <Tang Dynasty Gold and Silver Utensil Research>, the Hu Area Kettle can be traced back to Persian Sassanids Dynasty, and actually the gold and silver kettle of that time contain the object made in Middle Asian Sogdiana.In the 1970s, researcher separate the mistakenly concluded Persian Sassanids products as Asian Sogdiana products, the two periods are all after seventh century. This kind of Asian Sogdiana kettles has low circle feet, or even without any circle feet. And now most known Persian Sassanids Hu Area Kettle has thinner and higher circle feet. The thin and high circle feet and low circle feet gold and silver kettle are from two different branches.

When comparing the image features of Persian Sassanids kettle and Asian Sogdiana kettle, we could see that this kettle image is similar to that of Asian Sogdiana kettle, the handle top is connected with the kettle mouth part, the neck part is short and thick, the circle feet is low, the image reflect the feature of Asian Sogdiana silver kettle, and also show the Tang Dynasty absorbing the influence of exterior parts of Asian Sogdiana.

97. White Glazed Kettle

The mouth part is round, with coiling border and short neck, the flat belly is round with pan like bottom, the base diameter is big. The white glaze is without lines on the surface, the rough cast is gray and white with the glazing in equality, and the cracks are all around the surface, yet not so white.

The spitbox is also called "spit utensil" or "spittoon", and was used by noble people while dining. The spitbox is made from Eastern Han Dynasty, and is in blue glaze, till Three Kingdoms Period they are in great prevalence. In the book <Burial Sculpture>, He Xun of Jin Dynasty stated that spitbox is the one of the burial articles at that time, and they are always excavated in the tombs of Six Dynasties. The spitbox of Three Kingdoms Period has flat round belly, those images of Western Jin Dynasty is like wine vessels, either high or low, which is the most elegant and fine image time for spitbox images. In the Eastern Jin Dynasty the mouth part is developing to be wider, the neck part is short and narrow. In the Five Dynasties, Song and Liao Dynasties, the spitbox is resuming to the wide mouth, flat belly, circle feet and the mouth part diameter is generally wider than the belly diameter, the mouth part diameter is wider than the kettle body.

From Sui Dynasty, the emergence of ceramic white ware spitbox show that this spitbox is similar to the Sui Dynasty ceramic whiteware and blue glaze spitboxes, yet its shoulder part is more bulging, and the border is more coiling, and the mouth part is different from those of Sui Dynasty.

98. White Glazed Long Neck Bottle

The mouthpart is round, with straight curving border, long narrow neck, the oval shape long belly, and pan like base. The rough cast is gray and white, with white glazing all around the surface, the glazing polish is fine and delicate, some tiny cracks are on the surface, and the bottom has no glaze. The whole image is simple and elegant.

In the Northern and Sui Dynasty statues, some Buddha holding long delicate bottle images are fairly common, therefore we could know that the Buddhism take this image to show the Buddhist sacred water bottle or Buddhist musical instruments, this bottle shape must be to imitate that of Jin Dynasty for some same shape bronze long neck bottles were excavated before.

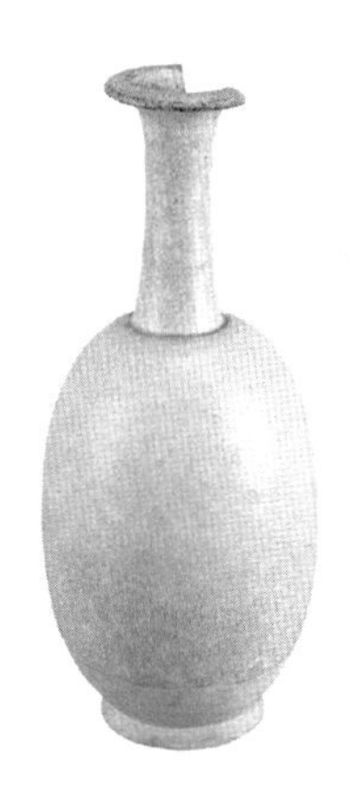

99. White Glazed Buddhist Sacred Water Bottle

The long narrow neck is tube like, with a bulging round ball in the middle of it, the round belly is bulging and the base is shallow. On the shoulder part there is a narrow short Liu shape stick on the shoulder part. The rough cast is gray and white, the glaze is a little yellow, and the eggshell is thin. There are no other patterns besides some circles of incredible pattern on the neck part.

Buddhist sacred water bottle get its name from the Indian literature, and it has three other interpretation like "Jun Chi", "Sacred Holding", "Jun Zhijia", etc, and it is one of the "eighteen objects" taken with by Monks, the Buddhist sacred water bottle is used for storing water or cleaning hands. In the book of Yuan Dynasty <Bai Zhang Convention>, it says in the fifth volume "have objects" that "if go into the forest, make some useful objects in advance", those objects mentioned are sacred water bottle, beads, earthen bowl, monk's cane, altogether fifteen in total, all show that the temple convention require to have sacred water bottle as one of the fifteen necessary objects owned by monks in Yuan and Ming Dynasty.

In the ancient southern Asia continent, the water containers are divided into "Chu Bottle" and "Clean Bottle". Chu means not clean, and Chu Bottle is used to wash toilet. In the first volume of the book <Southern Sea Mailing Sculpture> written by Tang Dynasty famous monk and translator Yi Jing when he is studying abroad in the Southern Asia Continent, the six items says "water can be concluded as clean and Chu, thus bottles also have two kinds. Those clean ones should be made of tile material or porcelain, Chu ones should be made of bronze or steel." In ancient times, the Buddhism has a convention that no more eating after noontime, whereas the water drinking is not in the confinement. According to(the description of findings) description of exercusion of Yi Jing in the South Asia and ancient India, the water served for after noontime drinking should only be the water stored in Clean Bottle.

Porcelain sacred water bottles are prevalent in Tang, Song and Liao Dynasties, the earliest one is the blue glaze elephant head sacred water bottle excavated in Xin Jian county Jiang Xi Province in the year of 1975. The Tang Dynasty Sacred Water Bottle is comparatively round and in satiation, this ceramic white ware sacred water bottle is shaped like a round ball. Till Song Dynasty the ceramic white ware sacred water bottle made in Ding Yao Kiln is comparatively tall and thin, the mouthpart is associated with button connected porcelain lid or bronze cover.

100. White Glazed Four-looped Pot

The border is round, neck is short and straight, the belly is round and bulging, the base is flat. On the shoulders are four mud made double lines rings. The whole making is simple and in good taste. The rough cast is gray and white; the body is thick and not glazed to the base. For the cracks on the utensil surface, the user was using bamboo sheets to make strings to net it.

The porcelain pots with four rings appeared first in the Eastern Han Dynasty, and is prevalent in the Southern and Northern Dynasty till Middle Tang Dynasty. The pots of Southern and Northern Dynasty are mostly blue porcelain and without the making of four rings, on the lower belly is decorated with lotus petal pattern. In the Sui Dynasty the blue porcelains were in great amount, and most had a circle of bulging ridge, the four rings made of mud is not often seen. The four ring pots in Early Tang Dynasty is similar to those of Sui Dynasty, and the position of sticking four rings is comparatively lower, the typical Tang Dynasty four ring pot is made round and complete.

101. White Glazed Four-looped Pot

The mouth part is straight, the neck is short and thick, the shoulder is round and bulging, the base part is pan like, the maximum diameter is the middle belly part. On the shoulder and neck part there are four "U" shape mud made double bars. The arching cover has a mushroom like lid. The rough cast color is gray and white, with some dusting on it, the eggshell is white and yellow, and the glazing is not in equality on the surface, the whole body is not glazed to the lower belly and base part, the whole making is elegant and bulging.

102. White Glazed Double-looped Pot

The mouthpart is widely open, the border is coiling, the neck is short, the shoulder is bulging, and the base is pan like. The lid has a circle handle on its top. On both sides of the shoulders is stick a mud bar made circle handle. The rough cast is gray and white; the whole body is thick with glazing white and yellow and not glazed in equality, the lower belly and base part is not glazed. It should be concluded into the branch of Tang Dynasty Northern China porcelain kiln firing, the features is similar to those of ceramic white wares in Gong Xian County of He Nan Province.

103. White Glazed Pot

The mouthpart is widely open, the neck part is short and narrow, the belly part is bulging, the pan like feet are round, some carved slanting lines are around, with a sunken dot on the middle base. The white eggshell is yellowish,(the quality is roughly made) the quality is coarse. White ware glazing turn to be blue on the thick glazing part. The inside is totally glazed, and the outside glazing is reaching to the lower belly, underneath is pasted with dust. Mouth border is almost complete except for some flaws.

Porcelain pot is a kind of container and appear in Han Dynasty, the utensil has three kind of mouthpart, they are holding back mouth, straight mouth and open mouth, the neck is short, the shoulder is round or zigzagging, the belly is a little deeper, and the base is mostly flat. The shoulder part is mostly attached with rings from Eastern Han Dynasty to Sui and Tang Dynasties, which have some practical usage. After Song Dynasty the pot images are various, and the decorations are different,(they have more decoration value than the daily value) they have much decoration value as well as daily use value.

This utensil is dusted around, the rough cast is not in good quality, and the eggshell is extremely white, which is one of the features of ceramic white ware in Gong Xian Kiln of He Nan Province. Although this pot is comparatively small, it has the same flavor.

104. White Glazed Double-looped Pot

The mouthpart is casting outside, with round border; the thick neck part is long. The belly is bulging and round, the lower belly part is holding back, the circle feet is small. On the shoulder parts are stick with a pair of irregular mud bar made circle handles. The rough cast is gray and white, with the glazing made very white, the eggshell is thick and spread in equality, some cracked patches are on the surface, and the glazing do not reach to the mouth border, lower belly and base part.

According to the archeologist documentation, the unglazed mouthpart porcelain is using the overlapping firing techniques, which appear first in the Southern Dynasty Hong Zhou kiln in Jiang Xi Province, and two porcelains are overlapping and fired together. Therefore, the mouth border part is without glazing. The same kind of firing is in the Tang Dynasty Yun Yuan kiln in Shan Xi Province. The overlapping firing technique first appear in the Song Dynasty Ding Yao kiln, and later was studied by some kilns of Southern and Northern areas of China.

This unglazed mouth ceramic white ware pot has a distinctive Tang Dynasty flavor, for example, the image is bulging and round, without glazing to the lower belly and base part. As the main products of Hong Zhou kiln are blue glazed porcelains, therefore this pot could be the ceramic white ware made in the northern china Hun Yuan kiln.

105. White Glazed Bowl

The border is round with slanting and straight belly, the doughnut-shaped jade like base. The rough cast is gray and white; the white eggshell is yellowish with apparent air bubbles in it.

106. White Glazed Bowl with Flower-petal Mouth

The mouth part is open, and border part is coiling, the arching belly is deep, and the base is jade like, the whole image is regular. On the border part there is three openness, and three sunken grooves on the belly part is the correspondence. The ceramic white ware is yellowish, the body is thick, and the glazing is milky, the glazing surface is plain.

Gong Xian county kiln is one of the most important porcelain kiln in Tang Dynasty, some ancient kiln sites are discovered in Xiao Huangzhi, Tie Jianglu village, and Bai He village of Gong Xian County He Nan Province, therefore this kiln site should be built in Sui Dynasty, and is prevalent in Tang Dynasty, the glazing color and the species are various, ceramic white ware is dominating in Tang Dynasty, some tri-color glazing objects are also made at that time, the firing species include white porcelain, black inside white outside porcelain, and blue printing porcelain.

Comparing ceramic white ware of Gong Xian county with those of Xing Yao Kiln, the glazing is deeper in color, thicker in eggshell, most have the fine polish, and fewer cracking patches. The body is thick, and the glazing is milky,(yet according to the quality, it should be the delicately made whiter elaborate works,) the eggshell is either fine or coarse, fewer is still white in color. and imitated the technique of Xing Yao kiln, Gong Xian kiln also glaze the bowl base middle sunken with glaze.

Although the ceramic white ware quality of Gong Xian county kiln is not as good as those of Xing Yao kiln, the elaborate ones are still dedicating to the sovereign, in the Tang Dynasty books like <Nationality Complimentary History>, <Yuan Dynasty County Annals>, <New Tang Story. Geography branch>, there are written documents of ceramic white ware producing in He Nan Province, and the ceramic white ware discovered in ancient Tang Dynasty Da Ming Palace in Gong Xian County of He Nan Province just prove it.

107. White Glazed Bowl

The mouthpart is straight, the border is coiling, the belly is deep and the base is like a pan. The rough cast is gray and white, with blue color in the white glaze; beneath the inside border part is not glazed, yet apparently it has vermilion trace. The lower belly part and circle feet are not glazed. The whole body is plain.

This bowl has thick border and body, it is simple and steady with good taste.

108. White Glazed Bowl with Flower-petal Mouth

The mouthpart is holding back, the border is broad, the outside rim is carved with a circle of petal patterns, and the feet are circle like, with slanting curved lines. The whole image is bulging and round. The glazing is white with some blue color glaze. The inside is totally glazed, and the outside part is glazed till the lower belly, the base part is not glazed. Five little nail marks are on the inside base. The rough cast is white and compact. It was excavated in the ancient well site in October 2004, on the Xi'an City West Street Widening Project, and now it was repaired.

This porcelain is made in Ding Yao kiln, and the border part is(made zigzagging) made like flower petals, which contribute to the beauty of the whole design. The difference from Xing Yao kiln is that there are glazecrowding marks on the Ding Yao kiln porcelains, the thick glazing part is in patches and the rough cast is in good quality. In 1987, there is excavated a Tang Dynasty Ding Yao kiln ceramic white ware bowl, the mouth is holding back, the belly is bulging, the feet is circle like, the eggshell is thin, and glaze is white and fine, and this is a rare piece. From Song and Yuan Dynasty the shape of bowls are mostly holding-back mouth; round belly, and holding-back lower belly, the base feet are flat or round.

109. White Glazed Three Feet Tray

The mouth is widely open, with the zigzagging border, the arching belly is shallow, and the tray middle is flat, the base is also flat, and not glazed to the outside base core, there are three bar like feet around. Both inside and outside parts are glazed with white glaze, and the mouth part is not fully glazed, this may due to the overlapping firing techniques.

110. White Glazed Kettle with Melon-shaped Belly

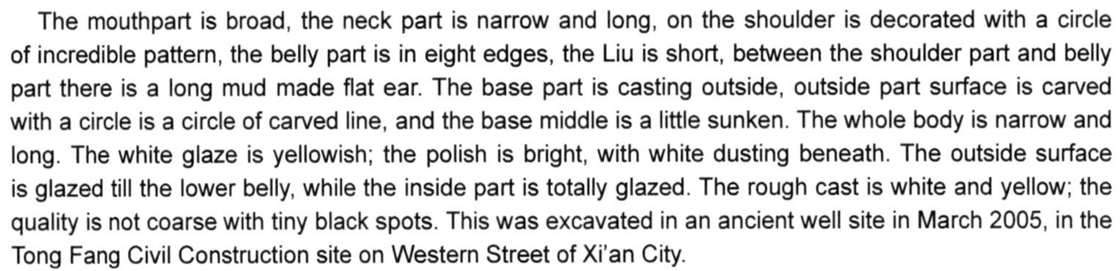

The mouthpart is broad, the neck part is narrow and long, on the shoulder is decorated with a circle of incredible pattern, the belly part is in eight edges, the Liu is short, between the shoulder part and belly part there is a long mud made flat ear. The base part is casting outside, outside part surface is carved with a circle is a circle of carved line, and the base middle is a little sunken. The whole body is narrow and long. The white glaze is yellowish; the polish is bright, with white dusting beneath. The outside surface is glazed till the lower belly, while the inside part is totally glazed. The rough cast is white and yellow; the quality is not coarse with tiny black spots. This was excavated in an ancient well site in March 2005, in the Tong Fang Civil Construction site on Western Street of Xi'an City.

This kind of kettle is the typical one of Huang Baoyao kiln of Five Dynasties in Late Tang Dynasty, the similar kind of white glazed edging kettle with handle also appear in the Huang Baoyao kiln. Kettle is a kind of wine container from Tang Dynasty, it is also called Zhu Zi, or Zhu Hu, etc. In the early Tang Dynasty, Zhu Zi has wide openness, short neck, bulging belly, short Liu, and arching handle. In the late Tang Dynasty, Zhu Zi are more various that some has the edge appear on the belly, short Liu also appear as well as long Liu, arching handle appear as well as straight handle. From Five Dynasties to Northern Song Dynasty, the body is longer, with four to six edges on it, Liu is becoming narrower and longer, the arching handle is just above the kettle mouth, the flat base is turning into circle feet. The kettle body in Ming Dynasty is mostly Yuhu Chunping style, between the curving Liu and kettle neck is decorated with a "S" pattern. From Ming and Qing Dynasty, the kettle styles are various, and they are taken as tea container.

111. White Glazed Tray with Mallow-petal Mouth and Melon-shaped Belly

The tray border can be divided into six petals, below each breach there is a edge, the mouth is widely open, the base core is sunken, the feet are like circle. The glaze is not reaching to the circle feet; the feet part is not glazed. The rough cast is white and fine.

From Tang Dynasty to Qing Dynasty, we could see the flower border in the bowl, tray, dish, washing utensil, and flowerpot in the kilns from Tang to Qing Dynasty. In which those utensil border with flower border is called "Sunflower Border". They are first seen in Tang Dynasty, and are prevalent in Song Dynasty, and are yielding in great amount in Ming and Qing Dynasty. This ceramic white ware tray is made of Ding Yao kiln, judging by the features of craft and roughcast, this should be made in Song Dynasty of Shan Xi kiln.

112. White Glazed Dish-shaped Lid

The two objects are ceramic white ware. They have broad border, shallow belly, flat and low, and could be served as lid. The eggshell is white and it is compact. The inside core is glazed with white glaze. One of them is partly light gray for the reason of in light of too much burning.

This one was the common utensil lid, but the eggshell is thin and compact, the glaze is pure and white, and is the mature product of ceramic white ware making craft. It is the product made during mature state of ceramic white wares. Judging from the contemporary excavations, this should be made in Song Dynasty.

113. White Glazed Belly-bent Tray

The mouthpart is widely open, with sharp and round border, the lower belly is holding back, the feet are like circle. The glaze is white, the glazing surface is even. the whole body is not glazed to the base, there are some rough cast exposed outside, some repairing parts are easily detected. The inside surface is printed with bunches of lotus flowers.

Besides the Huo Yao kiln, the Ceramic White Ware kilns of Song and Jin Dynasty in Shan Xi Province are(many) more, such as Ping Dingyao Kiln, Jie Xiuyao Kiln, Hun Yuanyao Kiln, Jiao Chengyao Kiln, etc, among them most most of which are imitating ceramic white ware porcelain of Ding Yao kiln. Judging from the glaze polish and firing techniques of this tray, this one should be fired in the kilns in Shan Xi Province between Song and Jin Dynasty.

114. White Glazed Long Neck Kettle with Melon-shaped Belly

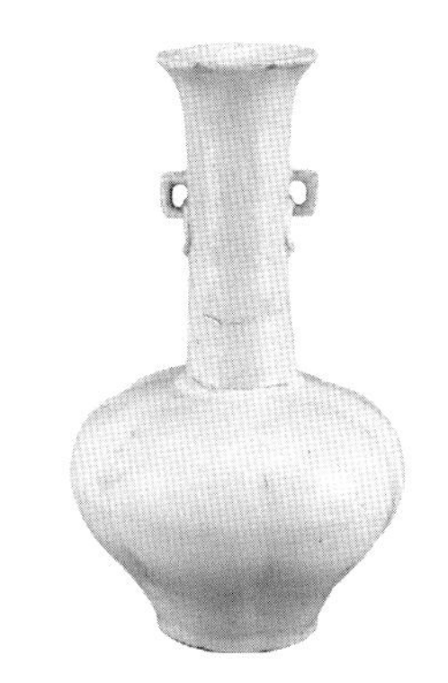

The mouthpart is widely open, the neck is long and narrow, the belly is bulging, and the base part is flat. On the neck part there is a pair of square ears, circle ears with rings below. On the belly part there are six lines of pressing edges, which make the belly more bulging. The rough cast is fairly white, and has some fine cracks on the shoulder and neck part. The glaze color is milky.

The long neck of this kettle has the features of Song Dynasty porcelains, yet the eggshell is too thick and the belly part too bulging, the circle feet are too broad, thus the period should be judged in Song and Jin Dynasty. The features of this ceramic white ware is not so apparent, so this kettle should be fired in the Northern china's kilns.

115. White Glazed Tray

The mouth is widely open, with round and sharp border, the belly is straight and slanting, the feet are circle like. The outside surface is not glazed to the bottom, the inside surface is glazed with a circle of flower pattern.

Huo Yao kiln is situated in Huo County of Shan Xi province, according to the documents of <Ancient Documentation> by Ming Dynasty Cao Zhao and <Knowledge Collection> by Gu Yingtai, the "Huo Utensil", the Yuan Dynasty goldsmith Peng Junbao imitate technique of Ding Yao kiln in Huo Zhou State, which is called Peng Yao kiln, or Huo Yao kiln. According to the archeologist discovery and research in Huo Xian County Chen Village there are many ceramic white ware samples found, the utensil forms are belly folding tray, washing utensil, tray, high feet cup, pot, etc.

From the founding of Jin Dynasty Huo Yao kiln, the products are mostly ceramic white ware porcelain, those between Jin and Yuan Dynasty are mostly imitating those of Ding Yao kiln, the glaze is whiter than those real objects of Ding Yao, the rough cast is made regular, yet they are fragile.

The ceramic white ware of Huo Yao kiln is just imitating the forms and patterns of Ding Yao kiln, and the crafts are not simply imitating the mouth covering firing technique of Ding Yao kiln, yet by using snails firing or Se circle folded firing techniques.

116.White Glazed Tray

The mouth is widely open, the belly is folding and shallow, the feet are circle like. The glaze is white, with total glazing inside, there is a circle. The base part is not glazed, and the glazing is from the outside to the circle feet.

Ding Yao kiln is the major porcelain kiln developing from the Northern China Xing Yao kiln, and they mostly make ceramic white ware.Ceramic white ware are the major products. The ceramic white ware of Jin Dynasty has fine polish, and the difference from Song Dynasty is that most products has been peeled off a circle of glaze to show the roughcast, and it is called Se Circle, and the folding firing to make glaze not stick to each other. The firing job is done by folded and burned layer after layer, therefore the glaze is not messy. This bowl may be made in Jin Dynasty of Shan Xi province kiln.

117. White Glazed Tray

The mouthpart is widely open, the waist is narrow, the core is open and the feet are circle like, the inside base is decorated with bulging ridge. The whole glaze is white and the surface is smooth and transparent, the quality is like jade, the base core is painted with blue printing, in which are four Chinese character in regular script. It is the elite white ware porcelain of Jing Dezhenyao Kiln in Middle Ming Dynasty.

118. White Glazed Hollowed Brush Holder

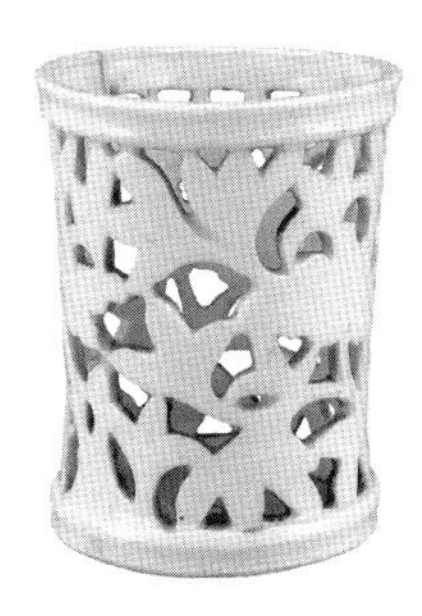

The mouthpart is straight, the waist is narrow, and the feet are circle like. The surface is glazed with milky glaze; the glaze surface is smooth and pure. The whole body is hollowed with some flower and leave pattern, it is light and special.

This utensil is made of De Huayao kiln, which is a very famous kiln in Chinese porcelain history, and can be traced to Song Dynasty. The white porcelain in Ming Dynasty are pure and white, yet began to decline in Qing Dynasty. The white porcelain is different from those white porcelain made in Northern China and Song Dynasty Jing Dezhenyao kiln porcelains. Those white porcelain in De Hua kiln contain some minerals as quart, sericite, and kaoline,etc, in which potassium oxide compose of 6%, and ferric oxide is less in amount, it drop from 0.57%in Song Dynasty to 0.35% in Ming Dynasty, thus contain more glass and the roughcast is white and transparent. Those white porcelains in Northern China and Jing Dezhenyao kiln are made mostly of clay containing more alumina, in which potassium oxide compose only 2%-3%. This kind of clay contains less fuel and the roughcast is not so compact and is opaque after firing. The white porcelain of De Huayao kiln is a little pinkish, and turn to be white and green in Qing Dynasty, this brush pot is made a little green, and the Belly is a little narrow, these are all the features of Qing Dynasty brush pots.

Color Glazed Porcelain

119. Black Glazed Elephant Shape Pillow

The porcelain pillow is made like an elephant, which stands on a piece of board, the trunk is tailing on the floor, its back is serving as the head touching part, which is oval, trunk side and tail side are coiling upward, the middle part is sunken like a saddle. The whole body is glazed with black glaze, the flower pattern on the pillow surface and elephant bodies are turning white after firing, the rough cast is solid. It is excavated in the Han Senzhai of Eastern surburb in Xi'an city, and is the product of Huang Baoyao kiln in Tang Dynasty.

Elephant is the Buddhist riding animal in Buddhism, the image in the traditional Chinese paintings was always judged as a fine beast and good luck, in 2004 on the Northern Zhou Dynasty stone relief carving tablet base, excavated in west elope of Bai Luyuan in Eastern Surburb of Xi'an City, there are some elephant riding Buddhist, the elephant image is delicate and exact, ant their motion are vivid. In the book of <Famous Painting Stories>, it document the "in the Eastern and Western cabin of Ci En Temple, Yi Lin had drawn two paintings, one is one the western wall that a Buddha is riding a lion, another is on the eastern wall that a Buddha is riding an elephant", the elephant and lion appeared in the Tang Dynasty paintings has many indications and they are separately ride by Pu Xian Buddha and Wen Shu Buddha, and become a representative symbol of them, and in the later dynasties the phrase "elephant in peace time" also show the influence. This black glaze porcelain elephant imitate the standing baby elephant, which is holding on the earth with four legs and the trunk, the image is lovely, and is the combination of art taste and practical use, beast like base porcelain pillow first appear in Tang Dynasty, and this elephant pillow is rarely seen and is one of the masterpieces in the Tang Dynasty beast shape porcelain pillow.

120. Black Glazed Kettle

The mouth part is widely open, the neck is narrow and long, the belly is deep and the feet is pan like. On one side of the shoulder is a bar like short Liu, on another side is a double bar round handle. The rough cast is gray and white, the black glaze is yellowish, it is not glazed to the base, some rough cast show on the lower belly part and feet part.

Black glaze porcelain is the earliest and longest species of Yao Zhouyao kiln, they are prevalent from Tang Dynasty Huang Baoyao kiln to Chen Luyao kiln in Ming, Qing Dynasty and the Republic of China, the amount is secondary to the staple product—blue glaze porcelain. The complimentary glaze is mainly the local Huang Mian earth; the glaze is black and bright and has a fine polish.

Kettle was made from Tang Dynasty Yao Zhouyao kiln, and is one of the most quantitative utensils of all times. The evolution law of Tang Dynasty Yao Zhouyao kiln is that: the body is long and thin, Liu is turning to be longer, in the late Tang Dynasty there are edging belly. This subject has a big trumpet mouth, bulging belly, pan like feet, single handle, Liu is short and straight, and it should be the product of glorious Tang Dynasty.

121. Black Glazed Kettle with Melon-shaped Belly

The mouth part is widely open, the neck part is narrow and long, a circle of incredible pattern is on the shoulder, the belly part is divided into eight edges, the Liu is short, between the shoulder and belly parts there is a long flat ear. The feet is casting outside, on the outside border is a circle of carved line, the base middle part is a little sunken. The whole body is thin and long. The black glaze is brownish and the polish is fine. The whole utensil is glazed till the lower belly, and the inside is totally glazed. The rough cast is deep gray. In March 2005, it was excavated in an ancient well site on the Western Street of Xi'an City.

The edging belly is mostly seen in Tang Dynasty, Five Dynasties and aftermath kettle and pots, on the belly part is marked many lines of vertical grooves, which is pumpkin like, there fore get its name. The common Tang Dynasty kettle is trumpet like, with round belly, short straight Liu, single handle, the whole image is simple and in good taste. The edging belly kettle is one of the typical utensils in late Tang Dynasty and Five Dynasties, and has a different style and flavor. In Huang Baoyao kiln there has been excavated similar kind of black glazed porcelain kettle, the glaze is bright and the body is long and elegant.

122. Black Glazed Calabash-Shaped Bottle

The mouthpart is straight, the neck is narrow, the belly is bulging and round, the pan like base is a little sunken. The rough cast is gray and white, and is totally glazed with black eggshell, which is fairly thick, and the polish is fine. the glazing is not reaching to the bottom.

Calabash like bottle had already appeared in the Neolithic colorful potteries, and porcelain calabashes first appeared in Tang Dynasty, and symbolize Taoist culture, because the pronunciation of "calabash" is "Hu Lu" in Chinese, which has a connotation of "Happiness and Salary", the meaning is liked by the public, especially Jia Jing Emperor of Ming Dynasty favored Taoism, and have a preference of this utensil, and the image of calabash is prevalent and has many changes, and is popular till Qing Dynasty.

123. Black Glazed Narrow Neck Bottle

The mouth is casting outside, the border is coiling, the neck is long and narrow, the shoulder is bulging and round, and the flat base is a little sunken. The rough cast is a little gray, the black glaze is yellowish and it is like tea dust, and the outside body is not glazed to the bottom.

The base part of this bottle is red on the near feet part, the rough cast color is deep gray judging from the glaze peeling area, this show that it contain a lot of steel, and is similar to the glazing features of Tang Dynasty Huang Baoyao kiln black glaze.

124. Yellow Glazed Jar

The mouth part is holding back, the border is round, the shoulder part is bulging, the lower belly is holding to form a flat base, the bottom is not glazed. The eggshell is gray and white with bright yellow glaze, the whole body is not evenly glazed, therefore no glaze is detected on the near lower belly part. The surface is plain without patterns.

Shou Zhouyao kiln is situated in the Gao Tang Lake, Bin Lake, and Shang Yao kiln of Huai Nan part in An Hui province, Shang Yao county is charged by Shou Zhou State, thus the Kiln got its name, in the book of <Omen of Tea> by Tang Dynasty writer Lu Yu, it is one of the six porcelain kilns. This kiln was founded in Sui Dynasty, and was called Huai Nan kiln, the staple product the major product is blue glaze porcelain, at that time the representative kiln site is Guan Jiazui, where four ring blue porcelain, high feet pan, small openness pot were made there, the ornament techniques were pattern sticking, pattern printing, pattern carving, etc. In Tang Dynasty its main product is Yellow Glaze Porcelain, which are very concentrated in Yu Jiagou Kiln, bowls are excavated in great amount and the eggshell is thick, the yellow glaze porcelain's rough cast has some dusting, on the border will appear brown color. The colors are very much, the colors are various in quantity, such as deep yellow, light yellow, bright yellow, and crab yellow, these are in accordance with the statement of "Shou Zhouyao kiln has yellow porcelain" in the book of <Omen of Tea>.

In the ancient Shou Zhouyao kiln site there are lots of unglazed semi-finished utensils with dusting on them, which shows that porcelain of Shou Zhouyao kiln should firstly be fired before glazing and dusting, the latter one serve for the low quality of some rough cast.

125. Yellow Glazed Bowl

This bowl is red, the rough cast is coarse, with white dusting and yellow glaze. The base is pan like, the inside bottom has three large burning marks, the outside bowl is not glazed to the end, and the glazing is not so even, the color is brown, which is due to the inefficiency of oxidation. For the temperature is not so high, the rough casts do not combine tightly with glaze, there is also glaze peeling off. This utensil is solid, round, and the belly part is bulging, the whole style is simple and glorious.

Yellow glaze color is made by the element of steel, which is fired in the oxidation flames, thus it is also called steel yellow. The temperatures could be high or low. High temperature glaze contain lime glaze which contain less steel, and it is made to be ferric oxide in the high oxidation temperature, therefore the color is yellow. There are many places for making standard yellow glaze porcelain of Tang Dynasty, they are Shou Zhouyao Kiln in An'hui province, Bai Tuyao Kiln, Mi Xianyao kiln in He Nan province, Jia Xianyao Kiln, Yu Huagongyao Kiln in Tong Chuan city of Shaanxi Province, Hun Yuanyao Kiln in Shan Xi province, Qu Yangyao kiln in He Bei province, etc. Yellow glaze is very famous in Tang Dynasty Shou Zhouyao kiln, Tang Dynasty writer Lu Yu credited it as the fifth kiln in six famous kilns.

The bowl shape of early Tang Dynasty is wine container like, the mouth is straight, the belly is deep, the base is pan like; in the middle Tang Dynasty the base is jade circle like; in the five Dynasties of Late Tang Dynasty, the bottom of bowl is circle like. The circle feet of this bowl is broad, the image is solid and round, on the belly part it is casting outside, the age of this object should be in Tang Dynasty, and it is really simple and prosperous.

126. Black and White Glazed Bowl with Flower-petal Mouth

The mouthpart is widely open, with round border and five petals, the belly is slanting, the circle feet is narrow, the glazing is reaching to the feet, and there are three burning marks on the feet base. The rough cast is light gray, and the eggshell is thin, the inside is glazed with white glaze, the outside is glazed with black glaze, and no pattern is found on both sides. In Tang Dynasty, some Northern Chinese kiln are firing different outside glazing color porcelains in Gong Xianyao kiln of He Nan province, generally the colors are white and black. This bowl should be made in northern kiln.

127. Tea Dust Color Glazed Kettle

The mouth part is broad, the border is coiling inside, the neck is short, the belly is round and bulging, the feet is pan like. On one side of the shoulder there is a short Liu, on another side there is a flat straight handle. The glazing is not reaching to the base, the pan like feet is not fully glazed, and the eggshell is yellowish.

Academy circle assume Tang Dynasty and Five Dynasties' Yao Zhouyao kiln as "Huang Baoyao kiln". The tea dust glaze on this kettle is just the steel crystal glaze in high temperature firing, it is one of the novel kind of Tang Dynasty Huang Baoyao kiln, the crystal is compound of steel, magnesium and silicic acid. The glaze is milking, though it has fine polish but it is not transparent. The glaze colors are blue and brown, yellowish green, deep green, dark green, and there are always some dark crystal like glaze on the green under glaze, the whole image is just like new tea dust spraying on the surface, thus the name "Tea Dust Color Glaze". The representative products are large trumpet mouth narrow neck round belly pan feet double ear big bottle, on the trumpet mouth there are short Liu Kettle and round deep bowl, Israel casting single handle kettle, etc. Although Yao Zhouyao kiln make a few tea dust color porcelains, the quality is not as good as those of Tang Dynasty. In Jin, Yuan and Ming Dynasties the glaze colors are yellowish green, and the dotting crystal glaze is rarely seen. Comparing to the Tang Dynasty products, this kiln's products really decline a lot.

The tea dust color glaze of Ming Dynasty Jing De County Yu Yao kiln was also called "eel Yellow", in Qing Dynasty(especially in Hong Zheng Emperor's reign), the tea dust glaze in Royal kiln was called "Chang Guan Glaze", those made in Qian Long's reign was the most successful ones, and was regarded the valueble glaze of Qing Dynasty Guan Yao kiln, and those tea dust color glaze in high quality made in Huang Baoyao kiln have the same reputation.

128. Tea Dust Color Glazed Bottle in Calabash Shape

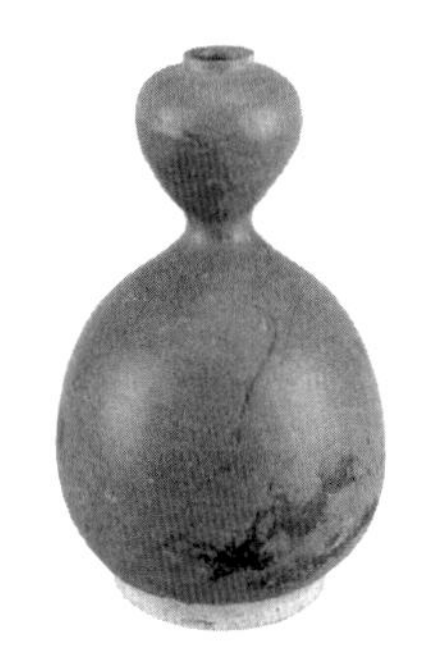

The mouthpart is short, the neck part is narrow, the belly is round and bulging, the feet is pan like and sunken, the feet diameter is large. It is glazed with tea dust glaze, the eggshell is yellowish, and seem not so solid. It is also not glazed to the base. The whole body is plain without cracks.

Calabash bottle was fired in every kiln of Tang Dynasty, such as the black glaze calabash bottle made in Huang Daoyao kiln of Jia Xian county in He Nan province, the calabash bottle with green glazing bundle of Xi Guanyao kiln in Mi Xian County, in Tang Dynasty Huang Baoyao kiln black glaze calabash bottle and tea dust glaze calabash bottle are also made, all above show that calabash bottle has been very popular in Tang Dynasty.

129. Black Glazed Tray with Iron Rust Pattern

The border is round, the mouth is widely open, the straight belly is slanting, and the feet are circle like. The shape is like a bamboo hat, so this kind of shape is called "Bamboo Hat Form Tray", this kind of tray is mostly popular in the Late Northern Song Dynasty. The eggshell is thin, and roughcast is white, the whole body is glazed with black glaze. The inside and outside surface are all painted with simple and natural plant patterns, the pattern color are like steel rust, thus the name "Rust Pattern". The technique is that to paint with Ban Hua stone material, which contain the element of ferric oxide rust, on the glazed rough cast, in the process of high temperature firing, the crystals of the pattern have the rust red color. This kind of technique is the special craft of Ci Zhouyao kiln in Song, Jin and Yuan Dynasties. In Yong Zheng and Qian Long's reign of Qing Dynasty, there are immited black glaze rust pattern porcelains in Jing Dezhen kilns. The kiln of this bowl should be the northern china Ci Zhouyao kiln in Late Song Dynasty.

130. Black Glazed Tray

The border is round, the mouth is casting outside, the straight belly is slanting, the feet are circle like, with three burning marks on the base part. The whole utensil is like a bamboo hat. The eggshell is thin andsolid, the glaze color is black, and the spots on the glaze surface are like the stars on the sky.

This one is the Song Dynasty Northern China product of Jian Yao kiln in Fu Jian Province, the dots on the surface is made in the firing process, for the change of high temperature and kiln atmosphere, for those elements of steel could be separated out of the glaze, besides the You Di glaze, the changing glazes are Tu Hao glaze and Zhe Guban glaze, etc.

131. Glazed Bowl in the Color of Hawksbill

The mouth part is wide, the border is round, the belly is holding back, the feet are circle like, the roughcast is coarse, the glazing outside is not reaching to the base, the inside base has a Se circle in it. The inside surface glaze is not so black, and has some block and strip pattern light yellow color glaze in between, just like splashing sprays, also resemble the flowing colorful clouds, and also like the polish of marine hawksbill. This utensil is glazed on the roughcast, and fired to be glazed with different dilatability

glazing, and made in the second time, for there are all kinds of glazing patches breaking out on the surface of different layers in high temperature kiln, the glaze is fluid, compact and involve with each layer, therefore the pattern of hawksbill out of glaze is made. The hawksbill pattern was first seen in Song Dynasty, and the representation is Yong He kiln in Jiang Xi Province, and no finding is in Northern China. This bowl has small circle feet, the form is like a bamboo hat, and is the prevalent one in Late Song Dynasty.

132. Black Glazed Bowl with Silver Edge

The whole body is glazed with black glaze, the outside surface is not glazed to the bottom, the feet are circle like, the roughcast is fine and the color is deep. The glaze surface color is black, with a little brown color inside, the black glaze main coloring material is ferric oxide and small amount of manganese, cobalt, bronze, chromium, and other oxidizers, etc. The common porcelains are those colored deep brown or dark brown, the glaze contain about 8% ferric oxide. Suppose thickening the glaze layer to 1.5 mm, the color is turning to black. The black glaze material can be divided into limestone glaze and limestone alkali glaze. In Song and Jin Dynasty the black glaze is fired in great amount. This bowl has little circle feet, and deeper belly, the rough cast is coarse and loose, the silver border on the bowl mouthpart is the popular decoration in Song Dynasty, and the period should be in Song and Jin Dynasty.

The silver border decoration on the bowl mouthpart has two effects: one is that is signified the nobleness and magnificence of the owner, it is mostly seen in the sovereign of Five Dynasties, and Song Dynasty; another kind is for making up the deficiency, such as folding firing in Ding Yao kiln and Jing Dezhen kiln, there is no glaze on the mouth part, therefore the exposed rough cast should be wrapped. In the book of <Wu and Yue Country History>, <Song Dynasty Tribution Document>, and <Song Dynasty Important Event Document>, the gold button, and silver utensils are included in them included in the tributes list. According to the lacking of this silver utensil judging from the sign of losing of the gold and silver button, the glazing on the mouthpart show the nobleness and magnificence of the owner. The color of black has a sense of peace and seriousness, with silver decoration to has a clear(comparison) contrast, the elegance, sobriety, magnificence and simple just concentrated on this object.

133. Dark Brown Glazed Bowl

The mouthpart is casting outside, the border is round, the straight belly is slanting, and the feet are circle like. The whole rough cast is thin and solid, and the eggshell is dark and even, with fine and bright polish, the surface is plain. The dark glaze is the creative variety of Yao Zhouyao Kiln in Song Dynasty, the amount is just less in quantity to celadon, the eggshell is opaque like painted objects, and has almost the same effect of dark painted objects. The representative utensils are out-casting mouth slanting belly circle feet bowl, lying feet tray and lying feet salver, etc. in all the products of Yao Zhouyao kiln, the temperature of firing dark glaze is the highest, the rough cast firing temperature is the highest. Besides the great amount of dark glaze porcelains, the dark glaze porcelain of Jin Dynasty is rare made in large quantity, yet decrease in number in Yuan Dynasty.

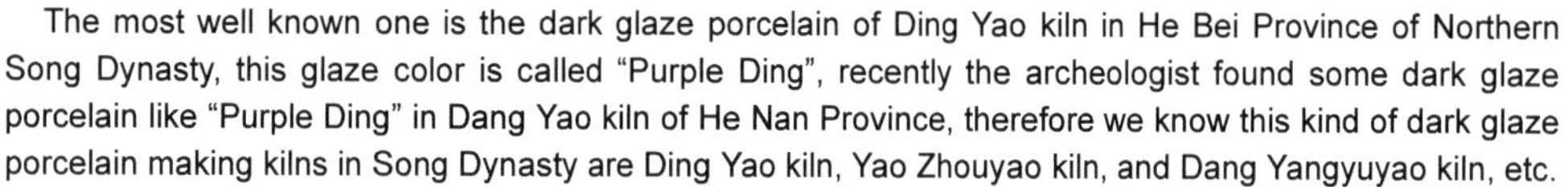

The most well known one is the dark glaze porcelain of Ding Yao kiln in He Bei Province of Northern Song Dynasty, this glaze color is called "Purple Ding", recently the archeologist found some dark glaze porcelain like "Purple Ding" in Dang Yao kiln of He Nan Province, therefore we know this kind of dark glaze porcelain making kilns in Song Dynasty are Ding Yao kiln, Yao Zhouyao kiln, and Dang Yangyuyao kiln, etc.

134. Dark Brown Glazed Figure Riding Dog Pottery

A big-eyed kid is squatting on a little dog, his head turning upward, two hands catching the dog's neck; the little dog is standing on the ground, with his mouth open, and head swaggering, two ears dropping on the dog back. The whole utensil is half glazed, with yellowish color on the utensil surface. The rough cast is gray and white, the quality is coarsely made. This utensil is the daily toy made for ancient children, this scenery just reflects the real life situation of that time: the little boys kids are lively and lovely, its head wagering from one side to another side, the atmosphere is vivid.

135. Twisted-colored Porcelain Bowl

The border is round, the mouthpart is straight, the belly is arching, the feet is circle like. The whole body is mixture roughcast.

Mixture roughcast porcelain first appeared in Tang Dynasty, and is called "Jiao Rough Cast". That is to mix white and brown mud bar together, and alternatively arranged, the new mud material can be made into roughcast, and some even cut the mud material into pieces to paste on the roughcast surface. The glaze of mixture roughcast has some kinds such as high temperature transparent glaze and low temperature yellow glaze. More are made in Song Dynasty, less in Later Periods. The kiln sites making mixture rough cast in Song Dynasty are Dang Yangyao kiln in He Nan province, Qing Liang Temple kiln in Bao Feng city, etc. this mixture roughcast bowl has white mouthpart, and the mixture roughcast is like feather, and can be the representation of Song Dynasty mixture rough cast objects, this product can be judged as the one of Dang

Yangyu kiln in Song Dynasty by the form and crafts.

136. Sky Blue Glazed Tray

The tray is shallow, the mouth part is holding back, the feet are circle like. The glaze color is sky blue, the eggshell is fine without any pattern. The border part is glazed thin and show the brown rough cast. The glaze is not reaching to the bottom, on the outside base core there is a chicken breast shape bulging dot.

Jun Yao kiln is situated in Yu Zhou city of He Nan Province, and is one of the representative kilns in Song and Jin Dynasty, the glaze color is not like the common blue, there are sky green, moon white, sky blue, etc no matter what kind of color, they all have the beautiful blue light of fluorescent light. Because the major developing dye is ferric oxide in the glaze, besides there are some other element as copper oxide, on the glaze surface there are some beautiful spots, such as rose purple, crabapple flower red, eggplant purple, etc, they all make to resemble the afterglow on the sky.

137. Sky Blue Glazed Bowl with Purple Dots

The border is round, with mouthpart is holding back, the belly is arching, the circle feet are small. The rough cast is thick, the glaze color is blue, and there is no pattern on the body surface. The outside surface is not glazed to the bottom. Besides the purple spots on the inside part below mouthpart, there are some other purple spots spreading around on the bowl surface. The circle feet and the thinner glaze part show dark color.

138. Black Glazed Plum Vase with Poem

The mouthpart is small, the neck part is short and narrow, the shoulder is plunder, plump the below neck part is holding back, the leg part is wider, and the circle feet are sunken. The rough cast is white and fine. Its form is straight, the neck part is like a mushroom, and it is the standard shape of Northern China peach flower bottle in Song and Jin Dynasty, on the shoulder there is some burning marks.

The whole body is glazed with black glaze, the bottle body is scratched with some pattern, they are four lines of incredible patterns dividing bottle body into shoulder, upper belly, lower belly, and leg four parts. The shoulder part is carved five flying butterflies; the upper belly part is carved with poem, which reflect the thought of longing for immortal and Taoist, the poem is "a man is obsessed with the thought of being immortal and Taoist, no wonder is bind by the immortals. When thinking back the time has gone, and he turn to believe buddhism"; the lower belly part is carved with six lotus flower petals like a circle around, the leg part is plain without pattern.

139. Dark Brown Glazed Long Neck Bottle

The mouthpart is widely open, the border is round, the neck is long and thick, the sholder is slanting, the belly is a little bulging, the circle feet are made high. The whole body is glazed with purple and golden glaze, the eggshell is thick and smooth, the glaze colors are mostly dark and a little purple. Purple and golden glaze is a kind of high temperature glaze. People generally call the Dark Color Glaze of Northern Song Dynasty Ding Yao kiln "Purple Ding", and those imitation of Ding Yao kiln dark glaze in Qing Dynasty Jing Dezhenyao kiln is called "Purple and Golden Glaze".

140. Black Glazed Lamp

The border is round, the mouthpart is widely open and it is broken, the arch belly is slanting, the broad circle feet are casting outside. It is glazed with black glaze, on the inside base there is a circle of Se circle, on the outside surface till half belly part there is some crowding glaze. The glaze surface is not so black and bright, the eggshell is not so even, the outside surface is repaired, and fired folded, the base is stick with glaze. This lamp is excavated in a nearby silt, it should be placed on the lamp bracket. There is a patch of black mark on the bulging ridge of the tomb wall, and this should be due to the long time black smoke, and signified that this lamp has been lightened for a long time.

141. Dark Brown Glazed Lamp and Saucer

The mouthpart is holding back, the border is round, the belly is slanting, and the feet are circle like. The outside base is chicken breast shape. On the glaze surface there are some feather like pattern, and it is smooth, the inside surface is decorated with three leaves pattern, it is totally glazed with dark glaze, and on the glaze surface there are some feather like pattern. The outside surface is glazed to the bottom, the outside surface has some crowding glaze on it, the near bottom part is not glazed, the rough cast is gray and white, and the quality is coarse. Judging from the glaze and shape, we could know that this should be a Yao Zhouyao Kiln imitation of Jian Yao kiln. The same time excavation is two other objects, the shape and the glaze color are almost the same with little differences.

This tray has sharp border, is hollow and has a out-casting mouthpart, it is turning upward, with rough cast shown on the high feet part, the roughcast is red for the firing temperature is not so high. The tray is glazed with dark glaze, the inside and outside surface are half glazed, the glaze is even and the glaze color is various, there are some black spots and glaze dropping on the surface. The tray is thick. The same time excavation are three other objects, one is already broken, the shape, glaze color and size are different.The tray is used together with the saucer, the exact match could not be fulfilled, and people just rematch the three pairs of them according to the size.

142.Sky Blue Glazed Bowl

The mouthpart is holding back, the upper belly is bulging, the lower belly is holding back, the feet are circle like. The base is glazed with brown glaze, the rough cast is gray and the glaze is sky blue, the glaze surface is not pure. It is excavate in the tomb of "the fifth Zhi Zheng reign". The minerals in the glaze are steel and bronze, they are separated in high temperature firing, steel will turn to be blue while separated, bronze will turn to be red after separation, and this kind of technique is called changing glaze, the deciding element in the glaze is if it contain P2O5, the color is like the after glow of dawn sky.

143. Brown Glazed Pot with Double Handles and Lotus Decoration

The mouthpart is small, between the shoulder part and neck part there is stick double ears, the shoulder is round, the belly is bulging, the circle feet is sunken. The glaze is dark, and glazed from inside to outside till lower belly. On the shoulder part and belly part there are two lines of incredible pattern, between them is carved a circle of crossing lotus flower pattern. The rough cast is light gray. It is excavated in an ancient well site of Shang Hai Bureau on the Xi'an City Western Street Widening Project. The hollowing technique is to glaze on the object's surface, and carve the pattern, therefore peel off the pattern and some glaze, to show the roughcast. The glaze color is contrasting with the roughcast, the pattern has a sense of relief effect. The hollowing technique is used in Ci Zhouyao kiln in Northern Song Dynasty, had has a influential power to influece some other kilns in Jin and Yuan Dynasty.

This utensil is excavated at the same time together with the double ear pot in the well, and it is used for taking water. This is different from some simple daily porcelains, the carving lines are simple and fluent, the pattern is also in good taste and beautiful. The double ear with pressing lines is devised later, the techniques of shape, glaze color and some other feature can be traced back from late Yuan to early Ming Dynasty.

144. Tea Dust Glazed Pot

The border is stick with ridges, the neck is short, the shoulder is round, the lower belly is holding back, the feet are circle like. The tea dust glaze is glazed inside. The outside is glazed to the lower belly. The roughcast is yellow. It is excavated in an ancient well of civil construction on Lian Hu Street of Xi'an City in January 2005.

Tea Dust glaze is the important variety of Chinese ancient crystal glaze, in which the colors are yellow and green, some small green spots are spreading on the yellow and brown glaze, and it is like tea dust. The tea dust glaze was first made in Tang Dynasty, some northern china kiln making black glaze also make this kind of tea dust porcelains, before Qing Dynasty they are made in Northern China.

This utensil is imitating the shape of trapezoid of Song and Jin Dynasty, and is the daily utensils in Northern areas, it is simple and delicate. This could be used for taking water, and is left in the ancient well.

145. Tea Dust Glazed Pot with Double Handles

The mouthpart is widely open, two symmetrical vertical ears are set below the mouthpart, the belly is bulging, and the circle feet are short. The glaze color is tea ash color, the inside surface is brown, and the outside surface is green and yellow. The inside surface is totally glazed; the outside surface is not glazed till the middle belly part. The eggshell is white and yellow. It is excavated in an ancient well of Shang Hai House civil construction on the Xi'an City Western Street Widening Project in December 2004.

This is the daily utenisl of Northern china, and is left under the well for taking water, the exact place is not known. It is excavated at the same time with a Yuan Dynasty Brown Glaze Hollowing Double Ear Pot with Crossing Flowers Pattern, judging from the little double ears with pressed lines, the time should not be late than Ming Dynasty.

146. Brown Glazed Pot with Double Handles

The border is round, the mouthpart is straight, the upper belly is round and bulging, the lower belly is holding back, the feet are sunken. The glaze is brown. The inside surface is glazed totally, the outside surface is glazed to the lower belly. The shoulder part is peeled off a circle of glaze, the upper belly is peeled off two lines of glaze. The eggshell is yellowish. On the pot outside base there is carved a Chinese character "Ya". It is excavated on the Lian Hu Street of Xi'an City in February 2005.

There are some complete utensils excavated in an ancient well of Xi'an city, they are used for taking water, and is left in the ancient well. These utensils are made from Tang Dynasty to Jin and Yuan Dynasty, some are made in Ming and Qing Dynasty. They all offer some rare material for studying the social life and local culture. These excavation is different from those broken items from the upper well place.

147. Black Glazed Bowl

The mouth is widely open, the border is round, the belly is shallow, and the feet are circle like. It is not glazed to the bottom, and without pattern on the body.

The mouthpart of this kind of bowl is holding back, the belly is shallow and arching, this is the product of Ming Dynasty Yao Zhouyao Kiln. For the glaze flowing downward while firing, the glaze color has changed a lot, the upper belly part is yellow and brown in the thin glaze part, the lower belly is glazed thick with black glaze, the transition is natural.

148. Black Glazed Bowl Carving Fish Pattern

The mouth is widely open, the border is round, the belly is arching, the feet are circle like. The roughcast is white and yellow, the quality is coarse. The inside and outside surface is glazed with black glaze, the circle feet is not glazed. The inside surface is peeled off a circle of glaze, for the convenience of folding firing. There are two circles of scratching pattern, between which are two fish pattern. The incredible pattern and fish pattern are scratched on the black glaze, to show the color of the rough cast after scratching to make a clear contrast between the dark glaze and light pattern. The free and loose decoration compare with the simple color to form the representative flavor of Yao Zhouyao Kiln.

This bowl is the product of Ming Dynasty Yao Zhouyao kiln, and is influenced by Ci Zhouyao Kiln in Techniques and flavors, the scratching and peeling off techniques are some decoration techniques used in Ci Zhouyao kiln.

149. Brown Glazed Small Openness Pot with Two Loops and Carving Three Ducks Pattern

The mouthpart is small, the border is round and not glazed, the middle neck part is stick with a circle of bulging ridge. On both sides of the shoulder there is a ring. The shoulder is slanting and belly is bulging, the base is circle like, and there is a chicken breast bulging on the outside base. The roughcast is gray and white, the brown glaze is not to the bottom. There are three little duck decorating on the upper belly part, and on the upside and downside there are two circles of incredible pattern and a circle of incredible pattern. The decoration technique is pattern carving, there are some roughcast shown on the pattern scratching part, this make a clear constrast with the glaze color and rough cast color. The technique of this utensil is simple, several stroke make three little ducks on the surface, they are lovely and coarse, which could show the skill crafts of the craft man, and has a strong effect. This utensil is influenced by the Ci Zhouyao kiln, and the craft is free, the roughcast quality, glaze color and other decorative techniques should be those of Northern folk kiln, and the age should be Ming Dynasty.

150. Blue Glazed Bowl

The mouthpart is widely open, the border is round, the belly is straight and slanting with circle feet. The inside and outside surface are glazed with blue color glaze, the outside base is not glazed and has apparent carving marks. The border and base are all glazed with dark color glaze.

151. Blue Glazed Pot with Fish Pattern

The border is round, the mouthpart is holding back, the shoulder is square and the maximum diameter is on the belly part, the lower belly is holding back. The whole body is glazed with blue glaze, the eggshell is thick with apparent glaze crowding, some part has shown the rough cast. On the shoulder part there is carved cloud pattern, in the middle are some flower blossoms, in the four corners are some characters and they are the representative cloud pattern in Ming Dynasty. The upper belly part is piled with fish pattern, their bodies are slim and sharp on the head part, the tail is fork like, there are some scute pattern on the body. The lower belly part is carved with some grass pattern. The utensil is made regular in shape, the glaze color is dark, the decoration simple. It is made in the local kiln in Ming Dynasty Wan Li reign.

152. Blue Glazed Zun Utensil in Lute Shape

This Zun utensil was a kind of furnishings prevalent in Qing Dynasty, with wide mouthpart, round border and thick neck, slanting shoulder, dropping belly, the circle feet are smooth and round. The roughcast is white and solid, the glaze surface is smooth and bright. The shape is like the musical instrument lute, thus the name "Lute Shape Zun Utensil", the whole utensil is made solemn and round, the outside surface and the circle feet are glazed with light and heavey color blue glaze. On the blue glaze there are some golden pattern, but is worn to be vague now.

This kind of blue glaze is a kind of high temperature lime glaze, it is milky, the major developing dye is cobalt, and is fired one time in the high temperature of about 1300℃. Jing Dezhenyao kiln is successfully made in Yuan Dynasty, late this kind of blue glaze was called "mist blue" or "sacrifice blue". In Ming and Qing Dynasty blue glaze porcelains are more and with better quality, the colors are magnificent, especially in Xuan De reign the blue glaze porcelain has thick eggshell and fresh colors, like the bright sapphire, thus the name "sapphire blue". In Qing Dynasty Kang Xi and Yong Zheng Reign, the blue color was stable and the glaze surface color is eggplant color, the heavier colors are the imitation of Xuan De reign blue glaze, yet lack the solumn and solid quality.

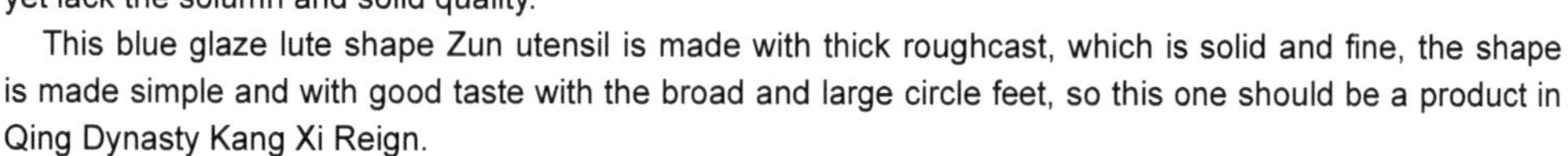

This blue glaze lute shape Zun utensil is made with thick roughcast, which is solid and fine, the shape is made simple and with good taste with the broad and large circle feet, so this one should be a product in Qing Dynasty Kang Xi Reign.

153. Red Glazed Tray

The mouthpart is widely open, with round border and flat bely and circle feet. The outside base is glazed with green glaze with some patches on the surface. The surfaced is glazed with red glaze, the border is white with some patches on the glaze surface.

There are two kinds of red glazes, they are bronze red glaze, which is made by bronze as developing dye, the material is calcium oxide, it is made by firing in high temperature; another is alum red glaze, the developing dye is steel, the glaze is mainly made of green alum, it is fired in oxidizing low temperature, and is also called "steel red glaze". Generally the high temperature bronze red glaze is made successfully in Yuan Dynasty Jing Dezhenyao Kiln, and some fresh color bronze red glaze porcelains are made in Ming Dynasty Yong Le and Xuan De reign, they are also called "ruby red", "sacrifice red" or "mist red", etc. From Xuan De reign to Zheng De reign, the bronze red glaze porcelain is seldom seen, and in Jia Jing reign the bronze red is replaced by alum red, and the technique is easy to grasp, and the colors are not as fresh and bright as bronze red color. Till Qing Dynasty Kang Xi reign, the bronze red color is revived and successfully imitate the ruby red color of Ming Dynasty Xuan De reign. For the pottery governer at that time is Lang Yanji, thus the red glaze made is also called "Lang kiln red" or "Lang Red". Red color at that time is made fresh and heavy in color just like the fresh cattle blood, the light color is like those blood of cocks. The border is not glazed, and is called "grass border", the colors are made dense downward, the glaze surfaces are scattered with some little patches. This red glaze plate is the bronze red glaze porcelain plate in Kang Xi reign, the red color is light, and it has the "grass border", the glaze surface is decorated with some patches.

154. Red Glazed Zun Utensil with Elephant-shaped Handles

The mouthpart is straight with square border, thick neck and slanting shoulder, the neck part is decorated with a circle of bulging incredible pattern, a pair of elephant ears are sticked on the neck part, the belly is a little bulging, the maximum diameter is on the lower belly part, the circle feet is made quite large. The roughcast is thick with fresh red color glaze exposed, the border is scattered with some green spots.

This elephant ear Zun utensil is covered with bronze red glaze, bronze red glaze is made successfully in Yuan Dynasty Jing Dezhenyao Kiln, the fresh and bright "ruby red color" glaze porcelain is made in Ming Dynasty Xuan De Reign.

In Kang Xi, Yong Zheng, and Qian Long reign, a kind of even and thick glazed red porcelain is made to distinguish from those ruby red porcelain in Yong Le and Xuan De reign and those Lang kiln red color glaze made in Kang Xi reign, this kind of red glaze is called "sacrifice red color" or "mist red color". The mist red color glaze in Kang Xi reign is made dark, yet evenly colored. The mist red glaze in Yong Zheng reign is mature than those in Kang Xi reign, the glaze surface is smooth, and the glaze colors are heavy, undertone, strong and light. In Qian Long Reign, besides the sacrifice red glaze porcelains made in royal kilns, those local kilns also made this kind of glaze, yet the colors and qualities are not as good as the former ones.

This red glaze elephant ear zun utensil has thick eggshell, dark glaze color and not evenly spread glaze surface. The border glaze color is like those "cowpea red" glaze in Kang Xi reign, it is due to the changement of bronze in high temperature, they are turned into the color of cowpeas. The spots on the elephant ears are made purposively. Judging from the eggshell quality and red glaze color, this red glaze porcelain zun should be one made in local kilns of Qian Long Reign.

155. Glazed Bottle with Hexagonal Belly and Hollow Handles

This bottle has six edges, and there is an ear stick on the neck part, the circle feet are casting outside, the color is dark, the roughcast is white, solid and thick. The whole body is glazed with Jun Yao kiln glaze.

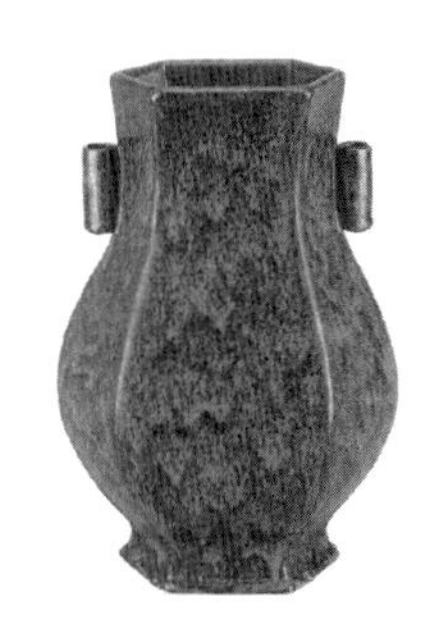

The Jun Yao kiln glaze is a kind low temperature glaze variety in Qing Dynasty Yong Zheng Reign, and is an imitation of Yi Xing Glaze in Jing Dezhenyao kilns. For there is a kind of "Jun yao kiln glaze is made in the kilns", therefore to be named "Lu Jun". The technique is to fire the porcelain in high temperature and the inside surface is glazed with white glaze, the outside surface is either glazed with white glaze or not glazed with white glaze. First to make red, blue or milky color glaze, and add with some lead material, and then glaze many layers of glaze on the white surface,and the last step is to be fired in the low temperature kiln. Lu Jun glaze is a kind of imitation, and has a unique flavor, there are some colors as moon white, fresh green, dark red, blue, and green, etc. This bottle is made in regular shape and the glaze colors are made as a whole in the firing and colding process, to form colorful glaze. Lu Jun is a kind of porcelains in Qing Dynasty, the shape is unique only in Qing Dynasty.

156. Blue Glazed Shell-shaped Utensil

Brush Tian utensil is for study use, it is used to water the brush tip with ink and twising it to make it smooth. The utensil is made flat shape, with three trumpet shell shape feet, in the middle base is inscribed with four Chinese characters as "Made in Qian Long Reign", the strokes are made loose and fluent, the marks are made apparent and heavy in color. The roughcast is white, fine and solid. The face of the utensil is glazed with white glaze, and the trumpet shell tip is glazed with blue glaze, the color is made bright and shining. The trumpet shell shape brush Tian utensil is made delicatedly and is a rare masterpiece of Qing Dynasty porcelains.

157. Blue Glazed Globular Bottle

The mouthpart is straight, with round border, long neck and slanting shoulder, the upper belly is bulging with circle feet. The outside base is inscribed with three lines of six Chinese characters as "Made in Qing Dynasty Qian Long Reign". The shape is like a cone, thus the name "cone-shaped handle bottle". The roughcast is white and solid, the whole body is glazed with blue glaze, the colors are fresh, heavy, the eggshell quality is bright and fresh, and can be compared with the "sapphire blue" in Xuan De reign.

158. Blue Glazed Bowl

The mouthpart is widely open with sharp round border, the belly is deep with circle feet. The outside base is inscribed with three lines of six Chinese characters as "Made in Qing Dynasty Jia Qing Reign". The inside surface is white, the outside surface and circle feet are glazed with blue glaze, the border is glazed with dark glaze. The roughcast is made compact, yet not so white; the blue glaze color is dark, and light on the border and circle feet. The glaze surface is not fine and even, some tiny spots could be identified with eyes.

Blue glaze is a kind of high temperature single color glaze, and is fired in Yuan Dynasty, and mature in Ming Dynasty Yong Le and Xuan De reign, and less in quantity in Qing Dynasty Kang Xi, Yong Zheng and Qian Long Reign, the blue glaze color is maturerer and stable. After Qian Long reign, with the declining of ancient Chinese porcelain industry, the blue glaze porcelains are less in quantity with poor quality. This blue glaze bowl roughcast quality and blue glaze color is not as good as those made in Kang Xi, Yong Zheng and Qian Long Reign, this may be the product in Late Qian Long Reign.

159. Glazed Cup with Flower-petal Mouth and Beast-shaped Handle

The mouthpart is lotus flower like with beast shape handle and circle feet, the outside base is not glazed. The inside and outside glaze color is white and a little green with some patches, the roughcast is white and solid. This utensil is an imitation of Ge Yao kiln, Ge Yao kiln porcelain first appeared in some high technique workshops in Southern Song Dynasty Long Quanyao kilns, and was influeced by the technique of Guan Yao kiln, to produce a kind of celadon with some patches on the surface. The glaze surface is with many patches, for the glaze surface coefficient of expansion is smaller than that of roughcast, in the process of colding, the surface is made into pieces. For the roughcast connect closely with eggshell, therefore no peeling off eggshell but some magnificent natural patches are formed, without any influece to the usage. Those craftman of Song Dynasty Long Quanyao Kiln make this kind of special porcelain to determine the glaze elements, and it really contribute to the variety of Song Dynasty porcelains. From Ming and Qing Dynasty the porcelain of Ge Yao kiln is made more complex, for there are particular kiln to imitate those in Ge Yao kiln, these utensil should be distinguished from those made in Song Dynasty Ge Yao kilns. This cup is made special with thick eggshell, the patches are made naturally, the roughcast is white, it is the product of Qing Dynasty Jing Dezhenyao kiln.

160. Porcelain Base

This utensil is made as an imitation of wooden utensil; the roughcast is thick, white and solid. The base part is exposed with red color. It is a narrow waist five feet mud base. The base upside is empty, the waist part is made a hole, with five twisting legs, below is some mud. The whole body is glazed with Ge glaze, white and a little green. There are two layers of glaze. The roughcast connect closely with glaze.

161. Red Glazed Square Bottle with Hollow Handles

The mouthpart is slightly open, with straight border and long narrow neck, the shoulder is slanting with bulging belly, the near base part is holding back, and the circle feet is casting outside. On both sides of the neck are stick with a pair of vertical pipe ears, the whole utensil is flat square shape, the whole body is glazed with dark red glaze, the glaze surface is not so clear with some red spots. The border, belly edges parts and ear edges are painted with some light fresh red color.

The Ear Bottles were made mostly in Song Dynasty, in the kilns of Ge Yao kiln, Guan Yao kiln, and Long Quanyao kiln,etc, also some imitations were made in Qing Dynasty, especially during Yong Zheng, Qian Long reign, some are imitating the porcelain with patches of Ge Yao kiln, some are imitating the mixed glaze porcelain of Guan Yao kilns, besides there are some tea dust glaze ear handle bottle, Ear Handle Bottle imitation of Jun Yao kiln, and blue and white glaze ear handle bottle, etc, the shapes are round belly, square belly, and eigh edges belly. The red glaze ear handle porcelain bottle were commonly seen in Late Qing Dynasty Guang Xu Reign, the shape is mostly Four Edges Square Bottle.

162. Porcelain Zun Utensil with Small Mouth

The mouthpart is slightly open, the border is round, the neck is narrow, and the belly is droping, the feet are circle like. The outside base is inscribed with six chinese characters "Made in Ming Dynasty Cheng Hua Reign". The roughcast is thick and milky. The glaze surface is divided into two layers, one layer is divided into small patches and compact, another layer is with divided into large patches those are made loose, the color is light purple, which is "golden line and steel thread".

Ge Yao Kiln is first mentioned in the Yuan Dynasty documents, such as in the book of <Peace House Book> by Kong Qi, it has mentioned "brother Cave kilns" and "brother Kiln". In the later document some description about Ge Yao kiln can also be detected, yet without much descritption in detail, it says that those porcelains made in Ge Yao kiln has "purple feet and steel mouth", with little patches, etc. with the archeologist research, those porcelain with patches are made in Zhe Jiang Province Long Quanyao Kiln, and is not a single branch of porcelain industry.

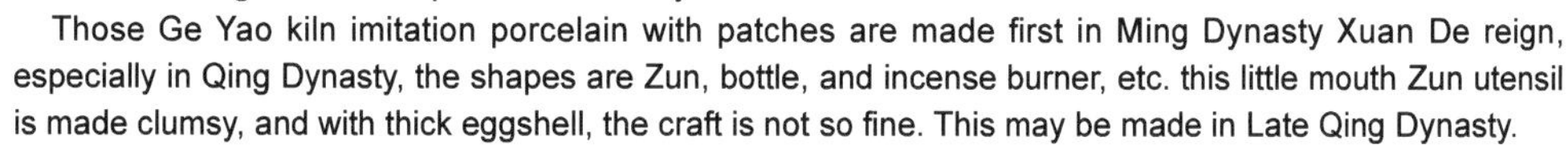

Those Ge Yao kiln imitation porcelain with patches are made first in Ming Dynasty Xuan De reign, especially in Qing Dynasty, the shapes are Zun, bottle, and incense burner, etc. this little mouth Zun utensil is made clumsy, and with thick eggshell, the craft is not so fine. This may be made in Late Qing Dynasty.

163. Porcelain Bottle with Double Chi Dragon-shaped Handles

The mouthpart is widely open, the border is sharp and round, the neck is narrow, the lower belly is bulging, the circle feet are thick and casting outside like trumpet. On the neck there is a pair of Chi Dragon Ear. The glaze surface is milky with two kinds of patches, the big ones are black, and the small ones are yellow, this is to imitate the technique of "golden lines steel thread".

In Ming and Qing Dynasty, Jing Dezhenyao kiln began to imitate the porcelain of Ge yao kiln, and more imitation are made in Qing Dynasty, the shape is remained. Some are imitation of Ge Yao glaze, some are imitations of Ge Yao kiln Blue and White Glaze porcelains. The glaze quality is not so good, the border and the base part is not finely made, thus this should be a imitation of Late Qing Dynasty Ge Yao kiln porcelains.

Color Painted Porcelain

164. Green Glazed Box Lid with Chrysanthemum Panttern

It is round with a bulging lid, which should be hooked with the box mouth, which has been unfortunately lost. The glaze is yellow below, which is decorated with some green painted chrysanthemum pattern; in the middle one flower is in blossom, four other flowers are round it, yet there are only four petals left. The glaze is yellow.

Chang Sha Kiln is situated in the Tong Guan County of Chang Sha City, and began to operate in Tang Dynasty, they are mostly blue and brown and painted with green patterns. This porcelain box lid is one of the most typical utensil of Chang Sha kiln in Tang Dynasty. Those box lids are round, square, or tortoise shape, etc. Among those round boxes, the box mouth is served as connecting place to hook with the lid. Some box bodies are straight, some are like Yan. Some lids have inscription of two Chinese characters like "Oil Box", which means to contain the oil for combing hair.

The simple painting of chrysanthemums are(delicate) simple and have the flavor of Chinese painting. This adopt the prevalent under glaze painting art craft, and use steel or bronze as decorative colors, this really have a great and further influence to the porcelain and pottery decoration of Chinese history.

This box lid is excavated in Tang Dynasty cave in the Jian Fu Temple of Xi'an city, some other porcelain bowls and pottery pots are also unearthed at the same time, that also adopt the under glaze painting art craft, and is the important(discover) discovery in ancient Chang'an City of Tang Dynasty. The whole country is prosperous in economy and the commercial, cultural communication is busy. Chang Sha Kiln is one which produce exported porcelain in Tang Dynasty, these porcelains are exported to the East China, Southeast China, South China, and West China, etc, and they are now and then excavated.

165. Porcelain Lamp with Black Floral Design

The mouthpart is holding back, with broad and zigzagging border, the belly is arching, the circle feet is coiling upward. Both the inside and outside part are not glazed, on the border and upper belly part are dusted with fine earth powder. On the border are three grasses in three curving parts, in which are decorated with leaves pattern.

Lamp is one of the most common utensil in Tang Dynasty, the evolution law is that the earlier the time, the more coiling the feet, the more smooth the broad border. In the early Tang Dynasty and Glorious Tang Dynasty, the image is broad border, arching belly and coiling circle feet, in Middle Tang Dynasty the belly part is overlapping, coiling circle feet is rarely seen, and the whole body is longer, and the circle feet is never coiling. In the Late Tang Dynasty, the overlapping belly is more than 90 degrees, the circle feet is developing into high feet. This kind of lamp was also discovered in Tang Dynasty Yao Zhouyao kiln tri-color products, for example, there has been excavated a coiling circle feet tri-color lamp in the No.2 tomb of Xiang Shan Temple of Luo Yang City in 1953, the No.2 Tomb of Xiang Shan Temple is in glorious Tang Dynasty, which prove that this kind of Tang Dynasty overlapping border coiling feet pottery lamp should be made in glorious Tang Dynasty.

166. Porcelain Box with Black Floral Design

It has round cover with arch like lid, overlapping mouth, the belly is straight, the feet are pan like. The rough cast is gray and yellowish, on the cover is painted with plant and flower leaves pattern.

Plain rough cast black glazed porcelain is one of the creative products of Tang Dynasty Yao Zhouyao kiln, the technique is that a layer of white dusting is spread on the rough cast, then dot the surface, and paint the pattern with black glaze, finally it is fired in the kiln. Thus we could identify black patterns on the white rough cast, the making is simple and plain, and has a unique flavor, some plain rough cast black glaze porcelain patterns have Israel flavor, and are similar to those Israel glass pan pattern excavated in the Tang Dynasty Fa Men Temple basement in Shaanxi Province.

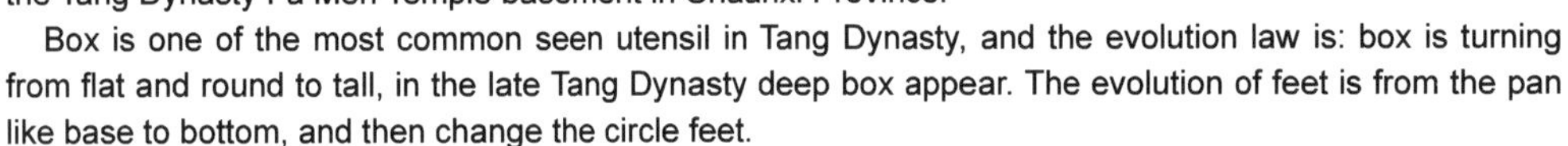

Box is one of the most common seen utensil in Tang Dynasty, and the evolution law is: box is turning from flat and round to tall, in the late Tang Dynasty deep box appear. The evolution of feet is from the pan like base to bottom, and then change the circle feet.

167. Porcelain Tray and Saucer with Black Floral Design over a White Ground

The mouthpart is widely open, with the openness casting outside, the straight belly is slanting, and the feet are circle like. The tray is round, and hollow inside, the feet are circle like, hollow inside and the feet are circle like. The tray border is dotted with black glaze, the inside base is painted with three sets of cloud pattern in black glaze(black glaze cloud pattern). The tray is glazed with white glaze, and the border is painted with five set of cloud pattern in black glaze(black glaze cloud pattern). The rough cast is fine and delicate. The decoration flavor is Ci Zhouyao kiln branch, just like eggshell and painting flavor white glaze black pattern tray excavated in Sui and Tang Dynasty canal in He Nan province, the painting color and flavor is almost the same with those Song and Jin Dynasty products excavated in Yu State of He Nan Province.

168. Plum Vase with Poem and Black Floral Design over a White Ground

The mouthpart is small, the neck is short, the shoulder is arch like, the belly is oval like, and the leg is casting outside, the base is flat. The dusting rough cast has some black painting, and is glazed totally. The incredible pattern is dividing the surface into five decoration parts, the mouthpart is painted with black glaze, the shoulder part is painted with leave pattern, the upper belly is carved with flower and leave pattern, the lower belly is carved with poem like "wind take the wine flavor", which signify the usage of this utensil.

This bottle is made elegant, and fluent in lines, the decoration and poem has a thick flavor of local custom, and is the representation of Yuan Dynasty Ci Zhouyao Kiln, it fully displays the art technique of Yuan Dynasty art crafts.

169. High Feet Cup with Black Floral Design over a White Ground

The mouthpart is widely open, the belly is deep, the trumpet handle is casting outside, and on the handle there is a circle of bulging incredible pattern. On the base there are three white nails. On the cup outside surface are carved with some simple flower leaves patterns, the lower belly part is not glazed, the handle part is glazed with black glaze. This kind of handle with ridge shape is different from those high feet cup of

Yuan Dynasty Jing Dezhenyao kiln, and is similar to those high feet cup in Ming Dynasty Cheng Hua Reign Jing Dezhenyao kiln, thus the firing age should be in Middle Ming Dynasty, and the firing place should be in Yao Zhouyao Kiln.

The peak period of Yao Zhouyao Kiln should be Northern Song Dynasty, the major products are blue glaze porcelains, from the Late Yuan and Early Ming Dynasty, there are some white glaze black pattern porcelains fired in Huang Baoyao kiln and Chen Luyao kiln. With the archeologist's study and excavation, the academic circle credit the white glaze black pattern porcelain of Yuan Dynasty Yao Zhouyao Kiln as made in Ming Dynasty. The techniques of this Ming Dynasty white glaze black pattern porcelain are carving, scratching, printing. The eggshell quality is not as good as those of Song Dynasty, yet the free flavor is better than Song Dynasty.

170. Contrasting Colors Tray with Dragon and Phoenix Pattern

The mouthpart is widely open, the border is sharp, the belly is shallow and the feet are circle like. This is the saucer of a tray, in the middle there is a circle. The rough cast is fine and delicate, the glaze surface is white and smooth. The whole tray is divided into three parts by three groups of blue incredible patterns: tray surface, tray base, tray core. The surface and core is plain without any pattern, the major pattern is decorated on the inside base, it is a pair of dragon and phoenix, between them is decorated with a character "King". The dragon and phoenix pattern appear in the color of Dou Color, the pattern is made delicate, and the whole composition is made smooth.

Judging from the roughcast and pattern, this tray has the characteristics of Cheng Hua reign Dou Color. And the character "King" also appear in Ming Dynasty Cheng Hua reign and Hong Zhi reign.

Dragon and phoenix appear separately on the porcelain in the late Southern and northern Dynasty and Late Tang Dynasty, in Song Dynasty dragon and phoenix pattern appear together on the porcelains, such as the blue printing bowl of Yao Zhouyao kiln, pairs of dancing dragon and phoenix pattern on the tray. In Yuan Dynasty Ci Zhouyao kiln the white glaze black pattern pot also has dragon and phoenix pattern, in Ming and Qing Dynaty the dragon and phoenix pattern are more on the porcelains, and they are more on the porcelain of Guan kilns, all symbolize the love between couple, harmony and perfect life, it is always used in the marriage ceremony of emperor and prince. The dragon on this tray is made slim and long, just like the dragon pattern on the Yuan Dynasty blue printing porcelains, but they are not fierce, the five toes on the claw are wheel like, the painting is simple, this dragon is made obedient with gentle claws and pig like turning up mouth, these are all the characteristics of Middle Ming Dynasty, which is almost the feature in Cheng Hua reign.

171. White Glazed Jar with Black Floral Design

The mouthpart is widely open, the lip is round and thick, the slanting belly is holding back, the belly is deep, and the utensil is high and huge. The inside surface is glazed with brown glaze, the upside is printed with comb pattern, like water waves pushing forward. The border part is not glazed. The roughcast is white and yellow, and the quality is coarse. On the body it is pasted with a layer of white dust, on which is painted with black patterns, and then glazed with transparent glaze to make clear contrast of the black and the white. The lower belly part is decorated with several circles of regular tile pattern. On the upper belly part is painted with black pattern, which is separated by upside black ribbon and downside narrow line, inside are two sets of same patterns, the center part is decorated with twisting lotus flower pattern, around is set with whirl and flower and leave pattern. This utensil is made in Chen Lu Kiln area of Ming Dynasty Yao Zhou Kiln, and has thick local flavor.

In ancient china it is a custom to fire "long-time lamp", this jar is excavated in the grave, and should be used to be filled with burning oil. This utensil is the together buried object of Ming Dynasty Prince Qinfan Heyang Huigong's wife Madamn Qian, it is clearly dated as in Cheng Hua' reign the twenty one year, it is a material document for studying Yao Zhou kiln white glaze black pattern porcelain in Ming Dynasty.

172. Porcelain Vat with Dragon Pattern and Black Floral Design over a White Ground

The body is huge, with straight round lip, the upper belly is bulging, and it is holding back to the feet part, the feet is circle like. The inside surface is glazed with black glaze, the outside surface is glazed with white glaze, the glaze color is yellowish, on the upside and downside there are separately five lines of black color Xuan Pattern, among them are twisting coiling flower and leave pattern. The border and base part is not glazed. The white glaze of outside surface is glazed with a layer of white dust, on which is painted with some flamboyant cloud and dragon pattern, the color of pink, yellow, green and black could easily be identified, only the belly and tail part are still clear and other part is not easily distinguished because of the peeling of pattern.

This tomb is in Yan Ta District Jin Hutuo village of Southern Xi'an city, this is the tomb of Qin Dynasty, in the note of the tomb it says "Wei Qu District of Xian Ning County". The one who is buried is the third son of Qin Kang Prince's third son, who is born in Zheng Tong's reign the first year, and is conferred with duke title in Zheng Tong reign the eleventh year, in Hong Zhi Reign the eighth year(A.D. 1496) he died sick in his sixty on June eighth, being a duke for 50 years, he was the first grade official. The Ming Dynasty Qin Prince's family tomb is focusing on the Feng Qi highland and Shao Ling highland in Southeast Xi'an city, the tombs are crowding, yet no complete Ming Dynasty Qin Prince family tomb is found now because of long time thieves' attacking. This tomb has been attacked, yet the grave structure is not damaged, there are altogether seventy nine colorful painting potteries and pottery house model, furniture, cooking wares, wooden seal, jade ribbon decoration, bronze coin and tomb note. This tomb is facing the south, and this excavated object is just set on the east side of the tomb gate, it has been broken into pieces when discovered, and should be used as container of burning oil. There are two porcelain wares excavated in this tomb, another one is the small white glaze plain porcelain bowl. This jar is special in its decoration techniques and its usage; it is using the daily utensil of Ming Dynasty Yao Zhou Kiln white glaze black pattern jar and painted with colorful patterns to be used in the tomb. The blue and white dragon jar made in Ming Dynasty Royal Kiln has three types, such as "first sample", "second sample", "third sample", etc, they were made to be used for water, food, and oil container, also they were used for preventing fire in palace and to be buried in the royal mausoleum, for example, in Ding Ling Mausoleum of Wan Li Emperor, there are three blue and white dragon jar placed in the grave as "long time burning lamp"(also long time burning jar). In the Shang Hai Museum and Zhu Shan Royao Kiln of Jing Dezhen County, this kind of huge blue and white dragon jar from Ming Dynasty Xuan De Reign to Zheng Tong Reign could be found. In the book of <Ming Dynasty Shen Zong Emperor's Document> it says in Ming Dynasty Wan Li reign the royal kiln could not successfully make dragon jar, the worker Mr. Tong pity those hard laborers, and sacrifice his own life to save them, later he is regarded as "Wind and Fire God". Tang Ying also note in his article that in Yong Zheng and Qian Long Reign this kind of Wan Li Reign blue and white dragon jar waster could be seen. Because the blue and white dragon jar is successfully made only in less quantity in Ming Dynasty Royal kiln, they were made in different qualities, and no discovery of this kind of blue and white dragon jar in those Qin Prince family tombs, except for this white glaze black pattern with cloud and dragon pattern jar, a kind of Ming Dynasty Yao Zhou kiln Tea Dust Glaze jar making technique could be detected in some other Ming Dynasty princes' family tombs.

The excavation of this jar really enrich the examples of Ming Dynasty princes' using porcelain long time burning jar, and it is also the precious dated tomb material document for studying the Ming Dynasty Yao Zhou kiln white glaze black pattern jar.

173. White Porcelain Pot with Carved Decoration

The border is straight, the mouthpart is short and straight without neck, the upper belly is bulging and round, the lower belly is holding back, the feet are circle like. The composition of the pattern is complicated with many but distinctive layers. The major pattern is on the upper belly part, there are two oval shape lightening dots, one pattern is a kid holding a bunch of flower in one lightening dot, another one is two immortals with a kid among banana leaves. Between the two dots there are some water wave and fish pattern. On one shoulder there is a circle of Hui pattern and twisted lotus flower petal pattern, on the lower belly part there is a circle of cloud pattern and banana leave pattern.

The whole utensil is fine and delicate, especially in the decoration, to compare the pattern, and show the fine part of the pattern using intaglio carving. The ancient hollowing craft can be divided into two, one is hollowed to save pattern on, the other is peel pattern to save hollowing, and is one of the representation of Ci Zhouyao kiln in Ming Dynasty. This should be the porcelain of Ming Dynasty judging from the pattern on the pot.

174. Plum Vase with Enamel Lotus and Waves Pattern

The border is round, and mouthpart small, the neck is short, the shoulder is plim, the lower shoulder part is holding back, the feet are circle like. The bottle is slim and long. It is first seen in Song Dynasty, and is used for containing wine. And it is prevalent in Jin and Yuan Dynasty, till Ming and Qing Dynasty it turn from slim to plim, and be used for decoration other than daily use. This utensil is glazed with blue glaze, and the glaze color is dark blue like sapphire, smooth and transparent with some fish shape cracks. The technique is to use colorful painting technique, to make bulging lines of all kinds on the roughcast, and then use the color of yellow, green and blue to fill the base and color the pattern, the last step is to place the utensil in the kiln. This kind of technique is first seen in Yuan Dynasty, and is prevalent in Middle Ming Dynasty, the most commonly seen utensils are bottle, pot and bowl, etc. on the surface of this utensil there is a apparent line in the middle which show that the bottle is connected of two parts.

175. Pot with Enamel Lotus Pattern

The border is round, the mouthpart is widely open and folding, the shoulder is slanting, the lower shoulder part is peach flower, the base is flat, the roughcast is heavy. The shoulder part is divided into upside and downside, the upside is decorated with lotus flower petals, the petals are connected closely; the

downside is decorated with Ru Yi jade pattern, inside is filled with eight treasures pattern. The main pattern of belly part is crossing peony pattern. The near base part and upper shoulder part is decorated with folding lotus flower pattern. This utensil is glazed with blue glaze, the color is sapphire, it is transparent and smooth with little fish shape cracks.

176. Porcelain Pot and Lid with Enamel Lotus Pattern

The border is round, the mouth is widely open, the neck is short, the shoulder is slanting, the below shoulder part is peach flower, the base part is a little casting outside. On the lid is a pearl like button, the lower part is like a bowl, it is the former shape of General Pot. On the lid there is decorated with a Ru Yi pattern filled with single flower pattern. The neck part is decorated with simple cloud pattern, the shoulder part is decorated with Ru Yi jade pattern filled with flower pattern. The belly part is decorated with lotus flower, leaves and water birds pattern. The near base part is decorated with changing lotus flower pattern.

177. Porcelain Pot with Peony and Phoenix Pattern

The border is round, the mouthpart is straight, the neck is short, the shoulder is plim and the belly bulging, the maximum diameter is the shoulder part, the lower belly part is holding back, the feet are circle like, the outside feet is carved. The whole body is five color, with blue printing pattern divide the utensil into four areas: the neck part is decorated with red flame; the shoulder part is decorated with some dark green leaves and red peony flower in blossom; the main pattern is on the belly part, green color symbolize root and leaves, red symbolize peony flower in blossom, a phoenix is spreading its wings to fly in the flowers and grass, on its head there is a cap, its beak open slightly, its eyes closely shut, the neck part hair is dense, the wings are solid and folding, the green triangle is symbolizing the feathers on its body, the claw is small yet is strong, the tail feather is separated into several groups; the fourth area is on the near feet part of lower belly, some green and red pattern are decorating alternatively. Yellow glaze and green glaze has already been peeled off, and obviously they are over glaze color. The flowers, twigs and bulb are painted by spreading, this kind of technique is used in Ming Dynasty Cheng Hua reign, and is mostly seen in Jia Jing, Wan Li and Kang Xi reign.

178. Underglazed Tri-color Tray

The mouthpart is widely open, the border is sharp and round, the belly is flat with double circle feet. Circle feet is eel back like. The roughcast is white and solid, the glaze surface is smooth. The blue printing color is fresh blue, like made of the Zhu Ming Material in Yun Nan Province. The inside surface is painted with three color picture, the technique is "scratching", the light line and heavy line combine to form the picture. The farther montains are made large in heavy strokes and vague in light strokes, and is really "mountains reaching to the sky". The nearby trees are standing still, some trees are with red glaze, some are blowed thin with wind. The nearby mountain stone of trees are the color of green, all reflect the green mountains and green stones. The decoration on the inside surface has good arrangement, and three dimension effect, the technique of "scratching" make the picture more like the traditional Chinese painitng. The outside surface is painted with bamboo, plum flower pattern, the strokes are strong and powerful, all show the power of bamboo.

Under glaze three colors are fired in Qing Dynasty Kang Xi Reign, the coloring elements are powder blue, bronze oxide, and ferric oxide, they are made into colors of green, red and blue, for the three colos have different requirement for the temperature, thus the technique is difficult to make, and this plate is rare because little is passed down from generation.

The glaze, blue printing, and under glaze three colors features of this plate are all the characteristics of Qing Dynasty Kang Xi Reign Colorful Porcelains, they have good arrangement and three dimension effect.

179. Tri-color Bowl with Flower Pattern on Yellow Ground

The mouthpart is widely open, the border is sharp and round, the belly is deep with circle feet. The outside base is inscribed with a square picture. The roughcast quality is solid and fine, the inside and outside surface are glazed with low temperature yellow glaze, there is no pattern on the inside surface, the outside surface is painted with three sets of flowers, the colors are green, white and brown of plant's leaves and flowers made in low temperature.

The yellow glaze three color technique is: outline the flower on the roughcast, and then made into plain porcelain in high temperature, and then glazed with yellow glaze, add some colors, the last step is to place it in the low temperature kiln. For there is no red color in the pattern, this bowl is yellow glaze three color porcelain bowl. The fresh and heavy yellow color match with elegant and light green, white and brown colors, this could reflect the elegance and good taste of this bowl.

180. Porcelain Bowl with People Figure Pattern

The mouthpart is widely open, the border is round with deep belly and circle feet. The outside base is

painted with blue printing, they are the pattern of painting brush, silver coin, and Ru Yi Jade, which has a connotation "must be satisfied". The eggshell is thin, the roughcast quality is white and fine, the glaze surface is smooth. The inside surface is plain without any pattern, the outside surface is painted with two sets of pattern, one is two scholars sitting facing each other, like talking about something. Another picture is a scholar visiting his friend with musical instrument. The farther mountains and nearby table are as background. The whole composition is light and gentle, and it is different from the fresh five colors. This kind of decoration is called pink decoration.

The roughcast is white and fine, the body is light and thin, all have the features of Qing Dynasty Yong Zheng Reign, and the glaze is not so even, the technique is not so mature. Thus this bowl should be made in Late Kang Xi reign to Early Yong Zheng Reign.

181. Porcelain Bowl with Peony Twig Pattern

The mouthpart is casting outside, the border is round, the belly is deep, the circle feet are smoot. The outside base is inscribed with six Chinese characters such as "Made in Qing Dynasty Yong Zheng Reign". The roughcast color is white and fine, the glaze surface is smooth and transparent. The outside surface is painted with some peony flowers, the flower colors are light red and pink, the branch colors are light green and light blue. The flower leaves are simple and in good taste, the colors are light and gentle, all show the mature techniques in Yong Zheng Reign. The inside surface is plain without pattern, the inside base is painted with some simple flowers.

Comparing with the mixed glaze porcelain in Kang Xi Reign, Yong Zheng and Qian Long Reign is the peak age for making them, especially those made in Yong Zheng Reign, the elegant and gentle color is well known, which is also due to the white and pure roughcast and transparent and bright glaze, they all contribute to reflect the light and elegant color. The mixed glaze decoration of Yong Zheng Reign are flowers, insects, butterflies, others are people figures, animals, and mountains, all the subjects are with the feeling of elegant poem, the crossing flower pattenr is rarely seen on those blue printing porcelains. The mixed glaze decoration of Yong Zheng Reign are using the technique of painting, such as no decoration is found in the mouthpart, neck part and leg part, the harmonious decoration is the feature of traditional Chinese paintings.

This mixed glaze porcelain bowl has the features of Yong Zheng Reign White Porcelians; the poeny flower colors are gentle and elegant, the decorations are without borders, it is the traditional painting techniques; and the Yong Zheng Reign inscription is on the base part, thus the time should be in Qing Dynasty Yong Zheng Reign.

182. Porcelain Gu Utensil with "One of the Five Offerings" Pattern

The square mouth is casting outside, the middle part is bulging like trapezoid, the both ends are holding back, the square feet is beyond the reach of border, the feet base is sunken and showing the unglazed roughcast. The glaze is piled thick, under the border is some grass glaze and grass pattern, two parts and four sides are decorated with peach fruits pattern, the middle are four peach flowers in blossom. The lower part are some lotus swaying in the wind, two geometry pattern is dividing the flowers into three parts, the whole utensil pattern is in accordance, they are solemn and elegant. The whole body is paitned with pink, blue, green and white flower leaves, the colors are imported, apparently influeced by western culture. And this is the new age of porcelain making.

Mixed glaze technique is to outline the pattern on the white glaze in high temperature, and then fill some blank with "Glass White", and then paste the colors on it, then spread the colors according to the requirement, hence the effect of light color and strong color. For example, the flower center should be painted with strong color in the flower blossom, ant the color is added with some dust, to make the picture three dimension with light and strong colors. The mixed glaze porcelain first appeared in Late Kang Xi Reign, and prevalent in Yong Zheng Reign. The temperature is about 700° C, the quality is subtle and gentle, thus the name "Gentle Color".

"Five Sacrifices" are those sacrifices in the temples such as incense burner, candle holder, flower Gu Utensil, etc.

183. Porcelain Square Brush Holder with Figure Pattern

The brush pot shape is rectangle, the base is flat, and on the base there are four square shape feet. The roughcast is white and solid, and the glaze surface is smooth. On the border there some geometry patterns, on the brush pot there are four paintings of "highest scholars", those people figures are made exquisite, and the lines are fluent, each have a different expression, and the colors are pure. On this brush pot surface there are some pictures to reflect the real life of the literators and scholars, it has both the art appreciation value, and the interpretation of spiritual status of these people, who are honored by their highest deeds, reclusive life and submission back to common life in the feudal norm criterion.

184. Porcelain Tray with Figure Pattern

The mouthpart is widely open with round and sharp border, the border color is dark, the belly is shallow, the base is flat, the circle feet are slanting. The inside surface of the border is painted with four breaches, in which are some light color mountains and rivers pattern, in those breaches are two sets of red and green color areas. The subject pattern is painted on the outside base: two people are standing under an old pine tree, the elder one is from Western Asia who is holding a Ru Yi jade in hand, like teaching something to the younger one, who has a broad forehead, and is bald, like a monk. The trees and the stone under the tree is painted with light green color, people's clothes are painted with light yellow and light blue color, the whole composition is made simple and clear.

In those mixed glaze porcelains of Qing Dynsty, those produced in Kang Xi Reign are vey rare. The mixed glaze porcelain patterns of Yong Zheng Reign are flowers, butterflies, insects, etc, the people figure pattern is rare, and those foreign people figure is even rare, and the lines and colors of the pattern are gentle and delicate. The international communications are more in Qiang Long Reign, and those porcelain decoration at that time always have foreign elements, thus this mixed glaze plate with people figure pattern may be the product in Qing Dynasty Qian Long Reign.

185. Porcelain Candle Holder in People Figure Shape

The utensil is used for holding candle. The glaze surface is smooth and light, the mixed glaze colors are gentle and elegant, the roughcast is white and solid. A robust warrior is standing on a rectangle base, his visage is Western Asian People, with big face, curling hair, and coiling moustache, his eyes wide open, with some fish scute acton on the body, on his head is a lotus leave tray with two hands holding it, the tray is used of holding candle. This candle holder is mixed glazed, the pattern compostion fully reflect the combination of art and reality.

186. Porcelain Basin with Peony Flower Pattern

The mouthpart is casting outside, the belly is straight with circle feet. The glaze surface is smooth, the roughcast is white and solid. On the base there is six chinese character inscriptions like "Made in Qing Dynasty Qian Long Reign". The border is painted with a circle of blue and white pattern, the major pattern is peony flower, the stem and leave are all painted in blue and white glaze, the colors are different, some colors reflect the both sides of the leave to enhance the three-dimension effect of the flower twig. The flower is made in mixed glaze, the colors are gentle to reflect the different colors, and the strokes are fine and merticulous with good arrangement. This whole painting is made realistic. The peony flower is the king flower, and symbolize richness. It is painted on the surface to show people's worshipping of better future. This flowerpot is made not only regular but also high qualified, the mixed glaze drawing technique is also mature to show the flourish of Qian Long Reign porcelain industry.

187. Porcelain Tray with Flower Pattern on a Green Ground

The mouthpart is widely open, with sharp round border, the belly is shallow, the center is flat, the feet is circle like. The outside base is inscribed with six chinese characters as "Made in Qing Dynasty Qian Long Reign". The roughcast is solid and the surface is not so smooth, the inside surface is glazed with a layer of low temperature green glaze, the border is glazed with dark glaze, the outside surface is glazed with white glaze, the decoration is red color bamboo pattern. The inside surface is painted with patten of "flowers in flowing water". On the low temperature green glaze there are some dark tiny flowers, symbolizing the riffles on the water. Some pink or dark red flowers are floating on the tiny riffles, in which are lotus flowers, garnet flower, peony flowers, etc. This kind of pattern is called "flowers in Flowing Water", in the Tang Dynasty poem of "Flowers concern, yet flower water miss nothing", this kind of characters has already been decorated on the porcelains, such as the celadon of Yao Zhouyao kiln in Song Dynasty, the only difference is that the drawing technique of riffles and flowers are different.

The glaze and pattern on the plate all over glaze color, and the technique is to spread a layer of low temperature green glaze on the finished white glaze, then painted with tiny riffles and first paste with glass white glaze on the spaces, then paint some flowers in the spaces, thus to get the light pink flowers. This kind of pattern is called "colorful glaze with mixed glaze pattern".

This plate has no subject or connotation, the flowers are made simple and messy, the arrangement is complicated, all the features show that the age should be Qing Dynasty Late Qian Long Reign.

188. Porcelain Tray with Fruit and Melons Pattern

Mouth part is widely open, with sharp round border, the belly is arch with circle feet. The outside base is inscribed with three lines of six chinese characters as "Made in Qing Dynasty Qian Long Reign". The outside surface is glazed with bronze color glaze, some golden spaces are left, on which are scatterd some flowers. The inside surface is glazed with white and green colors. The major pattern is painted on the base. The five color glaze are painting the purple grapes, dark purple eggplant, yellow cucumbers, red pumpkin and flowers, green vines. The colors are made heavier and fresher contrasting to the white glaze background, and in accordance with the red glaze on the outside surface.

Five color porcelain is a kind of colorful porcelains, it is first seen in Jin Dynasty, such as the red and green glaze porcelain in Jin Dynasty Ci Zhouyao kiln. The technique is to paint red and green pattern on the finished white glaze,and then fired in the low temperature kilns of about 800℃. The five color porcelains can be divided into two varieties, one is blue and white glaze with five colors, another is the five colors on the pure color glaze. In the Early Ming Dynasty blue and white glaze with five color pattern are more, such as the blue and white glaze with five color chinese mandarin in water pattern in Xuan De Reign, the under glaze pattern are more. In the Middle and Late Ming Dynasty, the under glaze glaze has been the color in less quantity in the patterns, for example in those five color porcelains of Qing Dynasty, mostly are over glaze five colors. The often used colors are red, green, yellow, brown, and purple, etc. for the five colors are made like glass, and are solid, and the colors are heavy, thus five colors can also be called "Solid Color". In the Qing Dynasty Kang Xi reign, five color porcelains are very popular and the color are various and fresh, the colorful glaze with five color pattern are more. In Yong Zheng and Qian Long Reign, the five-color porcelains are made less, for the mixed glaze and enamel glaze are made in large quantity. The five colors porcelain in Late Ming Dynasty are made too heavy, and lack the polish, the pattern is complex and rigid, and has the vulgar connotation.

This five color plate with fruit pattern is made fresh in color, the pattern is not as delicate and smooth as in Yong Zheng reign, yet also not as complex as in Late Qing Dynasty. Thus the age should be in Qian Long Reign.

189. Long Neck Underglazed Red Bottle with Dragon and Phoenix Pattern

The border is wrapped in bronze, the neck is long and shoulder slanting, with round flat ball belly and circle feet, on the two sides of long neck there are two vertical pipes like ears. The whole body is glazed with red glaze symbolizing the crossing flowers and twigs, there is a dragon carved in the bushes, it is protruding its tongue, its hairs are flowing in the wind, five toes are scattering, all the body are spread with scutes, and is particularly fierce. The red glaze is made by the bronze material on the roughcast, and fired in the high temperature after been glazed with transparent glaze. It is first successfully made in Yuan Dynasty Jing Dezhenyao kiln, and is prevalent in Hong Wu reign, yet the red spreading is not so fresh. And in Xuan De reign the technique has been mature, and in the Late Ming Dynasty it began to decline, and revive in Qing Dynasty Kang Xi reign, in Hong Zheng reign, it is the most successful period of making red glaze, and the firing technique has been very mature. This long neck red glaze bottle is painted with red patterns all over its body and the colors are fresh, which reflect the high drawing and firing techniques, and is the masterpiece of red glaze in Qian Long reign, and not descend to the later generations.

190. Blue and White Porcelain Bowl with Underglazed Red Decoration

The mouthpart is widely open, with round sharp border, the belly is deep with circle feet. The outside base is inscribed with three lines of six Chinese characters as "Made in Qing Dynasty Qian Long Reign". The roughcast is solid and the surface glaze is not so white. The blue and white glaze is dark. The inside surface is not painted with pattern, the outside surface is painted with picture of "Three Cold Plant", the plum flower pattern is painted under glaze with bronze material, the color of red is not so pure and yellowish, others are painted with blue pattern. The drawing technique of the patterns are mature, yet the whole composition is rigid.

This blue and white glaze with red pattern bottle is similar to those blue and white bowl with three cold plants pattern, judging from the shape and pattern composition, yet the blue pattern are made dark, and the drawing techniques are mature, and the under glaze color is not as fresh as those in Early Ming Dynasty. Thus this bowl is not the product in Ming Dynasty. Judging from the solid quality and pattern flavor, this is an imitation of Yong Le and Xuan De Reign in Middle Qing Dynasty.

191. Blue and White Porcelain Bottle with Underglazed Red Decoration

The mouthpart is widely open, the neck is long, the round belly is flat with circle feet, the feet are casting outside. The roughcast is fine and white, the shape is regular and the glaze surface is transparent and bright. The blue glaze color is heavy, the red glaze pattern is pure and heavy in color. The mouth part is decorated with twisting grass leave pattern, the neck part is decorated with banana leave pattern, in the middle is decorated with crossing lotus flower pattern, the leaves are all made in blue color, the red glaze symbolize flower blossom, in which pistil and petal are easily detected. The white glaze, blue leave and red flower pattern are all in accordance. The blue glaze and red pattern are made different according to the requirement, and combined to make as a whole; all contribute to show the high technique of craftman.

The reward bottle first appeared in Qing Dynasty Yong Zheng Reign, and was prevalent in Late Qing Dynasty. For the emperor always reward this kind of bottles to his ministers, thus the name rewared bottle. The mouthpart is widely open, the neck is long, the round belly is flat with circle feet, and on the belly is decorated with a circle of crossing lotus flowers, signifying incorruptness. Till the Late Qing Dynasty, the reward bottle shape and pattern has not been changed greatly. The reward bottle pattern is mostly blue and white glaze bottle, this kind of blue and white reward bottle with red pattern is rarely seen.

192. Blue and White Plum Vase with Peach Pattern

The mouth is slightly open, with narrow and long neck, the shoulder is round and the maximum part is on the shoulder, and the below shoulder part is shrink, the base is flat and small. The glaze surface is green and the under glaze part is painted with mountains, leaves pattern, those branchess, fruits, flowers and nine peach fruits are made in red glaze to symbolize longevity, and combine to connotate happiness and longevity with the flying bats in the flower bushes. Blue glaze and red glaze are made in one utensil using the high technique, and the blue glaze on this utensil is pure without spreading, and the arrangement is shown by heavy and light colors, the red color in the glaze is fresh in flowers, the lines are made clear and exact, all show the high drawing techniques and firing crafts, it is a masterpiece of blue and white glaze Red Pattern porcelain.

193. Bean Green Glazed Blue and White Porcelain Bottle with Beast-shaped Handles

The border is round with trumpet like mouth, the neck is long and two beast shape ears is stick on the shoulder part, the belly is olive shape like with a circle feet. The mouthpart is glazed with dark glaze, and the whole body is glazed with green glaze, the neck part and shoulder part are all decorated with blue pattern, they are Hui pattern and twisting cloud side or Kui dragon pattern. On the shoulder is stick with two beast shape ears, the glaze color is black, and there is a circle in the beast's mouth, on the two sides of shoulder are two ears through both are two rings. A circle white glaze pattern of Ge yao kiln imitation is below the major pattern on the belly, in the center and on the circle feet there is a circle of dark galze pattern. The green glaze blue and white pattern porcelains were made first in Ming Dynasty Xuan De Reign as an imitation saucer of Long Quanyao kiln, and has a great development and was particularly prevalent in Qian Long Reign. This utensil decoration is made simple, yet the mature techniques has been applied, all signifying the skillful craft in Qian Long Reign.

194. Blue Glazed Tray with Gold-traced Flower Pattern

The mouthpart is widely open, with arch like outline and circle feet. The outside base is inscribed with three lines of six Chinese characters as "Made in Qing Dynasty Qian Long Reign". The whole body is glazed with blue glaze, the mouthpart is outlined with a circle of golden Hui patterns. The plate center is painted with peony flowers, Yu Lan flowers, butterflies, and grass patterns, the peony flower, and Yu Lan flowers separately symbolize richness, elegance, the combination of butterflies and grass have a connotation of longevity. The outside surface is painted with red color bamboo leaves. The whole utensil is made fine and in detail, it is a rare blue glaze golden pattern porcelain.

Golden pattern utensil appeared first in Song and Yuan Dyansty, and in Yuan Dynasty Jing Dezhenyao Kilns, the techniques of golden outlining is prevalent in Qing Dynasty, the specific technique is to dissolve golden powder into glue and add with some lead powder, and fired in low temperature after coloring on the porcelains, then polished by agate stick or quartzone stick to make the surface smooth. This kind of technique was not used in the Late Qing Dynasty, and the utensil is painted with golden color.

195. Blue and White Pot with Painted Design

The border is round, the mouthpart is holding back with folding and square shoulder, the maximum diameter is on the shoulder and belly parts, below the belly part it is holding back, the base is flat with lid, the pearl is decorated on the cover, below are some arches, the border is broad and flat. This utensil cover is decorated with blue printing, below the cover is some red and green painted horses and one tornado beast, with mountains and rivers as background. The neck part is painted with some banana patterns, the shoulder part is decorated with some eight treasures pattern, the belly part is decorated with the golden tortoise pattern, above them are four oval shape breaches, in which are blue printing mountains and rivers, some five color Kylin, lions, leophard, elephant pattern are in between. The flower blossom is as background. The near feet part is decorated with some blue printing and red glaze lotus flower pattern, above the lotus flower there is a circle of Ru Yi jade cloud pattern.

Blue printing five colors craft is a kind of crafts made in Ming Dynasty Cheng Hua Reign developed from Xuan De five colors, to Kang Xi Reign, there are blue color and black color on the glaze surface, and later replaced blue printing five colors by over glaze five colors, therefore this kind of utensil should be a representation in Early Qing Dynasty.

196. Porcelain Bottle with Painted Design

This bottle is designed to be hung on the wall or on the sedan, and it is also called "Sedan Bottle", or "Hung Bottle". The mouthpart is casting outside, the neck is long with double ear on it, the shoulder is slanting, the

belly is arch, the base is casting outside, with a high circle feet. The roughcast is white and solid. The bottle shape is half cut, on the back is a little hole to be hung with a string. The bottle surface is glazed with green glaze with mixed glaze pattern, some chrysanthemum flower pattern in blossom are made, beside those flowers are two little red and blue flowers, the whole composition is loose and harmonious, the arrangement is clear. This kind of bottle is first seen in Ming Dynasty Xuan De reign, and is especially in Qing Dynasty.

197. Porcelain Bowl with Flower and Butterflies Pattern

The mouthpart is straight, the border is round and curving like waves, the belly is deep, the lower belly part is dropping, the feet are circle like, the outside base is inscribed with six Chinese characters as "Made in Qing Dynasty Jia Qing Reign". The roughcast is white and light, the glaze surface is a little gray and not so smooth. The border is peeled off a circle of dark glaze. The inside base is painted with megranate, peach fruit, melon pattern, which has a connotation as more offsprings, longevity, and more happiness, and is called "Three More Picture". The inside surface is plain without any pattern, the outside surface is painted with butterflies pattern. On the whole outside surface, there are some flower twigs, several butterfies are flying in the blossom. The flower twigs are tiny and the butterflies are quite large, some are not in proper scale. The flowers are all in mixed glaze, and butterflies the same, some are painted in five colors. The composition is loose and without clear subject.

Mixed glaze firing appeared first in Kang Xi Reign, and is prevalent in Yong Zheng Reign, and produced in great amount in Qian Long and Jia Qing Reign. In the middle Qing Dynasty, the pattern is mostly butterflies and some lucky objects, the connotation is common, and lack the elegant meaning, and the composition is loose without clear subject. This bowl roughcast is not so solid, and a little gray on the glaze surface, not as white as those in Yong Zheng Reign, and not as good as those made in Qian Long Reign, this pattern color is not as light as those in Yong Zheng Yeqr, and not as magnificent as those in Qian Long Reign; the composition is loose yet not as complicated and complex as those in Late Qing Dynasty. Thus this bowl should be made in Qing Dynasty Jia Qing Reign.

198. Blue and White Bowl and Lid with Gold-traced Decoration

The mouthpart is straight, the border is flat, the belly is deep with a circle feet. The glaze surface is white and not so smooth. The mouth part and border is glazed with dark glaze. The utensil is composed of two parts, the lid and the bowl body match well, but the size of the lid is smaller, like a converted shallow belly bowl. The inside surface of the lid and bowl is plain without any pattern, the outside surface is decorated with some stones, flowers and birds pattern, the subject and flavor coordinate with each other. The subjects are many, such as flowers(peony flower, sunflower, etc), fruits(peach), stones, bats, and etc. These flowers and fruits are filling the whole composition, and a little messy. The stone are key shape, and painted with blue glaze, and outlined with golden color, to make the whole picture light and elegant. In a whole, the picture color is heavy and fresh, the pattern is complicated, the strokes are rough. The inside surface of the cover handle and the outside of the bowl are inscribed with six chinese characters in three lines as "Made in Qing Dynasty Jia Qing Reign".

In this picture, the bat means "Happiness", peach means "Longevity", peony flower symbolize "Richness", all reflect people's wish to be rich, happy. This kind of subject first appeared in Late Ming Dynasty and continue being used, especially in Late Qing Dynasty. The shape is large, and the glaze surface is not so smooth, the colors are heavy, and the composition is made complicated, these are all features of Qing Dynasty Jia Qing reign.

199. Porcelain Cup with Painted Design and Night Sites of East Lake Pattern

The mouthpart is holding back, the belly is shallow with large diameter, the base is flat, there is four Chinese character inscriptions on the outside base like "Made in Xie Zhu House". There is some golden painting on the border. The glaze is not so compact, and the eggshell is thin, the glaze surface is not so smooth. The inside surface is painted with green low temperature paint, the outside surface is painted with lakes pattern according to the inscriptions as "Eastern Lake Night Moon" under the border, this painting is the reflection of scenes in Eastern Lake. The near side is the big houses on the lakeside, and the trees, toriis, etc. there is a little pavilion and some little boats in the farther lake, by the end of the lake are some vague mountains. These scenes are painted with light green color, which symbolize the lake; and also show the art effect of this picture. The color of this picture is the mixed glaze decoration, thus lake, house, tree, and boat are all painted in light colors, yet the pattern are made rigid, the arrangement is complicated without distinction. On one side of the cup is painted with a poem by Ming Dynasty Wu Zishi.

The pattern of mountains and rivers as well as some natural sites on the porcelain are prevalent in Late Qing Dynasty, such as West Lake, Chang Jiang River, Lu Shan Mountain, and Dong Ting Lake, etc on Jia Qing Reign porcelains. The mixed glaze natural scenes with poem pattern is painted on the Dao Guang Reign cups, such as Lu Shan waterfall, Teng Wang Pavilion, Bai Lu Cave, some natural scenes. At home, some places all have Eastern Lakes, such as in Wu Han, Shen Zhen, Feng Xiang, Nan Chang, etc. So which Eastern Lake it is mentioned on the cup pattern is not sure, that may be Eastern Lake in Nan Chang. The shape and the pattern flavor of this cup and the inside surface blue glaze is similar to those mixed glaze cup with mountain and river poem pattern. And some porcelains with "Xie Zhu Hall" three characters may be made in Dao Guang Reign, such as those little cup with mixed glaze painting, mixed glaze bowl with plum flower pattern, the inscription "Xie Zhu Hall" is not often seen in Dao Guang Reign. Thus this little cup should be made in Dao Guang Reign.

200. Wooden Club Shape Bottle with Figure Pattern on a Blue Ground

The mouthpart is wide and casting outside, the neck is long and holding back, the shoulder is flat, and four corners are made between the shoulder and belly parts, the belly is square shape, upside wider than downside, the base is flat. The center squrare of outside base is inscribed with four sunken Chinese characters "Made in Kang Xi Reign". The whole body is glazed with blue glaze, petal shape space on the neck part, rectangle shape space on the belly, sector shape space on the near base part, in those spaces are painted with people stories. The wooden club bottle is a kind of utensil made in Qing Dynasty Kilns, most are with bulging border, long neck and lofty shoulders, and the name is according to the wooden club shape, some other variey as wide mouthpart, narrow neck and slanting shoulder can be detected. This kind of utensil is made in less quantity in the early years of Yong Zhen reign, yet those made in Yong Zheng reing are all with out-casting border, and the shape is totally different from those in Kang Xi Reign.

201. Blue and White Tray with Red Dragon Pattern

The mouthpart is widely open with sharp round border; the belly is arch with circle feet. The outside base is inscribed with three lines of six Chinese characters as "Made in Qing Dynasty Xian Feng Reign". The roughcast is white and fine, the glaze color is white and gray, and the glaze surface is smooth and light, the blue and white colors are made light. The outside surface is plain without any patterns, the inside border is painted with a circle of cobalt blue tortoise back pattern, the major pattern is painted on the inside base center, it is two circles of blue dragon and red color pattern between the lines. The dragon is painted in red color, the dragon mouth is widely open, its back is arch with four toes, the righ two arms and the tail is holding on the ground, like holding the whole body; the left arm is stretching upward, its forearm is holidng a round mirror like yellow object. The dragon pattern is surrouded with under glaze blue cloud pattern, two of which are large cloud like magic fungus patterns. There are some magin between the border tortoise back pattern and cloud pattern on the plate center without any pattern. The outside surface is painted with twodragon pattern, between are some blue cloud pattern and golden round bead pattern.

Dragon pattern is one of the most common pattern on the porcelains, and later appeared on the porcelains in Southern and Northern Dynasty, and became the major decoration pattern in Yuan, Ming and Qing Dynasty. The dragon pattern forms are various, they are dragons in clouds, dragons in seas, dragons and phoenixes, dragons in flowers, crowed dragons, dragons playing with pearl ball, etc. the dragon pattern on the plate is dragon in cloud pattern, and it is the most common dragon pattern.

The dragon body is stiff on this plate, the head is apparently old-aged, the cloud pattern is made rigid, and is motionless. According to the seal on the plate, this plate should be made in Qing Dynasty Xian Feng Reign.

202. Porcelain Large Bottle with Figure Pattern

The trumpet shape mouthpart, the neck is long and decorated with double lions shape ears, the slanting shoulder is stick with Chi dragon shape glaze. The belly is cylinder like. The feet are circle like. There is a picture "Seven Sons and Eight Son-in Laws Offering Birthday Fercilitations to General Guo Ziyi" painted on the space between neck and belly, the near feet part is painted with a circle of lotus flowers pattern. This bottle is a mixed glaze utensil, it is huge, with magnificent pattern. The patttern has much decoration value, the composition is compact, the colors are in accordance, and made brightly. The people nose are made broad and exagerrated, the glaze surface is made dark without glistening, these are all the features of Late Qing Dynasty mixed glaze porcelains.

203. Porcelain Pipestem with Immortals Worshipping Longevity Pattern

This utensil is used for taking opium in Qing Dynasty, it is column shape, and there is a little hole on the front first one quarter part. There are golden lines painted on the both ends, in the middle part are some people figures, each have different expressions, the crafts are made delicate and fine, the colors are more. The glaze surface is smooth; the roughcast is white and solid. This utensil is made exquisite, yet it can reflect the miserable history of Chinese people. Those invaders from western imperilism start to damage Chinese people by using it, they fire the first and second world wars by their vessels and cannons to open the gate, those opium are imported to poison chinese people, this pipestem is a material evidence, this not only reflect the ill addiction and also the ill deed of western invaders.

204. Painted Water Jar with Two Kids Pottery Figurine

This utensil is made for containing water in study, the water is drop in the inkstone to make abrasive ink. The mouthpart is casting outside, the shoulder is slanting, the belly is bulging and the base is flat. The glaze surface is smooth, the roughcast is white and solid, and the shape is made particularly special. On the belly is stick with two porcelain kids, with slim eyebrow, little eyes, and little grin, two buns on the head; the jacket has a round collar on it, he is wearing trousers, two arms on the side of the jar. The belly part of the bottle is stick with two coordinate pipe like pen holder. The side of the bottle is painted with a circle of crossing flowers, on the belly are three flower twigws. This utensil is mixed glazed, and the colors are various light. The drawing techniques are rough.

205. Blue and White Square Brush Holder with Gold-traced People Figure and Flower Pattern

The shape is rectangle, the border is glazed with dark glaze, the inside surface of brush pot is glazed with green glaze, the flat base are stick with four short square feet. The four sides of the brush pot are separately painted with four pictures, all are decorated with blue and white glaze grass pattern, the pattern is decorated with golden colors. The picture are four season flower and people figure pattern, all take the mixed glaze decoration crafts. The four season flower pattern: green stones are place on the left corner, green leaves are extending and red flowers are in blossom on the end of the stem, the downside of the composition is decorated with a dropping Yulan flower, which is made pure; on one corner are some people, all are glazed in mixed glaze: the elder one is sitting beside the table, the maiden beside is bowing, behind the table is an adult with yellow dress and a headband, before the table is a servant holding something with both hands. The whole composition is made regular and colorful, the strokes are fine and delicate. The brush pot is one of the features in the study, and is first used in Song Dynasty, prevalent in Qing Dynasty. The mixed glaze is first seen in Qing Dynasty, the people has broad nose on the utensil and is a little exaggerated, these are all the features in Late Qing Dynasty.

206. Red Glazed Bowl with Gold Trace Decoration

The mouthpart is widely open, the belly is arch with circle feet. The border is decorated with a circle of Magic Fungus shape cloud pattern, the inside base is painted with dragon pattern, the outside surface is painted with balloon like flower blossom pattern, in which are some phoenix, crane, lotus flower, Lan grass, Chinese character "longevity" pattern. The roughcast is fine and delicate. The whole body is glazed with coral red glaze, the pattern is outlined with golden color. On the bottom is inscribed with four Chinese characters as "Made in Yong Zheng Reign". The shape is fine and delicate, the pattern symbolize longevity and luck, the bowl surface is decorated with coral red glaze, a kind of glaze fired in low temperature in Qing Dynasty, the technique is to paste red glaze onto white glaze surface, and the finished glaze is smooth and even, the colors are golden in red glaze, and can be compared with red coral, the combination of coral red with golden patterns contribute to show the magnificence of the decoration.

207. Green Glazed High Feet Tray with Painted Design

The mouthpart is coiling outside, the surface is arch with high circle feet, the center of the feet is apparently bulging, and the base part is shaped like a trumpet. The utensil surface is glazed with green glaze, the border is glazed with dark glaze, on the border is a circle of yellow cloud pattern. In the center of the plate there is a character "longevity", around is decorated with eight treasures pattern, the outside surface is painted with yellow, green, pink and red glaze to for the beads string and the chinese character "Peace", the circle feet base is painted with pink color lotus flower pattern, the inside circle feet is inscribed with red color characters "Five Scholars".

This high feet is inscribed with "Made in Qian Long Reign" characters, yet judging from the color and quality they are all considerd to be the fine imitation of Qian Long Reign in Late Qing Dynasty.

208. Bean Green Glazed Square Bottle with Blue and White People Figure Pattern

The mouthpart is casting outside, the neck is straight, the shoulder is slanting with square circle feet, and the roughcast is white and solid. The whole body is glazed with green glaze; the bulging part on the belly is painted with blue color picture of "Visiting Friend with Musical Instruments". Below a big tree standing an elderly person who is bowing with a musical instrument in the arms, his opposite side is a scholar with headband on its head with both arms stroking his beard, a bald man is dancing around, with his mouth open widely smiling. The strokes are arranged perfectly, the lines are fluent, three people's humbleness and happiness are described in detail. The green glaze is like the color of the lake, peacefully, the blue pattern is painted on it to show the brightness and elegance of the blue color.

Green glaze with blue and white pattern porcelain is a kind of variety of under glaze porcelain, and is a branch of green glaze, the glaze surface color is light than mixed green glaze and plum green. The green glaze color is mainly the yellowish green, which is lighter than the former ones. In Qing Dynasty the heavy color one is yellowish green, and the glaze surfacei s thick.

209. Enamel Bottle with Happiness and Longevity Inscription Pattern

The mouthpart is casting outside, the neck is thick, the shoulder is slanting, the feet are circle like. The glaze surface is pure and white, with enamel glaze and blue glaze. The border, the neck and the shoulder is decorated with a circle of square pattern; the neck part is decorated with a circle of twisting chinese characters; below the shoulder part and belly part is decorated with a circle of and bat pattern; the belly center is decorated with a circle of Kui dragon, Longevity character, and Bat Pattern; the near feet part is decorated with a circle of bead string pattern. The bottle shape is made elegantly, the craft men are merticulous, the drawing technique is precise, the roughcast is white and fine, the quality is solid, the patterns are made regular, the glaze surface is solid, smooth like jade. The outside base is inscribed with six chinese characters in seal character.

210. A Set of Trays with Painted Design and Flower Pattern

This set of Cuan Plate is composed of nine plates, one in the center around are eight plates. The eight plates have the same shape, all are trapezoid shape petals, in the center is an octagon, and on the base side of each plate are some circle feet. The patterns on each plate center are different, judging from the decoration patterns, two object patterns are red glaze round breaches; in them are poem and mountain and river pattern. One is glazed with blue glaze; above it are two layers of flower pattern, the light color one is crossing flowers the heavy color one is the balloon flower. The other six plates are all decorated with over glaze color, in which two are white glaze mixed glaze, the patterns are mountain and river pattern as well as different shape seal characters; four are colorful glaze and mixed glaze pattern, the glaze colors are light pink, light green, light yellow, and light blue, the four objects are all painted with folding flowers patterns, the color are all made light and elegant.

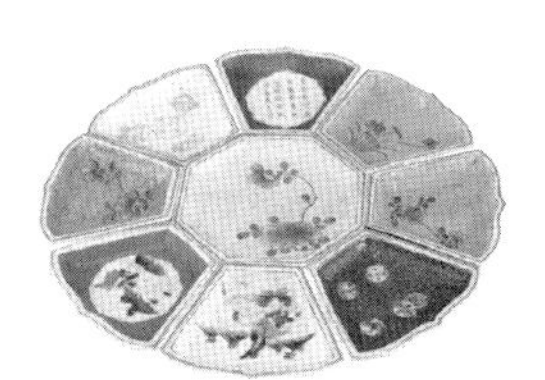

The decoration features of this plate is simpler and more scattered, those flowers are made realistic and lack the art taste; the very regular balloon flower and seal pattern only appeared in Late Qing Dynasty; the eggshell is thin, and lack the feeling of smooth. Thus the age of this Cuan plate is not earlier than Middle Qing Dynasty, about the Middle and Late Qing Dynasty.

211. Porcelain Gu Utensil with Square Openness

This shape is imitating GU Utensil in Shang and Zhou Dynasty, the mouthpart is square, the shape is square, and the square belly has some edges. The feet is casting outside, the base is flat. The utensil surface is glazed with mixed glaze, the pattern are some blue color. This Gu utensil is made fine and delicate, the shape is elegant, the roughcast is white and solid, the mixed glaze is made thick, the color is pure, these are all the characteristics of Early Qing Dynasty.

212.Blue Glazed Jar with Flower Pattern

The border is round, the mouthpart is straight and holding back with slanting shoulder and the maximum diamter is on the upper belly, the lower belly is holding back, the near base part is also holding back with circle feet. It is with lid, which is a pearl like button, the cover is arch with flat and broad border, its shape is like the headpiece, thus the name "General Pot". The whole body is glazed with blue glaze, which is transparent, even and clear; the lid and the shoulder part is decorated with some white fan shape spaces, the middle belly part is decorated with some circle shape spaces, and the lower belly part is decorated with some square shape spaces, in which are some flower and grass patterns. The spaces is a kind of decorative technique, this kind of blue glaze space is made by covering the surface with various shape wet paper, and then color the exposed surface, the peel off the wet papers, and paint in the spaces left, the last step is to glaze the transparent glaze and fired in high temperature. The whole utensil is made heavy in color and elegant in shape, so it is different from those products of Early Qing Dynasty Kang Xi and Yong Zheng Reign. The features of shape and decoration are all of late Qing Dynasty.

213. Porcelain Tray with Mountains and Rivers Pattern

The mouthpart is widely open with sharp and round border, the belly is flat with circle feet, on the outside base there is a six chinese character inscription like "Made in Qing Dynasty Qian Long Reign". The eggshell is thin, the glaze surface is white but not smooth, on the border there is a circle of dark glaze. The outside surface is painted with three sets of red color bamboo pattern, the inside base and surface is painted with a picture of mountain and river. Before the farther mountains are scattered with some trees, a pavilion and some stones, the picture is made simple and free. The colors are light green, light yellow without red color, thus this picture is made light. This kind of drawing technique is rough with clear arrangement, and has the flavor of Late Qing Dynasty. The base inscription is an imitation, the strokes are loose and not as powerful as in Qian Long Reign.

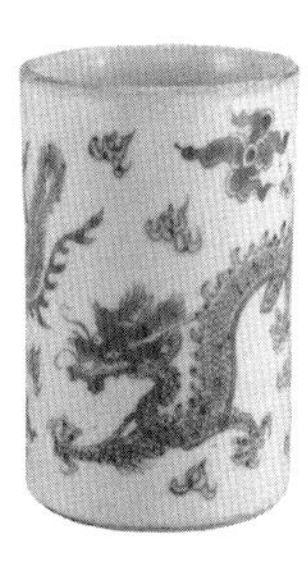

214. Blue and White Brush Holder With Underglazed-red Decoration and Dragon and Phoenix Pattern

This brush pot shape is cylinder, and the technique is blue and white glaze with red painting, the major pattern is dancing dragon and flying phoenixes, the dragon is the king of sea animals, symbolizing divine, mighty and power, and is considered as symbol of "emperor's mighty" and "God's power" in the feudal society, and not to be misused; phoenix is the king of all birds, in the book of <about literature>, it says: "phoenix, a kind of heavenly bird, heavenly elder one have said: phoenix possess many features, the fine head and magnificent back, snake like neck and fish tail, Crane forehead and mandarin duck's cheek, dragon's scent and tortoise's back, swallow's forehead and cock's beak, all the necessary feature it could possesse. Then we get to know the peace world." These are all lucky features, dragon and phoenix coordinate very well each other. Besides are cross like cloud and flame pattern, the lines are made fluent and natural. The glaze surface is smooth and bright, the roughcast is white and solid. On the outside base is inscribed with three lines of six chinese characters in regular script such as "Made in Qing Dynasty Kang Xi Reign", the characters are just scratched. Brush pot is one of the daily study use utensil, and was used first in Song Dynasty and was prevalent in Qing Dynasty.

215. Bean Green Glazed Bottle with Double Handle and Floral Design

The mouthpart is little, with long neck small upside and thick downside, large circle feet, the both sides of the neck is stick with a pair of Kui dragon shape ears. The outside base is inscribed with three lines of six Chinese characters as "Made in Qing Dynasty Qian Long Reign". The roughcast is solid and thick, the eggshell is thick and smooth, the whole body is glazed with light bean green glaze. The pattern is made by white glaze, the belly part is painted with a circle of Ru Yi jade pattern. The major pattern(Lucky Cloud, Bats, plum Flower) are made in thick glaze, the gentle white flower is protruding on the glaze surface, and has three dimentional effect, the assistant pattern(cloud side) is made by tiny white glaze, thus to give prominence to the major pattern. The light color bean green glaze coordinate with white flowers to make the whole composition gentle and elegant.

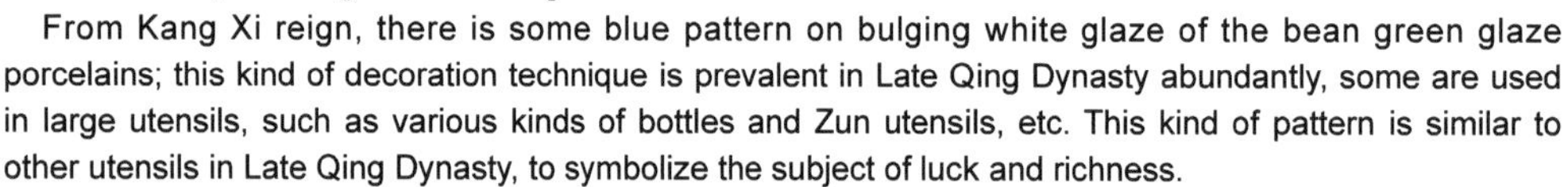

From Kang Xi reign, there is some blue pattern on bulging white glaze of the bean green glaze porcelains; this kind of decoration technique is prevalent in Late Qing Dynasty abundantly, some are used in large utensils, such as various kinds of bottles and Zun utensils, etc. This kind of pattern is similar to other utensils in Late Qing Dynasty, to symbolize the subject of luck and richness.

216. Bean Green Glazed Bottle with Floral Design

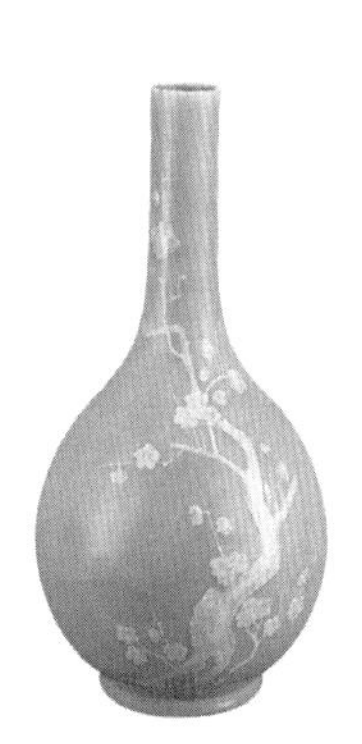

The mouthpart is slightly open, with flat border and long neck, the shoulder is slanting with bulging oval shape belly, the feet are circle like. The outside base is inscribed with three lines of six Chinese characters "Made in Qing Dynasty Qian Long Reign" in Seal character, the characters are made in mass. The utensil shape is like a cone, thus the name "cone-shaped bottle". This kind of bottle first appeared in Qing Dynasty Kang Xi Reign, and is prevalent in Kang Xi, Yong Zheng and Qian Long Reign, even in Late Qing Dynasty. The roughcast is white, yet not so solid; the whole body is glazed with light bean green color, like the color of mixed green glaze. There is a old white glazed plum tree made under glaze, the branches are stretching from the belly part to the neck part. Plum flowers is in blossom, and some are in buds, the white glazed plum flower resemble the plum flowers in cold winter. This cone-shaped bottle could be made in Middle and Late Qing Dynasty judging from prevalence age of most bean green glaze white pattern porcelains.

217. Bean Green Glazed Bottle with Floral Design

The border is round and coiling outside, the neck is short and thick, with a cylinder like lower belly, the lower belly is holding back with circle feet. The outside surface is glazed with double blue circles on the white glaze surface. The roughcast is heavy and thick, the whole body is glazed with yellowish bean green glaze, the color is heavy, and the glaze surface is not so smooth and clean. The belly part is painted with a white glazed plum flower tree and some other flowers, the plum flower is not so white for the pattern glaze is too thick and the glaze color is too dark. Those branches, stems and flowers are made rigid, the plum flowers are arranged too regularly, the flower in blossom and those buds are not so apparent, the branch is not stretching upward, yet to pointing horizontally and seem to be too old to lift the branches. In a whole, the drawing techniques and art taste is low, the time should be in Late Qing Dynasty.

218. Bean Green Glazed Lantern Shape Zun Utensil with Floral Design

The mouthpart is widely open, the border is round, the neck is thick, the shoulder is slanting, the feet are circle like. The roughcast is white and the glaze is made even, the whole body is glazed with light bean green glaze, the color is similar to those mixed green glaze. For the shape is like those rectangle lamp, thus the name "Lamp Shape Zun Utensil". On the belly part is a picture of stone, flower and birds in white glaze: the stones are made low, beside are two chrysanthemum flower in blossom, one is high and another is low. Besides the high and apparent chrysanthemum flowers, there are some low grass living around the stone. On the shoulder part above the picture is painted some flying butterflies. This picture is a common natural scene, yet has deep connotation. The grass pronunciation in Chinese is "Mao" the same with "Old", butterflies Chinese pronunciation "Die" the same with "elder", chrysanthemum symbolize longevity and health, thus this picture means "to live to be old and longevity", this really show people's wish to live longer. This kind of words are phonograms, to be painted on the porcelain surface to wish luck and happiness from Late Ming Dynasty, and was more prevalent in Middle and Late Qing Dynasty.

219. Blue Glazed Tray with Cloud and Dragon Pattern

The mouthpart is widely open with sharp round border, the belly is shallow with circle feet. The roughcast is white and fine. the outside surface is plain without any patterns, the inside surface and inside base is painted with some dragons in clouds pattern, the inside base is paited with five claw dragon, before its head is a firing ball, around are various cloud patterns, yielding the picture of dragon playing with pearl ball. The inside surface is paintd with two tiny dragon patterns, around are some cloud patterns, two dragons are playing after the pearl ball in the cloud.

The pattern on this plate is opposite to the common white glaze blue pattern porcelains, its glaze is blue with white spaces and some detailed dragon parts are painted. This kind of decoration is to outline on the roughcast, and paint the specific part with cobalt blue colors, at last glazed with transparent glaze and fired one time in high temperature. This is a kind of decorative technique in blue and white glaze porcelain decorations.

The dragon and cloud pattern on this plate is made messy and the composition is loose, this should be the product in Late Qing Dynasty. Judging from the good quality and cobalt blue color, this blue glaze white pattern porcelain plate may be made in Guang Xu Reign after the reviving period of porcelain in Late Qing Dynasty.

220. Red Glazed Tray with Flower Pattern

The border is round and flat. The belly is shallow with circle feet. The roughcast is thin and not so compact, the glaze surface is white, yet not smooth. The outside surface is painted with three sets of bamboo patterns, a circle of incredible pattern and Ru Yi jade pattern are painted on the border. The plate surface is painted with some dense and various size flower twigs and fruits, three bats are scattered around, the plate center is painted with megranate, melon and peach fruit pattern, symbolizing more offspring, happiness and longevity, thus the name "Three More Things". The painting is made red color, the composition is compact, messy and without clear arrangement.

The decoration on this plate is made of the red alum coloring craft, this object should be made in Late Qing Dynasty judging from the glaze quality and pattern features.

221. Porcelain Bowl with Phoenix in Lotus Pattern

The mouthpart is slightly open, with sharp and round lip, the belly is deep with big circle feet. The outside base is inscribed some six Chinese characters in two lines "Made in Qing Dynasty Guang Xu Reign". The roughcast is very white, and not so solid and fine, the eggshell is thin and without the smooth surface. The inside surface is white without any pattern, on the upside and downside there is a thick line circle, the major pattern of four phoenixes in lotus flowers is set between the two circles. On the finished white glaze are some lotus flower twigs scattered, four different color phoenixes are just flying in the flower bushes. The composition is made loose without clear arrangement, this kind of painting is rigid and this kind of pattern is prevalent in the Late Qing Dynasty. And this period mixed glaze is thick and not so light and gentle. According to the inscription, the age of this bowl should be in Qing Dynasty Guang Xu Reign.

222. Black Glazed Zun Utensil with Tri-color People Figure Pattern

This utensil is an imitation of Chu Ji Zun bronze utensil. The mouthpart is casting outside, the neck is narrow, the belly is bulging, the feet are circle like, and the base part is two layer. The utensil is divided into three parts: neck, belly and circle feet. Around the bulging belly are four yellow ridges, between the belly and circle feet there is a circle of yellow ridge. The border is carved with some Hui Pattern, which is painted in green color. The outside surface pattern is divided into three groups, the subject is people figures to reflect family life. The neck pattern is that two noble women are playing chess, one maiden is aside watching, some flower bottle and rails are as background. The belly part pattern is various, on the right side of the picture there is a child sitting before an adult holding a book in hand, like being taught. On the left side of the picture there are two adults talking, one is in official clothes, another is in casual clothes. The circle feet part is decorated with kids playing pattern, one fat kid is holding a little pinwheel running in the garden, an adult, may be the kid's father, is sitting at the table, and watching the kid playing. The glaze color is black, the pattern colors are green, yellow, pink, etc, no red color is detected. The whole composition is elegant and simple.

223. Tri-color Tray

This plate is one of the Cuan Plates. The shape is pentagon, the border is painted with water wave and flower pattern; the center is painted with lotus flower pattern, the flower leaves are spreading, the lotus is in bud, the leaves are spreading in the wind, the lines are fluent and vivid. The roughcast is white and solid.

Cuan Plate is made first in Ming Dynasty Wan Li Reign, and used as set of tableware till Late Qing Dynasty. Several parts are put together as a whole, thus the name Cuan plate, or complete plate. It is used to contain little dish or fruits. It is also called "Five Elements", or "Seven Parts", "Eight Elements", or "Ten Parts". The outside part is wrapped into some larger boxes of other material.

This plate is decorated with three colors, the flower color is purple; the branches and water waves are green, the color is either heavy or light, it can just reflect the inner world for the natural surroundings, the geometry shape is used to symbolize water waves, the exaggerated lotus flower and leaves are made realistic, the pottery craftman made the pattern vivid and glorious.

Blue and White Porcelain

224. Blue and White Bowl with Pine, Bamboo and Plum Pattern

The mouthpart is widely open, the border is round, the belly is deep, and the feet are circle like. The roughcast is white, the quality is fine; the glaze color is white and blue, the surface is smooth. The blue printing is black and blue, with some black spots between the patterns, like painted with cobalt. The patterns are painted on the outside surface, they are two pine trees, bamboo and peach flower blossom pattern, between them are stone pattern. The inside base is painted with pairs of pine trees, bamboo, and peach flower blossom patterns. On the border are painted some tortoise pattern, the inside surface is plain without any patterns.

The Cold Three Plant are pine tree, bamboo, and peach flower blossom, each symbolize three different meaning, longevity, man of honor, and cleanness. For these three plant are living in the cold condition, thus the name "Cold Three Plants". This kind of pattern was firstly seen on the Song Dynasty porcelains, and is prevalent in the political and cultural background of Yuan Dynasty, the three plants has two kind of forms, simple painting or adding with stone and banana leaves pattern. In Early Ming Dynasty the cold three plants were still prevalent, Ming Dynasty three plants are coordinating with stone and rails. Those cold plants painted in Qing Dynasty is made realistic, some times decorated with poems in the leaves, such as the blue printing glaze red bottle has poems hidden in the bamboo leaves stored in forbidden city.

This blue printing bottle with three plants pattern, the pine trees, bamboo, and peach flower is coordinating with stones, yet the painting technique is different from those of Yuan Dynasty, thus it is apparently not the product of Yuan Dynasty. Judging from the cobalt color, it should be made in the reign of Yong Le and Xuan De in Early Ming Dynasty.

225. Blue and White Bowl with Arabic Inscription

The mouthpart is holding back, the belly is arch like, the feet is lying. On the inside surface there is painted with a circle of sea waves pattern, below which is painted with flowers pattern, near bottom part is painted a circle of lotus flower pattern, the leave is calabash shape, the base core pattern is flower shape; outside is painted with a circle of Arabic inscription, it means: Lord, bless us. There are some flowers in between as separation, below which is painted a circle of double lines, on the belly are two circles of symmetrical changing leave pattern, near feet part there is painted a circle of lotus flower. Many pattern combine together to show the subject, the technique of straight line and curving lines are changing variously to be made harmoniously.

The blue printing color is bright and strong, with some black spots, and the cobalt is imported. The eggshell is thin, the quality is fine, and the composition is clear and regular.

226. Blue and White Tray with Flower-Petal Mouth and Kylin Pattern

The mouth is widely open, the border is folding, the border is round, and the border is bulging, the feet are circle like, and the outside base is bulging. The roughcast is moderate, the quality is pure; the glaze color is a little green, the eggshell is thick; the blue printing color is light, and the material should be home cobalt.

The major pattern is on the inside base of the tray, a squatting kylin is turning its head back, the head has only one tornado on it, with scute all over the body, the tail is like that of lion with hoof, the hair on the head and tail is flowing in the wind. Around is decorated with some stone, hills and grass. The painting is taking the technique of line drawing, the line is made deep in color, and the other color is light. The inside surface is plain without pattern, the folding border with some coin pattern on it, there are a pair of blue incredible pattern upside and downside, they all contribute to be assistant pattern. The coin pattern and two pairs of incredible patterns are made naturally, especially there is a pair of vague incredible pattern near the border part.

Kylin is a kind of lucky beast in Chinese folk tales, and is the symbol of luck. In Yuan Dynasty, kylin is one of the major pattern of blue printing porcelain, they combine with stone hills and fruits, such as the famous Yuan Dynasty blue printing Kylin fruit and flower border big Tray, etc. the early Ming Dynasty Kylin pattern is still in prevalence, also detected in blue printing porcelains. In the middle Ming Dynasty the kylin pattern is rarely seen, and they are prevalent again in the Late Ming Dynasty, at that time they are made together with banana leaves, to form the representative pattern---banana leave Kylin pattern. During the whole Qing Dynaty, the Kylin pattern is always seen for example: Kylin offering babies, Kylin spit jade book, etc because the notion of luck is deep in folk's hearts.

Comparing with the blue printing porcelains in Qing Dynasty, this glaze is not so white, the quality is loose, and it should be the product of Ming Dynasty. Judging from the form of Kylin, it is similar to those of Yuan Dynasty, and is different from those commonly seen Kylin pattern in Late Ming Dynasty and Qing Dynasty. Thus this plate should be the product of Early Ming Dynasty. This painting is made coarse, and has the feature of Xuan De Reign blue printing porcelain.

227. Blue and White Large Pot with Visiting Friend pattern

The mouthpart is straight, the border is round, the shoulder is plim, the lower belly part is holding back, the feet are circle like, and has a clear carving by knife. The mouthpart is decorated with grid pattern; the shoulder part is decorated with four set of flowers, in them are decorated with folding lotus flowers; the belly part is painted with holding musical instrument visiting friends pattern, the background is pine tree in cloud, the above is three host and servants, one visitor is mounting on the horseback, two kids with instruments in arms is standing before him, behind him is a servant carrying wine on the shoulder; near feet part is decorated with a circle of sea waves pattern.

The pattern is made in thick lines, with little spreading, in the blue color there is detected gray color, which is spread. The roughcast is white, the quality is solid, the body is thick and heavy; the glaze is white, and quality is fine. It is the product of "Blank Age"(Ming Dynasty Zheng Tong Reign---Tian Shun Reign).

228. Blue and White High Feet Cup with Twigs and Flowers Pattern

The mouthpart is widely open, the border is round, the belly is straight and deep, the trumpet shape handle is casting outside. The roughcast is thin and light, the eggshell is thick, yet not so white and is milky. The blue printing is elegant and simple. The inside base is painted with a flower twig, the inside surface is decorated with two circles of incredible patterns near the mouthpart, and without any other pattern.Except two circles of incredible patterns near the mouthpart, there is no other patterns on the inside surface. The major pattern is painted on the outside surface, there is a circle of loose and elegant crossing flower twigs, on the handle part is painted with two-cloud pattern. There is a set of blue incredible pattern on the inside border and outside part, it is the representative feature of blue printing pattern in Middle Ming Dynasty. The pattern is taking the technique of lines and spreading, those lines are made fine and elegant, the whole composition is natural. The trumpet like high feet has some inscription like "made in Ming Dynasty Cheng Hua reign".

Cheng Hua reign is one of the peak period of blue printing porcelain in ancient Chinese history, the feature is obvious. Besides the transparent glaze and delicate shape the same with some other porcelains of the same time, this one is made elegant and simple, and is called "light blue printing". Because the cobalt produced in Jiang Xi Province, and is called Po Tang blue, this kind of cobalt contain less steel and the color is light and clean. The jade like eggshell, the delicate shape, and the simple composition all contribute to the art features of blue printing of Cheng Hua reign.

229. Blue and White Calabash Shape Bottle with Twigs Pattern

The mouthpart is straight, the shoulder is slanting, the belly is bulging, the waist is narrow, and there is no glaze on the inside base, the shape is calabash. The eggshell is fine and the body is a little heavy, the connecting part is easily seen. The glaze color is white and blue, the glaze surface is thick. The composition is complicated with many divisions. The whole utensil is decorated with six areas patterns, near the border there are some patterns. The upper belly part is decorated with four lotus flower pattern, the near waist part is painted with four lucky clouds, the lower waist part is decorated with a circle of changing lotus flower pattern. The lower belly part is bulging with four facing lotus flowers. Near feet part is decorated with a circle of changing lotus petals. The blue printing is elegant and light, gentle and a little gray, and should be made of cobalt.

This utensil is modest and elegant, it combine the technique of line drawing and double line drawing with spreading color, the lines are made delicate and fluent, the pattern is flower twigs, which means "longevity, no limit", and "clean and incorruptness", the complicated pattern is the decoration flavor of Late Ming Dynasty. This porcelain is the rare art of Ming Dynasty Zheng De Reign.

230. Blue and White High Feet Cup with People Figures Pattern

The mouthpart is casting outside, the border is round, the belly is deep, and the circle feet are casting outside. The roughcast is fine and white, the eggshell is thick. The near mouth part is painted with a circle of peach flower pattern, and without pattern on the inside surface, on the inside base is painted a elderly man sitting under a cliff, on which is growing an old pine tree, before the mountain there is a river. The circle feet and outside surface is painted with two layers of upside down banana leaves pattern. The major pattern is painted outside the utensil body, in the middle is set a table, on which is a open book, eighteen scholars are around the table, they hold different expressions and motions. Three people are sitting on the table, one is pointing the left side with his finger; the right side is painted a man holding his two arms upward and excited, on his right side is standing two people, seems discussing about something. On the left side of the table is standing three people, with their arms holding, and their expression still, seems daunting. This scene is the so-called "eighteen scholar" painting.

In Tang Dynasty, when the prince Qin is not emperor yet, he set some literary houses in the western city, and attract all the scholars, such as Du Ruhui, Fang Xuanling, Lu Deming, Kong Yingda, Yu Shinan, etc, totally eighteen of them, and divided into three group, each day six people discussing about the document and the affairs, therefore the name "Eighteen Scholars". When Li Shimin ascend the throng, the "eighteen scholars" are appointed important positions. The emperor appoint Yan Liben draw the picture, Chu Liang write the essay, the eighteen people's name and birthplace are all noted down. In Kai Yuan reign of Tang Dynasty Xuan Zong Emperor's reign, he appointed eighteen scholars such as Zhang Yue, Xu Jian, and He Zhizhang, etc in Shi Xiang Pavilion of Shang Yang Palace, to draw pictures by Dong E. the later dynasty always draw picture based on this story, the picture content is six people or four people commenting on the scrolls, such as the picture of "Eighteen Scholars"stored in china Tai Pei Museum. The eighteen scholars painted on the porcelains of Ming and Qing Dynasty is deriving from this story.

This high feet cup is thin and light, the eggshell is smooth, the mouthpart and circle feet surface has double lines incredible pattern, these are all the features of Middle Ming Dynasty blue printing porcelains.

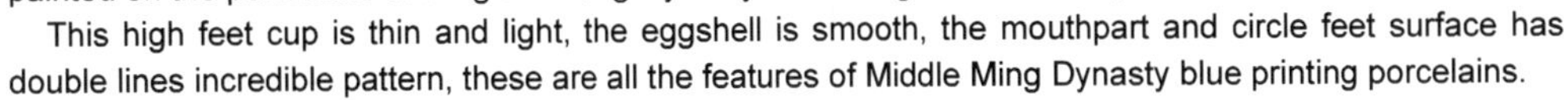

231. Blue and White Pot with Dragon Pattern

The border is round, the mouth is wide, the shoulder is round, the belly is bulging, the lower belly is holding back, the near feet part is narrow, and the feet are circle like. The utensil is connected with four parts, and form a edging bottle form. The neck part has some petal like shape on each side, the inside is filled with flower pattern. The shoulder is painted with lotus flower, those petals connected closely, with only a thin line in between, each petal has double layers, the inside is the honeysuckle pattern. The belly part is divided into four parts, each part is painted with grass pattern, in which the major pattern is dragon, its head is turning upward, and its mouth widely open, the upper chin is like Ru Yi jade, the lower chin is longer, the head hair is flowing in the wind, the body is taking the shape of "S", all over the body it is spread with scute, the claw has four toes and is the shape of wheel. The near base part is decorated with changing petal pattern, the flower petal is separated into inside and outside parts. This utensil is plim, and the pattern is made closely, and this is a perfect blue printing product.

232. Blue and White Bowl with Horse and Rabbit Pattern

The mouth part is a little wide, the border is round, the belly is deep, the feet are circle like. The rough cast is fine, with white and blue color on the glaze surface. The blue printing is gray and blue, that may be painted by cobalt. Around the border there is a circle of sea wave pattern, some sprays could be seen on it, yet comparing with the sea wave of Yong Le reign, the Buddha hand like sea wave is made too complicated, and arranged too regularly, the swirl is not so apparent, and between two sprays there is a peach flower flower spray. The inside base is painted with sea waves, around them are about tem sun like circle reaching to the inside base. Below the outside mouthpart is painted with a circle of sea wave and beast pattern, some horse like sea beasts are galloping in the waves; the animals and waves alternate together. The technique of drawing the sprays is different with that on the inside border, the spray is made too large, like one wave on another. This kind of drawing technique is similar to the sea wave of Xuan De reign, but is not wild as that. The major pattern is the animals on the outside surface. Ten pairs of vertical lines are dividing the outside surface into ten rectangles, in each one is painted with a various pose rabbit, some are running forward, some are walking slowly, and some are standing still, no matter what kind of gesture, their heads are heading for the same direction. Between each rabbit there are some stone hills, rails and flowers as decoration, the rabbits are almost the same. The picture is finished by single line spreading, and the color is light.

This bowl glaze is fine and delicate, the color is light, and is the feature of Middle Ming Dynasty, and the two set of sea waves obviously imitate those of Yong Le and Xuan De reign, this technique is one adopted in Late Ming Dynasty, from the reign of Zheng De this kind of Early Ming dynasty porcelain imitation has been made. The composition is complex, and not like the simple and clearness of Middle Ming Dynasty, therefore this blue printing porcelain should be the product of Jing Dezhenyao kiln in Late Ming Dynasty.

233. Blue and White Kettle

The handle is curving, the body is edging, the feet are circle like. The glaze surface is transparent and bright, the glaze color is white and green, the blue printing color is light and elegant. The roughcast color is white and solid, the shape is special. On the lid and kettle body there are some peach flower pattern, below are some lotus flower pattern, the major pattern is melons and flying butterflies, butterflies pronunciation is the same with melon in Chinese. This painting is combine melon and butterflies together to have a connotation of "always have melons", in the book of <Classic of Poetry>, it says "melon always, people depend on, from the earth". Ancient people just hope this picture could bring them children and glorious career.

This utensil pattern is using the color of "Even Greeness", the color is light, and using the technique of outlining and spreading, those lines are fluent and natural without little block, the roughcast quality is not as compact as in Qing Dynasty, it should be made in Late Ming Dynasty.

234. Blue and White Gu Utensil with Figure and Flower pattern

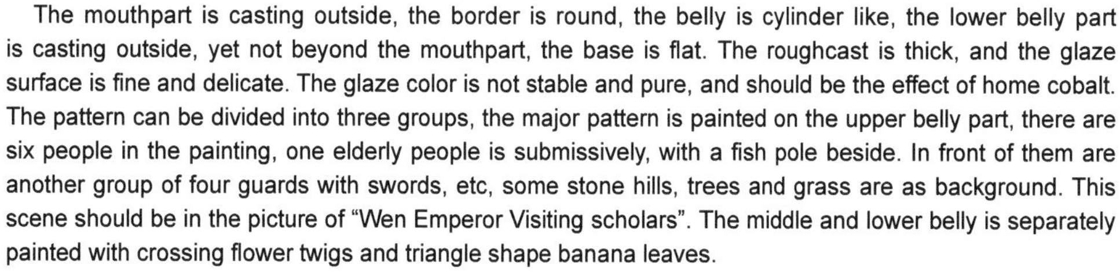

The mouthpart is casting outside, the border is round, the belly is cylinder like, the lower belly part is casting outside, yet not beyond the mouthpart, the base is flat. The roughcast is thick, and the glaze surface is fine and delicate. The glaze color is not stable and pure, and should be the effect of home cobalt. The pattern can be divided into three groups, the major pattern is painted on the upper belly part, there are six people in the painting, one elderly people is submissively, with a fish pole beside. In front of them are another group of four guards with swords, etc, some stone hills, trees and grass are as background. This scene should be in the picture of "Wen Emperor Visiting scholars". The middle and lower belly is separately painted with crossing flower twigs and triangle shape banana leaves.

Wen Emperor is Zhou Dynasty emperor Ji Chang, in the late Shang Dynasty, Ji Chang is attracting scholars to help him win the support of people. One day he dreamed that a flying bear is coming into his house, the next day when he is on his way out, he met a woodman named Wu Ji. Wu Ji lead Ji Chang to the Wei river side, where Jiang Shang is angling. Ji Chang sent his younger son to visit Jiang Shang, who pay no attention to it; Ji Chang go by himself and talk with the wise man, then get to know that Jiang Shang has a nick name "Flying Bear", that is just the name in the dream. Thus, Ji Chang ask Jiang Shang to help him win the reign, and let Jiang Shang take the cart, he himself pull it. Later with Jiang Shang's help, Ji Chang replace Shang Dynasty with Zhou Dynasty. This history story is called "Wen Emperor Visiting Scholar", and is the common subject on the Ming and Qing Dynasty porcelains.

Flower Gu is the creative utensil in Ming Dynasty Chong Zhen's reign, and is prevalent in Shun Zhi and Kang Xi's reign. The middle belly part of flower Gu is not bulging, and the upper belly is decorated with flowers, birds, lucky beasts and people figures, the middle and lower belly is painted with flower twigs and dropping banana leaves, and has a apparent feature of that age. The middle belly of Early Qing Dynasty flower Gu is bulging a little, and during Kang Xi emperor's reign it is bulging already.

Judging from the shape, this flower Gu has the characteristics of Chong Zhen's reign, and the eggshell is not as solid as those during Shun Zhi's emperor's reign, the glaze color is not as bright, and the pattern is not as simple and strong as those during Shun Zhi and Kang Xi's reign.

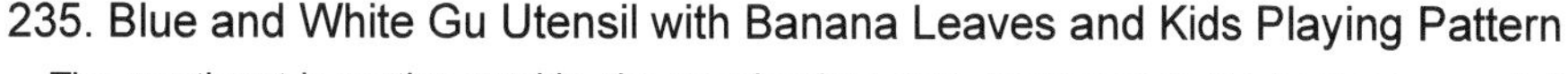

235. Blue and White Gu Utensil with Banana Leaves and Kids Playing Pattern

The mouthpart is casting outside, the near border part is holding back, the border is round, the belly is cylinder like, the lower belly part is casting outside, the base is flat. The roughcast is thick, the glaze surface is smooth and bright, the blue printing color is pure blue. On the belly part is painted with stone hills and large banana leaves pattern, below the banana tree there are two kids playing together. The composition is simple and the stroke is characteristic, the banana leave is made thick, the bright blue make the banana leave more densely; the light stroke is painted to make the tree profile, the color is like light blue flower, the trunk is hollow, the banana tree is made heavy on the head and light below, the light color trunk can't match with the dark color leaves. This kind of color matching is not plausible, actually it is natural from viewing a big tree from afar, the high and dense crown of a tree is easily identified than the slim trunk. The kids playing under the tree are painted heavy color only on the clothes, other parts like head, leg and feet are made light color. The stone color is made distinctively. The heavy color and light color can show the arrangement, yet it is not like those blue printing porcelains made in Kang Xi Reign. The dark glaze mouth and banana leave pattern are all the representative features of Shun Zhi reign, thus this blue printing banana leaves and people figure pattern flower Gu Utensil should be made in Qing Dynasty Shun Zhi reign.

236. Blue and White Gu Utensil with Houses and Trees Pattern

The mouth is widely open, the border is round, the belly is cylinder like, the base is casting outside, the base diameter is smaller than mouth diameter, the base is made of two layers. The roughcast is pure and the eggshell is thick, the glaze surface is pure and white. The blue printing color is pure blue, like painted by the home made Zhe material. The border part is glazed with a circle of dark glaze, the outside base is not glazed. The pattern is on the middle and lower belly, the composition is made simple, it is a simple and clear stone hills and trees picture. Behind the house there are some trees, the larger one has only trunk and without leaves, beside is a little tree with dense leaves. From afar there are some little stone hills. The composition is made simple, yet lack the good arrangement, it is made more mature and complete than those in Late Ming Dynasty.

The two layers base is to peel off a circle of glaze on the circle feet and outside surface, to raid off the glaze to the feet part, and to form two different highness sections, and the feet part can be shaped as square shape or sharp, generally speaking, the square base age should be earlier than those of sharp base. The two layer base first appear in Shun Zhi reign, and is prevalent in Kang Xi Reign. The middle belly part of this flower Gu utensil is not bulging, the dark glaze mouth and coarsely made stone hills are the important features of Shun Zhi reign, we can refer that this Gu utensil is those made in Qing Dynasty Shun Zhi reign.

237. Blue and White Bottle with Flower Pattern

The mouthpart is small, the border is round, the neck is short and the shoulder is peach flower, the upper belly is round and bulging, the lower belly is holding back, the base is casting outside, there are two layer base. This kind of base first appear in Shun Zhi reign, and is prevalent in Kang Xi reign. The rough cast quality is not so compact, the glaze color is blue, the blue printing color is gray and blue, and the colors are different. The belly part is painted with dense flowers, between them are some larger chrysanthemum shape flowers. On the mouthpart and lower belly part, and near feet part are a set of blue incredible pattern, on the neck part is decorated with some simple banana leave pattern, on the neck and shoulder part are decorated with a circle of triangle pattern. The pattern is made simple and rigid, the composition is complex without stress.

Judging from the eggshell quality and pattern flavor, this peach flower bottle has some characteristics of Late Ming Dynasty, and two layers base is the popular form in Early Qing Dynasty, thus the age of this utensil should be in Early Qing Dynasty.

238. Blue and White Warming Tray with Mountains and Rivers Pattern

The border is square, the border is coiling upward, the belly is shallow. The plate belly is slanting, with a triangle shape handle on the border between the two sides, the plate core is sunken. The feet are circle like. This kind of shape is rarely seen in blue printing porcelains, it is different from the common porcelain plate, and is used for containing hot water to heat the meal or wine place on it. This plate is heavy, and the glaze is not so white, the blue printing is not stable, the color is mainly pure blue, that is the Zhe material. The major pattern is in the plate core, and it is a perfect scenery picture: peaceful lake is surrounded by some pavilions, cloisters, trees and farther people houses. On the inside surface and base there is separately painted a circle of beautiful land, below the border is decorated with six pairs of flower twigs.

Because this kind of utensil is rarely seen, and there is no reference objects for comparing. Judging from the base and pattern subject, this should be made in the Early Qing Dynasty.

239. Blue and White Pot with Kids Playing Pattern

The border is round, the mouthpart is holding back, the shoulder part is square and round, the maximum diameter is in the upper belly part, the belly part is holding back, and nearly flat on the base part. It is with lid, which is the pearl shape, below the cover is arch like, the outside border is broad and flat. The lid seem to be added later, and the flavor is obviously different to that of the utensil body. The shape is like a general cap, thus this utensil is called “general pot”. This utensil has a pearl like button, below the cover is decorated with blue flowers to symbolize crossing flower twigs. On the neck there are some triangle paterns, inside are some changing honeysuckle pattern, the shoulder part is decorated with some Ru Yi jade pattern, each part is a petal shape breach, in them are some little flower picture. On the belly part there is kid playing pattern, the background is lake stone and banana trees, many kids playing together, one kid is with a small pinch of hair and a long robe, they are playing chess and appreciating pictures, some are swinging fans and talking, some are playing musical instruments, the people figures are vivid they have different expression. Near base part is a lotus flower pattern, the petals are thick and broad and closely connected together. Kids playing pattern is a major decoration pattern on the porcelains, they are the playing sceneries, and is first seen in the under glaze colorful pot of Tang Dynasty Chang Shayao kiln porcelains, and has a great development in Song and Jin Dynasty, the techniques are carving, scratching, and printing, the kid's figure also has all kinds of forms, such as: kids playing in flowers, kids mounting on horses, kids playing peg-top, kids in boat, etc, in which the kids playing picture of Ci Zhouyao kiln is vivid; with the development of Ming and Qing Dynasty porcelain industry, the blue printing, five color, and mixed glaze are used. This porcelain is a early Qing Dynasty Blue Printing Kids Playing Pot.

240. Blue and White Pot with Peony and Twigs Pattern

The mouthpart is casting outside, the border is round, the neck is short, on the base core there is a little round hole about 1 cm diameter in the middle. The lid is like general cap, on the top there is a peach like handle. The neck part and near base part there is a circle of changing lotus flower petals. On the shoulder are a Chinese character "Mountain" and a circle of dropping cloud pattern. The belly part is decorated with eight sets of crossing flower twigs pattern, each peony flower has some blue printing profile. The lid is decorated with three sets of crossing peony flowers pattern, and on the border is a circle of flowers and flowing water pattern. This general pot is made simple and in good taste, the roughcast is fine and delicate, the composition is full, and is the top grade of blue printing object.

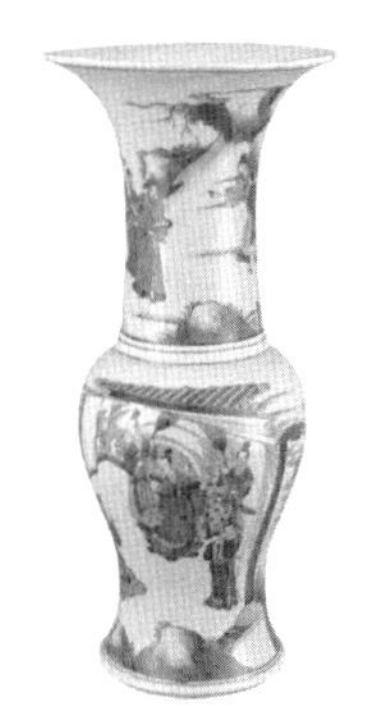

241. Blue and White Gu Utensil with Mountains, Rivers and Figure Pattern

The trumpet shape mouth is widely open, the mouthpart is wide; the neck part is longer, and thicker; the shoulder is slanting and belly is bulging, the lower belly is holding back, the near feet part is casting outside. There are two layers base. The roughcast is white and fine, the glaze color is bright. The neck part is decorated with some blue printing mountain and river pattern, the belly part is decorated with the picture of mountain and river, there are some stories described in the picture. The blue printing mountain and river technique has been quite mature in Kang Xi reign, and some decoration technique is taking the technique of traditional Chinese painting, and give people a sense of cleaness. The phoenix tail Zun utensil is also called phoenix tail bottle, for the shape is like that of phoenix tail, they are first fired in Yuan Dynasty Long Quanyao kiln, and is commonly seen in the Qing Dynasty Jing Dezhenyao kiln, they are blue printing, five colors, and golden line, etc. till the Late Qing Dynasty, and even in the Republic of China it is still fired.

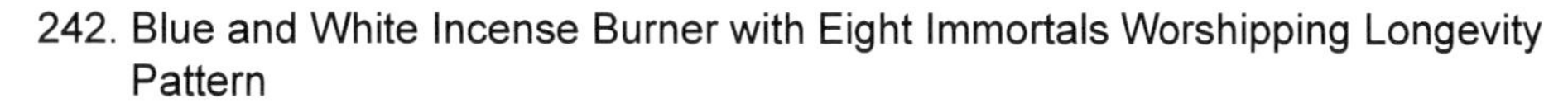

242. Blue and White Incense Burner with Eight Immortals Worshipping Longevity Pattern

The mouthpart is casting outside with short neck, bulging belly and circle feet. The neck part is decorated with cloud and treasures pattern; the belly part main pattern is a god of longevity and eight immortals. "eight immortals" is the eight taoist heavenly people. They always appear together, thus the name "eight immortals". Each one carry a different treasure in hand. Han Zhongli, the man always carry a fan; Lv Dongbin, he is taking a sword on his back; Zhang Guolao, the old man is carrying a fish drum which is knocked for buddha. Cao Guojiu, he always take a treasure board; Tie Guaili, he always take a treasure calabash; Han Xiangzi, always take a Xiao instrument; Lan Caihe, she has a flower bascket; He Xiangu, she always take a lotus flower in her head. Among the eight immotals, only He Xiangu is a female. It is said that some of them are made immortals in Tang Dynasty, some are made immortals in Song Dynasty. The glaze surface is smooth and bright, the roughcast is white and solid, the blue printing is bright blue, the lines are fluent and natural, and all have different expressions, which show their different inner world. This incense burner color is like rice, the blue printing color is blue, the shape is those of Qing Dynasty.

243. Blue and White Hexagon Box with Mountains and Rivers Pattern

The border is folding and round, the mouthpart is hexagon shape. The belly part is deep and is trapezoid shape wide upside and narrow downside, the belly is straight and slanting. The utensil body is rectangle shape, the shorter end has deer head shape handle. the circle feet are casting outside, the outside surface is painted a circle of diamond shape area. The lid shape is horizontal hexagon shape, with an arch like lid, on which is a pedicel like button. Two circles of incredible pattern is dividing the cover into three parts: the main area is centered with a button, and some mountain and river patterns as background, beside which is a circle of diamond shape area, between these two patterns are a circle of blank. The outside surface is painted with a mountain and river picture, the grass and flower are fresh, this is painted by the Zhu Ming material in Yunnan province. The farther objects are painted light in color, the near object is painted in fresh blue color, the arrangement is clear. For this kind of utensil is rarely seen in the blue printing porcelains, and rarely have we some utensil for contrasting. Yet the color and pattern of this blue printing utensil is apparent, and this should be the product of Qing Dynasty Kang Xi reign, the shape is like foreign countries'.

244. Blue and White High Feet Cup with Four Chinese Characters

The border is round, the mouthpart is casting outside, the belly part is like cylinder, the trumpet shape circle feet is casting outside. The glaze is white and transparent, the blue printing color is light blue. The inside surface is plain without any pattern, there are only a circle of on the mouthpart. On the inside base there is painted a Chinese character "Longevity". The outside surface is spread with peach flower pattern, four round breaches are in between, in which are written "Happiness", "Longevity", "Health", "Harmony" in regular script, they are written very large, the strokes are strong. On the circle feet and surface are painted with cloud pattern and eight treasures pattern.

"Happiness, Longevity, Health, harmony" lucky inscription can be the major pattern on the porcelains, and they first appear in the Ming Dynasty Jia Jing Reign, and they are still in use in till Late Qing Dynasty. There are some other four character inscription, such as "All Happiness Forever", "Longevity Forever", "Happiness", "Longevity", etc, some inscription is made of crossing branches into inscription "Happiness, Longevity, Health, harmony".

This high feet cup has solid eggshell, the glaze is white and smooth, which is the characteristics of Kang Xi reign blue printing porcelain; and some blue printing porcelains are bright blue, made of Zhu Ming material. Therefore, this high feet should be made in Qing Dynasty Kang Xi reign.

245. Blue and White Tray with Peony Pattern

The tray has slightly flared-mouth, sharp and round border, shallow belly and circle feet. The roughcast is fine and solid with white glazed and the mouthpart is sauce-brown-glazed. The blue glaze which is produced in Yunnan province is vivid. The inner wall and bottom is decorated with five peony flowers. Those flowers and leaves covered the entire bottom and makes people feel suffocating. Yet the arrangement is clear, the flowers are fresh and leaves are slight. Some plum blossom is decorated on the outer wall of the tray.

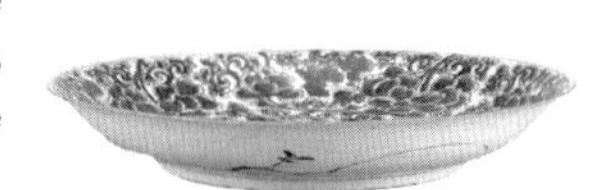

The sauce-brown-glazed mouthpart is the characteristic of those blue and white porcelain made in Shunzhi Reign of Qing dynasty and it can also be seen in early time of Kangxi Reign. Large flower, large leaf, full covered decoration are all the characteristics of porcelains made in early time of Kangxi Reign of Qing dynasty. So it's an obvious deduction that this tray is made in Jingdezhen Kiln at that time.

246. Blue and White Tray with Phoenix and Peony Pattern

The mouthpart is widely open, the border is sharp and round, the belly is flat with double circle feet. The roughcast is fine and solid, the glaze surface is green, the blue printing is light blue. The outside surface is plain without any pattern, the inside mouthpart is painted with a circle of blue incredible pattern, the inside surface and base is painted with phoenix and peony flower pattern. The two beautiful phoenixes are standing on a stone, their beautiful tails are flowing in the wind, one tail is like saw tooth, and it is picking up something. Another phoenix is standing afar with his head stretching forward, like finding food. Beside the stone there are two bunches of peony flowers in blossom, the butterflies are around.

This blue printing porcelain plate is complicated in pattern, the lines are strong and powerful, the peony flower leave is large and broad, these are all the features of Early Kang Xi Reign. The stone and flower is the representative decorative pattern in Early Qing Dynasty Shun Zhi Reign Blue Printing porcelains. Thus this plate should be made in Early Kang Xi Reign.

247. Blue and White Bowl with Stone Hills and Flowers Pattern

The mouthpart is widely open, the border is round and sharp, the belly is deep, the feet is circle like and high, it is made regularly. The outside base is carved with inscriptions like "Made by Jade House". The roughcast is fine and solid, the glaze color is white and green, the glaze surface is smooth. The blue printing is light blue. The mouthpart and circle feet is painted with two circles of some light blue incredible pattern, the inside surface is plain without any pattern, the inside base is painted with some stone and flower pattern, the major pattern is painted on the outside surface, it is a picture of stone and banana trees. In the picture there is flourish banana tree, the solid stone hill and peony flowers and lotus flowers in blossom, the colors is either light or heavy.

Judging from the glaze feature of this bowl, it is the blue printing porcelain made in Qing Dynasty Kang Xi reign, the pattern and the flavor is those of Shun Zhi Reign, in which stones and banana trees is the representative pattern of blue printing porcelain, they are continuing been used in the Early Kang Xi reign, yet the stone is not as slim as in Shun Zhi reign, the large flower and large leave is the feature of Early Kang Xi reign, thus this bowl should be made in early Kang Xi reign.

248. Blue and White Tray with Cloud and Dragon Pattern

The border is round and sharp, the mouth part is diamond like, the mouthpart is holding back, the belly is deep, the circle feet are high outside and low inside. On the outside base there are six Chinese characters "Made in Qing Dynasty Kang Xi Reign", three lines of double circle calligraphy in regular script. The roughcast is solid, the glaze surface is white and green, the blue printing is fresh blue, and this is due to the using of Zhu Ming Material. The border is decorated with two circles of waving incredible pattern, the inside surface and base pattern is as a whole, the inside base core is painted with a frontal and twisting dragon, the inside surface is painted with two flame flying side dragons, all have five toes, their expressions are fierce. The whole composition is complicated, and the painting flavor is strong. The outside surface is decorated with some treasures.

The dragon side painting on blue printing porcelain is more, and the frontal dragon first appeared in Ming Dynasty Jia Jing reign, and was prevalent in Early Qing Dynasty till Qian Long reign. In the middle Kang Xi reign, a Chinese character "King" is painted on the dragon forehead, and it is rarely seen.

This blue printing dragon and cloud pattern plate has the features of middle Kang Xi reign, such as the solid roughcast, white glaze, and bright blue printing, the frontal dragon pattern is made strong and forceful, thus the time should be in Qing Dynasty Middle Kang Xi reign.

249. Blue and White Tray with Mountains and River and People Figure Pattern

The mouthpart is widely open, the border is round, the belly is shallow, and the foot is circle like. The roughcast is not made delicate and fine; the glaze color is a little blue. The blue Printing color is heavy light blue. The outside surface is painted with three sets of bamboo leaves, the inside surface is painted with peach flower pattern, above them are four oval like breaches, in which are two sets of flower twigs. The major pattern is on the inside base of the plate. The composition is mainly mountains and rivers and trees, the farther places are some high mountains, before them are some stone steps, houses, bridges and people figures. These are all surrounded by big area of water, on which is some little boat; a fishman is angling with some trees on the bank. The watercolor is lighter than other object. The farther mountains and the nearer water, stone steps and houses, small bridges and passengers, the lonely fishman and the farther boat compose a classic picture of Chinese traditional painting. The fishman and the people before little house separately represent "Fishing" and "Read" in the scene of "Fishman Till and Read".

The "Till and Read" picture first appear in Southern Song Dynasty, in the picture of <Till and Read Scene>. In the thirty fifth Kang Xi reign of Qing Dynasty, the emperor ask painter Jiao Bingzhen to redraw forty six picture of till and read. In the fifty first Kang Xi reign, <Till and Read Scene> is carved on wood board and printed to the public, some other art objects are imitating, therefore on the porcelain <Till and Read Scene> appeared also. From this we could know that porcelain of with this kind pattern should be made in Late Kang Xi reign. The pattern is a little different, some is till scene, some is fishman till and read scene, or one of the three scenes, etc. some connotation is made vague, such as a book and a person before window can refer to "read", some single water scene can connotate "fish", etc. this kind of pattern appear in great amount in Late Kang Xi reign, obviously it is influenced by painting, and reflect the harmony of Late Kang Xi reign in other aspect, people are living happily.

250. Blue and White Tray with Fishing, Farming and Reading Pattern

The mouthpart is widely open, the border is round, the belly is shallow, the feet are circle like. The outside base is carved with four Chinese characters inscription "Made In Kang Xi Reign". The roughcast is not fine, the glaze color is blue. The blue Printing color is heavy bright blue. The outside surface is painted with three sets of loose bamboo leaves, the inside surface is carved with peach flower pattern, above them are four oval shape breaches, in them are some flower twigs and angling by river pattern. The outside base is painted with main pattern, the stone hills and trees and three people walking together, the last man is carrying a bunch of firewood; in the middle is a person say hello to the front one, behind is his cattle, the half body of the cattle is hidden in the stone hills and trees, the rope is dropping naturally and not on the master's hand. The front person is facing to the second one with cattle, and is bowing to him. On the left side is a flourish tree and a big piece of stone, on which are some books, painting brushes and folding fans. This picture is simple, yet has a connotation of "fish man and woodman till and read". "woodman" is apparent, the cattle connotate "till" the fish man connotate "angling", and the book refer to "Read". This kind of pattern is prevalent in Late Kang Xi reign, besides the blue printing color is heavy and the arrangement is clear, these are all the features of Kang Xi Reign blue printing porcelains, thus this plate should be the blue printing porcelain made in Qing Dynasty Late Kang Xi Reign of Jing Dezhenyao Kiln.

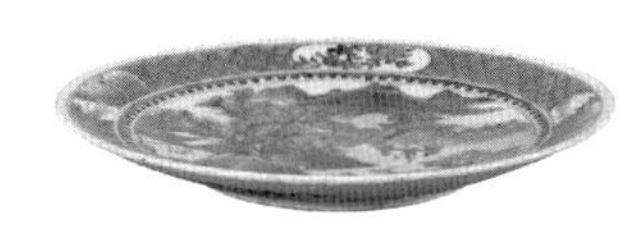

251. Blue and White Bowl with Mountains and River Pattern

The border is round, the petal like mouth is casting outside, the belly is deep, and the circle feet are smooth and moisture. On the outside base there are four Chinese character seal as "Made in Kang Xi Reign". The roughcast is solid and fine, the eggshell is white and transparent. The blue printing is bright in color. The inside and outside surface are all painted with pattern, the inside mouthpart is painted with a circle of triangle sea wave pattern, like scute. The inside surface is painted with four sets of flower twigs, the composition is loose. The outside surface has four rectangle breaches painted in which are two sets of mountains and rivers and flowers in bottle pattern, the mountains and rivers pattern is made harmonious, and has good arrangement. On the outside surface and the circle feet there are painted two circles of blue incredible pattern.

This bowl is made solid, the eggshell is white and transparent, the blue printing is in bright color, these are all the features of Kang Xi Reign, and the color is not the representative bright blue in Kang Xi reign, the pattern flavor is not like the strong and powerful flavor of Kang Xi reign blue printing porcelain, it has the Yong Zheng reign elegance and peace of blue printing porcelain, thus this bowl should be made in Kang Xi Reign.

252. Blue and White Tray with Scholar Pattern

The mouthpart is holding back, the border is round and sharp, the belly is shallow, the feet are circle like, the outside base is carved with square picture. The roughcast is not so white, and is smoother than the glaze surface. The blue printing is elegant. The inside base and surface is painted with a complete mountains and people figure picture. The major pattern are two people, the front one is a scholar mounting on a horse back, a kid is running after him. Behind them is a large peach flower tree, the branches are dropping to the water surface. Around this person are some mountains and water, Stone Mountain and rails. Judging from the peach flower pattern on the servant's shoulder, this painting should be "Lin Hejing Appreciate Peach flower Tree" out of four appreciation pictures, the front horse mounting one is highest scholar Lin Hejing.

"Four Appreciation" picture is also called "highest Scholar Picture", which means four scholars are well known for appreciating one object in ancient time, such as, Wang Xizhi appreciate goose, Tao Yuanming appreciate chrysanthemum, Zhou Dunyi appreciate Lotus, Lin Hejing appreciate Peach flower tree. "Four Appreciation" has another version: Wang Xizhi appreciate Orchid Flower, Tao Yuanming appreciate chrysanthemum, Zhou Dunyi appreciate lotus, Li Hejing appreciate crane. This kind of subject first appeared on Yuan Dynasty porcelains, such as on the belly of a Yuan Dynasty blue printing Peach flower bottle there are four Chinese characters as "Four Appreciation", the subject is still in use in Ming and Qing Dynasty. The four scholars appeared at same time, yet sometimes only one or two of them, depending on the utensil shape. Generally speaking, the "Four Appreciation" picture always appear on the belly part of some large utensils such as bottle, and pot, etc. for example, Yuan Dynasty blue printing Highest Scholar Peach flower Bottle and Yuan Dynasty Four Appreciation Large Pot of Ci Zhouyao Kiln; the little cup is also painted with two scholars, such as Ming Dynasty Cheng Hua reign Dou Color Highest Scholar Cup; on the plate it is painted with a highest scholar, such as this blue printing Highest scholar pattern plate.

"Four Appreciation" picture composition is harmonious, a highest scholar with a kid servant, sometimes for appreciation, some times the kid holding the object in hand. The scholar Lin Hejing on this plate is one in Song Dynasty, he inhabit in a lonely mountain as a recluse beside West Lake, and haven't married and offspring, he like peach flower and crane very much, therefore he called himself having "peach flower wife and crane son".

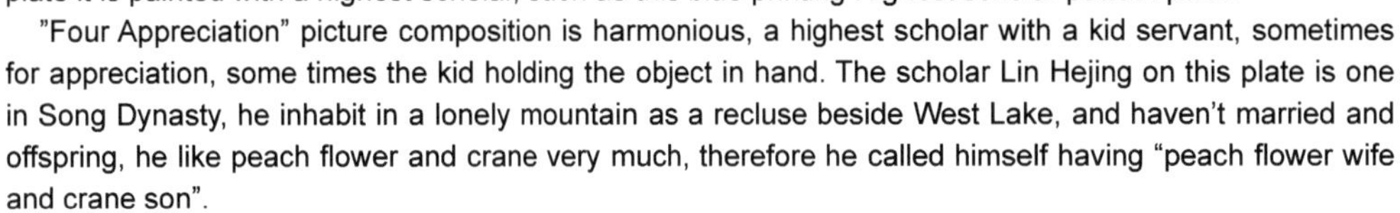

253. Blue and White Bowl with "Inquiring for Knowledge" Pattern

The mouthpart is casting outside, the border is sharp and round, the belly is deep, the feet are circle like and higher inside lower outside. The outside base is carved with four Chinese characters "Made in Yong Le Reign" in regular script. The roughcast is not so white, the glaze surface is white and blue. The blue printing is heavy in color. The inside surface is painted with pattern of "Dropping Flowers Flowing Water", in the fine swirls, there are some peach flowers and chrysanthemum flowers. The outside surface is painted with major subject pattern: below a huge converted triangle mountain there is a elderly person, below his right hand there are some books, he is facing to his right side elderly person, two are discussing hotly. This painting should be the story'Zhang Liang Asking for Knowledge from Huang Shi'.

This bowl is made in bright and fresh color, the arrangement is clear, the huge stone is painted in heavy color, with some blanks in the middle, the people figure is the main subject of the painting, and is painted in heavy color,...this bowl should be made in Qing Dynasty Kang Xi reign. The outside base is carved with inscription like "Made in Yong Le Reign", which is apparently not made in Yong Le reign, instead it is made in later years as an imitation for early ages, and the characters are so different.

254. Blue and White Tray with Phoenix and Peony Pattern

The mouthpart is widely open, the belly is shallow, the feet are circle like. The plate center is painted with five phoenixes, those phoenixes have high cap, curving neck, and three long tails, on which are decorated with flowers and leaves pattern in between are peony flowers pattern. Around the inside border there are six peony flowers pattern. On the outside base there are four peony flowers. The blue color is fresh, and it is the representative color in Kang Xi Reign. The technique is to combine outlining with spreading, some pattern is marked with colorful lines. The roughcast is fine and white. The inside base is carved with six Chinese characters such as "Made in Qing Dynasty Kang Xi Reign" in regular script. The utensil is regular in shape, the lines are fluent, which show the representative flavor of Kang Xi Reign Blue Printing Porcelain.

255. Blue and White Bowl with Flowers and Birds Pattern

The mouthpart is widely open, the border is round and sharp, the belly is deep, the circle feet are high, and the carving is regular. The roughcast is white and solid, the inside core is painted with a group of grass. The blue printing color is either dark or light. The mouthpart and circle feet has two circles of blue incredible

pattern. The inside surface of the bowl is without any pattern, the outside surface is painted with a picture of flower and bird. There are two lotus flowers in the picture, one is in blossom, the other is ready to blossom, a little bird is flying in the flower bushes. The little bird and the flower and grass are made with single line, the technique of drawing the flower is special, the flower and stem are painted with light blue color, the middle part is blank, the background is heavy blue color. Besides the heavy color background, the whole pattern is loose, simple and elegant.

This bowl is solid and white like those blue printing porcelains made in Kang Xi Reign, the background of flowers and grass is painted with light blue color. But the small shape, elegant pattern and two lines of blue incredible pattern on the inside and outside surface is the customary technique, it is seldom seen in Kang Xi Reign blue printing porcelains. Thus this bowl is the imitation of Ming Dynasty Cheng Hua reign in Kang Xi reign.

The blue printing porcelain in Cheng Hua reign, its shape is small and delicate, the roughcast is transparent and bright, the painting is elegant and simple, the flavor is special. Because of the high quality and art achievement, it is imitated in Ming Dynasty Jia Jing reign and Wan Li reign, among those imitations in Kang Xi Reign, Yong Zheng Reign, and Qian Long reign, those made in Yong Zheng reign is most real.

256. Blue and White Bowl with Animal Pattern

The mouthpart is casting outside, the border is round and sharp, the belly is straight, the feet are circle like. The outside base is carved with six Chinese characters in regular script as "Made in Ming Dynasty Cheng Hua Reign". The roughcast is light and thin, the glaze surface is white and fine, the blue printing is bright blue and fresh, it is painted with Zhu Ming material in Yun Nan province. The inside surface is carved with two circles of blue incredible pattern except the border part, no pattern is detected in other places, the inside base is painted with mountains and rives pattern. The major pattern is decorated on the outside surface, it is painted around the outside surface, the seven horses has different postures and their expressions are rigid, like being tamed. On each horse there is a parentheses shape cloud pattern. On the outside border and the circle feet there are two circles of blue incredible pattern.

This bowl has white and fine roughcast, like the color of rice, the circle feet is smooth and round, the blue printing color is fresh, these are all the features in Kang Xi reign. The parentheses shape cloud is prevalent in Late Ming Dynasty and Early Qing Dynasty, the taming horse picture also appeared in Chong Zhen reign blue printing porcelains, its horse shape is similar to that on this bowl. Therefore, we could know that this bowl should be made in Early Qing Dynasty Kang Xi reign.

The base part of this bowl has the inscriptions as "Made in Ming Dynasty Cheng Hua Reign", and the characteristics are the same with those of Kang Xi reign blue printing porcelains, and the stroke is not so strong, the eggshell is thin, the pattern flavor is loose and elegant, thus we could see that this one should be a Immitation of Ming Dynasty Cheng Hua reign in Kang Xi reign.

257. Blue and White Bowl with Flower Pattern

The mouthpart is casting outside, the border is sharp and round, the belly is slanting, the feet are circle like and smooth. The outside base is carved with six Chinese characters in regular script as "Made in Ming Dynasty Jia Jing Reign". The outside mouthpart and circle feet are painted with two circles of blue incredible pattern. The mouthpart is painted with dark glaze. The eggshell is thick, the roughcast is not so white, and the glaze surface is white and blue, the blue printing color is dark blue. The inside surface is painted, and no painting in some other parts. The inside base center is painted with a flower twig. The outside surface is loosely painted with two sets of flower twigs and Kylin pattern, the two are arranging together. Judging from the shape and features, this should be made in Ming Dynasty Jia Jing Reign, and the blue printing hasn't the feature of purple in blue in Jia Jing Reign, this kind of bowl shape is rarely seen in Jia Jing reign. The dark glaze is mostly prevalent in Qing Dynasty, those bowl base is seldom smooth in Jia Jing Reign. Thus this bowl should be the Qing Dynasty Jia Jing Imitation. Judging from the circle feet shape, this should be an imitation of Kang Xi Reign.

258. Blue and White Bowl with Flower Pattern

The mouthpart is casting outside, the border is round and sharp, the belly is shallow, the feet are circle like, the mouth diameter is different from the base diameter, the roughcast is white and fine, the glaze surface is smooth, yet they are not clean. The mouthpart is carved a circle of glazed. The blue printing is dark. The inside surface of the mouthpart is painted with some sun pattern. The inside surface is plain without any pattern, the inside base has four Chinese characters in regular script as "Made in De Xing House", the calligraphy is regular. The outside surface is decorated with three sets of flower twigs. Judging from the dark glaze and blue printing, the color is not so fresh, and this should be made in Early Kang Xi reign, judging from the loose pattern, thin roughcast, and transparent glaze, this object should be made in Kang Xi reign as imitation of Ming Dynasty Cheng Hua reign. "Made in De Xing House" seal, this kind of seal first appeared in Ming Dynasty Jia Jing reign, and is commonly seen in Qing Dynasty Kang Xi reign. "Jade House Perfect Utensil" seal is made to worshipping, similar kind of words appeared in Late Ming Dynasty, and is commonly seen in Qing Dynasty porcelains.

259. Blue and White Bowl with Flowers and Birds Pattern

The mouthpart is casting outside with round border, the belly is deep with high circle feet. There is a picture on the outside base. The roughcast is not so white, the glaze surface is milky, the blue printing color is black and blue. The inside surface except the border part is painted with a circle of tiny flowers, other parts are plain without patterns. The inside base is painted with flower pattern, the outside surface is painted with flowers and twigs in blossom and flying birds, the composition is loose and simple.

De Huayao kiln is situated in De Hua county of Fu Jian Province, it fire the porcelain from Song Dynasty to Qing Dynasty, the major product in Song and Yuan Dynasty is green and white glaze porcelain, in Ming Dynasty it made the well known milky "china white" porcelain, in middle Ming Dynasty it began to make blue printing porcelain, three ages of Kang Xi, Yong Zheng and Qian long are the peak age of making blue printing porcelains, with the declining age in Jia Qing Reign. For the eggshell is too thick, the color spreading is often seen in De Huayao kiln blue printing porcelains, and the color is dark.

260. Blue and White Bowl with Monkey, Crane and Bee Pattern

The mouthpart is widely open, the border is round, the belly is deep, the circle feet are small and high, with regular carving, a leave pattern is on the inside base, the outside base is inscribed with six Chinese characters "Made in Qing Dynasty Yong Zheng Reign" in regular script. The roughcast is pure and white, the glaze surface is smooth and the blue printing is elegant and light in color. The inside surface is plain without any pattern, the outside surface is painted with a monkey steeling peach fruit, below the tree are some stone hills, rails and grass, beside is standing a crane, some bees are flying in the sky. These subjects are common, yet each one has deep connotation. Such as monkey means "high position", peach fruit and crane means "Longevity", Bee means "appointed", these words are combined together to mean "Longevity(crane), Appointed(Bee), high position(monkey)". The painting technique is to outline with double lines, the composition is loose and beautiful.

The Yong Zheng Reign is the peak period of Blue Printing porcelain, comparing with those made in Kang Xi reign and Qian Long Reign, it is famous for its has delicate roughcast, and white transparent glaze, the shape is beautiful and the pattern is loose. This blue printing porcelain bowl just prove it, it is made in Qing Dynasty Yong Zheng Reign judging from the date carved on the outside base.

261. Blue and White Bowl with Cloud and Dragon Pattern

The mouthpart is straight with round border, the belly is deep with high circle feet, it is transparent and bright. The outside base is carved with six Chinese characters as "Made in Qing Dynasty Yong Zheng Reign" in regular script, the characters are made regular. The roughcast is fine and white; the glaze surface is smooth and bright. The blue printing color is a little fresh. The inside and outside surface are painted with dragon and cloud patterns, the dragon is quite fat with five toes, the cloud is dividing the dragon body into three parts, which is called "three emergence of cloud and dragon". This kind of pattern has been seen in Early Qing Dynasty Shun Zhi Reign. The dragon pattern on the outside surface is stretching beyond the inside surface, this kind of dragon pattern is called "Crossing Wall Dragon". "Crossing Wall Dragon" or "Crossing Wall Flowers"(suppose it is the flower) and it is the technique used in Yong Zheng Reign, and it is always seen on the bowl and plate, etc.

Judging from the whiteness and fineness of the roughcast and smoothness of the circle feet, this should be made in Qing Dynasty Yong Zheng Reign. The cloud and dragon pattern has kept the features of Early Qing Dynasty: the pattern is made strong with three dragons in clouds.

262. Blue and White Bowl with Lotus Pattern

The mouthpart is casting outside, the border is sharp and round, the belly is deep, the feet are circle like and smooth, the utensil shape is delicate. The outside base is inscribed with six Chinese characters as "Made in Qing Dynasty Yong Zheng reign" in regular script, the scratching is wild. The roughcast is white and smooth, blue printing color is light and bright. There is no pattern on the inside surface, the outside surface is painted with a circle of lotus flower and grass pattern; below the water waves, there are all kinds of louts flowers and grasses. On the outside surface and circle feet are painted with two circles of light blue incredible pattern. Judging from the glaze characteristics of this bowl, it should be made in Qing Dynasty Yong Zheng Reign, yet the lotus flower pattern is the representative one in Ming Dynasty Cheng Hua Reign, especially the grass with mud on the blue printing porcelain. Thus, this bowl should be an imitation of Cheng Hua reign in Qing Dynasty Yong Zheng reign.

The blue printing porcelain in Ming Dynasty Cheng Hua Reign and Qing Dynasty Yong Zheng Reign has some thing in common, such as the eggshell are all fine and white, the glaze surface is smooth and bright, the shape is mostly small, the eggshell is light and thin, the blue printing color is light, the pattern and composition is loose, etc. and the two periods are the peak age of blue printing porcelain firing, the quality is better, thus in Chinese porcelain history there is a saying that "best in Ming Dynasty Cheng Hua Reign, also best in Qing Dynasty Yong Zheng Reign". For the alike flavor, in Yong Zheng Reign there are lots of imitations, and they are quite real, almost the same with the true ones. Yet after careful study, the distinction could be made. Such as, when under the light, the real Cheng Hua reign one's roughcast is red, and the imitation in Yong Zheng Reign is white and green; those real ones in Cheng Hua Reign have two circles of incredible pattern on the border and circle feet, the color is either light or heavy, those imitation in Yong Zheng Reign are harmonious in colors; those real ones in Cheng Hua Reign is inscribed with inscription like "Made in Ming Dynasty Cheng Hua Reign", those imitation of Yong Zheng Reign has inscription as "Made in Qing Dynasty Yong Zheng Reign", etc.

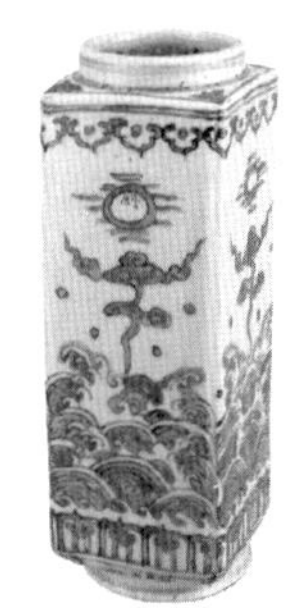

263. Blue and White Jade Cong Shaped Bottle with Cloud and Wave Pattern

The border is round, the mouthpart is straight, the neck is short, the shoulder is straight, the belly part is round inside and square outside, and it is just imitating the shape of Cong Jade, the feet are circle like. each of the four corners shoulder is decorated with a triangle flower and grass pattern. The neck part, shoulder part, and feet part is separately decorated with two circles of incredible pattern. Below the shoulder part there is painted a flower pattern; the near feet part is decorated with a lotus flower petal. The belly part is decorated with sea waves pattern, on them a red rising sun is above the lucky clouds. The whole utensil is made regularly, the roughcast is white and clean, this is a perfect blue printing porcelain.

264. Blue and White Large Jar with Flowers Pattern

The border is flat and broad, the mouthpart is widely open, the neck is narrow with the belly part bulging, the lower belly is holding back. The whole body is decorated with blue printing. The border is painted with crossing flower twigs, the neck part is painted with a circle of blue glaze white pattern bead string. The upper belly part is decorated with blue glaze white pattern Ru Yi jade pattern, the lower part is decorated with slim lotus flower petal pattern, those are made in thin lines. The middle belly part is painted with crossing flowers and twigs. The whole image is heavy, and the color is exact, it is a fine blue printing porcelain in Early Qing Dynasty.

265. Blue and White Foliated Edge Basin with Twigs and Flowers Pattern

The border is broad, flat and round, the belly is arching with a flat base. The roughcast quality is compact, the glaze surface color is white and green, with orange skin pattern. This is the feature of Xuan Ming Reign blue printing porcelains. The blue printing is pure blue, the color is stable and mature, this should be the usage of home Zhe material. The broad folding border is painted with sea water waves, the triangle shape water wave leave some blank, in those waves there are some sprays. On and under the waves are two circle of incredible patterns. The base is painted with crossing lotus flower pattern, the composition is near yet not so vivid. Around the flower pattern there are two circles of incredible pattern, no pattern detected in the inside and outside surface.

The lotus flower pattern in Ming and Qing Dynasty are mostly crossing twig pattern, especially after Ming and Qing Dynasty, the lotus pattern is singular, no other pattern detected besides the lotus pattern, and the lines are made not vivid. This blue printing porcelain base pattern is crossing lotus twigs pattern, which is the most common lotus pattern, the composition is rigid for the little changement and too accordance.

Judging from the color and pattern features, this salver should be made in middle Qing Dynaty Qian Long reign of Jia Qing Reign. Yet the glaze is not the representative one, and just a imitation of Ming Dynasty Xuan De Reign porcelain,such as the glaze surface is a little green, and there are some other unique features of Xuan De Reign such as orange skin pattern and heavy body, etc, the blue printing color and decoration has the distinctive features of Qian Long Reign, such as the blue printing color is not so fresh and heavy, the crossing lotus flower pattern lack motion and fluid, the sea water waves are too regular,etc. Thus this blue printing salver should be the product of Qing Dynasty Qian Long Reign.

266. Blue and White Tray with Flowers and Fruit Pattern

The mouthpart is widely open, with round and sharp border, the belly is shallow, with flat base, and the circle feet are slanting. The ouside base is carved with six words "Made in Qing Dynasty Qian Long Reign". The roughcast color is not so white, the glaze surface is white and green. The blue printing color is light. The outside surface is not painted with any pattern, the inside base is painted with a peony flower twig and a twig of cherry, the pattern is painted light in color, the colof is elegant and clear, the composition is made loose and simple. These features are all the same with blue printing porcelains of Yong Zheng Reign, while comparing, the glaze color is not white enough, and the circle feet is not as smooth as in Yong Zheng Reign. Judging from the glaze features and composition, this blue printing porcelain should be of Qing Dynasty Qian Long Reign.

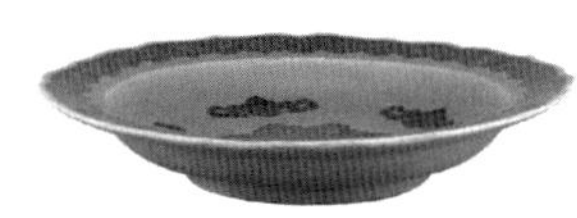

267. Blue and White Tray with Five Happiness and Longevity Pattern

The mouth is diamond shape, with broad and folding border, the belly is shallow with flat plate center and circle feet. The outside base is inscribed with six Chinese characters "Made in Qing Dynasty Qian Long Reign". The roughcast quality is solid, the glaze surface is too green, the blue printing color is heavy. On the broad border is painted with a circle of double layers Ru Yi Jade cloud pattern, the inside base is painted with eight Ru Yi Jade Cloud patterns, the flower core is painted with a round Chinese character "Longevity". Around the flowers are five bats, which has a connotation "Five Bats Worshiping longevity".

268. Blue and White Tray with Four Happiness and Longevity Pattern

The mouthpart is widely open, the border is round and sharp, the belly is shallow and arching, the feet are circle like. The outside is carved with square shape. The quality is solid, the glaze color is white and green, the blue printing is dark, and may be made of Zhe material. The major pattern is on the core of the plate, a round shape Chinese character "longevity", four bats are around the character, which means "four bats holding longevity". The inside surface is painted with Chi Dragon crossing flower pattern, two little Chi dragons is crossing in a circle of crossing flower twigs. The inside surface and between the two sets of patterns there are two circles of light color blue incredible patterns.

Chinese character "Longevity" first appeared in Yuan Dynasty, and it is made by peeling and or scratching on the inside or outside base. In Ming and Qing Dynasty, the character "Longevity" never appear to be alone on the porcelains, it appear the same time with other characters and patterns, to combine and connote complicated meaning, such as the four characters "Happiness, Longevity, Health, Harmony" on the outside surface of Ming Dynasty bowls. On the Qing Dynasty porcelains, the character "Longevity" is always surrounded by five or four bats, for bat means happiness in Chinese, and have the connotation of five happiness with longevity or four happiness with longevity, the former appear more often, and it is prevalent in Qian Long Reign, the latter one is seldom seen.

269. Blue and White High Feet Tray with Sea Waves and Dragon Pattern

The plate is shallow, with straight mouthpart, the plate core is flat, with a trumpet shape high feet, on one side of the base is inscribed with six chinese characters "Made in Qing Dynasty Qian Long Reign". The inside surface of the plate is plain without pattern, the outside surface is painted with a circle of grass, the feet is painted with some major pattern, in the sea waves are three fish playing, on the waves are dragon after pearl. The dragon eyes are bulging, mouth wide open, teech protruding out. Dragon is the most important god in china, ancient people consider it as the lucky symbol. The dragon pattern originally symbolize power and strength, later it was considered "Emperor Morality" and "Heaven Power". In the book of <Herbal Document> dragon " has nine alike: head like camel, tornado like deer, eye like ghost, ear like cattle, neck like snake, belly like hibernate, scute like carp, claw like hawk, palm like tiger; on its back are eighty one scutes, besides its mouth are some moustaches, in the mouth is a pearl, on the throat are some converted scutes, on the head are mountains." This utensil is made regular shape, the blue hair is pure and the technique is punctual, the picture is vivid.

270. Blue and White Bottle with Flower Pattern

The mouthpart is widely open with round border, the neck is slim with slanting shoulder, the belly is oval shape, the circle feet is casting outside. The roughcast quality is pure and fine, the glaze color is milky, that is different from the green and white glaze and pink white glaze of Jing Dezhenyao Kiln in Ming and Qing Dynasty, the glaze surface is not pure, and being influenced by the glaze color, the blue printing color is gray and blue. The major pattern is painted on the belly part, it is scene of houses, garden and green bamboo, two peony flowers, one is in blossom, another is to be in blossom; the green bamboo is flourish. The farther place from those flowers are rails, little grasses as background. The drawing technique has been very mature, the composition is the traditional chinese way, without any border decoration. The subject is obvious in the whole picture, not like those complicated blue printing arrangement in Late Qing Dynasty.

In De Huayao kiln people began to fire blue printing porcelain in Ming Dynasty Zheng De Reign and Jia Jing Reign, and the reign of Kang Xi and Dao Guang in Qing Dynasty is the peak period of De Huayao Kiln blue printing porcelain, the late Qing Dynasty is the declining period. The blue printing porcelain of De Huayao kiln is solid in quality, the glaze color is ivory; the blue printing color is gray, blue and dark, seldom could we see bright ones; the pattern and composition is simple and the lines and strokes are free, the picture is simple and in good taste; the subjects are plants, mountains and rivers, animals, and people, etc, plants are common. The utensils are mostly for daily use, such as bowl, plate, cup, pot, and bottle, etc.

Judging from the glaze, pattern and composition, this blue printing bottle is the product of De Huayao kiln in Qing Dynasty of Qian Long Reign.

271. Blue and White Bowl with Dragon Pattern

The mouthpart is a little wide, the border is round, the belly is deep and nearly straight, the feet are circle like. The rough cast is not so white, the eggshell is blue, and the near border part is worn. The blue printing is gray and the composition is vague, this should be painted by home cobalt. There is no pattern on the inside surface, and only a circle of thick blue incredible pattern detected on the near border part. The outside surface is painted with some scratching vague dragons, they has three long toes and one short toe, and lack the sense of strong, the tail is like a flower. The near border part and the circle feet are decorated with two circles of light blue incredible pattern. The inside base is painted with a simple grass, the outside base is carved a square seal.

Dragon pattern is the most commonly seen pattern on the Chinese ancient porcelains, later appeared also on some porcelains in Southern Dynasty, it is the major pattern in Yuan, Ming and Qing Dynasty. In the long time process of pottery art, the dragon shape has changed a lot. The dragon pattern in Tang and Song Dynasty appeared to be simple, they are mostly carved or stick, we could see the colorful dragon pattern on the porcelain of Chang Shayao kiln in Tang Dynasty, later, the dragon pattern in Yuan, Ming and Qing Dynasty are all painted. The dragon pattern in Yuan Dynasty is long and thin with only three toes or four; those of Ming Dynasty is fatter than Yuan Dynasty, five toe dragon appeared, in the Middle Ming Dynasty especially in Jing Tai and Cheng Hua Reign, dragon image is gentle and lovely, and protruding lotus flower, they only have forearm and without back legs, the tail is the shape of flower, and this kind of dragon is called “flower and grass dragon”. Seldom could we see this kind of dragon from Cheng Hua and Hong Zhi reign. In Jia Jing reign there are the frontal dragon, and its hair is flowing on both sides, this kind of dragon pattern is simpler than those of Qing Dynasty, some frontal dragon could be seen in early age.

The painting on this bowl is natural and vivid, this is not like the simplicity and looseness of Middle Ming Dynasty.The dragon pattern on this bowl is short and fat, the tail part is like a flower and is not fierce, it may be the dragon pattern in Qing Dynasty of Yong Zheng and Qian Long Reign. The double line pattern on border and circle feet part is one of the feature of this time.

272. Blue and White Bowl with Flower Pattern

The mouthpart is straight with round sharp border; the belly is arching with lying feet. The outside base is inscribed with six Chinese characters as “Made in Qing Dynasty Qian Long Reign”. The roughcast quality is solid and fine, the glaze surface is white and smooth, the blue printing color is stable and pure blue. The inside surface is plain without pattern, on the outside surface mouthpart and lower belly is painted separately with two circles and a circle of blue incredible pattern. The major pattern is painted on the outside surface, there are four sets of flower twigs arranged regularly, which are chrysanthemum flower, lotus flower, plum flolwer and peony flower. The composition is made loose and clear.

Lying feet bowl first appeared in Song, Ming and Qing Dynasty, it is the representative image of blue printing porcelain in Cheng Hua Reign. Judging from the glaze and pattern features this bowl is made similar with the blue printing bowl. Yet some differences are detected, such as the glaze surface is too white, and the green glaze color is darker, the pattern lines are not subtle and delicate, near the border part there are two circles of blue incredible pattern, the color is heavy upside and light upside, yet upside circle color is not even, apparently it is due to the false imitation. This blue printing porcelain with flower pattern should be an imitation of Ming Dynasty Cheng Hua Reign made in Qing Dynasty Qian Long Reign.

273. Blue and White Globular Bottle with Flowers and Twigs Pattern

The mouthpart is widely open, the border is flat, the neck is long and the belly is ball like with circle feet. The utensil is large and the body is thick, the glaze color is white and green, the blue printing color is dark and not stable. The outside mouthpart surface is painted with a circle of plum flower pattern. On the neck and belly part it is painted with crossing flower pattern, the composition is complicated with little blank.

Ball bottle is influeced by Western Asian culture, and first appeared in Ming Dynasty Yong Le Reign, also in Xuan De reign, otherwise no finding is in other time of Ming Dynasty. It is also found in Qing Dynasty Kang Xi reign some imitation of Ming Dynasty ball bottle, also some imitation of Qing Dynasty Yong Zheng Reign and Qian Long reign. The shape of Yong Zheng Reign bottle is flat on the belly part just like those in Yong Le reign and Xuan De reign, the scale is proper and more beautiful like those in Qian Long Reign. The ball bottle has longer neck, and thicker mouthpart, and higher round belly. Comparing from Qian Long Reign ball bottle, this ball bottle neck is longer, and belly part is higher, and almost lost the basic features of ball bottle in Yong Le Reign and Xuan De reign—Ball like Belly. Thus the time should be later than Qian Long Reign.

The blue printing porcelain has already past the glorious time from the middle Qian long Reign, and from the Late Qian Long Reign, the blue printing porcelains development has come to a stop, and decline greatly in Jia Qing Reign. In Qian Long Reign because the father of emperor is still alive, thus the Early Jia Qing Reign blue printing porcelain is alike in shape, glaze quality, and color to those in Qian Long Reign.

In the Late Jia Qing Reign, the blue printing glaze is not fine and the pattern is rigid the color is dar, in the Late Jia Qing Reign. This ball bottle glaze color is far from those in Qian Long Reign, the pattern is rigid without clear arrangement and lack the artful taste. The glaze quality is good, and the shape is regular, so this bottle should be the product of middle Qing Dynasty.

274. Blue and White Tray with “Fishing, Farming and Reading” Pattern

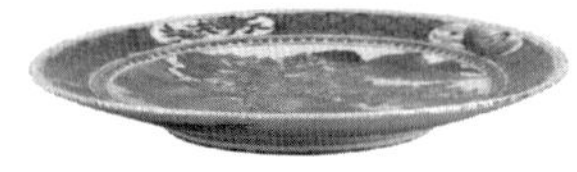

The mouthpart is widely open with sharp round border, the belly is shallow with circle feet. The outside base is painted with four chinese characters “Made in Kang Xi Reign”. The roughcast quality is not so fine and the glaze color is green. The blue printing color is close to the heavy fresh blue. There is no pattern on the outside surface, the inside surface is painted with plum flower pattern, and four oval shape breaches, in which are decorated two sets of flower twigs and angling by river pattern. The major pattern is painted on the base, the pattern is fishman till and read. The pattern is Mountains, rivers, plants, trees, the hidden houses and people figures. On the right side is a person carrying a bunch of firewood far away, the near side is a person tilling land with cattle, beside the river two people are bowing to each like like saying goodbye. The firewood carrier and land tiller is painted small, and not easily detected, those standing on the river are painted clearly. In the above picture, “Fishing”, “Woodman”, and “Till” are made clear, “Read” is made vague and symbolized by the houses in the woods.

Comparing with the former picture on “Fishman Till and Read “ plate in Kang Xi Reign, this plate color is not as fresh and heavy as those in Kang Xi Reign, the plate centre and pattern is not made fine, other parts are almost the same. We could see that this plate just imitate the one mentioned. The porcelain making is declining from Qing Dynasty Late Qian Long Reign, and began to revive in Qing Dynasty Guang Xu Reign. The porcelain quality is elevated in Guang Xu Reign, and they are mostly the imitation of Kang Xi Reign, thus we could distinguish clearly.

후기

자기(瓷器)는 중국 고대(古代) 유물 가운데 수량이 가장 많으며 황제에서 백성에 이르기까지 두루 사용한 생활용품이자 독특한 매력을 가진 예술품이기도 하다. 그러므로 중국 고대 자기 연구는 중국의 찬란한 고대 물질문명을 파악할 수 있을 뿐만 아니라 사람들의 사회의식과 심미관의 변화를 엿볼 수 있다.

시안(西安)은 세계적으로 이름난 역사 문화의 도시이며 중국에서 유일무이한 열세 개 왕조의 도읍지이기도 하다. 시안에서 출토되거나 전해지는 고대 자기는 유형이 다양해 중국 고대사의 축소판이라 할 수 있다. 본서는 정위린(鄭育林)과 쑨푸시(孫福喜) 선생이 공동 기획한 『西安文物精華(시안문물정화)』 총서 중의 하나로 시안에서 출토되고 수집된 역대 자기 300점가량이 수록되어 있으며 대부분은 처음 선보이는 것이다.

본서는 쑨푸시 박사가 편찬을 담당했으며 쑨푸시, 왕펑쥔(王鋒鈞), 위녀(魏女), 두원(杜文)이 공동으로 체계를 세우고 왕위화(王蔚華), 펑건(馮健), 장취안민(張全民), 왕주강(王九剛), 자진화(賈晉華), 정이(鄭怡), 자시아오얀(賈曉燕)과 함께 설명을 달았다. 작전시(糍震西) 선생이 서언을 쓰고 중밍선(鍾明善) 선생이 서명을 지었으며 작전시, 저우샤오육(周曉陸) 두 분은 많은 가르침을 주셨다. 이 밖에 시안시문물국(西安市文物局)의 둥리군(董立群), 샹더(向德), 리싱전(李興振)도 이 책의 출판에 힘을 보탰다. 모든 분께 감사드린다.

2006년 6월

편집자